O Direito dos *Trusts* na Perspectiva Internacional

O Direito dos *Trusts* na Perspectiva Internacional

2020

Verônica Scriptore Freire e Almeida

ALMEDINA

O DIREITO DOS *TRUSTS* NA PERSPECTIVA INTERNACIONAL

AUTORES: Verônica Scriptore Freire e Almeida
DIAGRAMAÇÃO: Almedina
DESIGN DE CAPA: FBA
ISBN: 9786556270111

Dados Internacionais de Catalogação na Publicação (CIP)
(Câmara Brasileira do Livro, SP, Brasil)

Almeida, Verônica Scriptore Freire e
O direito dos *trusts* na perspectiva
Internacional /
Verônica Scriptore Freire e
Almeida. – São Paulo: Almedina Brasil, 2020.

Bibliografia.
ISBN 978-65-5627-011-1

1. Direito antitruste 2. Direito antitruste – Legislação
3. Direito comercial 4. Direito econômico – Legislação
5. Direito internacional I. Título.

20-35725 CDU-347.733:341(094)

Índices para catálogo sistemático:

Direito antitruste internacional 347.733:341(094)

Maria Alice Ferreira – Bibliotecária – CRB-8/7964

Este livro segue as regras do novo Acordo Ortográfico da Língua Portuguesa (1990).

Junho, 2020

EDITORA: Almedina Brasil
Rua José Maria Lisboa, 860, Conj. 131 e 132, Jardim Paulista | 01423-001 São Paulo | Brasil
editora@almedina.com.br
www.almedina.com.br

Dedico o presente livro aos meus amados filhos Diogo e Afonso, ao meu querido marido Daniel Freire e Almeida e aos meus pais Ailton e Dirce (*in memorian*).

AGRADECIMENTOS

Nossa vida é construída com as escolhas que fazemos, os obstáculos que ultrapassamos, que delineiam as nossas conquistas. Quando eu escolhi a carreira académica universitária, compreendi que o Mestrado e o Doutoramento eram as bases fundamentais do meu trajeto profissional.

Quando eu escolho, diariamente, estar em sala de aula com os acadé-micos, realizando pesquisas, refletindo sobre caminhos jurídicos melhores para a sociedade, aceito o desafio de desenvolver-me e de buscar oferecer o meu melhor sempre. Neste desenrolar, propus, então, o desafio de conquistar o Doutoramento!

O estudo sobre os *Trusts* foi minha escolha desde a graduação em Direito, pois sendo um instrumento nascente da confiança das partes, promove relações jurídicas sólidas, sem a exigência de formalidades e burocracias demasiadas. Assim, optei por estudar e desenvolver a simplificação das relações jurídicas.

Dentro dessa minha jornada acadêmica, outras pessoas se envolveram, por estarem ligadas a mim por laços familiares, de amizade e, por conseguinte, de confiança. Foi justamente "a confiança" depositada em mim, ao longo desses 20 anos de dedicação ao estudo e pesquisa sobre os *Trusts*, a base fundamental para o início, o meio e, agora, o encerramento desse importante ciclo de minha vida, através da conquista do doutoramento e da publicação dos livros[1].

[1] FREIRE E ALMEIDA, Verônica Scriptore. O Direito dos Trusts na Perspectiva Internacional. São Paulo: Almedina, 2020. FREIRE E ALMEIDA, Verônica Scriptore. O Direito dos Trusts no Brasil. São Paulo: Almedina, 2020.

Para essas pessoas muito queridas, seguem os meus mais sinceros agradecimentos.

Em especial, ao Professor Doutor Diogo Leite de Campos, que acreditou em mim e na importância do tema proposto, desde o primeiro instante que escolhi o Doutoramento na Universidade de Coimbra, e solicitei a sua Sábia orientação académica. Suas diretrizes foram fundamentais para o desenvolvimento profundo do nosso tema, em vários e importantes aspectos, qualificando todas as etapas do nosso trabalho. Com muito carinho, dedico-lhe o meu mais sincero reconhecimento.

Com muito amor agradeço aos meus pais Ailton e Dirce (*in memorian*), brilhantes professores que me ensinaram a respeitar a profissão, a amar o ensino e a pesquisa, e a entender o compromisso que temos com a preparação dos alunos em sala de aula todos os dias. Por isso estou aqui!

Respeito, carinho e gratidão são as palavras que descrevem o que sinto por meu querido sogro Fernando e minha amiga e sogra Ana Maria, pelo apoio incondicional em todos os momentos, e como parte fundamental em todas as minhas conquistas acadêmicas.

Não tenho palavras que satisfaçam a minha imensa gratidão ao meu marido, Daniel. Obrigada pelo apoio incondicional, e pela confiança na finalização deste trabalho. Além dos desafios vinculados a tese, outras muitas coisas acontecem em nossas vidas diariamente, obstáculos que nos fortalecem por estarmos juntos sempre, em todas as circunstâncias!

Aos meus amores e a razão de minha existência, meus filhos Diogo e Afonso! Pela paciência com a mamãe na finalização dos livros, "mamãe já terminou?" SIM meus amores! E dedico tudo a vocês!!

Por fim, o agradecimento mais especial, é a **Deus**, que sempre está comigo me fortalecendo e me acompanhando!

APRESENTAÇÃO

A intensificação dos contatos internacionais entre juristas tem proporcionado a integração de inovadores institutos jurídicos. Nessa linha, um passo fundamental, tem sido dado através do reconhecimento do instituto dos *Trusts*.

Nosso estudo sobre o *Trust* teve início há 20 anos, momento em que frequentávamos o quarto ano da licenciatura em Direito, em razão de nossa pesquisa e finalização do trabalho de conclusão de curso: *"O Direito dos Trusts nos Estados Unidos da América"*. Nesta sequência, objetivando o aprofundamento da temática, optamos também por seu estudo na realização do Mestrado, que resultou na dissertação intitulada de *"A Tributação dos Trusts"*, apresentada à Faculdade de Direito da Universidade de Coimbra, sob a orientação do Professor Doutor Diogo Leite de Campos[2].

Também sob a sábia orientação de nosso exemplar professor, e dando prosseguimento aos nossos estudos acadêmicos, este trabalho é resultado de nossa Tese de Doutoramento, onde pretendeu-se oportunizar a implementação do instituto dos *Trusts* no Direito brasileiro.

Nesse contexto, o presente livro aborda de forma aprofundada e esclarecedora sobre o Direito dos *Trusts* na Perspectiva Internacional. Trata-se do segundo livro de nossa autoria sobre o tema. O primeiro livro, baseado em nossa dissertação de Mestrado, publicado em 2009 pela Editora Almedina, foi inovador em relação ao tema proposto, a "Tributação

[2] *Vide* FREIRE E ALMEIDA, Verônica Scriptore. *A Tributação dos Trusts*. Coimbra: Almedina, 2009.

dos Trusts" em Portugal. Em alinhamento, nossa tese de Doutoramento designada "A Implementação Do Instituto dos Trusts no Direito Brasileiro" deu origem a dois novos livros fundamentais sobre o Trust: o presente livro sobre a "O Direito dos Trusts na Perspectiva Internacional" e um segundo livro "O Direito dos Trusts no Brasil"[3].

Com efeito, os diferentes sistemas jurídicos, como a *common law* e a *civil law*, têm demonstrado esforços similares no conhecimento recíproco de importantes ferramentas jurídicas.

Em breve ilustração a respeito, podemos citar a utilização na Itália do instituto do *Trust*, oriundo do direito comum. De fato, após a Itália ratificar a Convenção de Haia sobre o Direito Aplicável aos *Trusts* e o seu Reconhecimento, de 1985, vem progressivamente inovando seu sistema jurídico a fim de consagrar a figura dos *Trusts*.

Oportuno, no mesmo sentido, mencionar que o uso dos *Trusts* também ganha destaque em outras jurisdições de *civil law*, tais como a França, Portugal (Madeira), Holanda, Canadá (Quebéc), Bélgica, Suíça, Liechtenstein, República de San Marino, Malta, Luxemburgo, Holanda, entre outros.

Essencialmente, o *Trust* é uma relação jurídica criada pelo instituidor (o *settlor*), que transfere a propriedade legal de bens ou direitos para um gestor (o *trustee)* administrá-los e dispô-los em favor de um beneficiário. Tal esquema, com suas particularidades a serem delineadas neste trabalho, é adaptável aos mais diferentes tipos de negócios, acendendo um grande interesse prático, oportuno aos vários setores da economia.

Perceba-se, então, que embora o *Trust* seja um instituto tipicamente ligado ao sistema da *common law*, nas últimas décadas passou a assumir maior importância, não só nos países de colonização inglesa ou que sofreram a sua influência diretamente, mas, principalmente, nos países de origem *civil law*.

Com efeito, o tema que por ora se propõe insere-se no contexto do mundo contemporâneo, onde os adventos da integração económica estão cada vez mais sendo estruturados no plano internacional. Isto é, em grande parte, possibilitado pela movimentação de bens, capitais,

[3] *Vide* FREIRE E ALMEIDA, Verônica Scriptore. *O Direito dos Trusts no Brasil*. São Paulo: Almedina, 2020.

serviços e pessoas, com o concomitante aumento no número de transacções, incluindo aquelas envolvendo o uso dos *Trusts*.

Veremos, que a estrutura dos *Trusts* é um esquema adaptável aos mais diferentes tipos de negócios, e por isso abre caminhos à satisfação de múltiplos interesses de ordem prática por parte dos vários setores da economia.

De fato, tal estimação é, sem dúvida, de fundamental importância para o âmbito da *práxis* jurídica em um contexto internacional. Com efeito, a globalização da economia gera aos países a necessidade de buscarem novas formas de atração de capital e investimento, passando a considerar o estudo de novos instrumentos pertencentes a distintos sistemas jurídicos, tal como os *Trusts*.

Sendo assim, este primeiro livro se desenvolve iniciando pelos aspectos fundamentais do instituto, demonstrando sua origem, sua evolução, bem como suas características, que avançaram no sentido da criação de um sistema compreensível, de regras precisas, através do qual o direito da administração dos bens por conta de outrem se tornou o aspecto mais relevante do *Trust*.

Em prosseguimento, vamos nos dedicar à estrutura do *Trust*, em suas vertentes objetiva e subjetiva, que, como veremos, será primordial no desafio da compreensão e implementação do referido instituto. No mesmo sentido, concentraremos nossa análise nas formas de constituição do *Trust* e em suas consequentes classificações. A partir daí, vislumbraremos como se dá a administração do instituto, através dos deveres e poderes do *trustee*.

Também é de fulcral importância identificarmos as principais finalidades dos *Trusts*. Neste momento, será possível constatar a afirmação de que a estrutura flexível dos *Trusts* admite a sua utilização em uma multiplicidade de situações jurídicas.

Na análise internacional do Instituto, nos dedicaremos inicialmente à Convenção da Haia sobre o Direito Aplicável aos *Trusts* e o seu Reconhecimento, de 1985. Com relação à Convenção, desde já, pois, devemos mencionar, que além dela facilitar a determinação da Lei aplicável, enumera as principais características dos *Trusts*. Especialmente, a Convenção esclarece os efeitos de seu reconhecimento por países de origem civilista.

Sem dúvida, tal texto internacional possui importante valor elucidativo, uma vez que apresenta em seu conteúdo noções fundamentais a serem ponderadas pelos países que pretendem oportunizar a introdução dos *Trusts*, como é o caso brasileiro que propomos em nosso segundo livro.

O estudo sobre a internacionalização do instituto dos *Trusts* ocupa o principal papel em nosso trabalho. De fato, para confirmar a importância que o *Trust* adquiriu nas últimas décadas, será necessário alcançarmos um panorama internacional sobre o instituto.

Consideraremos, em nossas análises o sistema anglo-saxónico ou sob influência da *common law e o sistema da civil law,* em uma perspectiva do direito comparado. Avaliaremos, os principais países desses sistemas jurídicos, a fim de identificarmos as fundamentais finalidades dos *Trusts,* bem como as regras jurídicas que os conduzem.

Através desse estudo, restará claro que o *Trust* permanece conquistando cada vez maior relevância, não somente nos países que obtiveram influência direta da *common law*, mas também em outros de formação vinculada ao Direito Romano, independentemente de sua coexistência com outras técnicas jurídicas civilistas.

É dentro desta perspectiva, então, que, em nosso segundo livro, resultado de nossa Tese de Doutoramento, identificamos e esclarecerecemos as conveniências da implementação do instituto dos *Trusts* no Direito brasileiro.

Dessa forma, desejamos com este estudo, cooperar de forma mais efetiva e prática para a devida compreensão dos *Trusts,* vislumbrando, sobretudo, a identificação e superação dos desafios levantados à introdução do *Trust* no Direito brasileiro, tema tratado em nosso livro sobre "O Direito dos *Trusts* no Brasil"[4].

[4] FREIRE E ALMEIDA, Verônica Scriptore. *O Direito dos Trusts no Brasil*. São Paulo: Almedina, 2020.

PREFÁCIO

Os juristas anglo-saxónicos orgulham-se do "trust" como principal criação do seu Direito. Refletindo valores de relacionamento social que lhes são caros, dispostos através de técnicas jurídicas elaboradas ao longo dos tempos. Em contraposição a valores e técnicas diferentes do Direito continental.

É assim um percurso cheio de dificuldades aquele que leva a cabo a Autora, jurista de formação jurídica romano-germânica: entrar num mundo novo e diferente que há que entender e explicar sem o desvirtuar.

Teve um excelente ponto de partida a Autora: um conhecimento aprofundado dos valores que têm animado o Direito continental e as respetivas técnicas jurídicas. Nunca reduzindo o Direito à leitura de normas escritas, o que lhe dificultaria a admissão do que é novo.

Assim, foi-lhe possível estabelecer um diálogo profundo com o muito complexo Direito do "trust", entendendo-o e aprofundando-o de fora através de uma diversidade criativa. Descobrindo perspectivas que não seriam evidentes a um jurista fechado no Direito continental, ou mesmo a um jurista anglo-saxónico, jurista este que terá muito a apreender com o presente estudo que lhe dá novos ângulos de análise.

Apresentando-se e explicando-se aos juristas de Direito continental, naturalmente muito orgulhosos do seu Direito, uma figura universal que se tem vindo a alargar ao Direito continental.

Irá seguir-se, na perspectiva do percurso da Autora, uma parte fundamental, que é a da adaptação do "trust" a um grande Direito continental, como o brasileiro. Adaptação feita por um jurista de mérito, como a Autora, que conhece os trilhos do Direito inclusivo de valores. Vamos aguardar este trabalho, cujas bases estão lançadas.

DIOGO LEITE DE CAMPOS
Professor Catedrático da Faculdade de Direito da Universidade de Coimbra – Portugal (Jub.)

SUMÁRIO

Capítulo I
O Direito dos *Trusts*

1. Antecedentes Históricos e Aproximação ao Instituto dos *Trusts*

Encontramos as raízes dos *Trusts* na História do Direito Inglês[5]. Por essa razão, é imperativo que façamos uma concisa, porém elucidativa, referência sobre a sua origem e evolução através do estudo do surgimento e do desenvolvimento dos Tribunais de *common law* e das regras de *equity*.

De fato, o *Trust* é uma noção fundamental do Direito Inglês e a criação mais importante dos Tribunais da *equity*[6].

A corroborar com esse raciocínio, o fundamental estudo realizado por MAITLAND, já destacava, *in verbis*: "*If we were asked what is* the greatest and most distinctive achievement performed by Englishmen in the field of jurisprudence *I cannot think that we should have any better answer to give than this, namely the development from century to century of the trust idea*" (*grifo nosso*)[7].

[5] *Cfr.* MATTEI, Ugo; HANSMANN, Henry. *The functions of trust law: a comparative legal and economic.* New York University Law Review, p. 434-479, 1998, p. 439.

[6] *Cfr.* DAVID, René. *Os Grandes Sistemas do Direito Contemporâneo.* São Paulo: Martins Fontes, 2002, pg.397. *Vide* no mesmo sentido: PENNER, J. E. *The Law of Trusts.* Seventh Edition. Londres: Oxford University Press, 2010, p. 8

[7] *Cfr.* RUNCIMAN, David; MAGNUS, Ryan. *MAITLAND – State, Trust, and Corporation.* Cambridge: Cambridge University Press, 2003, p.52.

Aliás, PENNER ressalta, nestas palavras: "*The most important development of the preceding institutional history is the law of trust*"[8].

Dessa forma, veremos no decorrer do presente Capítulo, que à apreensão apropriada da estrutura do *Trust* se faz através do estudo de sua origem e desenvolvimento, ou seja, dos seus fundamentais elementos históricos, com marco inicial na Idade Média, mais precisamente após a conquista da Inglaterra pelos normandos, no ano de 1066.

Nos anos iniciais da Idade Média, as terras da nobreza *anglo-saxónica* foram tomadas pelo invasor Guilherme, Duque da Normandia, que se tornou o Rei Guilherme I. De tal modo, Guilherme I reuniu as terras confiscadas em sua propriedade e, posteriormente, redistribuiu-as em caráter precário, em forma de *tenures*, a possuidores designados por "*tenants*" (também chamados de vassalos)[9].

Nesse contexto, formou-se uma estrutura feudal, onde os direitos sobre a propriedade se sujeitavam a um sistema hierárquico de distribuição de terras, divisão relacionada com a autoridade política e social da época. Tal hierarquia era mantida através do sistema de "*tenures*" onde os *tenants* possuíam direitos diferentes sobre a mesma terra. Além disso, insta mencionar que no meio dessa hierarquia poderia haver qualquer número de *tenants*, porém, no topo desse sistema encontrava-se o Rei, o único e autêntico proprietário das terras[10].

Com efeito, as "*tenures*" não davam origem ao direito de propriedade pleno ou perpétuo, pois os *tenants* eram apenas detentores da posse, e a propriedade plena era privilégio atribuído somente ao Rei. Dessa forma, a concessão e consequente posse da terra (*tenure*) vinculava o *tenant* a um conjunto de obrigações perante o Rei. Deve-se salientar, que essas

[8] *Cfr.* PENNER, J. E. *The Law of Trusts*. Seventh Edition. Londres: Oxford University Press, 2010, p. 8.

[9] *Cfr.* DAVID, René. *Os Grandes Sistemas do Direito Contemporâneo*. São Paulo: Martins Fontes, 2002, pg.356; VAZ TOMÉ, Maria João; CAMPOS, Diogo Leite de. *A Propriedade Fiduciária (Trust), Estudo para a sua Consagração no Direito Português*. Coimbra: Almedina, 1999, p. 22. *Vide* complementarmente: THOMAS PLUCKNETT, Theodore Frank. *A Concise History of the Common Law*. Fifth Edition. New Jersey: The Lawbook Exchange, 2010, p. 508.

[10] *Cfr.* PENNER, J. E. *The Law of Trusts*. Seventh Edition. Londres: Oxford University Press, 2010, p. 9.

limitações sobre a propriedade se alteravam em conformidade com o tipo de relação instituída entre eles no momento da concessão[11].

Precisamente, a maior parte das restrições referia-se à sucessão hereditária, ao passo que, naquele período, os direitos reais não podiam ser objeto de sucessão testamentária na Inglaterra[12]. Entre outras, exemplificamos que o proprietário fundiário não podia dispor, por via testamentária, da sua terra. Por sua vez, o herdeiro legítimo, apesar de poder receber a terra pela via sucessória, era sempre obrigado a pagar ao suserano a renda de um ano pelo privilégio da sucessão[13].

Devemos mencionar, aqui, que entre os "*tenants*" figuravam os Senhores normandos que acompanharam Guilherme à Inglaterra, e os Senhores de origem anglo-saxónica que, para manter os seus privilégios e a posse de suas terras, ofereceram em troca, a submissão, agrupando-se em volta de seu soberano[14].

Explica DAVID, que o feudalismo inglês adquiriu caráter militar e organizado, resultando, pois, em um elemento facilitador do desenvolvimento da *common law*[15].

[11] *Cfr.* HOLDSWORTH, Willian Searle. *An historical introduction to the land law.* New Jersey: The lawbook Exchange, 2004, p. 43. *Vide* ainda: PENNER, J. E. *The Law of Trusts.* Seventh Edition. Londres: Oxford University Press, 2010, p. 9; MARTIN, Jill E. *Modern Equity.* Fifteenth Edition. London: Sweet & Maxwell, 1997, p. 9; SANTISTEBAN, Sonia Martín. *"El instituto del trust em los sistemas legales continentales y su compatibilidad com los principios de civil law".* Navarra: Editora Aranzadi, 2005, p. 30.

[12] *Cfr.* SALOMÃO NETO, Eduardo. *O Trust e o Direito Brasileiro.* São Paulo: LTR, 1996, p. 12. REUTLINGER, Mark. *Wills, Trusts, and Estates, Essential Terms and Concepts.* Second Edition, New York: Aspen Publishers, 1998, p. 5. MAITLAND, Frederic William. *Trust and Corporation.* Grünhut's Zeitschrift für das Privat – and Öffentliche Recht, Bd. XXXII, 1904, p. 22.

[13] *Vide* VAZ TOMÉ, Maria João; CAMPOS, Diogo Leite de. *A Propriedade Fiduciária (Trust), Estudo para a sua Consagraçao no Direito Português.* Coimbra: Almedina, 1999, p. 22. *Vide,* também, SALOMÃO NETO, Eduardo. *O Trust e o Direito Brasileiro.* São Paulo: LTR, 1996, p. 12; PENNER, J. E. *The Law of Trusts.* Seventh Edition. Londres: Oxford University Press, 2010, p. 9.

[14] *Cfr.* SALOMÃO NETO, Eduardo. *O Trust e o Direito Brasileiro.* São Paulo: LTR, 1996, p. 11. *Vide* PENNER, J. E. *The Law of Trusts.* Seventh Edition. Londres: Oxford University Press, 2010, p. 9

[15] *Cfr.* DAVID, René. *Os Grandes Sistemas do Direito Contemporâneo.* São Paulo: Martins Fontes, 2002, p. 358. *Vide* ainda THOMAS PLUCKNETT, Theodore Frank. *A Concise History of the Common Law.* Fifth Edition. New Jersey: The Lawbook Exchange, 2010, p. 508;

A *common law* é "fruto" dos Tribunais Reais de Justiça, que se desenvolveram a partir da já aludida invasão normanda, no século XI[16]. Naquela época, em um primeiro momento, os litígios existentes eram levados para diferentes jurisdições locais, onde se aplicavam os costumes e os direitos praticados no período[17]. Em oposição, surgiram os Tribunais Reais de Justiça, objetivando a formação de um direito comum a toda Inglaterra, a *common law*[18].

Entretanto, os Tribunais Reais de Justiça não eram competentes a todos os litígios existentes, não adquirindo a esperada competência Universal[19]. Essa insuficiência da *common law* desembocou, mais tarde, nas regras da *equity*, fonte elementar do Direito dos *Trusts*.

De fato, a *common law* desenvolveu-se assente na estrita dependência de processos formalistas e com competências muito restritas e, em razão disso, não possuía liberdade suficiente para atender, com êxito, todas as necessidades surgentes da época[20]. Consequentemente, as carências oriundas das regras processuais rigorosas da *common law* produziam nos litígios, inevitavelmente, soluções consideradas injustas e em número de casos sempre crescentes[21].

Nesse contexto, explica DAVID, que para a vítima conseguir tutela jurídica era mister solicitar ao *chanceler*, o grande oficial de justiça da coroa, a concessão de um "*writ*". O *writ* tratava-se de um documento

HOLDSWORTH, Willian Searle. *An historical introduction to the land law*. New Jersey: The lawbook Exchange, 2004, p. 22.

[16] *Cfr.* HOLDSWORTH, Willian Searle. *An historical introduction to the land law*. New Jersey: The lawbook Exchange, 2004, p. 140.

[17] *Cfr.* PENNER, J. E. *The Law of Trusts*. Seventh Edition. Londres: Oxford University Press, 2010, p. 2. *Vide*: PETTIT, Philip H. *Equity and the Law of Trusts*. Oxford: Oxford University Press, 2009, p. 1.

[18] *Cfr.* DAVID, René. *Os Grandes Sistemas do Direito Contemporâneo*. São Paulo: Martins Fontes, 2002, p. 359. *Vide* ainda PENNER, J. E. *The Law of Trusts*. Seventh Edition. Londres: Oxford University Press, 2010, p. 2.

[19] *Cfr.* PENNER, J. E. The Law of Trusts. Seventh Edition. Londres: Oxford University Press, 2010, p. 2; DAVID, René. *Os Grandes Sistemas do Direito Contemporâneo*. São Paulo: Martins Fontes, 2002, p. 360.

[20] *Cfr.* PLUCKMETT, Theodore Frank Thomas. *A concise history of the common law*. New Jersey: The Lawbook Exchange, 2001, p. 173.

[21] *Vide* MARTIN, Jill E. *Modern Equity*. Fifteenth Edition. London: Sweet & Maxwell, 1997, p. 3 a 5.

necessário para dar início a um processo, mediante, pois, ao pagamento de taxas à chancelaria[22]. Ainda, importa mencionar que cada *writ* correspondia a uma forma processual determinada, sendo limitado os tipos de writs existentes. Assim sendo, a única alternativa às rigorosas questões processuais oriundas das regras da *common law*, era a procura por novas regras[23].

Como decorrência, a parte do litígio insatisfeita, clamava por proteção e intervenção do Rei, considerado como fonte derradeira de obtenção de Justiça na época[24].

Nesse desenrolar, progressivamente e desde o século XIV, quem não alcançava a justiça pelos Tribunais Reais através dos *writs*, ou quem não obtinha justiça em razão da solução produzida à sua causa por esses Tribunais, convocava a intervenção do Rei. Ordeiramente, tal pedido era dirigido primeiramente ao *chanceler* que, se julgasse oportuno, transmitia ao rei um "*pedido de recurso*"[25].

É nessa perspectiva, pois, que devemos mencionar a fundamental lição de MAITTLAND, *in verbis*: "*Then in the second half of the fourteenth century we see a new Court struggling for existence. It is that Court of Chancery whose name is to be inseparably connected with the Trust*"[26].

Logo, no século XV, chega o momento em que o *chanceler*, munido da autoridade nele delegada, acaba tornando-se um juiz autônomo, decidindo, então, em nome do Rei e do conselho real, através da *Court of Chancery*[27]. Por fim, estabeleceram-se corretivos ao sistema jurídico

[22] *Cfr.* DAVID, René. *Os Grandes Sistemas do Direito Contemporâneo.* São Paulo: Martins Fontes, 2002, p. 372.

[23] *Cfr.* MATTEI, Ugo; HANSMANN, Henry. *The functions of trust law: a comparative legal and economic.* New York University Law Review, p. 434-479, 1998, p. 4.

[24] *Cfr.* PENNER, J. E. *The Law of Trusts.* Seventh Edition. Londres: Oxford University Press, 2010, p. 2; FREIRE E ALMEIDA, Verônica Scriptore. *A Tributação dos Trusts.* Coimbra: Almedina, 2009, p. 21.

[25] *Vide*: PETTIT, Philip H. *Equity and the Law of Trusts.* Oxford: Oxford University Press, 2006, p. 2.

[26] *Cfr.* MAITLAND, Frederic William. *Trust and Corporation.* Grünhut's Zeitschrift für das Privat – and Öffentliche Recht, Bd. XXXII, 1904, p. 10.

[27] MATTEI, Ugo; HANSMANN, Henry. *The functions of trust law: a comparative legal and economic.* New York University Law Review, p. 434-479, 1998, p. 5.

normativo aplicado pelos Tribunais Reais, consolidando-se, novas medidas decisórias mais justas, a *equity*[28].

No desenrolar desses acontecimentos históricos, desencadeados pela conquista normanda de 1066, em meio ao surgimento da *common law* e do desenvolvimento das regras da *equity*, encontramos a origem do *use*, precedente histórico do *Trust*.

O "*use*" foi, pois, o instrumento encontrado pelos *tenants*, para ladear as restrições feudais que "*ligavam*" os seus bens ao arbítrio do suserano, precisamente com o objetivo de evitar os vínculos que afetavam o seu Direito de Sucessão[29].

Essencialmente, o "*use*" consistia na transferência, pelo *tenant*, de seu património para amigos de sua confiança (designados após por *trustee*) em "*use*" (em caráter fiduciário). Tais amigos se vinculavam a tê-lo em "*use*" para os beneficiários (*cestui que use*), que era o disponente (*tenant*) durante a sua vida e, após a sua morte, o seu filho, até que este atingisse a maioridade. Deste modo, a propriedade fundiária passava para a esfera do herdeiro mediante a prática de um ato jurídico *inter vivos*, e não por via sucessória[30].

Portanto, nunca chegavam a nascer os direitos do suserano feudal[31], possibilitando-se aos vassalos, enfim, o tão aspirado planejamento sucessório, nomeadamente quando partissem para as guerras, em casos de doenças graves ou por mera precaução[32]. Com efeito, prontamente o "*use*"

[28] *Vide*: HUDSON, Alastair. *Understanding Equity & Trusts*. Australia: Cavendish publishing, 2004, p. 199; PETTIT, Philip H. *Equity and the Law of Trusts*. Oxford: Oxford University Press, 2009, p. 2; DOUPE, Michael; SALTER, Michael. *Concealing The Past?: Questioning Textbook Interpretations Of The History Of Equity And Trusts*. Netherlands: Kluwer Academic Publishers, Liverpool Law Review, v. 22, p. 253–285, 2000.

[29] *Cfr*. REUTLINGER, Mark. *Wills, Trusts, and Estates, Essential Terms and Concepts*. Second Edition, New York: Aspen Publishers, 1998, p. 148.

[30] *Vide* PENNER, J. E. *The Law of Trusts*. Seventh Edition. Londres: Oxford University Press, 2010, p. 9-11; MARTIN, Jill E. *Modern Equity*. Fifteenth Edition. London: Sweet & Maxwell, 1997, p. 8-9.

[31] *Cfr*. SANTISTEBAN, Martín S. *El instituto del trust em los sistemas legales continentales y su compatibilidad com los principios de civil law*. Navarra: Editora Aranzadi, 2005, p. 30; VAZ TOMÉ, Maria João; CAMPOS, Diogo Leite de. *A Propriedade Fiduciária (Trust), Estudo para a sua Consagração no Direito Português*. Coimbra: Almedina, 1999, p. 21.

[32] *Cfr*. SALOMÃO NETO, Eduardo. *O Trust e o Direito Brasileiro*. São Paulo: LTR, 1996, p.13. *Vide* ainda: PLUCKMETT, Theodore Frank Thomas. *A concise history of the common law*. New Jersey: The Lawbook Exchange, 2001, p. 100.

tornou-se um instrumento capaz de satisfazer as necessidades da época, passando a ser largamente utilizado na transferência de terras entre os *vassalos*. Porém, em decorrência do seu vasto uso, problemas surgiram, uma vez que, embora eficaz, o "*use*" não tinha, inicialmente, uma proteção jurídica adequada dos Tribunais da *common law*[33].

De fato, segundo as regras da *common law*, o *trustee* tornava-se o verdadeiro titular da terra, podendo dar-lhe o destino que melhor lhe aprouvesse[34]. Insta destacar, também, que a obrigação do *trustee* de administrar essa propriedade, para a vantagem do beneficiário, era puramente moral, pois que, ele era o pleno proprietário e nada poderia ser reivindicado dele em um tribunal de direito comum[35].

Nesse sentido, os deveres e obrigações do *trustee* eram éticos e baseados na **confiança** existente entre as partes envolvidas no "*use*"[36]. Perceba-se, então, que os principais problemas do *use* ocorriam, precisamente, nos casos de quebra do *dever de lealdade* por parte do *trustee*, liame até então fundamental para a existência e o bom funcionamento do mecanismo do *use*. Tornou-se corriqueiro os casos em que o *trustee* do *use* não cumpria com suas funções recebidas e aceitas voluntariamente por ele, traindo a "*confiança*" do vassalo e de seus herdeiros. De fato, destaca-se, que na maioria das vezes, os afetados eram os beneficiários, designados por "*cestui que use*"[37].

Conforme vimos a pouco, os Tribunais Reais, então fonte de "*Justiça*" da época, eram obrigados a observar e seguir processos rígidos, além de sua competência limitada. Em consequência, ineficaz para levar em consideração os direitos dos beneficiários do *use*. Para a *common law*, embora a atribuição de propriedade possuísse uma finalidade específica,

[33] *Vide*: PETTIT, Philip H. *Equity and the Law of Trusts*. Oxford: Oxford University Press, 2006, p. 13.

[34] *Vide*: THOMAS PLUCKNETT, Theodore Frank. *A Concise History of the Common Law*. Fifth Edition. New Jersey: The Lawbook Exchange, 2010, p. 581.

[35] *Cfr*. MATTEI, Ugo; HANSMANN, Henry. *The functions of trust law: a comparative legal and economic*. New York University Law Review, p. 434-479, 1998, p. 5.

[36] *Cfr*. SALOMÃO NETO, Eduardo. *O Trust e o Direito Brasileiro*. São Paulo: LTR, 1996, p. 13.

[37] *Vide*: THOMAS PLUCKNETT, Theodore Frank. *A Concise History of the Common Law*. Fifth Edition. New Jersey: The Lawbook Exchange, 2010, p. 581; PETTIT, Philip H. *Equity and the Law of Trusts*. Oxford: Oxford University Press, 2009, p. 13.

decorrente de um vínculo que comprometia o *trustee* perante o beneficiário, não gerava para o *trustee* a obrigação de restituição da propriedade[38].

Logo, não conferiam ao *cestui que use* qualquer direito[39]. Ainda, não existia nenhuma ação na Justiça (*writ*), que permitisse ao beneficiário levar o inadimplemento dos termos do *use* pelo *trustee* aos Tribunais da *common law*[40].

As soluções almejadas foram alcançadas, enfim, por meio das já aludidas decisões equitativas do *chanceler*, através da *Court of Chancery* a seguir delineada.

a) A *Court of Chancery* – Fonte Elementar do Direito dos *Trusts* – As iniquidades praticadas pelos Tribunais Reais, resultaram na origem da *Court of Chancery*. Conforme já mencionado, as decisões proferidas pela *Court of Chancery* eram tomadas considerando a *equidade* do caso particular[41], resultando em um moderno sistema de regras designadas de *equity*[42]. Esse acontecimento resultou no surgimento e aprimoramento jurídico normativo do instituto dos *Trusts*, justificando o destaque do tópico presente.

No âmbito do *use*, a intervenção jurisdicional do *chanceler* passou a ser frequentemente exigida pelos "*cestui que use*", em razão da ausência de direitos dos beneficiários do *use* e das consequentes decisões injustas. Pontos, estes, indicativos das deficiências dos Tribunais da "*common law*"[43].

[38] *Cfr.* PETTIT, Philip H. *Equity and the Law of Trusts.* Oxford: Oxford University Press, 2009, p. 13. *Vide*: HOLDSWORTH, Willian Searle. *An historical introduction to the land law.* New Jersey: The lawbook Exchange, 2004, p. 147/149.

[39] *Cfr.* PETTIT, Philip H. *Equity and the Law of Trusts.* Oxford: Oxford University Press, 2009, p. 13.

[40] *Cfr.* FREIRE E ALMEIDA, Verônica Scriptore. *A Tributação dos Trusts.* Coimbra: Almedina, 2009, p. 20. *Vide* ainda: PETTIT, Philip, H., *Equity and the Law of Trusts.* London: Butterworths, 2009, p. 25; BOGERT, George Taylor. *Law of Trusts.* St. Paul: West Publishing Company, 1921, p. 9.

[41] *Cfr.* PENNER, J. E. *The Law of Trusts.* Seventh Edition. Londres: Oxford University Press, 2010, p. 3.

[42] *Vide* PENNER, J. E. *The Law of Trusts.* Seventh Edition. Londres: Oxford University Press, 2010, p. 3-4; MARTIN, Jill E. *Modern Equity.* Fifteenth Edition. London: Sweet & Maxwell, 1997, p. 6.

[43] *Vide* BOGERT, George Taylor. *Law of Trusts.* St. Paul: West Publishing Company, 1921, p. 9; HOLDSWORTH, Willian Searle. *An historical introduction to the land law.* New Jersey: The lawbook Exchange, 2004, p. 149.

Contudo, nas correções de tais decisões, o *chanceler* não formulava regras novas de direito, pois, respeitava-se o direito da *common law*. Perceba-se, então, que o *chanceler* não determinava diretamente a retomada de um bem pela parte a quem devesse pertencer por justiça, se isso não fosse amparado pelas regras da *common law*. Por outro lado, respeitar o direito da *common law*, não significava negligenciar a moral. Pelo contrário, é em nome dessa última que o *chanceler* passa a interferir[44].

Assim, guiando-se pela ética e pela sua consciência, o *chanceler* encontrou formas de obrigar o cumprimento dos *termos do use*[45].

Para alcançar tal solução, o *chanceler* emitia "*ordens de cumprimento do use*", designadamente, nos casos em que o *trustee* não agia segundo a confiança que nele havia sido depositada pelo constituinte do *use*. Destaca-se, que as ordens emitidas eram de caráter pessoal, tendo por sanção penalidades a recaírem sobre a pessoa do *trustee* infrator[46].

Melhor ilustrando, o *chanceler* determinava que o *trustee* acatasse os compromissos previstos no ato constitutivo do *use*, sob a ameaça de sanções como, por exemplo, a ordem de prisão do *trustee* ou a de penhora de seus bens particulares[47]. Resultando, por conseguinte, na validação do "*use*" em detrimento das regras rigorosas e formalistas da *common law*.

Porém, um ponto importante que se levantou à época, foi o de saber contra quem o beneficiário poderia impor os seus direitos. Inicialmente, o *chanceler* emitia "*ordens de cumprimento do use*" contra o *trustee* original, e, posteriormente, também passou a abranger os herdeiros do *trustee* e, estendendo, após, a todos aqueles que por sucessão ocupassem o lugar do *trustee* inicial[48].

[44] *Cfr.* DAVID, René. *Os Grandes Sistemas do Direito Contemporâneo*. São Paulo: Martins Fontes, 2002, p. 389.

[45] *Vide*: PETTIT, Philip H. *Equity and the Law of Trusts*. Oxford: Oxford University Press, 2009, p. 5.

[46] *Vide*: SALOMÃO NETO, Eduardo. *O Trust e o Direito Brasileiro*. São Paulo: LTR, 1996, p. 15; BEILFUSS, Cristina González. *El Trust- La Institución Anglo-Americana y el Derecho Internacional Privado Español*. Barcelona: Bosch, 1997, p. 27.

[47] *Cfr.* DAVID, René. *Os Grandes Sistemas do Direito Contemporâneo*. São Paulo: Martins Fontes, 2002, p. 399. *Vide* BOGERT, George Taylor. *Law of Trusts*. St. Paul: West Publishing Company, 1921, p. 10.

[48] *Vide* MAITLAND, Frederic William. *Trust and Corporation*. Grünhut's Zeitschrift für das Privat – and Öffentliche Recht, Bd. XXXII, 1904, 16.

Efetivamente, nos primeiros anos do século XV, o *use* obteve, enfim, tutela jurídica completa através das regras da *equity*,[49] resultando na instalação de uma nova corte separada dos Tribunais da *common law*, a *Court of Chancery*[50].

Em outras palavras, por fim, destacam MATTEI e HANSMANN (1998), *in verbis*: *"The dual common law/equity system, typical of Anglo-American law, was born"*[51].

Em decorrência da coexistência desses dois corpos de regras distintos, se inicia a construção de uma moderna lei sobre a propriedade, com fundamentos em acontecimentos medievais e aparada pelas regras de *equity*[52].

Com efeito, tema de extrema importância que se põe nesta esfera, então, atine à divisão do direito de propriedade, ponto estrutural e característica basilar dos *Trusts*. É fundamental distinguir-se a posição do *trustee* nas duas jurisdições que aqui distinguimos: *common law* e *equity*.

Para a *common law*, a pessoa que recebia o bem (ou seja, o *trustee*) tornava-se, por conseguinte, autêntica proprietária desse bem[53]. Por sua

[49] De fato, como observamos, em decorrência do número crescente de petições dirigidas ao *chanceler*, as resoluções da Chancelaria desenvolveram-se em um corpo de regras complementares especiais, "a *equity*", a fim de aperfeiçoar, no interesse da moral, o sistema de Direito aplicado pelos Tribunais da *common law*. *Vide* DAVID, René. *Os Grandes Sistemas do Direito Contemporâneo*. São Paulo: Martins Fontes, 2002, p. 370-373; HOLDSWORTH, Willian Searle. *An historical introduction to the land law*. New Jersey: The lawbook Exchange, 2004. DIGBY, K.Edward. *An introduction to the history of the law of real property*. New Jersey: The lawbook Exchange, 2005; FONSECA, Rodrigo Garcia. *Considerações sobre o Trust (fidúcia) no Direito Comparado*. Revista Forense, Rio de Janeiro, v. 334, 1996, p. 157; FREIRE E ALMEIDA, Verônica Scriptore. *A Tributação dos Trusts*. Coimbra: Almedina, 2009, p. 21.

[50] *Cfr*. DAVID, René. *Os Grandes Sistemas do Direito Contemporâneo*. São Paulo: Martins Fontes, 2002, p. 370-373. *Cfr*. HOLDSWORTH, Willian Searle. *An historical introduction to the land law*. New Jersey: The lawbook Exchange, 2004. *Vide* ainda: DIGBY, K.Edward. *An introduction to the history of the law of real property*. New Jersey: The lawbook Exchange, 2005; FONSECA, Rodrigo Garcia. *Considerações sobre o Trust (fidúcia) no Direito Comparado*. Revista Forense, Rio de Janeiro, v. 334, 1996, p. 157; FREIRE E ALMEIDA, Verônica Scriptore. *A Tributação dos Trusts*. Coimbra: Almedina, 2009, p. 21.

[51] *Cfr*. MATTEI, Ugo; HANSMANN, Henry. *The functions of trust law: a comparative legal and economic*. New York University Law Review, p. 434-479, 1998, p. 4.

[52] *Cfr*. HOLDSWORTH, Willian Searle. *An historical introduction to the land law*. New Jersey: The lawbook Exchange, 2004, p. 140.

[53] *Vide* THOMAS, Geraint; HUDSON, Alastair. *The Law of Trusts*. New York: Oxford University Press, 2010, p. 13.

vez, a *Court of Chancery* considerava o *trustee* um simples procurador, ou, quando muito, proprietário temporário dos bens, em decorrência de um compromisso voluntariamente por ele assumido[54].

Nesse passo, e na busca pela Justiça almejada, a *Court of Chancery* separou os direitos reais sobre a propriedade, com a distinção entre a *propriedade legal* (*legal estate*) e a propriedade equitativa *(equitable estate)*. Ficando, então, o título da propriedade (*legal title*) com o *trustee*, e o domínio útil (*beneficial use*) com o beneficiário[55]. Enfim, o *desdobramento* do direito de propriedade, aferiu garantia real aos beneficiários contra eventuais inadimplementos do *trustee.*

b) O "*Statute of Uses*" e seus Efeitos sob o *Trust* – O rápido desenvolvimento do *use* se deparou, consequentemente, com o descontentamento da nobreza e do Rei. Por conseguinte e obviamente, os grandes Senhores Feudais viam nas novas normas frustrados muitos de seus privilégios de suserania em relação aos vassalos, principalmente aqueles que tinham por causa principal a sucessão hereditária destes.

Com razão, incontestavelmente, a perda patrimonial se fazia sentir com particular intensidade para o Rei, resultando, dessa forma, no premeditado e iminente exaurimento de suas principais receitas reais, tendo em vista que o *use* lhe retirava, diretamente, os benefícios feudais[56].

Nesse sentido, o Rei Henrique VII promulgou em 1535 o "*Statute of Uses*", tendo como principal finalidade a fundamental redução do âmbito de aplicação dos *uses*, mediante a conversão do *equitable interest* do *cestui que use* na *legal ownership*[57].

[54] *Cfr.* DAVID, René. *Os Grandes Sistemas do Direito Contemporâneo.* São Paulo: Martins Fontes, 2002, p. 391; FREIRE E ALMEIDA, Verônica Scriptore. *A Tributação dos Trusts.* Coimbra: Almedina, 2009, p. 22.

[55] *Cfr.* SALVATORE, Vicenzo. *IL Trust – Profili di Diritto Internazionale e Comparato. Univ. di Pavia studi nelle scienze giurid. e sociali,* Padova, 1996, p. 09; SANTISTEBAN, Sonia Martín. "*El instituto del trust em los sistemas legales continentales y su compatibilidad com los principios de civil law*". Navarra: Editora Aranzadi, 2005, p. 31.

[56] *Vide* HOLDSWORTH, Willian Searle. *An historical introduction to the land law.* New Jersey: The lawbook Exchange, 2004, p. 153.

[57] *Cfr.* REUTLINGER, Mark. *Wills, Trusts, and Estates, Essential Terms and Concepts.* Second Edition, New York: Aspen Publishers, 1998, p. 5. *Vide*: MARTIN, Jill E. *Modern Equity.* Fifteenth Edition. London: Sweet & Maxwell, 1997, p. 10.

Preocupou-se o "*Statute of Uses*" com as terras denominadas por "*free tenements*", designadas modernamente por "*freehold ownership of land*", que eram terras vinculadas ao Rei, porém, com um direito indeterminado de posse e que, portanto, eram passíveis de transferência sucessória pela via do *use*. Logo, o estatuto não se aplicava a todas as formas de *uses*, por exemplo, não se aplicava aos *uses* constituídos com bens móveis. Também não se aplicava os *uses* onde o *trustee* tinha obrigações ativas a executar, com finalidades outras que não a de ladear as restrições feudais. Tais *uses* não foram eliminados e nem eram considerados inválidos[58].

Nesse contexto, era imprescindível descobrir uma nova forma de reinclusão no esquema do *use* das já mencionadas *freehold land*, então objeto de ataque do *Statute of Uses*. Acrescente-se, que o *Statute of Uses* foi fundamental ao estabelecimento e desenvolvimento das normas regulamentadoras do *Trust*.

Perceba-se, pois, que em virtude das barreiras constituídas pelo "*Statute of Uses*", desenvolveu-se outra prática com o objetivo de manter a constituição dos *uses* também com relação a tais propriedades[59]. Nessa linha, o mecanismo desenvolvido sob os olhos e proteção da corte da chancelaria, consistia na constituição do "*use upon a use*", mediante a previsão de uma segunda transmissão em *use*[60].

Em exemplo a respeito, se "A" constitui um *use* sobre um imóvel em favor de B, transferindo-lhe a titularidade dos direitos reais sobre o bem, e se B fizer o mesmo com relação a C, porém, recomendando D como beneficiário da administração do bem, apenas o primeiro dos referidos *uses* (de A para B) é considerado *legal ownership* no sentido do *Statute of Uses*, continuando o segundo *use* (de B para C em favor de D) ser inteiramente válido, produzindo os seus efeitos[61].

[58] *Cfr.* MARTIN, Jill E. *Modern Equity*. Fifteenth Edition. London: Sweet & Maxwell, 1997, p. 10..

[59] *Cfr.* MARTIN, Jill E. *Modern Equity*. Fifteenth Edition. London: Sweet & Maxwell, 1997, p. 10.

[60] *Cfr.* VAZ TOMÉ, Maria João; CAMPOS, Diogo Leite de. *A Propriedade Fiduciária (Trust), Estudo para a sua Consagração no Direito Português*. Coimbra: Almedina, 1999, p. 23.

[61] *Cfr.* PLUCKMETT, Theodore Frank Thomas. *A concise history of the common law*. New Jersey: The Lawbook Exchange, 2001, p. 598 a 602; PENNER, J. E. *The Law of Trusts*. Seventh Edition. Londres: Oxford University Press, 2010, p. 12.

O maior significado do "*use upon a use*" é que o segundo *use*, como forma de diferenciá-lo do primeiro, será chamado de *Trust*[62].

c) A Concretização do Direito dos *Trusts* no Sistema Jurídico da *Common Law* – Depois de termos discorrido sobre a origem da *common law* e da *equity*, o mecanismo do *use*, e, ainda, sobre a participação de tais pontos de estudo, na origem do *Trust*, é hora agora de analisarmos a conexão de tais elementos com o desenvolvimento do Direito dos *Trusts*.

De fato, a origem e evolução do *Trust* apoiam-se, fundamentalmente, na história do Direito Inglês e nas regras da *equity*. O *Statute of Uses* de 1535 representa um marco importante na história de relações sob *Trusts*, emergido da tentativa de abolir o *use*.

Essencialmente, com o advento das regras de *equity*, consubstanciaram-se os direitos dos beneficiários. A *Court of Chancery* tornou as prerrogativas do *trustee* limitadas à intenção do instituidor do *Trust*. Além disso, conferiu o dever fiduciário ao *trustee*, sendo hoje um dever inerente ao exercício da função. Estabeleceu-se o dever do *trustee* de administrar os bens ou direitos em *Trust* como um pai de família e segundo sua consciência.

Com efeito, foi através da aplicação das *regras da equidade*, que se consolidou, em definitivo, o reconhecimento dos direitos dos *cestui que use* (*cestui que trust*), tornando-os semelhantes àqueles reconhecidos pelas regras da *common law*[63].

Conforme já indicado, surgiu uma nova terminologia: onde os direitos do *trustee* foram denominados como "*legal ownership*" e os direitos do *cestui que trust* (beneficiários) sobre os bens constituídos em *Trust*, como "*equitable ownership*"[64].

[62] *Vide* BOGERT, George Taylor. *Law of Trusts*. St. Paul: West Publishing Company, 1921, p. 14.
[63] *Cfr.* REUTLINGER, Mark. *Wills, Trusts, and Estates, Essential Terms and Concepts*. Second Edition, New York: Aspen Publishers, 1998, p. 151.
[64] *Cfr.* MATTEI, Ugo; HANSMANN, Henry. *The functions of trust law: a comparative legal and economic*. New York University Law Review, p. 434-479, 1998, p. 5. *Vide* ainda, MARTIN, Jill E. *Modern Equity*. Fifteenth Edition. London: Sweet & Maxwell, 1997, p. 14-15; FREIRE E ALMEIDA, Verônica Scriptore. *A Tributação dos Trusts*. Coimbra: Almedina, 2009, p. 23; VAZ TOMÉ, Maria João; CAMPOS, Diogo Leite de. *A Propriedade Fiduciária (Trust), Estudo para a sua Consagração no Direito Português*. Coimbra: Almedina, 1999, p. 24.

Logo, o beneficiário adquire um direito real sobre os bens ou direitos em *Trust*, e não simples direitos obrigacionais, podendo, dessa forma, reivindicar o seu direito contra qualquer pessoa e obter, assim, a tutela jurisdicional pretendida[65].

As decisões dos Tribunais da equidade, tornaram-se o "alicerce" dos *Trusts*, fornecendo as primeiras e mais importantes regras e princípios aplicáveis a ele[66]. Nessa linha, além dos direitos dos beneficiários já mencionados, as decisões equitativas formaram e aperfeiçoaram outras inúmeras normas concernentes aos *Trusts*.

Entre outras regras que evoluíram das decisões da *equity*, podemos indicar, aqui, o estabelecimento de normas referentes a administração dos bens constituídos em *Trusts*, regras instituidoras dos respectivos Princípios e indicativas da correta conduta do *trustee*, e, ainda, regras limitadoras do período máximo de tempo permitido para a manutenção dos bens em *Trusts*[67].

Pois, sim, vale então aqui se enfatizar, que a evolução contínua dos *Trusts* também é marcada, substancialmente, pela sua imensa popularidade no século XIX. Em um primeiro momento, o clássico objeto dos *Trusts* era a terra, e o *Trust* se resumia a um mecanismo de transmissão da propriedade. De fato, notamos que a sua estrutura foi o formato encontrado pelos *vassalos* para amparar seus filhos menores ou eventuais viúvas, em uma época onde não era livre à disposição dos bens pela via sucessória.

Mais tarde, outros bens passaram a ser objeto do *Trust* como o dinheiro, peças de ouro e de prata. Perceba-se, que a alteração do objeto do *Trust* ocorreu juntamente com a mudança da riqueza nacional na época. A economia agrária lentamente se tornou industrializada e, consequentemente,

[65] *Cfr.* MATTEI, Ugo; HANSMANN, Henry. *The functions of trust law: a comparative legal and economic.* New York University Law Review, p. 434-479, 1998, p. 5. *Cfr.* MAITLAND, Frederic William. *Trust and Corporation. Grünhut's Zeitschrift für das Privat – and Öffentliche Recht*, Bd. XXXII, 1904, p.17.

[66] *Cfr.* MAITLAND, Frederic William. *Trust and Corporation.* Grünhut's Zeitschrift für das Privat – and Öffentliche Recht, Bd. XXXII, 1904.

[67] *Cfr.* VAZ TOMÉ, Maria João; CAMPOS, Diogo Leite de. *A Propriedade Fiduciária (Trust), Estudo para a sua Consagração no Direito Português.* Coimbra: Almedina, 1999, p. 25.

formou-se novas formas de riquezas consubstanciadas em contas bancárias, títulos e ações[68].

A esse respeito, em substância, já previa MAITLAND, sobre esse fenômeno, *in verbis*: "*Today it appears as a piece of land; tomorrow it may be some gold coins in a purse; then it will be a sum of Consols; then it will be shares in a Railway Company, and then Peruvian Bonds. Trusts of money or of invested funds became as usual as trusts of land*"[69].

Nesse quadro, o *Trust* atraiu os olhares da nova classe social que emergia, formada pelos ricos comerciantes e industriais, ansiosos para preservar e transmitir a sua riqueza através da estrutura proporcionada pelos *Trusts*[70].

Em breve análise estrutural, o *trustee* continua, na concepção inglesa, como sendo o verdadeiro proprietário dos bens em *Trust*. Dessa forma, os poderes do *trustee* sobre tais bens não são tão-somente poderes de gestão, são completas competências de disposição onerosa ou gratuita.

Logo, poderá o *trustee* comercializar ou até mesmo transmitir a título gratuito os bens em *Trust*, que a propriedade desses bens será validamente transmitida aos seus adquirentes. Contudo, pelas regras da *equity*, ocorrerá a *sub-rogação real ou pessoal*[71].

No primeiro caso, de venda de bens pertencentes ao *Trust*, o que o *trustee* receber em contrapartida é automaticamente sub-rogado nesses bens alienados, ou seja, o *trustee* será considerado como *trustee* do valor proveniente dessa venda. No segundo caso, tratando-se de adquirente a título gratuito ou sendo um adquirente de má-fé, tal adquirente torna-se, automaticamente, *trustee* dos bens a ele transferidos, e deve explorá-los no interesse dos beneficiários do *Trust*, ocorrendo aqui, pois, a hipótese de sub-rogação pessoal[72].

68 *Cfr.* WAI LAU, Ming. *The Economic Structure of Trusts – Towards a Property-based Approach.* New York: Oxford University Press, 2011, p. 3. *Cfr.* SALOMÃO NETO, Eduardo. *O Trust e o Direito Brasileiro.* São Paulo: LTR, 1996, p. 19.

69 *Cfr.* MAITLAND, Frederic William. *Trust and Corporation.* Grünhut's Zeitschrift für das Privat – and Öffentliche Recht, Bd. XXXII, 1904, p. 21.

70 *Cfr.* WAI LAU, Ming. *The Economic Structure of Trusts – Towards a Property-based Approach.* New York: Oxford University Press, 2011, p. 3.

71 *Cfr.* MAITLAND, Frederic William. *Trust and Corporation.* Grünhut's Zeitschrift für das Privat – and Öffentliche Recht, Bd. XXXII, 1904, p. 17.

72 *Cfr.* DAVID, René. *Os Grandes Sistemas do Direito Contemporâneo.* São Paulo: Martins Fontes, 2002, p. 400. *Vide* ainda MATTEI, Ugo; HANSMANN, Henry. *The functions of trust law: a comparative legal and economic.* New York University Law Review, p. 434-479, 1998, p. 5.

Acrescente-se, que a função do *trustee*, que se sintetizava em distribuir bens, em circunstâncias não permitidas pela *common law*, hodiernamente vai muito além. Com efeito, o clássico *trustee*, caracterizado como sendo uma pessoa física, vivente nas relações de amizade ou familiares do vassalo, hoje, caracteriza-se como um competente homem de negócios, ou seja, um profissional qualificado na boa administração e gestão de recursos alheios.

Daí o inconteste acerto de CAMPOS, que capturou a importância dos *Trusts*, na seguinte assertiva, *in verbis*: "*Trata-se de um instrumento privilegiado de gestão patrimonial*"[73].

É nesta perspectiva que, embora ainda existam *trustees* individuais, o seu papel passou a ser desenvolvido em grande escala por *trustees* profissionais, tais como corporações ("*trustees companies*") ou instituições financeiras interessadas na gestão de fortunas, no planejamento familiar e na gestão de recursos voltados à caridade[74].

Outro importante ponto a ser destacado, é que a separação patrimonial e a consequente divisão dos direitos sobre a propriedade, proporcionada pela estrutura dos *Trusts*, gerou a impossibilidade dos credores do *trustee* executarem os bens transferidos em *Trust*[75].

Sem dúvida, muitas das regras relativas aos deveres fiduciários e responsabilidade dos *trustees* seguem ainda hoje rigorosas e inclusive, atualmente, se tornaram estatutárias.

2. Identificação do Conceito de *Trust*

Em primeiro, conforme observamos, o *Trust* é uma noção basilar do Direito Inglês[76].

[73] *Cfr.* CAMPOS, Diogo Leite de, *A Tributação dos "Trusts" (I)*. Lisboa: PLMJ, Questões Fiscais de Globalização – IV, 2007.

[74] Podemos citar aqui, por exemplo, a *board of trustees* da "*The BBC Trust*" – Onde o *Trust* é composto pelo Presidente, o vice-presidente e por mais 10 *trustees*. Disponível em: http://www.bbc.co.uk/bbctrust/about/who_we_are/trustees/index.shtml. Acesso em 18.08.2011. Ainda a *Calouste Gulbenkian Foundation*. Disponível em: http://gulbenkian.org.uk/about-us/about-us.html. Acesso em: 08.09.2011.

[75] *Vide:* POIDEVIN, Nicholas Le. *Going bust: insolvency and Trusts. Trusts* & Trustees, United Kingdom, v. 16, n. 5, p. 299–309, june 2010, p. 305.

[76] *Cfr.* MARTIN, Jill E. *Modern Equity*. Fifteenth Edition. London: Sweet & Maxwell, 1997, p. 43; DAVID, René. *Os Grandes Sistemas do Direito Contemporâneo*. São Paulo: Martins

De destacar é, a este propósito, que segundo PALUMB), *in verbis*: "*The term "trust" is untranslatable...*"[77]. Também é de nossa consideração que o termo "Trust" não deve ser traduzido.

Em consonância com THOMAS e HUDSON, *in verbis*: "*the essence of a trust is the imposition of an equitable on a person who is the legal owner of property (a trustee) which requires that person to act in good conscience when dealing with that property in favour o any person (the beneficiary) who has a beneficial interest recognized by equity in the property*"[78].

Nesse sentido, VAZ TOMÉ e CAMPOS explicam que ao invés do *Trust* ser visto como um instrumento jurídico particular, ele é, antes de qualquer coisa, um quadro jurídico que o Direito anglo-americano utiliza em vários domínios, ou seja, *uma moldura jurídica passível de numerosas utilizações*[79]. (grifo nosso)

Nesse quadro, especial consideração assume a menção feita por SALOMÃO *in verbis*: "*Mais importante do que fixar uma definição é ter em mente que os trusts permitem a uma determinada pessoa ter o gozo de um determinado bem sem figurar nominalmente como sua titular ou proprietária. Dessa utilidade básica derivam inúmeras aplicações práticas*"[80].

Logo, o desafio em encontrar uma particular definição dos *Trusts*, é precisamente o fato de que tal definição poderia reduzir consideravelmente a flexibilidade inerente do instituto[81].

Fontes, 2002, p. 397. No mesmo sentido MATTEI e HANSMANN (1998), *in verbis*: "*The Anglo-American concept of the trust, together with the equity jurisprudence of which it forms a part, is the fortuitous product of the peculiar historical path followed by English law*". *Cfr.* MATTEI, Ugo; HANSMANN, Henry. *The functions of trust law: a comparative legal and economic.* New York University Law Review, p. 434-479, 1998, p. 4.

[77] *Cfr.* PALUMBO, Giovanni. *Trusts in Italian tax treaties with the United Kingdom and the United States of America. Trusts* & Trustees, United Kingdom, v. 3, p. 20-23, december 1996.

[78] *Cfr.* THOMAS, Geraint; HUDSON, Alastair. *The Law of Trusts.* New York: Oxford University Press, 2010, p. 11.

[79] *Cfr.* VAZ TOMÉ, Maria João; CAMPOS, Diogo Leite de. *A Propriedade Fiduciária (Trust), Estudo para a sua Consagração no Direito Português.* Coimbra: Almedina, 1999, p. 19.

[80] *Cfr.* SALOMÃO NETO, Eduardo. *O Trust e o Direito Brasileiro.* São Paulo: LTR, 1996, p. 19. Veremos no decorrer do presente trabalho, que entre os diversos tipos e finalidades encontramos os *business Trusts*, os *charitable Trusts*, *unit Trusts* e *investment Trusts*, *family Trusts*, *voting Trusts*, *testamentary Trusts*, entre outros.

[81] *Cfr.* TRIPET, François. *Trust Patrimoniaux Anglo-Saxons et Droit Fiscal Français.* Paris: Litec, 1989, p. 03. Nesse sentido ainda, *vide*: SANTISTEBAN, Sonia Martín. "*El instituto del trust em*

Em geral, porém, o *Trust* poderia ser definido apoiando-se em sua estrutura constitutiva.

Nesses termos, pois, VAZ TOMÉ e CAMPOS definem o *Trust* constituído de forma expressa, como sendo uma instituição do direito de propriedade, onde intervêm três sujeitos, o instituidor que é o sujeito que constitui o *Trust*, o fiduciante, que é o titular legal do bem ou direito e por fim, o beneficiário, que é a pessoa que tem a faculdade de exigir o cumprimento do *Trust* em seu benefício próprio[82].

Em complemento, MENNEL destaca, *in verbis*: *"The trust relationship imposes "fiduciary" duties upon the trustee for the benefit of the beneficiary. These fiduciary duties are life-blood of the relationship"*[83].

Dentro desse contexto, ganha significativa importância fazermos referência ao conceito de *Trust* introduzido pela Convenção de Haia sobre o Direito Aplicável aos *Trusts* e o seu Reconhecimento, de 1985. Em síntese, e apenas a título introdutório, tal Convenção foi firmada e ratificada por diversos países dos sistemas jurídicos *common law e civil law*, objetivando fornecer um entendimento uniforme entre eles sobre os principais aspectos dos *Trusts*[84].

A Convenção define os *Trusts* em seu artigo 2º, conferindo um conceito legal, passivo de entendimento nos dois ordenamentos Jurídicos distintos[85].

Conforme alude o artigo 2º, *in verbis*: *"For the purposes of this Convention, the term "trust" refers to the legal relationships created – inter vivos or on death – by*

los sistemas legales continentales y su compatibilidad com los principios de civil law". Navarra: Editora Aranzadi, 2005, p. 32. BEILFUSS, Cristina González. *El Trust- La Instituición Anglo-Americana y el Derecho Internacional Privado Español*. Barcelona : Bosch, 1997, p. 16. GODECHOT, Sara. *L'articulation du trust et du droit des successions*. Paris: Panthéon-Assas, 2004, p. 161.

[82] *Cfr.* VAZ TOMÉ, Maria João; CAMPOS, Diogo Leite de. A Propriedade Fiduciária (Trust), Estudo para a sua Consagração no Direito Português. Coimbra: Almedina, 1999, p. 19.

[83] *Cfr.* MENNEL, L. Robert. *Wills and Trusts in a Nutshell*. Minnesota: West Group, 2007, p. 184. *Vide* ainda REUTLINGER, Mark. *Wills, Trusts, and Estates, Essential Terms and Concepts*. Second Edition, New York: Aspen Publishers, 1998, p. 145; DAY, Martin. *Fiduciary duties. Trusts* & Trustees, United Kingdom, v. 15, n. 6, p. 447-457, august 2009, pp. 447.

[84] *Cfr.* BANTEKAS, Ilias. *Trust funds under international law: trustee obligations of the United Nations and international development banks*. UK: Asser Press, Cambridge University Press, 2009, p. 13.

[85] *Cfr.* FIGUEROA, Dante. *Civil law Trusts in latin america: is the lack of Trusts an Impediment for expanding business opportunities in latin america?*. Arizona Journal of International & Comparative Law Vol. 24, Nº 3 2007, p. 57.

a person, the settlor, when assets have been placed under the control of a trustee for the benefit of a beneficiary or for a specified purpose"[86].

Ante o até aqui examinado, consideramos que *o Trust é uma relação jurídica criada pelo instituidor (settlor), que transfere bens ou direitos para um gestor (trustee) administrar em benefício do beneficiário*[87].

Desta básica descrição por nós delineada, é possível identificar os elementos essenciais do *Trust*, e formadores da flexibilidade do instituto.

3. Panorama dos *Trusts* sob o Regime Jurídico da *Common Law*

As análises que se seguirão são afetas aos elementos estruturantes dos *Trusts*, bem como as suas características sob o regime jurídico da *common law*.

De todo coerente, iniciarmos os nossos estudos sobre os elementos formadores da flexibilidade dos *Trusts*, através da análise de sua estrutura, que conforme já mencionado, se divide em objetiva e subjetiva.

3.1. Estrutura Subjetiva dos *Trusts: Settlor, Trustees* e Beneficiários

Neste plano, ganham destaque, os sujeitos envolvidos nos Trusts e que formam a estrutura básica do instituto, quais sejam: o settlor, o trustee e o beneficiário.

A esse respeito, todavia, desde já devemos indicar que, embora seus elementos subjetivos apontem à existência de três sujeitos, um *Trust* pode ser plenamente estruturado, por duas partes principais. Dessa forma, ressalte-se, que a existência dos três distintos sujeitos não é condição *sine qua non* de existência do instituto. Assim, um sujeito poderá desempenhar mais de um papel na estrutura dos *Trusts*, podendo, por exemplo, o *settlor*, ser também o beneficiário do *Trust*, ou ser o próprio *trustee*.

A partir desta estrutura básica, o *Trust* proporciona a possibilidade de numerosas variantes em relação aos poderes e funções de cada uma das partes envolvidas[88].

[86] *Cfr.* HCCH. *Convention on the Law Applicable to Trusts and on their Recognition*. Disponível em: http://hcch.e-vision.nl/index_en.php?act=conventions.text&cid=59. Acesso em 19.07.2011.

[87] Ressalta-se que o termo *Trust* ou *Trusts* tem para nós o mesmo significado.

[88] *Cfr.* SANTISTEBAN, Sonia Martín. *La figura del trust en los Estados Unidos de América – Sus aplicaciones en el derecho de família*. Barcelona: Revista para análisis del derecho, 2008, p. 4.

a) *O Settlor* – Iniciaremos, então, este tópico, pelo criador do *Trust*, nomeadamente, o *settlor*[89]. Com efeito, o *settlor* é o instituidor do *Trust*, e, portanto, é o proprietário inicial dos bens ou direitos que serão destinados ao *Trust* no momento de sua constituição[90]. Além do próprio *settlor*, também tem legitimidade para constituir o *Trust* o seu procurador, desde que autorizado expressa e especificamente para isso[91].

Em ambos os casos, trata-se, aqui, de um ato unilateral de vontade, onde o *settlor* estipula as condições e cláusulas que regerão o *Trust*, escolhe o *trustee*, determina seus beneficiários e os benefícios destes, e, por fim, realiza a transferência dos bens ou direitos, necessária para sua constituição[92].

Conforme já mencionado, a estrutura subjetiva dos *Trusts* poderá conter apenas dois sujeitos, não invalidando sua constituição. Logo, poderá o *settlor* acumular mais de um papel, inclusive pode ser *trustee* do seu próprio *Trust*[93].

Aliás, também se admite ao *settlor* acumular o papel de *trustee* e beneficiário concomitantemente. Contudo, neste caso, não pode o *settlor* ser

[89] O *settlor* também pode ser chamado de *trustor* ou *grantor*. Nesse sentido, explica REUTLINGER (1998) que nos Estados Unidos algumas autoridades utilizam o termo *settlor* para referir-se ao *trust inter vivos* e o termo *trustor* quando tratar-se de *trust testamentary*. Por sua vez, o termo *grantor* é comumente utilizado quando o *settlor* é também beneficiário do *Trust*. *Cfr.* REUTLINGER, Mark. *Wills, Trusts, and Estates, Essential Terms and Concepts*. Second Edition, New York: Aspen Publishers, 1998, p. 155. Nesse mesma linha HOWER e KAHN (2012) complementam, *in verbis*: "*The person who creates a trust is the settlor, also called donor, grantor or trustor*". *Cfr.* HOWER Dennis R.; KAHN, Peter. *Wills, Trusts, and Estates Administration*. New York: Delmar Cengage Learning, 2012, p. 251.

[90] *Cfr.* MENNEL, L. Robert. *Wills and Trusts in a Nutshell*. Second Edition, Minnesota: Thomson West, 2007, p. 216. *Vide* PANICO, Paolo. *International Trust Laws*. Oxford: Oxford University Press, 2010, p. 13-14.

[91] *Cfr.* HAYTON, D.J. *The Law of Trusts*. London: Sweet e Maxwell, 1998, p. 121.

[92] *Vide* THOMAS, Geraint; HUDSON, Alastair. *The Law of Trusts*. New York: Oxford University Press, 2010, p. 12; MOJA, Andrea. *Il Trust nel diritto civile e tributario*. San Marino: Maggioli Editore, 2009, p. 39; TRIPET, François. *Trust Patrimoniaux Anglo-Saxons et Droit Fiscal Français*. Paris: Litec, 1989, p. 07 ; HUDSON, Alastair. *Understanding Equity & Trusts*. Australia: Cavendish publishing, 2004, p. 14.

[93] *Cfr.* HAYTON, D.J. *The Law of Trusts*. London: Sweet e Maxwell, 1998, p. 121. *Vide* THOMAS, Geraint; HUDSON, Alastair. *The Law of Trusts*. New York: Oxford University Press, 2010, p. 12.

o único beneficiário do *Trust*, uma vez que uma pessoa não pode ter direitos contra si mesmo[94].

Em situação oposta, quando o *settlor* não desempenha nenhuma outra colocação na estrutura subjetiva do *Trust*, ele tende a desaparecer como sujeito do *Trust*. Isso ocorre após o momento em que ele realiza a transferência dos bens ou direitos ao *trustee*, com a intenção de criar um *Trust*. Nascem, então, os deveres fiduciários do *trustee* em relação a esses bens ou diretos, para o benefício dos beneficiários escolhidos pelo *settlor* e a realização dos propósitos do *Trust*[95].

Nesse sentido, PENNER explica, *in verbis*: "*And just like any other transfer or creation once the act of transfer or creation is complete, the interest in the property belongs to the recipient, and that is the end of it as far as the transferor is concerned. Thus the settlor cannot think of the trust property as still really his. He cannot get is back, for he is legally out of the picture*[96]".

Em sequência, destaca-se, que o *settlor* poderá ser pessoa singular ou coletiva, e, principalmente, deverá ser ele o verdadeiro titular dos bens ou direitos, ou estar devidamente autorizado para transferi-los[97]. Assim, o *settlor* deve ter capacidade para contrair direitos e obrigações, e, portanto, aptidão para declarar legalmente e de forma precisa, a sua pretensão em instituir o *Trust*[98].

É mister salientar, aqui, que ao organizar um *Trust* o *settlor* poderá optar pela retenção de alguns poderes e/ou direitos em relação à administração do *Trust*, sem que isso o torne um beneficiário ou um *trustee*

[94] *Cfr.* HAYTON, D.J. *The Law of Trusts*. London: Sweet e Maxwell, 1998, p. 128.

[95] *Cfr.* PENNER, J. E. *The Law of Trusts*. Seventh Edition. Londres: Oxford University Press, 2010, p. 18. *Vide* também MENNEL, L. Robert. *Wills and Trusts in a Nutshell*. Minnesota: West Group, 2007, p. 217; HUDSON, Alastair. *Understanding Equity & Trusts*. Australia: Cavendish publishing, 2004, p. 16.

[96] *Cfr.* PENNER, J. E. *The Law of Trusts*. Fifth Edition, Londres: Oxford University Press, 2010, p. 18.

[97] *Cfr.* VAZ TOMÉ, Maria João; CAMPOS, Diogo Leite de. *A Propriedade Fiduciária (Trust), Estudo para a sua Consagração no Direito Português*. Coimbra: Almedina, 1999, p. 40.

[98] *Cfr.* PENNER, J. E. *The Law of Trusts*. Seventh Edition. Londres: Oxford University Press, 2010, p. 16. Complementa MOFFAT (2005), *in verbis*: "*capacity to create a trust of property is co-extensive with power to dispose of a legal or equitable interest in that property*". *Cfr.* MOFFAT, GRAHAM. *Trusts Law-Text and Materials*. New York: Cambridge University Press, 2005, p. 116. *Vide* ainda PETTIT, Philip H. *Equity and the Law of Trusts*. Oxford: Oxford University Press, 2009, p. 45.

propriamente dito[99]. Destaque-se, no particular, que o poder de revogar é o mais manifesto dentre os demais poderes que podem ser mantidos pelo *settlor* no momento de sua constituição. Trata-se de um poder total sobre a continuidade existencial de cláusulas do ato constitutivo ou, até mesmo do próprio *Trust*[100].

Em alinhamento, explica PENNER que o *settlor,* além do amplo poder de revogação, poderá reservar para si poderes menores, tais como o poder de substituir os *trustees,* ou o poder de decidir no futuro a propriedade ou benefícios que caberá a cada beneficiário. Porém, ressalta o autor, que tais poderes devem constar expressa ou implicitamente nos termos do *Trust*[101].

Nesse quadro de análise, MENNEL complementa que podem ser reservados pelo *settlor* no ato constitutivo do *Trust*, poderes de controle em relação ao tempo e ao valor de cada distribuição realizada aos beneficiários, e, ainda, se estabelecer que essa distribuição será realizada em razão da renda ou do próprio capital do *Trust*[102].

Por sua vez, HAYTON esclarece que ele pode até mesmo reservar-se de poderes sobre os investimentos realizados pelo *trustee,* ou seja, poderes para orientar o *trustee* de como a totalidade, ou uma parte específica do fundo, devem ser investidas ao longo do tempo. Contudo, para o autor, a reserva de tais poderes poderia sugerir que o *settlor* fosse tratado legalmente como *trustee* da totalidade ou de parte do *trust fund*[103].

[99] *Cfr.* HAYTON, D.J. *The Law of Trusts.* London: Sweet e Maxwell, 1998, p. 127. *Vide* PANICO, Paolo. *International Trust Laws.* Oxford: Oxford University Press, 2010, p. 15.

[100] Em complemento, MENNEL (1994) destaca *in verbis*: *"The settlor can retain powers over a trust which do not be permitted in a common law gift and which do not make him a beneficiary, in the strict sense, of the trust. The power of revocation is the most obvious of these powers". Cfr.* MENNEL, L. Robert. *Wills and Trusts in a Nutshell.* Minnesota: West Group, 2007, p. 218. *Vide*: PENNER, J. E. *The Law of Trusts.* Seventh Edition. Londres: Oxford University Press, 2010, p. 18.

[101] *Cfr.* PENNER, J. E. *The Law of Trusts.* Seventh Edition. Londres: Oxford University Press, 2010, p. 18. *Vide* JACOB, Nicholas; GRAHAM, Lawrence. *The legal realities of reserved powers Trusts. Trusts* & Trustees, United Kingdom, p. 25-31, June 2006, p. 27-28. *Vide* adicionalmente KING, Michael. *Out, damned trustee! out, I say!. Trusts* & Trustees, United Kingdom, v. 19, n. 1, p. 16–22, february 2013.

[102] *Cfr.* MENNEL, L. Robert. *Wills and Trusts in a Nutshell.* Minnesota: West Group, 2007, p. 218. Nesse sentido, *vide* ainda HAYTON, D.J. *The Law of Trusts.* London: Sweet e Maxwell, 1998, p. 127.

[103] *Cfr.* HAYTON, D.J. *The Law of Trusts.* London: Sweet e Maxwell, 1998, p. 127. Nesse sentido, explica JACOB e GRAHAM (2006) *in verbis*: *"Whether this is the power to manage or*

Em geral, o poder de revogação, modificação ou de controle do *settlor* sobre o *Trust*, lhe garante valiosos poderes[104]. Entretanto a manutenção de muitos poderes administrativos pelo *settlor* pode acarretar a correspectiva diminuição dos deveres fiduciários do *trustee* para com os beneficiários do *Trust*, principalmente, em relação ao dever de prestar contas[105].

No entanto, importante mencionar, por fim, que quanto mais poderes e direitos o *settlor* mantiver sobre o *Trust*, maior será a sua responsabilidade tributária em relação a ele. Logo, muitos podem preferir manter pouca ou nenhuma influência sob o *Trust* constituído[106].

b) *O Trustee* – O *trustee* é a pessoa que, na relação do *Trust*, detém e administra a propriedade do *Trust* para o benefício de outrem. Nesse sentido, é o *trustee* quem adquire a propriedade legal dos bens constituídos em *Trust*, designada, originariamente, por "*legal ownership*"[107].

De fato, perante terceiros o *trustee* passa a ser o verdadeiro dono dos bens ou direitos em *Trust*, como se pleno proprietário fosse. Porém, como vimos, o *trustee* não pode usufruir de tal propriedade, devendo

advise, it may not be unreasonable for the settlor to reserve the power if he is expert in the field". Cfr. JACOB, Nicholas; GRAHAM, Lawrence. *The legal realities of reserved powers Trusts. Trusts* & Trustees, United Kingdom, p. 25-31, June 2006, p. 28.

[104] Nesse sentido, indicamos a leitura de MENNEL, L. Robert. *Wills and Trusts in a Nutshell.* Minnesota: West Group, 2007, p. 218; VAZ TOMÉ, Maria João; CAMPOS, Diogo Leite de. *A Propriedade Fiduciária (Trust), Estudo para a sua Consagração no Direito Português.* Coimbra: Almedina, 1999, p. 41; CHALHUB, Melhim Namem. *Trust.* Rio de Janeiro: Renovar, 2001, p. 43; MOFFAT, Graham. *Trusts Law: Text And Materials.* New York: Cambridge University Press, 2005, p. 15; WATERS, Donovan. *Settlor control – what kind of a problem is it?. Trusts* & Trustees, Vol. 15, Nº 1, March 2009, p. 12; O'HAGAN, Patrick. *The reluctant settlor – property, powers and pretences. Trusts* & Trustees, United Kingdom, v. 17, n. 10, p. 905–919, november 2011.

[105] *Cfr.* WATERS, Donovan. *Settlor control – what kind of a problem is it?. Trusts* & Trustees, United Kingdom, v. 15, n. 1, p. 12-17, march 2009, p.14.

[106] Nesse sentido convidamos a leitura de FREIRE E ALMEIDA, Verônica Scriptore. *A Tributação dos Trusts.* Coimbra: Almedina, 2009.

[107] *Cfr.* REUTLINGER, Mark. *Wills, Trusts, and Estates, Essential Terms and Concepts.* Second Edition, New York: Aspen Publishers, 1998, p. 146. *Vide* MOJA, Andrea. *Il Trust nel diritto civile e tributario.* San Marino: Maggioli Editore, 2009, p. 42.

administrá-la em prol dos beneficiários do *Trust*, seguindo, com rigor, as cláusulas inseridas no ato constitutivo[108].

Nesse contexto, REED e RILEY indicam, *in verbis*: "*Trustees need to understand correctly any wishes of the settlor and the position of the beneficiaries*"[109].

Em sequência, já vimos que estruturalmente permite-se que o *Trust* seja constituído de apenas dois sujeitos principais. Logo, poderá o *trustee* ser também o *settlor* ou o beneficiário do *Trust*[110]. Contudo, VAZ TOMÉ e CAMPOS elucidam que quando o *trustee* for respectivamente um dos beneficiários, ele poderá ser tendencioso, e auto beneficiar-se em relação aos demais beneficiários do *Trust*[111].

Complementarmente, salienta REUTLINGER, que se um único *trustee* for também beneficiário exclusivo do *Trust*, além de absorver uma das características fundamentais do instituto – a divisão entre o *legal* e o *equitable title* – não haveria ninguém para fiscalizar o *Trust*, e, portanto, neste caso, o *Trust* tenderia a falhar[112].

[108] *Vide* STUBER, Walter Douglas. *A Legitimidade do "Trust" no Brasil*. Revista dos Tribunais, São Paulo, v. 28, n. 76, p. 103-108, out-dez, 1989; WALD, Arnoldo. *Algumas considerações a respeito da utilização do "trust" no Direito brasileiro*. Revista dos Tribunais, São Paulo, v. 34, nº 99, Julho-Set, 1995, p. 109.

[109] *Cfr.* REED, Edward; Jonathan, RILEY. *Risk management for Trusts and trustees. Trusts* & Trustees, United Kingdom, p. 9-12, november 2005, p. 9.

[110] *Cfr.* MENNEL, L. Robert. *Wills and Trusts in a Nutshell*. Minnesota: West Group, 2007, p. 220. *Vide* também, BOGERT, George Taylor. *Law of Trusts*. St. Paul: West Publishing Company, 1921, p. 273.

[111] *Cfr.* VAZ TOMÉ, Maria João; CAMPOS, Diogo Leite de. *A Propriedade Fiduciária (Trust), Estudo para a sua Consagração no Direito Português*. Coimbra: Almedina, 1999, p.43. No mesmo sentido *vide*: BOGERT, George Taylor. *Law of Trusts*. St. Paul: West Publishing Company, 1921, p. 261.

[112] *Cfr.* BEILFUSS, Cristina González. *El Trust- La Instituición Anglo-Americana y el Derecho Internacional Privado Español*. Barcelona: Bosch, 1997, p. 40. *Cfr.* FREIRE E ALMEIDA, Verônica Scriptore. *A Tributação dos Trusts*. Coimbra: Almedina, 2009, p. 37. *Cfr.* REUTLINGER, Mark. *Wills, Trusts, and Estates, Essential Terms and Concepts*. Second Edition, New York: Aspen Publishers, 1998, p. 155; VAZ TOMÉ, Maria João; CAMPOS, Diogo Leite de. *A Propriedade Fiduciária (Trust), Estudo para a sua Consagração no Direito Português*. Coimbra: Almedina, 1999, p. 43; MENNEL, L. Robert. *Wills and Trusts in a Nutshell*. Second Edition, Minnesota: West Group, 2004, p. 209; FREIRE E ALMEIDA, Verônica Scriptore. *A Tributação dos Trusts*. Coimbra: Almedina, 2009, p. 37; PENNER, J. E. *The Law of Trusts*. Seventh Edition. Londres: Oxford University Press, 2010, p. 16.

Em termos gerais, o *trustee* pode ser qualquer pessoa, singular ou coletiva, e deverá ter capacidade para o exercício de seus direitos e deveres. Essencialmente, destaca-se, que embora ainda existam *trustees* individuais, hodiernamente, o *trustee* exerce sua função como pessoa coletiva, através de empresas constituídas com personalidade jurídica distinta, formando uma *Trust Company* ou utilizando-se a estrutura de um Banco com estas finalidades fiduciárias[113].

Nomeação do *trustee*. Como regra geral, o *settlor* escolhe e nomeia o *trustee*, no ato constitutivo do *Trust*. Tal nomeação, poderá ser realizada através de um ato *inter vivos* ou *mortis causa* (testamento), onde o *Trust* vai provocar efeitos durante a vida, ou somente após a morte do *settlor*[114].

Relativamente ao número de *trustees* que podem ser designados pelo *settlor*, destaca-se, que a gestão do *Trust* poderá ser exercida por um ou diversos *trustees*, concomitantemente, ou de forma sucessiva[115]. São os chamados *co-trustees* e/ou *trustees* sucessores.

Importa mencionar, como salienta MARTIN, *in verbis: "A sole trustee is most unsatisfactory because of the opportunities for maladministration and fraud which then arise"*[116].

Deve ser notado, então, que é habitual a designação de dois ou mais *trustees*, conferindo uma maior garantia de que os objetivos do *Trust* serão cumpridos. Em termos práticos, pois, na opção pela nomeação de um *trustee* individual, é conveniente que o *settlor* acautele-se já no próprio ato constitutivo do *Trust*, indicando um *trustee* substituto[117].

[113] *Cfr.* REUTLINGER, Mark. *Wills, Trusts, and Estates, Essential Terms and Concepts.* Second Edition, New York: Aspen Publishers, 1998, p. 146. *Vide* MENNEL, L. Robert. *Wills and Trusts in a Nutshell.* Minnesota: West Group, 2007, p. 218. Igualmente, *vide* HAUSER, Barbara R. *Corporate trustees: a fresh look at the value-added for generational transitions. Trusts* & Trustees, United Kingdom, p. 13-17, february 2006, p. 13.

[114] *Cfr.* LUPOI, Maurizio. *Trusts.* Milano: Giuffrè Editore, 2001, p. 158 e 287. Neste ponto, indicamos também a leitura de TREGEAR, Francis. *Putting it right: remedying problems arising from defective trustee appointment. Trusts* & Trustees, United Kingdom, v. 19, n. 1, p. 23–30, february 2013.

[115] *Cfr.* RAMJOHN, Mohamed. *Cases & Materials on Trusts.* Austrália: Cavendish publishing, 2004, p. 482.

[116] *Cfr.* MARTIN, Jill E. *Modern Equity.* Fifteenth Edition. London: Sweet & Maxwell, 1997, p. 491.

[117] *Cfr.* SANTISTEBAN, Sonia Martín. *El instituto del trust em los sistemas legales continentales y su compatibilidad com los principios de civil law.* Navarra: Editora Aranzadi, 2005, p. 57.

Nesse contexto, importante clarificar que, algumas situações podem ser constatadas durante a existência do *Trust*, com relação ao *trustee*, que acarretam a necessidade de sua substituição. Por exemplo, a sua renúncia ou demissão, sua incapacidade superveniente, ou até mesmo seu óbito[118].

Em prosseguimento, se o *settlor* nomear vários *trustees* para exercício da administração dos bens ou direitos em *Trust* pode ele repartir as respectivas funções administrativas entre os *trustees* designados, em razão de atributos particulares e específicos que cada um contenha, seja de ordem profissional ou pessoal[119].

Por exemplo, poderá o *settlor* prever no ato constitutivo do *Trust* a nomeação de um *trustee "protetor"*, ou seja, um *trustee* independente para supervisionar o exercício dos poderes dos *trustees* que exercem a função ativa de administração[120]. Da mesma forma pode o *settlor* no âmbito do mesmo *Trust*, designar um *trustee* para administrar suas casas ou apartamentos, e um segundo *trustee* para a gestão de suas fazendas[121].

Na mesma linha de raciocínio, ainda é possível a designação pelo *settlor* de um *trustee* com a função exclusiva de aconselhar o *trustee* principal em assuntos os mais diversos, porém, pertinentes à boa gestão do património em *Trust*, como por exemplo, em relação aos investimentos. Perceba-se, que tais *trustees* não se envolverão no dia-a-dia do *Trust*, apenas, eventualmente, serão solicitadas e analisadas suas opiniões[122].

[118] *Cfr.* BOGERT, George Taylor. *Law of Trusts.* St. Paul: West Publishing Company, 1921, p. 279.

[119] *Cfr.* VAZ TOMÉ, Maria João; CAMPOS, Diogo Leite de. *A Propriedade Fiduciária (Trust), Estudo para a sua Consagração no Direito Português.* Coimbra: Almedina, 1999, p. 43. No mesmo sentido, *vide*: MENNEL, L. Robert. *Wills and Trusts in a Nutshell.* Minnesota: West Group, 2007, p. 222.

[120] *Cfr.* MARTIN, Jill E. *Modern Equity.* Fifteenth Edition. London: Sweet & Maxwell, 1997, p.480. *Vide* SANTISTEBAN, Sonia Martín. *El instituto del trust em los sistemas legales continentales y su compatibilidad com los principios de civil law.* Navarra: Editora Aranzadi, 2005, p. 71 e 72.

[121] *Cfr.* MENNEL, L. Robert. *Wills and Trusts in a Nutshell.* Minnesota: West Group, 2007, p. 222.

[122] *Cfr.* DAY, James. R. *The role of the investment consultant in the trustee world. Trusts* & Trustees, United Kingdom, v. 15, n. 2, p. 80-88, april 2009, p. 81. *Vide* também MENNEL, L. Robert. *Wills and Trusts in a Nutshell.* Minnesota: West Group, 2007, p. 222. *Vide* WAIN, Mark; SHENKIN, Michael. *Trustee investment powers and the use of asset managers. Trusts* & Trustees, United Kingdom, v. 15, n. 2, p. 72-79, april 2009, p. 79. *Cfr.* PANICO, Paolo. *Trustee investment powers in international trust law. Trusts* & Trustees, United Kingdom, v. 15, n. 2, p. 96-103, april 2009, p. 102.

Nessas circunstâncias, apesar de possuírem poderes limitados a consultorias, esses *trustees* também possuem deveres *fiduciários* e são obrigados pelos mesmos princípios que regem a conduta do *trustee* principal[123].

Não podemos, todavia, esquecer de mencionar que, conquanto o *settlor* tenha o poder de dividir as tarefas do *trustee* entre os *co-trustees*, estes, por sua vez, não podem se valer do mesmo artifício. Deste modo, não podem, salvo disposição em contrário, delegar os poderes a eles atribuídos, originariamente, no ato constitutivo do *Trust*[124].

Além disso, em sendo o *Trust* administrado por mais de um *trustee*, no silêncio do ato constitutivo, em regra, os *trustees* responsabilizam-se solidariamente e pessoalmente por todos os atos praticados relacionados à gestão do *Trust*. Portanto, devem deliberar acerca dos assuntos pertinentes ao *Trust*, com regra na unanimidade[125].

Oportuno, esclarecer aqui, que os *co-trustees* adquirem a *legal ownership* em *joint tenancy*[126]. Isso quer dizer que, se um dos *co-trustees* morrer, os sobreviventes automaticamente sucedem ao título legal. Nesse sentido, após a morte do último dos *co-trustees*, o título jurídico da propriedade em *Trust* é passado aos herdeiros ou beneficiários do *settlor*, se não indicado de outra forma no ato constitutivo do *Trust*. Certamente, tais bens ou direitos não fazem parte da sucessão do *trustee* falecido, e,

123 *Cfr.* MENNEL, L. Robert. *Wills and Trusts in a Nutshell.* Minnesota: West Group, 2007, p. 222. *Vide* DAY, James. R. *The role of the investment consultant in the trustee world. Trusts* & Trustees, United Kingdom, v. 15, n. 2, p. 80-88, april 2009, p. 80.

124 *Cfr.* MENNEL, L. Robert. *Wills and Trusts in a Nutshell.* Minnesota: West Group, 2007, p. 223.

125 *Cfr.* VAZ TOMÉ, Maria João; CAMPOS, Diogo Leite de. *A Propriedade Fiduciária (Trust), Estudo para a sua Consagração no Direito Português.* Coimbra: Almedina, 1999, p. 43.. *Cfr. LUPOI, Maurizio. Trusts. Milano: Giuffrè Editore, 2001, p. 275.* No mesmo sentido, *vide*: MENNEL, L. Robert. *Wills and Trusts in a Nutshell.* Minnesota: West Group, 2007, p. 222- 223. HOWER, Dennis R.; KAHN, Peter. *Wills, Trusts, and Estates Administration.* New York: Delmar Cengage Learning, 2012, p. 260. PETTIT, Philip H. *Equity and the Law of Trusts.* Oxford: Oxford University Press, 2009, p. 400.

126 *Cfr.* REUTLINGER, Mark. *Wills, Trusts, and Estates, Essential Terms and Concepts.* Second Edition, New York: Aspen Publishers, 1998, p. 146. Por igual, *vide* VAZ TOMÉ, Maria João; CAMPOS, Diogo Leite de. *A Propriedade Fiduciária (Trust), Estudo para a sua Consagração no Direito Português.* Coimbra: Almedina, 1999, p. 81.

portanto, os herdeiros do *trustee* não têm direitos sobre a propriedade em *Trust*[127].

Nomeação Judicial do *Trustee* – Não há impedimento algum à criação do *Trust* sem um *trustee,* em específico, nomeado inicialmente pelo *settlor.* Por igual, durante a existência do *Trust,* também poderá advir a falta temporária de um *trustee.* Normalmente isso sobrevém em *Trusts* constituídos sem a previsão expressa, em seu ato constitutivo, de *co-trustees* ou de *trustees* substitutos[128].

Em ambos os casos, poderá ocorrer, então, a nomeação judicial de um *trustee,* ao passo que o *Trust* não falhará por falta de um *trustee*[129]. Em geral, o tribunal pode, sempre que for necessário, nomear um *trustee,* em substituição ou em adição aos já existentes. Com efeito, igualmente ocorre caso não haja nenhum *trustee* nomeado inicialmente pelo *settlor* no ato constitutivo do *Trust*[130].

Importante mencionar, que para ocorrer a nomeação judicial de um *trustee* substituto, também deve ser ausente previsão legal atribuindo esse poder a alguma pessoa. Afinal, neste caso, o Tribunal não tem competência para nomear um novo *trustee,* contra a vontade das pessoas que têm esse poder legalmente instituídos, mesmo quando uma petição tenha sido apresentada a ele pela maioria dos beneficiários[131].

[127] *Cfr.* DAVID, René. *Os Grandes Sistemas do Direito Contemporâneo.* São Paulo: Martins Fontes, 2002, p. 402. *Vide* ainda: MENNEL, L. Robert. *Wills and Trusts in a Nutshell.* Minnesota: West Group, 2007, p. 223.

[128] *Cfr.* REUTLINGER, Mark. *Wills, Trusts, and Estates, Essential Terms and Concepts.* Second Edition, New York: Aspen Publishers, 1998, p. 155. Contudo, normalmente o *settlor* mantém no *trust instrument,* além de outros poderes, esse poder de nomeação do *trustee.* São poderes designados por RPTs frequentemente chamados por "*Settlor Directed Trusts*". *Cfr. JACOB, Nicholas;* GRAHAM, Lawrence. *The legal realities of reserved powers Trusts. Trusts* & Trustees, United Kingdom, p. 25-31, June 2006, p. 25.

[129] *Cfr.* REUTLINGER, Mark. *Wills, Trusts, and Estates, Essential Terms and Concepts.* Second Edition, New York: Aspen Publishers, 1998, p. 155; BOGERT, George. *Law of Trusts.* St. Paul: West Publishing Company, 1921, p. 261; MARTIN, Jill E. *Modern Equity.* Fifteenth Edition. London: Sweet & Maxwell, 1997, P. 492.

[130] *Cfr.* MARTIN, Jill E. *Modern Equity.* Fifteenth Edition. London: Sweet & Maxwell, 1997, p. 497. *Vide* PERR, Jairus Ware. *A Treatise on the Law of Trusts and Trustees.* New Jersey: The Lawbook Exchange, 2008, p. 505.

[131] *Vide* REUTLINGER, Mark. *Wills, Trusts, and Estates, Essential Terms and Concepts.* Second Edition, New York: Aspen Publishers, 1998, p. 155.

Todavia, quando o pedido de nomeação judicial for realizado pela unanimidade dos beneficiários, desde que sejam todos capazes de consentir, a solicitação e a nomeação será considerada válida[132].

De qualquer forma, a nomeação judicial não poderá ocorrer no caso de prestações personalíssimas. Nessa situação, o *settlor* condiciona a existência do *Trust* ao exercício da função de *trustee,* exclusivamente por determinada pessoa indicada no ato constitutivo (*personal trustee*), seja por razões de ordem pessoal, seja de ordem profissional. Logo, caso tal pessoa não aceite ou não possa assumir a função por variados pretextos, o *Trust* não será constituído[133].

Em sequência, normalmente, o Tribunal poderá nomear qualquer pessoa para o exercício da função de *trustee*, podendo ser, em último caso, um funcionário público, do próprio Tribunal. Ressalte-se que, normalmente, é atribuída uma remuneração ao *trustee* nomeado[134].

Oportuno aludir aqui que, o Tribunal dará ao *trustee* nomeado judicialmente instruções gerais ou especiais no que diz respeito ao *Trust* e a administração do mesmo, e cada passo do *trustee* deverá seguir tais instruções. Obviamente, então, a administração exercida por ele será fiscalizada pelo judiciário[135].

Por fim, insta ainda enfatizar, que um *trustee* judicial também pode ser nomeado para administrar uma propriedade deixada em testamento, substituindo, se for necessário, o *testamenteiro* originário[136]. Da mesma

[132] *Cfr.* MARTIN, Jill E. *Modern Equity*. Fifteenth Edition. London: Sweet & Maxwell, 1997, p. 497.

[133] *Cfr.* VAZ TOMÉ, Maria João; CAMPOS, Diogo Leite de. *A Propriedade Fiduciária (Trust), Estudo para a sua Consagração no Direito Português.* Coimbra: Almedina, 1999, p. 42.

[134] *Cfr.* MOFFAT, Graham. *Trusts Law: Text And Materials.* New York: Cambridge University Press, 2005, p. 415. Igualmente, *vide*: MARTIN, Jill E. *Modern Equity*. Fifteenth Edition. London: Sweet & Maxwell, 1997, p. 487. *Vide* ainda: *The Judicial Trustee Rules 1983, 3 (4) f*. Disponível em http://www.legislation.gov.uk/uksi/1983/370/article/3/made. Acesso em: 13/06/2012.

[135] *Cfr.* MARTIN, Jill E. *Modern Equity*. Fifteenth Edition. London: Sweet & Maxwell, 1997, p. 487. *Vide* ainda: United Kington. *Public Trustee Act 1906. Disponível em: http://www.legislation.gov.uk/ukpga/Edw7/6/55/contents. Acesso em: 13.06.2012. The Judicial Trustee Rules 1983.* Disponível em http://www.legislation.gov.uk/uksi/1983/370/contents/made. Acesso em: 13/06/2012.

[136] *Vide* MARTIN, Jill E. *Modern Equity*. Fifteenth Edition. London: Sweet & Maxwell, 1997, p. 487.

forma, é comum a nomeação judicial do *trustee* em substituição à figura do síndico, no caso de falência, ponto que veremos mais à frente quando tratarmos da tipologia dos *Trusts*, em especial sobre o *bankruptcy trustee*[137].

Aceitação e Recusa da Função pelo *Trustee* – Em sequência, vale ressaltar-se que, a função de *trustee* é consideravelmente onerosa. Em breve síntese, MARTIN destaca que o *trustee* deve observar os mais altos padrões de integridade, e um modelo razoável de eficiência empresarial na gestão dos assuntos atinentes ao *Trust*, pois que, submete-se a uma responsabilidade pessoal e onerosa, caso não obtenha êxito[138].

Por tais motivos, então, a função de *trustee* deve ser voluntariamente aceita. Normalmente, a aceitação do *trustee*, quando este for um sujeito diverso do *settlor*, ocorre em ato contínuo à constituição do *Trust*[139].

Nesta linha, MENNEL explica que não é necessária a comunicação formal ao *trustee* da formação do *Trust*, porém, é aconselhável a realização da comunicação, porquanto, do ponto de vista jurídico, a falta da comunicação pode sugerir uma indecisão do *settlor* em criar o *Trust*, levando à sua não constituição[140].

Em sequência, complementa MARTIN que, normalmente, a recusa é expressa. Dessa forma, a pessoa nomeada como *trustee* que desejar não aceitar a função renunciará formalmente, por escritura pública. Certamente, tal procedimento serve como prova, indicando claramente a sua abdicação[141].

137 *Vide USA.* Department of Justice. U.S. Trustee Program. Disponível em: *https://www.justice.gov/ust* Acesso em: 06/12/2019. USA. *Bankruptcy Code.* Disponível em: https://uscode.house.gov/browse/prelim@title11&edition=prelim Acesso em: 06.12.2019. *Vide* também: ELIAS, Stephen. *The New Bankruptcy: Will It Work for You?*. USA: Delta Printing Solutions, 2011, p. 25 e 26.

138 *Cfr.* MARTIN, Jill E. *Modern Equity.* Fifteenth Edition. London: Sweet & Maxwell, 1997, p. 479. *Vide* no mesmo sentido REED, Edward; Jonathan, RILEY. *Risk management for Trusts and trustees. Trusts* & Trustees, United Kingdom, p. 9-12, november 2005, p. 9.

139 *Cfr.* VAZ TOMÉ, Maria João; CAMPOS, Diogo Leite de. *A Propriedade Fiduciária (Trust), Estudo para a sua Consagração no Direito Português.* Coimbra: Almedina, 1999, p. 45. *Vide* ainda REUTLINGER, Mark. *Wills, Trusts, and Estates, Essential Terms and Concepts.* Second Edition, New York: Aspen Publishers, 1998, p. 155. BOGERT, George Taylor. *Law of Trusts.* St. Paul: West Publishing Company, 1921, p. 267.

140 *Cfr.* MENNEL, L. Robert. *Wills and Trusts in a Nutshell.* Minnesota: West Group, 2007, p. 220.

141 *Cfr.* MARTIN, Jill E. *Modern Equity.* Fifteenth Edition. London: Sweet & Maxwell, 1997, p. 491.

Porém, desnecessária será a forma expressa quando restar claro o desinteresse de tal pessoa na sua nomeação como *trustee*. Com efeito, não há impedimento legal para que a renúncia seja implícita, provando-se, todavia, a recusa do *trustee* através do seu desprendimento e desinteresse, que deve ser notório.

Da mesma forma, a aceitação também poderá ocorrer de forma implícita. Logo, se o *trustee* demonstrar empenho na gestão da *trust property*, praticando atos de administração e zelando pelos bens ou direitos do *Trust*, tais atos podem ser interpretados como a significar uma aceitação subentendida e, logo, o *trustee* não poderá mais renunciar as suas atividades[142].

Direito de Retirada e Exclusão do *Trustee* – Em sequência, devemos mencionar que normalmente o *trustee* ao aceitar a nomeação, explícita ou implicitamente, não poderá mais retirar-se voluntariamente do *Trust* constituído.

Diverso, porém, será o caso de ser convencionada, antecipadamente, no ato constitutivo do *Trust*, cláusula permissiva em relação à retirada do *trustee*, preenchidas as condições previamente estipuladas pelo *settlor*.

Certamente, pois, que na ausência de tal disposição que consinta na retirada extrajudicial do *trustee*, a questão poderá ser discutida e decidida judicialmente. Porém, do ponto de vista jurídico, ressalte-se, que a questão será examinada com enfoque nos interesses dos beneficiários, e não em relação aos interesses particulares do *trustee*[143].

Ainda, alternativamente, pode o *trustee* optar em solicitar autorização de todos os beneficiários para se retirar do *Trust*, desde que, todos os beneficiários envolvidos sejam plenamente capazes para consentir com tal ato.

Nesse quadro, importa ainda aludir, que o *trustee* pode se retirar do *Trust* para sua aposentadoria. Nesse caso, se não houver previsão expressa no *Trust instrument* com previsão de um sucessor, deve o *trustee* solicitar a nomeação de outro *trustee* ao Tribunal competente. Contudo, o *trustee* deve adotar todas as medidas necessárias em relação ao cumprimento de

[142] *Cfr.* MARTIN, Jill E. *Modern Equity*. Fifteenth Edition. London: Sweet & Maxwell, 1997, p. 491; LUPOI, Maurizio. *Trusts*. Milano: Giuffrè Editore, 2001,p. 342.

[143] *Cfr.* MENNEL, L. Robert. *Wills and Trusts in a Nutshell*. Minnesota: West Group, 2007, p. 224. *Vide* BOGERT, George Taylor. *Law of Trusts*. St. Paul: West Publishing Company, 1921, p. 271. VAZ TOMÉ, Maria João; CAMPOS, Diogo Leite de. *A Propriedade Fiduciária (Trust), Estudo para a sua Consagração no Direito Português*. Coimbra: Almedina, 1999, p. 45.

seus deveres fiduciários antes de se retirar, para se resguardar de futura responsabilização por prejuízos causados[144].

Em outro ângulo, insta destacar, que poderá o *settlor* estipular previamente no ato constitutivo do *Trust* o seu direito de excluir o *trustee*, ou de substituí-lo. Dessa forma, poderá o *trustee* ser removido do *Trust* nas condições previstas no seu instrumento constitutivo. Ainda, o *settlor* poderá conferir esse poder a um terceiro, incluindo-se, aqui, os próprios beneficiários do *Trust*[145].

Além disso, cabe enfatizar-se, que ausente disposição expressa no ato constitutivo do *Trust*, autorizável da exclusão extrajudicial do *trustee*, tal supressão poderá ser judicial, realizada a pedido do *settlor* ou dos beneficiários.

Nesse sentido, completa MENNEL que a retirada do *trustee* é considerada uma medida rigorosa e não é facilmente autorizada pelos Tribunais Ingleses. Para tanto, argumenta o autor, que as violações dos deveres do *Trust*, incluindo aqueles que originam responsabilidades para com os beneficiários, não são consideradas causas suficientes para a remoção do *truste*. Igualmente, não são causas para a sua remoção desentendimentos e conflitos com os beneficiários[146].

Outra situação que pode resultar em sua exclusão, ocorre quando o *trustee* insiste em uma política de investimentos arriscada e contrária aos

[144] *Vide* RATCLIFFE, Helen. *Trusteeship changes and asset valuation points. Trusts* & Trustees, United Kingdom, v. 17, n. 10, p. 920–924, november 2011; HARRIS, Sophia. *Change in Trustees. Trusts* & Estates, Penton Business Med, New York, v. 151, Issue 7, p. 1–15, jul 2012.

[145] *Cfr.* MENNEL, L. Robert. *Wills and Trusts in a Nutshell.* Minnesota: West Group, 2007, p. 223. *Vide* BOGERT, George Taylor. *Law of Trusts.* St. Paul: West Publishing Company, 1921, p. 273; TWIDALE, Will; LINDLEYY, Mark. *Trustee removal – friction and hostility. Trusts* & Trustees, United Kingdom, v. 18, n. 8, p. 768–772, september 2012. . WATERS, Donovan. *Settlor control – what kind of a problem is it?. Trusts* & Trustees, United Kingdom, v. 15, n. 1, p. 12-17, march 2009, p. 14. *Vide* HANKS, Liza Weiman; ZOLLA, Carol Elias. *The Trustee's Legal Companion.* USA: Delta Printing Solutions, 2010, p. 371; TWIDALE, Will; LINDLEYY, Mark. *Trustee removal – friction and hostility. Trusts* & Trustees, United Kingdom, v. 18, n. 8, p. 768–772, september 2012.

[146] *Cfr.* MENNEL, L. Robert. *Wills and Trusts in a Nutshell.* Minnesota: West Group, 2007, p. 225. *Vide* também: TWIDALE, Will; LINDLEYY, Mark. *Trustee removal – friction and hostility. Trusts* & Trustees, United Kingdom, v. 18, n. 8, p. 768–772, september 2012, p. 771–772.

interesses do *Trust* e dos beneficiários. Ainda, o *trust instrument* pode prever a remoção automática do *trustee* no caso de insolvência ou falência dele[147].

Dito isso, entendemos que tais medidas permissivas de retirada ou exclusão do *trustee*, extrajudicial ou pela via judicial, são em razão, principalmente, da manutenção da confiança que deve necessariamente existir entre as partes envolvidas[148]. De fato, a ausência superveniente de confiança entre eles torna perfeitamente razoável o pedido judicial de retirada do *trustee* ou a sua exclusão, por petição dos beneficiários ou do próprio *settlor*.

Contudo, é demasiado importante o pleno convencimento do juiz de que a permanência do *trustee* no cargo seria prejudicial ao desempenho do *Trust*, e, consequentemente, aos interesses dos beneficiários[149].

Qualificação Profissional do *Trustee* – É de extrema importância para a adequada gestão de determinados bens ou direitos a qualificação profissional do *trustee*. Tal qualificação implica, muitas vezes, no bom desempenho do *trustee* em relação aos atos prescritos pelo *settlor* no ato constitutivo do *Trust*.

É *mister* salientar, que os pré-requisitos em relação à determinada qualificação do *trustee* poderá advir em virtude de alguma exigência legal ou estatutária dos Países onde o *Trust* for constituído ou, ainda, de prescrições dos Tribunais[150].

Em complemento, MARTIN explica que pode haver regras especiais em relação à qualificação dos *trustees* quando a gestão for concernente a fundos voltados para a caridade ou fundos de pensão. Do mesmo modo,

[147] POIDEVIN, Nicholas Le. *Going bust: insolvency and Trusts. Trusts* & Trustees, United Kingdom, v. 16, n. 5, p. 299–309, june 2010, p. 304.

[148] *Vide* TIERNAN, Peter B. *Should You Incorporate a Personal Power Into Your Client's Trust?.* Real Property, Probate and Trust Law - The Florida Bar Journal- October 2007, p. 55; WATERS, Donovan. *Settlor control – what kind of a problem is it?. Trusts* & Trustees, United Kingdom, v. 15, n. 1, p. 12-17, march 2009, p. 12.

[149] *Cfr.* MARTIN, Jill E. *Modern Equity.* Fifteenth Edition. London: Sweet & Maxwell, 1997, p. 504. *Vide* RICHMOND, William. *'Judicious breaches of trust': where now for the trustee exemption clause?. Trusts* & Trustees, United Kingdom, v. 12, p. 24-28, 2006.

[150] *Cfr.* BOGERT, George Taylor. *Law of Trusts.* St. Paul: West Publishing Company, 1921, 254-256. Por exemplo, em Malta, *trustee* profissional ou privado são regulados pela *Malta Financial Services Authority ("MFSA").Vide,* ainda, sobre a qualificação do *Public Trustee* nos Estados Unidos da América: USA. Department of Justice. U.S. Trustee Program. Disponível em: https://www.justice.gov/ust Acesso em: 06/12/201.

outras categorias de fundos podem necessitar de alguma capacitação especial, em virtude de exigência legal[151].

Nesta linha, poderá ser exigido do *trustee* a prestação de fiança, ou ainda, a contratação de um seguro de responsabilidade profissional, como pré-requisito para o exercício de sua função. Essa exigência poderá ser requerida por lei, estabelecida no próprio ato constitutivo, ou ainda, por determinação judicial[152].

Essencialmente, destaca-se, que o *settlor* deve estar atento aos tipos de bens ou direitos que serão transferidos ao *Trust*. Portanto, pode ser requerida do *trustee* uma maior qualificação para o exercício da função. De fato, poderá ser indispensável à contratação de um profissional especializado para atuar como principal ou ao menos, para auxiliar na gestão do património[153].

Quer isso dizer que, onde não há *trustees* profissionais, como nos casos de *trustees* familiares, geralmente, estes empregam profissionais para auxiliá-los, tais como um advogado, um gestor de investimentos e, também, um contabilista para a realização dos registos nos livros escriturais[154].

Com efeito, são funções que exigem habilidades técnicas específicas[155].

A esse propósito, MARTIN considera comum a contratação concomitante de *trustees* profissionais com *trustees* não profissionais. Nesse sentido, explica, *in verbis*: "*It is usual and common to appoint a mixture of professional*

[151] *Cfr.* MARTIN, Jill E. *Modern Equity*. Fifteenth Edition. London: Sweet & Maxwell, 1997, P. 487.

[152] *Cfr.* BOGERT, George Taylor. *Law of Trusts*. St. Paul: West Publishing Company, 1921, p. 267; REED, Edward; Jonathan, RILEY. *Risk management for Trusts and trustees. Trusts* & Trustees, United Kingdom, p. 9-12, november 2005, p. 9. No mesmo sentido *vide*: MCKENZIE, Christopher. *Private trust companies: the best of all worlds. Trusts* & Trustees, United Kingdom, v. 14, n. 2, march 2008, p. 100.

[153] *Vide* nesse sentido: *Vocational Education and Training in Australia*. Disponível em: http://training.gov.au/Training/Details/FNS50510. Acesso em: 01.12.2011. *Vide* BUCKLEY,Lewis; GRACE, William. *The regulator and the court's expectations of a professional trustee: the double impact. Trusts* & Trustees, United Kingdom, p. 22-23, may 2006.

[154] *Vide* MARTIN, Jill E. *Modern Equity*. Fifteenth Edition. London: Sweet & Maxwell, 1997, p. 480. *Vide* no mesmo sentido: LANGBEIN, John H. *Reversing the Nondelegation Rule of Trust-Investment Law*. Yale Law School: Scholarship Series, Paper 487, 1994, p. 108.

[155] *Cfr.* MARTIN, Jill E. *Modern Equity*. Fifteenth Edition. London: Sweet & Maxwell, 1997, p.480. *Vide*: HAUSER, Barbara R. *Corporate trustees: a fresh look at the value-added for generational transitions. Trusts* & Trustees, United Kingdom, p. 13-17, february 2006, p. 16.

trustees and non-professional. There is much to be said for appointing a corporation such as a bank which has unrivalled facilities, dependability and permanence".[156]

Por fim, de merecido destaque é a opinião de WAI LAU ao dizer que um *trustee* profissional, com uma reputação amplamente percebida pela integridade e competência, possui uma maior capacidade à manutenção e conquista de novos negócios, em comparação com um *trustee* sem tal reputação. No entanto, adverte o autor que as falhas do *trustee* não são frequentemente exibidas em público[157].

Remuneração do *Trustee* – Em regra, a remuneração do *trustee* é estabelecida pelo *settlor* no ato constitutivo do *Trust*, podendo ser convencionada uma comissão sobre o lucro que o *trustee* obtiver sobre a gestão dos ativos em *Trust*.

Nesse sentido, a remuneração dos *trustees* profissionais pode ter como base um componente fixo ou variável, ou ambos. O componente fixo poderia ser simplesmente um montante pré-determinado ou uma porcentagem do valor dos ativos sob gestão do *Trust*. O componente variável é muitas vezes vinculado às horas dispendidas na administração do *Trust*[158].

Notamos que, normalmente, o *trustee* que exerce suas funções através de uma *Trust Company* ou sob a estrutura de uma Instituição Financeira, é muito bem remunerado[159].

A esse respeito, em substância, de merecido destaque é a opinião de WAI LAU, de que poucas pessoas estão dispostas a agir incondicionalmente como *trustee* e se arriscar, assumindo todas as responsabilidades legais que o cargo acarreta, sem uma adequada remuneração. Explica o autor que para administradores profissionais, a remuneração monetária

[156] *Cfr.* MARTIN, Jill E. *Modern Equity*. Fifteenth Edition. London: Sweet & Maxwell, 1997, p.480.

[157] *Cfr.* WAI LAU, Ming. *The Economic Structure of Trusts – Towards a Property-based Approach*. New York: Oxford University Press, 2011, p. 50. *Vide* também LESLIE, Melanie B. *Common Law, Common Sense: Fiduciary Law and Trustee Identity*. Cardozo Law Review, New York, v. 27, 2006, p. 3-7.

[158] *Cfr.* WAI LAU, Ming. *The Economic Structure of Trusts – Towards a Property-based Approach*. New York: Oxford University Press, 2011, p. 47 e 48. *Vide* ainda PANICO, Paolo. *International Trust Laws*. Oxford: Oxford University Press, 2010, p. 319-321.

[159] *Cfr.* MARTIN, Jill E. *Modern Equity*. Fifteenth Edition. London: Sweet & Maxwell, 1997, p.480. *Vide*: MCKENZIE, Christopher. *Private trust companies: the best of all worlds. Trusts* & Trustees, United Kingdom, v. 14, n. 2, march 2008, p. 101-102.

é sem dúvida a motivação mais importante para o exercício da função de *trustee*[160].

De fato, a remuneração do *trustee* opera como o principal incentivo para o aceite do *trustee* profissional, principalmente em razão da alta responsabilidade e dos deveres fiduciários que acompanham a função[161].

Porém, se no ato constitutivo nenhuma forma de remuneração for autorizada pelo *settlor*, poderá o *trustee* nada ganhar como seu trabalho[162]. Comumente, isso ocorre nos casos de *Trusts* familiares onde o *settlor* escolhe um *trustee* não profissional, como um parente ou um amigo da família, com finalidades restritas à curatela ou tutela. Aqui, a principal motivação do *trustee* em aceitar o encargo é justamente a relação de amizade ou familiar existente entre ele e o *settlor*, ou seja, o vínculo afetivo. Todavia, pode o *trustee* familiar pleitear judicialmente a designação de uma remuneração por seus serviços.

Acrescente-se, ainda, que, no Reino Unido, em consonância com o artigo 28 do *Trustee Act 2000*, o *trustee* deve ter o direito ao abrigo do instrumento do *Trust*, de receber uma remuneração em relação aos serviços prestados, ainda que tais serviços sejam serviços capazes de serem fornecidos por um administrador não profissional. Porém, ele não terá direito a remuneração se houver qualquer disposição contrária expressa no *trusts instrument* ou, legalmente[163].

Por fim, normalmente a remuneração ou não do *trustee*, bem como sua qualificação profissional, importa, substancialmente, para auxiliar

[160] *Cfr.* WAI LAU, Ming. *The Economic Structure of Trusts – Towards a Property-based Approach.* New York: Oxford University Press, 2011, p. 47.

[161] *Cfr.* WAI LAU, Ming. *The Economic Structure of Trusts – Towards a Property-based Approach.* New York: Oxford University Press, 2011, p. 47.

[162] *Cfr.* SANTISTEBAN, Sonia Martín. *El instituto del trust em los sistemas legales continentales y su compatibilidad com los principios de civil law.* Navarra: Editora Aranzadi, 2005, p. 57. *Vide* também: LANGBEIN, John H. *Questioning the Trust Law Duty of Loyalty: Sole Interest or Best Interest?*. New Haven: The Yale Law Journal, Volume 114, Issue 5, 2005, p. 940.

[163] *Cfr.* UK. *Trustee Act 2000.* Disponível em: http://www.legislation.gov.uk/ukpga/2000/29/part/V. Acesso em: 06.12.2011; WAI LAU, Ming. *The Economic Structure of Trusts – Towards a Property-based Approach.* New York: Oxford University Press, 2011, p. 3. *Vide* ainda HEYWORTH, Michael. *The hidden cost of some trustees–trustee commissions. Trusts* & Trustees, United Kingdom, v. 13, n. 2, p. 37-39, 2007, p. 37.

na análise do padrão de conduta que será exigido deles em relação à administração dos bens ou direitos em *Trust*[164].

c) O Beneficiário – Inicialmente, podemos apontar, que o beneficiário é a pessoa que receberá os benefícios do *Trust*[165]. De certa forma, poderíamos dizer que é a razão de sua constituição. Afinal, é pensando nos benefícios proporcionados pela estrutura dos *Trusts*, e na proteção jurídica e econômica dos beneficiários, que levam o *settlor*, muitas vezes, a procurar uma administração especializada dos seus bens ou direitos.

Fundamentalmente, o beneficiário do *Trust* é designado pelo *settlor*, expressamente, no ato constitutivo do *Trust*. Nesse passo, devemos acrescentar, que os benefícios do *Trust* podem ser conferidos pelo *settlor* para um ou para vários beneficiários. Ainda, ao constituir um *Trust*, o *settlor* pode optar por indicar propósitos a serem cumpridos ou finalidades caritativas (*charitable trust*), sem indicar nenhum beneficiário em específico.

De fato, os *Trusts* podem ser diferenciados em relação a seus objetivos em *private* e *charitable trusts*. Tais noções serão observadas com mais detalhes quando tratarmos da classificação dos *Trusts*.

O *settlor* pode designar-se explícita ou implicitamente, como *trustee* em benefício de alguém. Nesse caso, por exemplo, o *settlor* transfere para terceiros os benefícios de determinada propriedade, conservando, porém, o *legal title*, manifestando, assim, sua vontade em criar um *Trust*.

Substancialmente, isso importa, quando tal *Trust* constituir-se de forma implícita, pois que gera consequências significativas na sucessão do *settlor/trustee*. Perceba-se que, à sua morte, os herdeiros do *settlor* o sucedem na posição de *trustee*, permanecendo o *equitable title* na esfera jurídica do beneficiário[166].

164 *Vide:* REED, Edward; Jonathan, RILEY. *Risk management for Trusts and trustees. Trusts* & Trustees, United Kingdom, p. 9-12, november 2005, p. 10; LANGBEIN, John H. *Mandatory Rules in The Law of Trusts.* Northwestern University Law Review, USA, v. 98, n. 3, p. 1105-1128, 2004, p. 1123. Destaca-se que a responsabilidade do *trustee* será analisada no presente Capítulo, na secção IV, ponto n. 6.

165 *Cfr.* MENNEL, L. Robert. *Wills and Trusts in a Nutshell.* Second Edition, Minnesota: Thomson West, 2007, p. 225.

166 *Cfr.* MENNEL, L. Robert. *Wills and Trusts in a Nutshell.* Minnesota: West Group, 2007, p. 218-219.

Em relação capacidade legal do beneficiário, qualquer pessoa natural capaz de conservar o *equitable interest* poderá ser beneficiária do *Trust*. Aqui, também, podemos incluir as pessoas coletivas de Direito Público ou Privado.

A esse respeito, em substância, complementam KOZUSKO e VETTER, que no Direito norte-americano, menores, incompetentes e até mesmo nascituros têm a capacidade de manter o título equitativo, mas, ressalta que todos os beneficiários devem ser bem definidos[167].

Em sequência, indubitavelmente, o beneficiário deve ser determinado ou determinável. Logo, ao constituir um *Trust* o *settlor* deve ser claro em relação aos seus beneficiários.

Assim sendo, o beneficiário do *Trust* deve ser definido ou, ao menos, identificável no instrumento do *Trust*. De fato, deve restar claro quem está, e quem não está incluído entre os beneficiários e, desta forma, quem pode impor o cumprimento dos termos do *Trust*.

A corroborar com esse raciocínio, destaca REUTLINGER que se a descrição dos beneficiários for obscura ou duvidosa, por exemplo, "*for my friends*", e não puder ser interpretada tal descrição como sendo no sentido de uma classe de pessoas, por exemplo, "*the three friends to whom I previously referred*", o *Trust* irá frustrar-se[168].

Com efeito, e nesta linha, além do *Charitable Trust*, existe outra hipótese em que os beneficiários do *Trust* não são identificados imediata e individualmente no momento da constituição do *Trust*. De fato, observa-se, que o *settlor* poderá designar, ao invés de um ou alguns beneficiários específicos, uma classe de beneficiários, que por qualquer razão ele gostaria de conferir alguma forma de auxílio[169].

[167] *Cfr.* KOZUSKO, Donald, VETTER, Stephen. *United States – Trusts, Topical Analyses.* Amsterdam: IBFD, 2011, section 1.2.1. No mesmo sentido VAZ TOMÉ, Maria João; CAMPOS, Diogo Leite de. *A Propriedade Fiduciária (Trust), Estudo para a sua Consagração no Direito Português.* Coimbra: Almedina, 1999, p. 46; HOWER Dennis R.; KAHN, Peter. *Wills, Trusts, and Estates Administration.* New York: Delmar Cengage Learning, 2012, p. 271.

[168] *Cfr.* REUTLINGER, Mark. *Wills, Trusts, and Estates, Essential Terms and Concepts.* Second Edition, New York: Aspen Publishers, 1998, p. 157.

[169] *Cfr.* MENNEL, L. Robert. *Wills and Trusts in a Nutshell.* Minnesota: West Group, 2007, p. 230. *Vide* THOMAS, Geraint; HUDSON, Alastair. *The Law of Trusts.* New York: Oxford University Press, 2010, p. 22 e 26.

Para isso, todavia, devem ser demonstradas claramente as características dessa classe de beneficiários como, por exemplo, através da expressão "*para meus empregados*". Logo, um beneficiário pode deixar de ser beneficiário, e novos beneficiários podem passar a existir. O que deve ser observado, contudo, é a *classe* para o qual foi constituído[170].

Ainda, pode o *settlor*, no ato constitutivo do *Trust*, elaborar uma lista de possíveis beneficiários, conferindo ao *trustee* um poder discricionário na escolha dos beneficiários, dentre os que estão em tal lista. Logo, os beneficiários constantes em tal relação, apenas possuem uma *expectativa* de um direito sobre o rendimento ou capital do *Trust*[171].

Acrescente-se, contudo, que em virtude da *rule against perpetuities*, é necessário que o *settlor* previamente estipule no ato constitutivo do *Trust* uma classe de beneficiários e, também, a previsão de um fim, ou seja, uma forma de extinção do *Trust*[172]. Em suma, a *rule against perpetuities* é uma regra que objetiva a limitação da perpetuidade dos *Trusts*, ou seja, o poder de uma pessoa no controle e posse da propriedade, visando assegurar a transferência de propriedade.

Em sequência, escolhido os beneficiários e apontado os benefícios, geralmente, logo após a criação do *Trust*, os beneficiários são comunicados da existência do *Trust* pelo *trustee*. Uma vez informados, cada beneficiário poderá manifestar sua aceitação por escrito, através de um documento formal. Na prática, entretanto, a aceitação do beneficiário é presumida[173].

Importante aqui esclarecer, que segundo MENNEL, embora não seja indispensável comunicar ao beneficiário sobre a existência do *Trust*, e

[170] *Cfr.* MENNEL, L. Robert. *Wills and Trusts in a Nutshell*. Minnesota: West Group, 2007, p. 230.

[171] *Vide* STANFORD-TUCK, Michael. *How to juggle beneficiaries: the power to add or remove. Trusts* & Trustees, United Kingdom, v. 17, n. 7, p. 695-703, august 2011, p. 696; HUDSON, Alastair. *Understanding Equity & Trusts*. Australia: Cavendish publishing, 2004, p. 37.

[172] No Direito Inglês, a *Rule against Perpetuities* é tratada pelo *Perpetuities and Accumulations Act 2009* e o prazo é de 120 anos. *Cfr.*Uk. *Perpetuities and Accumulations Act 2009*. Disponível em: http://www.legislation.gov.uk/ukpga/2009/18/section/5. Acesso em: 27.01.2012. Destaca-se, ainda, que esta regra foi alterada em vários estados norte-americanos, com vistas a eliminar a *Rule Against Perpetuities*, deixando o período de duração do *Trust* a critério do instituidor, conforme estabelecido no seu instrumento. *Cfr.* KOZUSKO, Donald, VETTER, Stephen. *United States – Trusts, Topical Analyses*. Amsterdam: IBFD, 2011, section 1.2.1.

[173] *Cfr.* KOZUSKO, Donald, VETTER, Stephen. *United States – Trusts, Topical Analyses*. Amsterdam: IBFD, 2011, section 1.2.1. *Vide* ainda: HANKS,Liza Weiman; ZOLLA, Carol Elias. *The Trustee's Legal Companion*.USA: Delta Printing Solutions, 2010, p. 48.

nem requerer a sua aceitação, é imprescindível que ele tenha capacidade para receber o *beneficial title*[174].

Neste passo, então, revela-se de todo coerente ressaltarmos os benefícios conferidos pelo *settlor* aos beneficiários. O *settlor* poderá optar por indicar que os benefícios sejam distribuídos de forma simultânea ou sucessiva entre seus beneficiários[175].

Quer isso dizer, que um beneficiário poderá receber a renda do *Trust* por 15 anos, e outro beneficiário receber pelos próximos 30 anos, enquanto um terceiro e último beneficiário, ao final, receberá a propriedade do *Trust*. Lembramos ainda, que podem os últimos beneficiários serem os futuros filhos dos segundos beneficiários. Aqui, claramente podemos identificar uma das fantásticas funções do *Trust*, ou seja, sua flexibilidade, que o torna, por exemplo, em um excelente instrumento de planejamento sucessório[176].

Com efeito, entre os múltiplos aspectos que se manifesta a flexibilidade dos *Trusts*, um deles é certamente a possibilidade de designar os beneficiários e a participação deles nos benefícios. Logo, pode o *settlor* estipular o valor dos benefícios, o prazo inicial e final, impor condições suspensivas ou resolutórias.

Em alinhamento, o *settlor* pode desejar que por determinado tempo o *trustee* acumule a renda no capital do *Trust* ao invés de distribuir aos beneficiários. Por exemplo, se o critério de distribuição ou acumulação da renda é fixado no ato constitutivo do *Trust* pelo *settlor*, ele pode não desejar a distribuição imediata da renda, indicando que ela seja feita a cada 2 (dois) anos.

Ademais, poderá até optar por deixar todos esses aspectos à discricionariedade do *trustee*. Sob tal prisma, distinguem-se, pois, os beneficiários do *fixed trust*, dos beneficiários de um *trust discricionário*.

[174] *Cfr.* MENNEL, L. Robert. *Wills and Trusts in a Nutshell*. Minnesota: West Group, 2007, p. 227. *Vide* VAZ TOMÉ, Maria João; CAMPOS, Diogo Leite de. *A Propriedade Fiduciária (Trust), Estudo para a sua Consagração no Direito Português*. Coimbra: Almedina, 1999, p. 47.

[175] *Cfr.* REUTLINGER, Mark. *Wills, Trusts, and Estates, Essential Terms and Concepts*. Second Edition, New York: Aspen Publishers, 1998, p. 157.

[176] *Vide* THOMAS, Geraint; HUDSON, Alastair. *The Law of Trusts*. New York: Oxford University Press, 2010, p. 56; BARLOW, Francis. *The flexibility of family Trusts*. *Trusts* & Trustees, United Kingdom, v. 19, n. 3 e 4, p. 255–258, april/may 2013.

De fato, o beneficiário de um *fixed trust* já possui os seus benefícios delineados no ato constitutivo do *Trust*, e, portanto, é titular atual de direitos. Por sua vez, o beneficiário de um *trust discricionário*, possui apenas a expectativa de direito, que para sua efetivação, depende do uso da discrição conferida pelo *settlor* ao *trustee*[177].

Neste caso específico, o beneficiário que possui uma expectativa de direito, somente terá a prerrogativa de exigir do *trustee* o cumprimento de seu poder discricionário, e a administração correta dos bens ou direitos em *Trust*. Não poderá, no entanto, exigir que lhe seja distribuído algum benefício[178].

Em continuidade, e em conformidade com o já analisado, após o *settlor* atribuir ao beneficiário direitos sobre a *trust property*, deve o *trustee* seguir exatamente o estabelecido no ato constitutivo do *Trust*, seguindo, pois, à risca as instruções conferidas pelo *settlor*.

Nesse contexto, destaca-se, que sejam beneficiários de um *fixed* ou de um *discricionary Trust*, cabe aos beneficiários a legitimidade ativa para obrigar a execução dos termos do *Trust*[179]. Em complemento, no que *concerne* ao *Charitable Trust*, tal poder é conferido às autoridades públicas competentes[180].

Nesta linha deve ser mencionado, que a legitimidade para executar os termos do *Trust* é conferida apenas aos chamados beneficiários propriamente ditos. Distingue-se, pois, os beneficiários propriamente ditos dos beneficiários incidentais do *Trust*[181]. Por exemplo, no *Trust Charitable* "é beneficiária" do *Trust* toda pessoa que se enquadrar nos fins caritativos

[177] *Cfr.* SANTISTEBAN, Sonia Martín. *El instituto del trust em los sistemas legales continentales y su compatibilidad com los principios de civil law*. Navarra: Editora Aranzadi, 2005, p. 66.

[178] *Cfr.* MOFFAT, Graham. *Trusts Law: Text and Materials*. New York: Cambridge University Press, 2005, p. 8.

[179] *Cfr.* PENNER, J. E. *The Law of Trusts*. Seventh Edition. Londres: Oxford University Press, 2010.

[180] *Cfr.* PENNER, J. E. *The Law of Trusts*. Seventh Edition. Londres: Oxford University Press, 2010, p. 452; SANTISTEBAN, Sonia Martín. *El instituto del trust em los sistemas legales continentales y su compatibilidad com los principios de civil law*. Navarra: Editora Aranzadi, 2005, p. 56. THOMAS, Geraint; HUDSON, Alastair. *The Law of Trusts*. New York: Oxford University Press, 2010, p. 142.

[181] *Vide* SCOTT, Austin Wakeman; FRATCHER, William Franklin. *The law of Trusts*. UK, Little, Brown, 1989, p. 234.

do *Trust*, designados pelo *settlor* no momento de sua constituição. Por conseguinte, se o *Trust* foi criado para ajudar indivíduos carentes, cada pessoa necessitada, individualmente falando, será um beneficiário incidental do *Trust* pelo tempo que durar a sua condição[182].

Em todo esse contexto, deve ser recordado, aqui, que nem mesmo o beneficiário propriamente dito tem um direito absoluto de propriedade sobre os bens ou direitos em *Trust*. Conforme já antes sinalizado, a separação da propriedade é peculiar dos *Trusts*, onde o *legal title* pertence ao *trustee*, e o *equitable title* aos beneficiários.

Aliás, complementarmente, PENNER explica que o caráter de proprietário equitativo ligado ao beneficiário dura apenas enquanto a propriedade do *Trust* durar, ou seja, é eficaz desde que a propriedade em *Trust* exista. Por exemplo, se a propriedade do *Trust* for destruída, roubada ou perdida e o *Trust* não puder ser recuperado, necessariamente, ele desaparece, e junto desaparece o *equitable title* do beneficiário[183].

Por outro lado, deve ser considerada a influência do *trustee* para que isso tenha ocorrido, ou seja, se ele teve ou não culpa na perda da propriedade do *Trust*. De fato, se houve falha do *trustee*, ele pode ser responsabilizado e obrigado a restaurar o *trust fund* no mesmo valor que foi perdido em decorrência da violação do *Trust*[184].

Outro aspecto importante atinente à propriedade equitativa do beneficiário no *Trust* é que, na maioria dos casos, seu interesse é ligado ao fundo fiduciário, designadamente o *trust fund*[185]. Em breve menção a respeito, um "*fundo*" é um conjunto de bens ou direitos, mantidos sob o mesmo título, embora cada item individual dentro desse fundo possa mudar[186].

[182] *Cfr.* MENNEL, L. Robert. *Wills and Trusts in a Nutshell*. Second Edition, Minnesota: West Group, 2004, p. 221.

[183] *Cfr.* PENNER, J. E. *The Law of Trusts*. Seventh Edition. Londres: Oxford University Press, 2010, p. 29.

[184] *Cfr.* PENNER, J. E. *The Law of Trusts*. Seventh Edition. Londres: Oxford University Press, 2010, 28.

[185] *Cfr.* WAI LAU, Ming. *The Economic Structure of Trusts – Towards a Property-based Approach*. New York: Oxford University Press, 2011, p. 127.

[186] *Cfr.* WAI LAU, Ming. *The Economic Structure of Trusts – Towards a Property-based Approach*. New York: Oxford University Press, 2011, p. 128.

Normalmente, o *trustee* possui um poder para alterar o conteúdo desse fundo, sendo este considerado um dos atos de gestão, com vistas a tornar o fundo produtivo para o benefício dos beneficiários. Sobre tal prisma, então, em regra, o beneficiário não tem um determinado direito a qualquer um dos bens em específico do fundo, havendo um direito equitativo sobre o fundo em si[187].

Acrescente-se, que os beneficiários podem doar, vender ou dispor de seus interesses benéficos, desde que seja referente aos seus próprios interesses equitativos na *trust property*, e não aos interesses dos demais beneficiários[188].

Por outro lado, alertam KOZUSKO e VETTER que a capacidade de um beneficiário para tais atos é, muitas vezes, em desacordo com os interesses do instituidor. Efetivamente, o *settlor* ao constituir um *Trust* deseja, em regra, preservar a propriedade e proteger os beneficiários. Assim, muitas vezes ele limita no ato constitutivo a alienabilidade dos interesses de um beneficiário e, que por isso, não podem ser transferidos ou empenhados[189].

Em suma e por fim a esse ponto de análise, vimos que o *settlor* possui ampla discricionariedade na escolha dos beneficiários, bem como na designação de seus benefícios, porém, tais especificações devem ser, objetivas e claras, no instrumento do *Trust*. Tendo em vista que, se restar dúvidas acerca de tais questões, ou seja, em relação à definição dos beneficiários ou a descrição de seus benefícios, o *settlor* pode ver seus desejos frustrados, pois que o *Trust* poderá não produzir os efeitos almejados por ele[190].

[187] *Cfr.* PENNER, J. E. *The Law of Trusts*. Seventh Edition. Londres: Oxford University Press, 2010, 28-29. No mesmo sentido, é a opinião de WAI LAU (2011), ao discorrer, *in verbis*: "*In the case of a trust, the trustee usually has the power to sell trust assets; it is this crucial power that gives the trust assets the dynamic and fluctuating characteristics of a fund*". WAI LAU, Ming. *The Economic Structure of Trusts – Towards a Property-based Approach*. New York: Oxford University Press, 2011, p. 129.

[188] *Cfr.* HAYTON, D.J. *The Law of Trusts*. London: Sweet e Maxwell, 1998, p. 156.

[189] *Cfr.* KOZUSKO, Donald, VETTER, Stephen. *United States – Trusts, Topical Analyses*. Amsterdam: IBFD, 2011, section 1.2.1.

[190] *Cfr.* REUTLINGER, Mark. *Wills, Trusts, and Estates, Essential Terms and Concepts*. Second Edition, New York: Aspen Publishers, 1998, p. 157.

3.2. Estrutura Objetiva dos *Trusts*

a) A Declaração de Vontade do *Settlor* – A declaração de vontade do *settlor* é requisito indispensável à válida constituição dos *express trusts*. Em regra, não se exige obediência a determinada forma para considerar adequada a manifestação de vontade do *settlor*.

Excetuam-se, aqui, os casos onde o *settlor* manifestar sua vontade de criar um *Trust* com efeitos apenas após a sua morte, chamado de *testamentary trust*[191] e, por igual nos casos onde o *settlor* constituir o *Trust* com bens imóveis, sendo, aqui, exigida a forma escrita[192].

Por evidente, em razão de, normalmente, não se exigir nenhuma formalidade para a criação de um *Trust inter vivos*, o *settlor* deve manifestar sua vontade de forma clara e objetiva. Dessa forma, não será considerada sua intenção secreta, pois que, aqui, pode ser presumida a sua incerteza em relação à criação do *Trust*[193].

Uma forma clara de manifestação de vontade do *settlor*, por exemplo, é a efetiva transferência de benefícios ao beneficiário e do correspondente título legal da propriedade ao *trustee*, caso o próprio *settlor* não seja o *trustee*. De fato, é possível que o *settlor*, através de palavras ou atos, capazes e suficientes, demonstre a intenção de indicar um terceiro ou a si mesmo, como *trustee* de uma propriedade para alguém.

Na prática, todavia, o *settlor* manifesta expressamente a sua intenção em instituir um *Trust*, e o documento que contém os termos detalhados do *Trust*, é chamado de *trust instrument*[194].

b) A *Res* do *Trust* – Podemos dizer que a *res* é todo bem ou direito, determinável e alienável, que integra o património de um *Trust*.

[191] *Cfr.* UK. *Wills Act 1837*. Disponível em http://www.legislation.gov.uk/ukpga/Will4and1Vict/7/26/contents . Acesso em: 14.12.2019.

[192] *Cfr.* UK. *Law of Property Act 1925, s. 50 (1) (b)*. Disponível em: http://www.legislation.gov.uk/ukpga/Geo5/15-16/20/section/50 . Acesso em: 15/12/2019.

[193] *Cfr.* MENNEL, L. Robert. *Wills and Trusts in a Nutshell*. Minnesota: West Publishing Company, 2007, p. 205; VAZ TOMÉ, Maria João; CAMPOS, Diogo Leite de. *A Propriedade Fiduciária (Trust), Estudo para a sua Consagração no Direito Português*. Coimbra: Almedina, 1999, p. 37.

[194] *Cfr.* MARTIN, Jill E. *Modern Equity*. Fifteenth Edition. London: Sweet & Maxwell, 1997, 76. *Vide* MATTHAMS, Paul J. *Fundamental Aspects of the Trust Deed*. In: KAPLAN, Alon. *Trusts in Prime Jurisdictions*. London: Globe Law and Business, 2010, p. 507-519.

Segundo REUTLINGER, a *res* do *Trust* é normalmente referida por: *trust res, trust corpus, the trust estate, the subject matter of the trust, the trust fund, the trust assets, the trust principal*[195].

Tais bens ou direitos, a princípio, fazem parte do património de alguém, que resolve colocá-los em *Trust* para que, de alguma forma, revertam em benefícios para si próprio ou para terceiros. Em prosseguimento, trata-se, então, da propriedade detida pelo *trustee* para administrá-la em prol dos beneficiários. Logo, para que exista o *Trust*, é requisito essencial a existência de um bem ou direito, com valor patrimonial e possível de ser individualizado.

Nesse sentido, fundamental a lição de BOGERT, *in verbis*: "*A trust without subject-matter is inconceivable. It could not exist, any more than a trust without a trustee or a beneficiary. Some property must be fixed as the res, to be held by trustee for the beneficiary*"[196].

A *Trust property* pode ser formada por dinheiro, investimentos, terrenos ou edifícios, ou ainda, outros ativos como, por exemplo, pinturas, joias, ou qualquer outro tipo de bem móvel. De fato, poderá ser objeto do *Trust* qualquer bem ou direito, tangível ou intangível, real ou obrigacional[197].

Nesta linha, o dinheiro e os investimentos mantidos em um *Trust* são também chamados de "*capital*" ou "*fundo*". Logo, podem produzir renda, como juros de poupança ou dividendos de ações. Por igual, os terrenos e edifícios podem gerar uma renda. Da mesma forma, os ativos podem ser vendidos e, então, produzirem ganhos para o *Trust*[198].

A esse propósito, REUTLINGER ressalta, *in verbis*: "*Any recognized and transferable property interest will suffice, although it must be in existence before the trust can come into being*"[199].

[195] *Cfr.* REUTLINGER, Mark. *Wills, Trusts, and Estates, Essential Terms and Concepts.* Second Edition, New York: Aspen Publishers, 1998, p. 157; RAMJOHN, Mohamed. *Cases & Materials on Trusts.* Austrália: Cavendish publishing, 2004, p. 10.

[196] *Cfr.* BOGERT, George Taylor. *Law of Trusts.* St. Paul: West Publishing Company, 1921, p. 251.

[197] *Cfr.* MENNEL, L. Robert. *Wills and Trusts in a Nutshell.* Second Edition. Minnesota: West Publishing Company, 2004, p. 196..

[198] *Cfr.* UK. *HM REVENUE & CUSTOMS*. Disponível em: http://www.hmrc.gov.uk/*Trusts*/intro/basics.htm. Acesso em 13.12.2012.

[199] *Cfr.* REUTLINGER, Mark. *Wills, Trusts, and Estates, Essential Terms and Concepts.* Second Edition, New York: Aspen Publishers, 1998, p. 158.

Devemos acrescentar que o *settlor* deve no ato constitutivo do *Trust*, identificar adequadamente quais serão os bens ou direitos que formarão o património do *Trust*. Somente com a identificação apropriada desses bens é que o *Trust* se torna exequível.

Por fim, deve ser recordado, que o direito equitativo do beneficiário pode estar vinculado a uma propriedade específica ou ao fundo fiduciário. Nesse sentido, vimos que quando vinculado ao *trust fund*, seu direito liga-se ao todo, e não a uma determinada propriedade[200].

Para o mesmo foco de estudos passaremos agora, então, à análise da transferência da propriedade da *res* para a esfera jurídica do *trustee*, imprescindível para a criação do *Trust*.

c) A Transferência da Res para o *Trustee* – Alguns passos são necessários para a criação válida do *Trust* a partir do momento em que o *settlor* resolve criar um *Trust*. Fundamentalmente, após ele determinar a *trust property* e nomear o *trustee*, é necessária a transferência da propriedade legal dos bens ou direitos ao *trustee*. Somente a partir daí o *trustee* pode desempenhar a sua função adequadamente, gerando, inclusive, efeitos perante terceiros, com os quais ele possivelmente negociará[201].

Desde já deve ser mencionado, que no *Trust* criado por testamento e, consequentemente constituído somente após a morte do *settlor*, a mesma pessoa pode ser nomeada como testamenteiro[202] e como *trustee*. Porém, onde as funções são exercidas por pessoas diferentes, a transferência da propriedade ao *trustee* fica pendente, temporariamente, com o testamenteiro.

Nesta linha, lembramos, por propício, que o *settlor* deve ser o verdadeiro proprietário dos bens ou direitos que constituirão o património do *Trust*, ou ao menos, deve estar legalmente habilitado para realizar licitamente

[200] *Cfr.* PENNER, J. E. *The Law of Trusts*. Fifth Edition, Londres: Oxford University Press, 2010, p. 29. *Vide* WAI LAU, Ming. *The Economic Structure of Trusts – Towards a Property-based Approach*. New York: Oxford University Press, 2011, p. 128.

[201] *Cfr.* MARTIN, Jill E. *Modern Equity*. Fifteenth Edition. London: Sweet & Maxwell, 1997, p. 498. *Cfr.* VAZ TOMÉ, Maria João; CAMPOS, Diogo Leite de. *A Propriedade Fiduciária (Trust), Estudo para a sua Consagração no Direito Português*. Coimbra: Almedina, 1999, p. 37.

[202] No Direito inglês, trata-se do *personal representative*.

essa transferência ao *trustee,* com a devida observância das formalidades legais exigidas para cada tipo de propriedade[203].

Nesse contexto, MARTIN esclarece:

- que no Direito Inglês a transferência da propriedade legal sobre um bem imóvel deve ser realizada através de escritura, por sua vez, os direitos autorais devem ser transferidos por escrito;
- igualmente os bens móveis devem ser transferidos por escrito, através de uma escritura típica de doação, se não houver a entrega da posse do bem ao *trustee.* Por outro lado, será satisfatória a intenção do *settlor* em doar, se houver a efetiva entrega da posse do bem ao *trustee*;
- na mesma linha, a letra de câmbio deve ser transferida por endosso e;
- por fim, as ações de uma companhia devem ser transferidas pela forma adequada, eletronicamente ou através de emissão de certificados, porém, o registo sempre deverá ser feito para que seja transmitida a propriedade legal[204].

Urge trazer-se a contexto, novamente, a divisão dos direitos sobre a propriedade entre o *trustee* e o beneficiário.

Conforme já indicado, o *trustee* adquire a propriedade legal dos bens constituídos em *Trust,* enquanto o beneficiário adquire os direitos benéficos sobre a mesma propriedade, a "*equitable ownership*". Ainda, lembramos por necessário, que quando existirem vários *trustees,* eles adquirem a propriedade como *joint tenants.* Dessa forma, na morte de um *trustee* a propriedade transfere-se automaticamente aos demais, e nunca aos seus sucessores[205].

Ante o até aqui examinado, perceba-se, que uma vez a propriedade tendo sido validamente transferida aos *trustees,* o *Trust* é constituído, e o *settlor* finaliza seu papel no *Trust,* sendo, portanto, incapaz de recuperar a

[203] *Cfr.* MENNEL, L. Robert. *Wills and Trusts in a Nutshell.* Minnesota: West Group, 2007, p. 217.

[204] *Cfr.* MARTIN, Jill E. *Modern Equity.* Fifteenth Edition. London: Sweet & Maxwell, 1997, p. 115. *Vide* ainda: LUPOI, Maurizio. *Trusts.* Milano: Giuffrè Editore, 2001, p. 164.

[205] *Cfr.* MARTIN, Jill E. *Modern Equity.* Fifteenth Edition. London: Sweet & Maxwell, 1997, p. 492.

propriedade transmitida[206]. Excetuam-se, aqui, os casos em que o *settlor* também for o *trustee* ou um dos beneficiários do *Trust*. Ainda, os casos em que o *settlor* se reservar, no ato constitutivo do *Trust*, de direitos de revogação ou de quaisquer outros direitos que o conserve vinculado ao *Trust*.

Por fim, a transferência da *trust property* ao *trustee*, acende a formação de um património separado. Abordaremos, seguidamente, que uma das características do *Trust* é justamente a formação de um património separado constituído pela massa patrimonial do *Trust*.

4. Características Identificadoras dos *Trusts*

a) Ato Jurídico Unilateral de Vontade do *Settlor* – Em princípio, é importante destacar, que o *Trust* expressamente constituído tem sua origem em um ato jurídico unilateral de vontade do *settlor*. Nesse sentido, o *Trust* é formado por regras elaboradas *unilateralmente* pelo instituidor, que pode estipular livremente, como melhor lhe convier, a disciplina de seus interesses.

Não há aqui que se falar, então, em *acordo de vontades* entre o *settlor* e o *trustee*, ou entre ele e seu beneficiário. Logo, o *settlor* tem ampla liberdade de indicar todos os termos do *Trust*, bem como o livre-arbítrio na escolha do *trustee*, dos bens constituintes do património do *Trust* e, ainda, dos objetivos do *Trust*, indicando um ou vários beneficiários, ou ao invés, um propósito específico a ser perseguido[207].

Com efeito, o *settlor* pode fixar todo o conteúdo de seu instrumento constitutivo do *Trust*, fornecendo as diretrizes que melhor lhe agradar, consagrando a ampla flexibilidade fornecida pelo *Trust*[208].

Por fim, e conforme já mencionado, aceitando a função, o *trustee* concorda com todos os termos do *Trust*, incluindo os direitos e deveres inerentes ao cargo, tanto os estipulados no ato constitutivo do *Trust* pelo *settlor*, quanto os estabelecidos legalmente.

[206] *Cfr.* MARTIN, Jill E. *Modern Equity*. Fifteenth Edition. London: Sweet & Maxwell, 1997, p. 117. *Vide* HUDSON, Alastair. *Understanding Equity & Trusts*. Australia: Cavendish publishing, 2004, p. 16; THOMAS, Geraint; HUDSON, Alastair. *The Law of Trusts*. New York: Oxford University Press, 2010, p. 25.

[207] *Vide* RAMJOHN, Mohamed. *Cases & Materials on Trusts*. Austrália: Cavendish publishing, 2004, p. 9.

[208] *Cfr.* GODECHOT, Sara. *L'articulation du trust et du droit des successions*. Paris: Panthéon-Assas, 2004, p. 161.

Dessa forma, embora o ato constitutivo do *Trust* seja um ato unilateral de vontade do *settlor*, a aceitação do *trustee*, expressa ou implícita, é crucial para que ele se torne sujeito aos deveres fiduciários impostos ao cargo[209].

b) A Transferência da Titularidade da Propriedade para o *Trustee* - Em prosseguimento, é importante também indicar, que declarada a intenção do *settlor* em constituir o *Trust* e, após a aceitação do *trustee*, necessariamente a propriedade que fará parte do património do *Trust* deve ser transferida ao *trustee*[210].

Perceba-se que o *Trust* é uma relação jurídica formada entre pessoas físicas e/ou pessoas jurídicas e a sua constituição provoca, necessariamente, a transferência da titularidade sobre um bem (*res do trust*). Como vimos, o destinatário dessa propriedade é chamado de *"trustee"*[211].

Por fim, lembramos, por propício, que a transferência do património para o *trustee* deve respeitar as regras aplicáveis para cada tipo de bem ou direito correspondente[212].

c) A Divisão dos Direitos sobre a Propriedade - Nesta mesma linha de raciocínio, para realizar validamente a transferência da propriedade ao *trustee*, o *settlor* deve ser titular absoluto dos bens ou direitos, que formarão a *trust property*. Uma vez que o *Trust* é criado, ocorrerá a divisão desse direito absoluto sobre a *res* do *Trust*, entre o *trustee* e o beneficiário.

[209] *Cfr.* HAYTON, David. *The Distinctive Characteristics of the Trust in Anglo-Saxon Law.* In: King's College London, Disponível em: http://www.kcl.ac.uk/depsta/law/students/grad/llm/study/trust_law/resources/distinctive_characteristics_of_the_trust_paper1.pdf. Acesso em: 18.06.2012, p. 2. Em complemento lembramos, que uma pessoa pode *unilateralmente* se declarar *trustee* em benefício de outrem. *Cfr.* MOFFAT, Graham. *Trusts Law: Text And Materials.* New York: Cambridge University Press, 2005, p. 112.

[210] *Cfr.* LUPOI, Maurizio. *Trusts.* Milano: Giuffrè Editore, 2001, p. 165.

[211] *Vide* HUDSON, Alastair. *Understanding Equity & Trusts.* Australia: Cavendish publishing, 2004, p. 15.

[212] *Cfr.* PENNER, J. E. *The Law of Trusts.* Seventh Edition. Londres: Oxford University Press, 2010, p. 15; *Vide* ainda: MARTIN, Jill E. *Modern Equity.* Fifteenth Edition. London: Sweet & Maxwell, 1997, p. 115; LUPOI, Maurizio. *Trusts.* Milano: Giuffrè Editore, 2001, p. 164 e 166.

Consequentemente, outra característica elementar do *Trust*, é que durante a sua existência, ninguém tem a titularidade absoluta sobre a sua *res*.

Conforme já sinalizado, a raiz histórica dos *Trusts* aponta uma estrutura jurídica atípica, nascente do *use*, onde em "confiança" o *trustee* adquire a propriedade legal dos bens constituídos em *Trust*, designada, originariamente, por "*legal ownership*". Por sua vez, o beneficiário, *in equity*, possui um *equitable interest* sobre a propriedade em *Trust*, ou seja, ele adquire outros direitos reais sobre essa mesma propriedade, a "*equitable ownership*"[213]. Eis, pois, a divisão da propriedade.

Dessa forma, devemos lembrar aqui, que tendo o *trustee* a "*legal ownership*" dos bens ou direitos em *Trust*, ele pode dispor destes, onerosa ou gratuitamente, que a propriedade, validamente, transmite-se aos adquirentes. Acrescente-se, porém, que conforme vimos, segundo as regras da *equity* ocorrerá a sub-rogação real ou, se for o caso, a sub-rogação pessoal.

Deve ser notado, então, que quando o *settlor* transfere o título legal dos seus ativos ao *trustee*, imediatamente ele confere ao beneficiário não somente direitos pessoais sobre tais ativos, mas, além disso, direitos equitativos, que vinculam consequentemente o *trustee* e qualquer destinatário desses ativos em *Trust*[214].

Com efeito, os direitos equitativos dos beneficiários tutelados pela *equity*, são oponíveis ao *trustee* e a terceiros que adquirirem a *trust property* a título gratuito ou de má-fé. Dessa forma, é disponível aos beneficiários a reivindicação legal da propriedade original ou dos novos bens ou direitos adquiridos em virtude da alienação dos bens ou direitos originais[215].

[213] *Cfr.* REUTLINGER, Mark. *Wills, Trusts, and Estates, Essential Terms and Concepts.* Second Edition, New York: Aspen Publishers, 1998, p. 146.

[214] *Cfr.* HAYTON, David. *The Distinctive Characteristics of the Trust in Anglo-Saxon Law.* In: King's College London. Disponível em: http://www.kcl.ac.uk/depsta/law/students/grad/llm/study/trust_law/resources/distinctive_characteristics_of_the_trust_paper1.pdf. Acesso em: 18.06.2012. *Vide* também: HUDSON, Alastair. *Understanding Equity & Trusts.* Australia: Cavendish publishing, 2004, p. 15.

[215] *Cfr.* HAYTON, David. *The Distinctive Characteristics of the Trust in Anglo-Saxon Law.* In: King's College London. Acesso em: 12.06.2012. Disponível em: http://www.kcl.ac.uk/depsta/law/students/grad/llm/study/trust_law/resources/distinctive_characteristics_of_the_trust_paper1.pdf. Devemos acrescentar, que o processo judicial disponível ao beneficiário é designado de *Tracing*. *Cfr.* SANTISTEBAN, Sonia Martín. *El instituto del trust*

Posto tudo isso, cabe enfatizar-se, que embora o *trustee* adquira a titularidade legal dos bens ou direitos em *Trust*, o *trust fund* constitui um património separado dos ativos pessoais do *trustee*, outro atributo fundamental do *Trust* e seguir analisado.

d) A Formação de um Património Separado – Em sequência, outra singular característica do *Trust* é, então, que os bens ou direitos transferidos ao *trustee* compõem um património separado e destacado do património pessoal do *trustee*.

Por tal razão, não obstante o património do *Trust* estar sob a titularidade do *trustee*, em eventual falência individual do *trustee*, seus credores particulares não podem executar essa parte específica de seu património, resguardando, logo, os direitos dos beneficiários. Da mesma forma, tais bens não entram para a sucessão do *trustee*[216] nem são considerados no seu regime matrimonial de bens.

Eis que temos, então, marcante ponto característico, pois se encontram muito bem garantidos os direitos benéficos dos beneficiários incidentes sobre o mesmo património transferido ao *trustee*, ou seja, o património sob a sua titularidade legal.

É nesta perspectiva, então, que uma característica comum a qualquer tipo de *Trust* é que apesar da *trust property* estar sob a titularidade legal de uma mesma pessoa, a ostentação de tal património na qualidade de *trustee* impede que tais ativos se misturem com o restante do património pessoal que o *trustee* seja titular. Assim sendo, impossibilita que a *trust property* seja executada com o restante dos bens pessoais do *trustee*, por suas dívidas particulares.

e) A Privacidade nas Relações em *Trust* – Em regra, não há, para a constituição válida do *Trust*, a exigência da forma escrita e o registo público de seu instrumento.

em los sistemas legales continentales y su compatibilidad com los principios de civil law. Navarra: Editora Aranzadi, 2005, p. 35.

216 *Cfr.* SANTISTEBAN, Sonia Martín. *El instituto del trust em los sistemas legales continentales y su compatibilidad com los principios de civil law*. Navarra: Editora Aranzadi, 2005, p. 35; GODECHOT, Sara. *L'articulation du trust et du droit des successions*. Paris: Panthéon-Assas, 2004, p. 161; POIDEVIN, Nicholas Le. *Going bust: insolvency and Trusts*. *Trusts* & Trustees, United Kingdom, v. 16, n. 5, p. 299–309, june 2010, p. 304.

Com efeito, o *settlor* pode manifestar livremente a sua vontade de criar um *Trust*, inclusive, implicitamente, não lhe sendo exigida forma específica. Logo, embora muitas vezes o *settlor* indique o *Trust* através da forma escrita, por meio de um instrumento designado de *trust instrument*, a existência de tal instrumento não é requisito para a validade do *Trust* e, em existindo o instrumento, não se exige o registo público do mesmo[217].

É nesta perspectiva, então, que reluz outra característica fundamental do *Trust*, a privacidade. Em outras palavras, o *Trust* não está sujeito a publicidade. Contudo, tal característica pode ser regulada por cada Estado. Dessa forma, perceba-se, que as jurisdições legais que reconhecem o *Trust* em seu ordenamento jurídico interno, tendem a impor requisitos formais para a validade de pelo menos alguns tipos de *Trusts*[218].

Por exemplo, no Reino Unido, os *Trusts* que forem constituídos com bens imóveis – chamados de *"trusts of land"*- devem ser organizados por escrito e registados[219]. A este respeito, é importante indicar, que o registo realizado será referente à *legal property*, e não a *equitable property*[220].

[217] *Cfr.* LIU, Guoqing. *The Publicity Of Trusts In Common Law And Civil Law Systems.* Faculty of Law at the University of Canberra – Canberra Law Review, Australia, v. 10, 2011, p. 2. *Vide* VAZ TOMÉ, Maria João; CAMPOS, Diogo Leite de. *A Propriedade Fiduciária (Trust), Estudo para a sua Consagração no Direito Português.* Coimbra: Almedina, 1999, p. 282.

[218] Nessa linha, a privacidade existente nas relações de *Trust* é uma consequência gerada através da regulamentação de cada Estado em particular, que podem conferir maior ou menor privacidade no momento de sua constituição. *Cfr.* WAI LAU, Ming. *The Economic Structure of Trusts – Towards a Property-based Approach.* New York: Oxford University Press, 2011, p. 5.

[219] *Cfr.* UK. *Landy Registry. Practice Guide 24 – Private Trusts of land.* Disponível em: http://www.landregistry.gov.uk/professional/guides/practice-guide-24. Acesso em: 19.06.2012. Contudo, o cumprimento de tais formalidades não é uma condição prévia para a validade do *Trust* em si, neste caso, o registo do título de tais bens imóveis confere "*indefeasibility*" imediata ao titular do registo. *Cfr.* LIU, Guoqing. *The Publicity Of Trusts In Common Law And Civil Law Systems.* Faculty of Law at the University of Canberra – Canberra Law Review, Austrália, v. 10, 2011, p. 2.

[220] No Reino Unido, a inscrição registra a posse da propriedade legal e não os interesses benéficos ligados a essa propriedade, e o oficial registrador não é influenciado pela comunicação da existência do *Trust.* Na medida do possível, as referências aos *Trusts* devem ser mantidas fora do registo. Um terceiro que tratar com o *trustee* registrado admite que ele tem um poder ilimitado para alienar o imóvel, livre de qualquer limitação que afeta a validade dessa disposição, a menos que haja uma limitação do respectivo poder de venda, inscrita no registo do imóvel, ou uma limitação imposta pelo LRA *(Landy Registry Act)* 2002. *Cfr.* UK. *Landy Registry. Practice Guide 24 – Private Trusts of land.* Disponível em: http://www.

Em realidade, a intenção do *settlor*, suas motivações, consubstanciadas nos termos do *Trust Instrument* são de cunho particular, conhecendo deles somente as pessoas relacionadas a ele, ou seja, o *settlor*, o *trustee* e os beneficiários do *Trust*. Ante o até aqui examinado, a essência de uma relação em *Trust* é a de um acordo privado para a gestão do património, e o conteúdo de seu instrumento diz respeito somente aos envolvidos[221].

Por outro lado, ainda, devemos apontar que o Direito Inglês favorece a livre circulação dos ativos em uma relação de *Trust*, que restaria prejudicada com a imposição de formalidades excessivas, como o registo da propriedade equitativa dos beneficiários[222].

A esse propósito, LIU considera que o direito real concebe o lado público do *Trust*, enquanto o direito *in personam* representa o lado privado do *Trust*, vinculado com as relações particulares entre o *settlor*, *trustee* e beneficiários[223].

Ainda, esclarece LUPOI, *in verbis*: "*the rights and obligations arising out of a trust belong to the realm of equity, while land registries and other forms of disclosure belong common law*"[224].

Em suma a esse ponto de análise, perceba-se, que somente o *trustee* será conhecido perante terceiros, sempre sendo resguardada a identidade do *settlor* e dos seus beneficiários.

landregistry.gov.uk/professional/guides/practice-guide-24. Acesso em: 19.06.2012. *Cfr.* UK. *Land Registration Act 2002*. Disponível em: http://www.legislation.gov.uk/ukpga/2002/9/contents. Acesso em: 19/06/2012.

[221] *Vide* HAYTON, David. *Hayton & Marshall Commentary and Cases on the Law of Trusts and Equitable Remedies*. London: Sweet & Maxwell, 2001, p. 2.

[222] *Cfr.* LUPOI, Maurizio. *Trusts: A Comparative Study*. New York: Cambridge University Press, 2000, p. 173. Nessa linha, explica PENNER (2010), *in verbis*: "*Since 'equity looks to intent, not form' (1.9), equity has typically been willing to give effect to informally created interests if this appeared to be required in good conscience*". *Cfr.* PENNER, J. E. *The Law of Trusts*. Seventh Edition. Londres: Oxford University Press, 2010, p. 33.

[223] *Cfr.* LIU, Guoqing. *The Publicity Of Trusts In Common Law And Civil Law Systems*. Faculty of Law at the University of Canberra – Canberra Law Review, Australia, v. 10, 2011, p. 4. *Vide* também: HO, Lusina. *Trusts: the essentials*. In: SMITH, Lionel. *The Worlds of the Trust*. Cambridge: Cambridge University Press, 2013, p. 19.

[224] *Cfr.* LUPOI, Maurizio. *Trusts: A Comparative Study*. New York: Cambridge University Press, 2000, p. 173.

Por fim, complementa PENNER *in verbis*: *"Equity looks to intent, not form"*[225].

f) Deveres Fiduciários do *Trustee* – Inicialmente, para fixar as ideias, especial importância assume a opinião de REUTLINGUER sobre os deveres fiduciários do *trustee*, nestes termos: *"As no adjective, founded on the utmost trust and confidence; as a noun, a person (such a trustee) who stands in a position of great trust and confidence toward another, with a duty to act in good faith for the benefit of that person*[226].

Nessa linha, em princípio, a relação fiduciária surge quando duas pessoas concordam que uma irá agir em nome da outra, ou para o benefício de outra, em circunstâncias que dão origem a uma relação de confiança entre elas[227].

Por sua base histórica, a função do *trustee* é vinculada a deveres de natureza fiduciária, ao passo que o *trustee* é considerado como alguém a quem se pode incontestavelmente confiar[228]. Com efeito, a transferência ao *trustee* da propriedade implica no comprometimento do *trustee* na correta execução dos termos do *Trust*.

Segundo REUTLINGER, a função do *trustee* sendo de natureza *fiduciária*, confere-lhe rígidas obrigações para com os beneficiários, e é seguida de sérias responsabilidades[229].

Tais obrigações são relativas principalmente aos cuidados que o *trustee* deve ter na gestão dos bens ou direitos em *Trust*. De fato, o *trustee* fica em uma posição de grande responsabilidade, devendo agir com boa-fé, melhor

[225] *Cfr.* PENNER, J. E. *The Law of Trusts*. Seventh Edition. Londres: Oxford University Press, 2010.

[226] *Cfr.* REUTLINGER, Mark. *Wills, Trusts, and Estates, Essential Terms and Concepts*. Second Edition, New York: Aspen Publishers, 1998, p. 156. *Vide* em complemento: PEARCE, Robert; STEVENS, John; BARR, Warren. *The Law of Trusts and Equitable Obligations*. New York: Oxford University Press, 5 edition, 2010, p. 909-922.

[227] *Cfr.* DAY, Martin. *Fiduciary duties. Trusts* & Trustees, United Kingdom, v. 15, n. 6, p. 447-457, august 2009, p. 447.

[228] *Cfr.* DAY, Martin. *Fiduciary duties. Trusts* & Trustees, United Kingdom, v. 15, n. 6, p. 447-457, august 2009, p. 447.

[229] *Cfr.* REUTLINGER, Mark. *Wills, Trusts, and Estates, Essential Terms and Concepts*. Second Edition, New York: Aspen Publishers, 1998, p. 155. *Vide* no mesmo sentido: VAZ TOMÉ, Maria João; CAMPOS, Diogo Leite de. *A Propriedade Fiduciária (Trust), Estudo para a sua Consagração no Direito Português*. Coimbra: Almedina, 1999, p. 45.

diligência no fiel cumprimento dos termos e objetivos do *Trust*, e em benefício dos que foram indicados pelos *settlor* no seu ato constitutivo[230].

Complementa, MARTIN, *in verbis*: "*Trustees must act honestly; and must take, in managing trust affairs, all those precautions which an ordinary prudent man of business would take in managing similar affairs of his own.*[231]"

Além do máximo dever de lealdade que o *trustee* deve ter para com o beneficiário do *Trust*, existem outros deveres fiduciários fundamentais: primeiramente, o *trustee* não deve colocar-se em uma posição de conflito de interesses com o *Trust*; depois, o *trustee* não deve obter lucros pessoais, tirando proveito de sua posição à custa do *Trust*; enfim, tem o *trustee* o dever de sigilo em relação as informações obtidas à razão do exercício de sua função[232].

Em termos gerais, não poderá o *trustee* estar, e nem se colocar, em uma posição onde exista conflito de interesses pessoais com os do *Trust*. Logo, não pode o *trustee* concorrer com o *Trust* e, em razão disso, muitas vezes o *trustee* é obrigado a renunciar oportunidades que estariam disponíveis para ele, se ele não exercesse a função de *trustee*[233].

Neste sentido, aliás, límpida a mensagem de SMITH, *in verbis*: "*The starting point is the 'double employment' or 'potential conflict' rule. This states that a trustee must not, without authority, place himself in a position where his personal interest, or interest in another fiduciary capacity, conflicts or may conflict with his fiduciary duty to protect those whom he is bound by that duty to protect*"[234].

[230] *Cfr.* VAZ TOMÉ, Maria João; CAMPOS, Diogo Leite de. *A Propriedade Fiduciária (Trust), Estudo para a sua Consagração no Direito Português.* Coimbra: Almedina, 1999, p. 45; MASTERS, Colin. *The Powers and Duties of Trustees under English Law. Trusts* & Trustees, United Kingdom, v.2, Issue 1, p. 26-28, 1996, p. 26.

[231] *Cfr.* MARTIN, Jill E. *Modern Equity.* Fifteenth Edition. London: Sweet & Maxwell, 1997, p. 481.

[232] *Cfr.* DAY, Martin. *Fiduciary duties. Trusts* & Trustees, United Kingdom, v. 15, n. 6, p. 447--457, august 2009, p. 449-451. *Vide* ADAMS, Paul. *The two-party rule and transactions between Trusts with a common trustee. Trusts* & Trustees, United Kingdom, v. 18, n. 9, p. 862–869, october 2012.

[233] *Cfr.* STANFORD-TUCK, Michael. *How to juggle beneficiaries: the power to add or remove. Trusts* & Trustees, United Kingdom, v. 17, n. 7, p. 695–703, august 2011; BANTEKAS, Ilias. *Trust funds under international law: trustee obligations of the United Nations and international development banks.* Cambridge: Cambridge University Press, 2009, p. 216-217.

[234] *Cfr.* STEWART SMITH, Rodney. *Serving two masters. Trusts* & Trustees, v. 16, n. 9, p. 759–766, october 2010, p. 759.

A partir do exposto, concluímos que a *fidúcia* na relação em *Trust* é fundada na máxima confiança existente entre as pessoas envolvidas no instituto, percebida desde o momento de sua criação e presente no desenrolar de seu desenvolvimento legal. De fato, no estudo de sua origem, pudemos vislumbrar a importância que foi concebida pelos Tribunais de *equity*, em relação à confiança depositada pelo *settlor* no *trustee* e, que a quebra dessa confiança, resultou nas primeiras e fundamentais regras que governam os *Trusts*.

g) A Flexibilidade dos *Trusts* – O *Trust* é um instrumento jurídico passivo de adaptar-se a infinitas formas, necessidades e aspirações, a depender exclusivamente da vontade do *settlor*[235].

Ao constitur um *Trust*, o *settlor* pode ser amplamente criativo na declaração de seus desejos, aproveitando a divisão de propriedade que o *Trust* confere a seu favor. Pode equilibrar os seus interesses, aproveitando-se de todos os aspectos particulares que a propriedade em *Trust* oferece, como a separação do título legal do título benéfico[236].

Dessa forma, por exemplo, o *settlor* possui extensa discricionariedade no apontamento dos direitos conferidos aos beneficiários. Tais direitos são adaptáveis à vontade do instituidor que pode conferir extensos ou limitados benefícios, e pelo prazo que desejar.

Assim, poderá o *settlor* prever benefícios futuros, condicionados a determinado evento; conferir benefícios com prazo determinado, restringindo sua validade no tempo; e, ainda, poderá vincular a sua vigência à ocorrência de determinado evento, incerto e futuro. Adicionalmente, os direitos e obrigações expressamente criados no *Trust* são enriquecidos por soluções justas e eficazes, e suplementados, tanto quanto for necessário, por um substrato de normas legais.

[235] *Vide* sobre a flexibilidade dos termos do *trust instrument:* HAYTON, David. *The Uses of Trusts in the Commercial Context.* In: KAPLAN, Alon. *Trusts in Prime Jurisdictions.* London: Globe Law and Business, 2010, p. 623-624; HONORÉ, Tony. *On Fitting Trusts into Civil Law Jurisdictions.* In: University of Oxford – Faculty of Law, Oxford Legal Studies Research Paper Nº 27/2008, p. 4.

[236] *Cfr.* MOFFAT, Graham. *Trusts Law: Text And Materials.* New York: Cambridge University Press, 2005, p. 4. *Vide* WAI LAU, Ming. *The Economic Structure of Trusts – Towards a Property-based Approach.* New York: Oxford University Press, 2011, p. 137.

Além disso, os ativos do *Trust* são amplamente protegidos. Como decorrência, então, a riqueza do beneficiário no *trust fund* está resguardada.

A corroborar com esse raciocínio, vimos que o *trustee* é obrigado a segregar os ativos do *Trust*, em razão disso, permite-se que o *trust fund* subsista de forma inequívoca. Igualmente, os investimentos dos ativos do *Trust* realizados pelo *trustee*, são revestidos de vários cuidados, impostos legalmente ou no ato constitutivo do *Trust*. Logo, certifica-se que os ativos estão seguros e que, ao mesmo tempo, serão investidos de forma produtiva e eficiente[237].

Conclui-se, pois, que ponto fulcral da flexibilidade do *Trust* é que sua estrutura, segura e confiável, permite organizar vários desejos do seu instituidor, alcançando múltiplas finalidades, convencionados em um *único instrumento*, em uma só ferramenta jurídica.

5. Formas Basilares de Constituição e de Classificação dos *Trusts*

Em prosseguimento, então, e por fundamental aos objetivos deste trabalho, depois de termos discorrido sobre a estrutura e características do *Trust*, analisaremos as formas de criação do *Trust* percorrendo suas principais classificações[238].

Para alcançarmos nosso objetivo, iniciaremos nosso estudo através da classificação dos *Trusts* que considera o grau de voluntariedade do *settlor* na sua criação. Nesse ponto, os *Trusts* classificam-se em *Express Trusts* e em *Implied Trusts*[239].

[237] *Cfr.* WAI LAU, Ming. *The Economic Structure of Trusts – Towards a Property-based Approach*. New York: Oxford University Press, 2011, p. 138.

[238] *Cfr.* MARTIN, Jill. E., *Modern Equity*. Fifteenth Edition. London: Sweet & Maxwell, 1997, p. 65.

[239] Nesse ponto, devemos mencionar, complementarmente, que REUTLINGER (1998) classifica os *Trusts*, doutrinariamente, entre *Express Trusts* e *Implied Trust*, subdividindo este último em *Constructive* e *Resulting Trusts*. Porém, outros autores classificam apenas em *Express Trusts, Resulting Trusts (este como Implied) e Constructive Trusts*. *Cfr.* REUTLINGER, Mark. *Wills, Trusts, and Estates, Essential Terms and Concepts*. Second Edition, New York: Aspen Publishers, 1998, p. 159; LUPOI, Maurizio. *Trusts*. Milano: Giuffrè Editore, 2001; VAZ TOMÉ, Maria João; CAMPOS, Diogo Leite de. *A Propriedade Fiduciária (Trust), Estudo para a sua Consagração no Direito Português*. Coimbra: Almedina, 1999, p. 24; MENNEL, L. Robert. *Wills and Trusts in a Nutshell*. Second Edition, Minnesota: West Group, 2004, p. 244.

Desde já deve ser mencionado, que a voluntariedade dos atos do *settlor* endereçados a produzir os efeitos do *Trust* é que difere os *resulting e o constructive trust*, do *express trust*[240]. Por tal razão, o *express trust* é o tipo de *Trust* mais extensamente utilizado[241] e, portanto, encontrará maior evidência em nossos escritos.

5.1. *Implied Trust – Resulting Trust* e *Constructive Trust*

O *implied trust* é aquele constituído por Lei, em razão da existência de uma vontade presumida do constituinte, caso em que serão chamados de *resulting trusts*, ou mediante uma decisão judicial para corrigir alguma situação injusta e, neste caso, o *Trust* será designado por *constructive trusts*[242].

O *resulting trust* revela-se naquela situação onde uma pessoa que recebe determinada propriedade, é obrigada, pela *equity*, a manter esse bem em *Trust* para a pessoa que lhe transferiu tal propriedade. Com efeito, o interesse benéfico dessa propriedade retorna à pessoa que lhe transferiu originariamente ela[243].

240 *Cfr.* MENNEL, L. Robert. *Wills and Trusts in a Nutshell.* Second Edition, Minnesota: West Group, 2004, p. 244. LUPOI, Maurizio. *Trusts.* Milano: Giuffrè Editore, 2001, p. 24.

241 *Cfr.* VAZ TOMÉ, Maria João; CAMPOS, Diogo Leite de. *A Propriedade Fiduciária (Trust), Estudo para a sua Consagração no Direito Português.* Coimbra: Almedina, 1999, p. 61; FREIRE E ALMEIDA, Verônica Scriptore. *A Tributação dos Trusts.* Coimbra: Almedina, 2009, p. 52; LUPOI, Maurizio. *Trusts.* Milano: Giuffrè Editore, 2001, p. 24; MARTIN, Jill E. *Modern Equity.* Fifteenth Edition. London: Sweet & Maxwell, 1997, p. 65; MENNEL, L. Robert. *Wills and Trusts in a Nutshell.* Second Edition, Minnesota: West Group, 2004, p. 245.

242 *Cfr.* SANTISTEBAN, Sonia Martín. *El instituto del trust em los sistemas legales continentales y su compatibilidad com los principios de civil law.* Navarra: Editora Aranzadi, 2005, p. 49; LUPOI, Maurizio. *Trusts.* Milano: Giuffrè Editore, 2001, p. 24 e 25. *Vide*: PETTIT, *Philip H. Equity and the Law of Trusts.* Oxford: Oxford University Press, 2006, p. 14; HOWER Dennis R.; KAHN, Peter. *Wills, Trusts, and Estates Administration.* New York: Delmar Cengage Learning, 2012, p. 287; SWADLING, William. *Constructive Trusts and breach of fiduciary duty. Trusts* & Trustees, United Kingdom, v. 18, n. 10, p. 985–999, november 2012; KULL, Andrew. *The metaphorical constructive trust. Trusts* & Trustees, United Kingdom, v. 18, n. 10, p. 945–954, november 2012.

243 *Cfr.* MARTIN, Jill E. *Modern Equity.* Fifteenth Edition. London: Sweet & Maxwell, 1997, p. 229; CHAMBERS, Robert. *Resulting Trusts.* New York: Oxford University Press, 1997, p. 1. *Vide* PEARCE, Robert; STEVENS, John; BARR, Warren. *The Law of Trusts and Equitable Obligations.* New York: Oxford University Press, 5 edition, 2010, p. 266-267.

Nessa linha, MENNEL explica que os *resulting trusts* surgem quando, por alguma razão, não ocorreu uma completa e efetiva disposição do interesse benéfico em relação à *trust property*. Por exemplo, "A" transfere determinada propriedade para "B" *in trust*, para que este pague parte da renda desta propriedade para "C", sem determinar, contudo, o que "B" deverá fazer com o restante da renda. Neste caso, por uma questão de equidade, o remanescente da renda resultará em favor de "A"[244].

Aqui, os *Trusts* são constituídos automaticamente, pois, que independentemente da vontade real do *settlor*, surgem em virtude de lei.

Complementa LUPOI que o *resulting trust* surge, em regra, em consequência de uma vontade presumida do *settlor*. Com efeito, pode ocorrer em razão da falta de esclarecimento quanto aos termos do *Trust*, ou quando as condições estabelecidas pelo *settlor* não exaurirem os interesses equitativos na *trust property*. Em outras palavras, advém quando os termos do *Trust* não atingirem todos os bens ou direitos transferidos ao *trustee*. Por fim, também sobrevém quando por alguma razão o *Trust* for nulo ou ineficaz[245].

A corroborar com esse raciocínio, destaca REUTLINGER, *in verbis*: "*The most common form of resulting trusts arises, by operation of law, when an express trust fails*"[246].

Por sua vez, o *constructive trust* é basicamente indicado como um remédio para corrigir atos ilícitos ou prejudiciais aos legítimos titulares de um direito. Logo, ele é resultado de uma solução da *equity*[247].

244 *Cfr.* MENNEL, L. Robert. *Wills and Trusts in a Nutshell*. Second Edition, Minnesota: West Group, 2004, p. 244. *Vide* em complemento: PAWLOWSKI, Mark. *Declarations of trust and beneficial shares*. *Trusts* & Trustees, United Kingdom, v. 18, n. 10, p. 980–984, november 2012.

245 *Cfr.* LUPOI, Maurizio. *Trusts*. Milano: Giuffrè Editore, 2001, p. 114. *Vide* complementarmente, no mesmo sentido: PENNER, J. E. *The Law of Trusts*. Londres: Oxford University Press, 2010, p. 113 e 114;.

246 *Cfr.* REUTLINGER, Mark. *Wills, Trusts, and Estatos, Essontial Torms and Concopts*. Second Edition, New York: Aspen Publishers, 1998, p. 160.

247 *Cfr.* VAZ TOMÉ, Maria João; CAMPOS, Diogo Leite de. *A Propriedade Fiduciária (Trust), Estudo para a sua Consagração no Direito Português*. Coimbra: Almedina, 1999, p. 63.

Nas palavras de HARRIS, *in verbis*: "*Many constructive trusts, and especially remedial constructive trusts, may arise or be imposed by the courts in order to reverse unjust enrichment*"[248].

Com efeito, é um instrumento da *equity*, com vistas a evitar o enriquecimento sem causa de quem recebeu a propriedade de outra pessoa em determinada circunstância, e a mantém de forma inadequada. Porém, tal solução da *equity*, igualmente, poderá ser imposta a uma pessoa inocente, que detém a propriedade em razão de um erro alheio[249].

Nesse quadro, será considerado *constructive trustee* quem foi devidamente informado do *Trust*, colaborou ou aproveitou-se do descumprimento das obrigações fiduciárias por parte do *trustee*, como, por exemplo, quem comprou um bem do *Trust* abaixo do preço de mercado. Em um último exemplo pertinente, será considerado um *constructive trustee* a pessoa que receber um pagamento indevido em virtude de erro. Evidenciando-se, claramente, que tal pessoa conhecia o erro e que auferiu o dinheiro de má-fé[250].

Daí o incontestável acerto, de REUTLINGER, ao dizer que, em regra, o *constructive trust* será empregado em situações que indiquem vícios de consentimento, tais como o erro, a fraude, o dolo ou a coação. Ainda, nos casos onde o adquirente da propriedade aproveitou-se da violação dos deveres fiduciários pelo *trustee*[251].

Logo, conclui-se que os *resulting* e *constructive trusts* são criados *ex lege* ao invés de *ex voluntate*, surgindo para solucionar circunstâncias

[248] *Cfr.* HARRIS, Jonathan. *Constructive Trusts and private international law: determining the applicable law. Trusts* & Trustees, United Kingdom, v. 18, n. 10, p. 965–979, november 2012, p. 968..

[249] *Cfr.* REUTLINGER, Mark. *Wills, Trusts, and Estates, Essential Terms and Concepts.* Second Edition, New York: Aspen Publishers, 1998, p. 160. *Vide* complementarmente: SMITH, Lionel. *Constructive Trusts and Constructive Trustees.* Cambridge Law Journal, Cambridge, v. 58, p. 294–302, july 1999, p. 297.

[250] *Cfr.* SMITH, Lionel. *Constructive Trusts and Constructive Trustees.* Cambridge Law Journal, Cambridge, v. 58, p. 294–302, july 1999, p. 298 – 299; PAWLOWSKI, Mark. *Constructive Trusts, tracing and the requirement of a fiduciary obligation. Trusts* & Trustees, United Kingdom, v. 11, p. 10-14, october 2005, p. 11.

[251] *Cfr.* REUTLINGER, Mark. *Wills, Trusts, and Estates, Essential Terms and Concepts.* Second Edition, New York: Aspen Publishers, 1998, p. 160.

consideradas injustas pela *equity* ou para conferir efetividade à vontade implícita do *settlor*[252].

5.2. *Express Trust*

Normalmente, o *Trust* é constituído ao abrigo da livre iniciativa e autonomia da vontade do *settlor*, conhecido por *express trust*. Dessa forma, o *settlor*, em geral, organiza um *Trust* por meio de um ato voluntário[253], unilateral e de forma *expressa*. Caracteriza-se, em síntese, pelo estabelecimento explícito dos seus termos e condições[254].

Ademais, é justamente a expressa autonomia da vontade que o difere dos demais tipos de *Trusts*, dos *resulting e do constructive trusts*, ou seja, a voluntariedade dos atos do *settlor* endereçados a produzir os efeitos do *Trust*[255].

Por ser este o tipo de *Trust* mais amplamente utilizado, passaremos à apreciação mais apurada, em relação à criação dos *express trusts*.

Conforme já antes sinalizado, normalmente, não se exige nenhuma formalidade para a constituição de um *express Trust*. Com efeito, em geral, a forma é livre, e basta para sua constituição a expressa declaração de vontade do instituidor (*settlor*), escrita ou oral, desde que a expressão de sua vontade seja de forma convincente[256].

[252] *Cfr.* MARTIN, Jill E. *Modern Equity*. Fifteenth Edition. London: Sweet & Maxwell, 1997, p. 67. *Vide* GRETTON, L. George. *Constructive Trusts and Insolvency*. European Review of Private Law, v. 8, n. 3, 2000, p. 463; FREIRE E ALMEIDA, Verônica Scriptore. *A Tributação dos Trusts*. Coimbra: Almedina, 2009, p. 52; CHAMBERS, Robert. *Resulting Trusts*. New York: Oxford University Press, 1997, p. 3.

[253] *Cfr.* PENNER, J. E. *The Law of Trusts*. Fifth Edition, Londres: Oxford University Press, 2006, p. 17.

[254] *Cfr.* PENNER, J. E. *The Law of Trusts*. Fifth Edition, Londres: Oxford University Press, 2006, p. 15. *Vide* COTTON, Wilson. *The self-protective trust*. *Trusts* & Trustees, United Kingdom, v. 19, n. 3 e 4, p. 259–266, april/may 2013, p. 263.

[255] *Cfr.* MENNEL, L. Robert. *Wills and Trusts in a Nutshell*. Second Edition, Minnesota: West Group, 2004, p. 244; LUPOI, Maurizio. *Trusts*. Milano: Giuffrè Editore, 2001, p. 24.

[256] *Cfr.* LUPOI, Maurizio. *Trusts*. Milano: Giuffrè Editore, 2001, p. 23 e 24; VAZ TOMÉ, Maria João; CAMPOS, Diogo Leite de. *A Propriedade Fiduciária (Trust), Estudo para a sua Consagração no Direito Português*. Coimbra: Almedina, 1999, p. 31; MENNEL, L. Robert. *Wills and Trusts in a Nutshell*. Second Edition. Minnesota: West Publishing Company, 2004, p. 191; REUTLINGER, Mark. *Wills, Trusts, and Estates, Essential Terms and Concepts*. Second Edition, New York: Aspen Publishers, 1998, p. 146.

A corroborar com esse raciocínio, REUTLINGER salienta que nenhuma linguagem em particular é necessária para criar o *Trust*, porém, quanto mais explícita a declaração de vontade, menos dúvidas surgirão a respeito da intenção do *settlor*[257].

Em relação ao Direito norte-americano, KOZUSKO e VETTER explicam que, em regra, um *Trust* é estabelecido através de um documento escrito e na presença de testemunhas. Ainda, prosseguem relatando que um *Trust* declarado oralmente, geralmente, não é permitido ou, em qualquer caso, difícil de provar sua existência[258].

Deve se atentar, então, que embora a forma seja livre, é recomendável que seja elaborada pelo *settlor* uma declaração expressa, escrita, designada por *trust instrument*. Ainda, veremos no decorrer da presente Secção, que em determinados casos, necessariamente, o *Trust* deverá ser escrito.

Nesse contexto, pois, o *trust instrument* é o documento elaborado pelo *settlor*, e contém todas as instruções e informações necessárias para que o *Trust* alcance, com êxito, a finalidade para o qual foi constituído.

Com efeito, no instrumento do *Trust* deve constar, precisamente, a qualificação do *settlor* bem como a identificação do *trustee*; a finalidade da constituição do *Trust*; a descrição dos bens ou direitos que formarão a *trust property*; a indicação dos beneficiários e dos respectivos benefícios; as instruções ao *trustee* de como deverá proceder na administração da *trust property*, indicando seus poderes, deveres e responsabilidades; a indicação de admissíveis sucessores do *trustee*; as finalidades dos rendimentos e do capital do *Trust*; a duração do *Trust* e suas formas de extinção; a transmissão da *legal ownership* dos bens ou direitos para o *trustee*; e, por fim, a lei que governará o *Trust*[259].

[257] *Cfr.* REUTLINGER, Mark. *Wills, Trusts, and Estates, Essential Terms and Concepts.* Second Edition, New York: Aspen Publishers, 1998, p. 146.

[258] *Cfr.* KOZUSKO, Donald, VETTER, Stephen. *United States – Trusts, Topical Analyses.* Amsterdam: IBFD, 2011, section 1.2.1.

[259] *Cfr.* REUTLINGER, Mark. *Wills, Trusts, and Estates, Essential Terms and Concepts.* Second Edition, New York: Aspen Publishers, 1998, p. 159; FREIRE E ALMEIDA, Verônica Scriptore. *A Tributação dos Trusts.* Coimbra: Almedina, 2009, p. 55. *Vide* ainda: HUDSON, Alastair. *Understanding Equity & Trusts.* Australia: Cavendish publishing, 2004, p. 16; LUTTERMANN, Lindsay. *Jurisdiction clauses in trust instruments-creating certainty or muddying the waters? Trusts* & Trustees, United Kingdom, v. 17, n. 4, p. 293-301, may 2011, p. 299. *Vide* MATTHAMS,

Lembramos, neste ponto, que é extensa a autonomia da vontade do *settlor* na elaboração do instrumento constitutivo.

Dessa forma, perceba-se, que o *Trust* confere ao *settlor* uma vasta liberdade de planejar com acuidade vários aspectos de sua vida pessoal e profissional, considerando sua velhice e seu estado de saúde, bem como sua situação econômica e financeira. Destaca-se, ainda, que os mesmos pontos devem ser observados em relação ao *trustee* nomeado, bem como a necessidade da designação de *co-trustees* e *trustees* substitutos[260].

Além disso, ao escolher os benefícios e os beneficiários, o *settlor* deve considerar o seu relacionamento com seus familiares, bem como a situação financeira destes. De fato, pode designar aos seus familiares e amigos, benefícios que atendam suas necessidades especificamente observadas, conferindo rendimentos de forma fixa ou deixando ao uso da discricionariedade do *trustee*[261].

Oportuno e necessário, por conseguinte, destacar, que as cláusulas estabelecidas pelo *settlor* no instrumento do *Trust* assumem especial importância e devem, por isso, ser fielmente cumpridas.

Segundo KOZUSKO e VETTER a lei norte-americana confere grande peso às intenções reveladas expressamente pelo *settlor*, e o ato constitutivo do *Trust* pode, em consequência, até substituir regras previstas legalmente, desde que seja um documento suficientemente claro[262].

Dessa forma, se por um lado o *trust instrument* revela-se extremamente importante para o cumprimento do *Trust* em todos os seus termos, por outro, efetivamente, um elemento imprescindível a ser respeitado é a intenção do instituidor, ainda que demonstrada de forma implícita por ele.

Assim, por exemplo, mesmo com o consentimento de todos os beneficiários e, além disso, do *trustee*, em regra, as cláusulas de um *express Trust* não podem ser modificadas e nem o *Trust* pode ser extinto, se essa não for a vontade do *settlor*.

Paul J. *Fundamental Aspects of the Trust Deed*. In: KAPLAN, Alon. *Trusts in Prime Jurisdictions*. London: Globe Law and Business, 2010, p. 507-519.

260 *Vide* PENNER, J. E. *The Law of Trusts*. Seventh Edition. Londres: Oxford University Press, 2010, p. 50.

261 *Cfr.*HAYTON, D.J. *The Law of Trusts*. London: Sweet e Maxwell, 1998, p. 32.

262 *Cfr.* KOZUSKO, Donald, VETTER, Stephen. *United States – Trusts, Topical Analyses*. Amsterdam: IBFD, 2011, section 1.2.1.

Não obstante, poderá ser considerada a hipótese de alteração de suas cláusulas ou de sua extinção, provando-se, por exemplo, a inviabilidade econômica de sua continuação, ou ainda, a ocorrência de circunstâncias justificáveis, não previstas pelo *settlor* no ato constitutivo do *Trust*.

A esse respeito, os Tribunais norte-americanos têm permitido a rescisão ou alteração do *Trust*, em casos específicos, por exemplo, no caso de erro substancial relacionado aos propósitos para os quais o *Trust* foi criado. Deve ser notado, que isto inclui as circunstâncias em que as consequências fiscais do *Trust* não eram como as "*imaginadas*" pelo *settlor* no ato de sua constituição. Igualmente, o *Trust* pode ser extinto em favor dos beneficiários, devido à necessidade financeira ou motivos semelhantes[263].

Em prosseguimento, e conforme já antes sinalizado, embora, em regra, a forma seja livre, pode ser decretada alguma forma especial para a constituição do *express trust*, na existência de previsão legal ou estatutária nesse sentido.

Dentro deste contexto, explica LUPOI que o ato jurídico constitutivo do *Trust*, é seguido de vários atos dispositivos de bens ou direitos, logo, é suposto que existam diferentes regras concernentes à forma e validade desses atos[264].

De fato, insta relembrar, que a constituição do *Trust* se consubstancia com a válida transferência para o *trustee* dos bens ou direitos formadores da *trust property* e, portanto, devem ser respeitadas as regras aplicáveis para cada tipo de bem ou direito correspondente[265].

Por exemplo, no Direito Inglês, a *Law of Property Act 1925*, estabelece que o *Trust* formado por direitos reais ou pessoais sobre bens imóveis, necessariamente, deverá ser constituído por escrito[266].

Em alinhamento, no Direito norte-americano, as leis estaduais diferem quanto à exigência da constituição de um *Trust* constituído por bens móveis. Enquanto as legislações de alguns estados permitem a constituição do *Trust* via declaração oral, outros exigem que sua constituição

[263] *Cfr.* KOZUSKO, Donald, VETTER, Stephen. *United States – Trusts, Topical Analyses*. Amsterdam: IBFD, 2011, section 1.2.1.

[264] *Cfr.* LUPOI, Maurizio. *Trusts*. Milano: Giuffrè Editore, 2001, p. 156.

[265] *Cfr.* LUPOI, Maurizio. *Trusts*. Milano: Giuffrè Editore, 2001, p. 166.

[266] *Cfr.* UK. *Law of Property Act 1925*. Sec. 53 (1) (b). Disponível em: http://www.legislation.gov.uk/ukpga/Geo5/15-16/20. Acesso em: 30.01.2012.

assuma a forma de um acordo escrito, assinado pelo *settlor* e pelo *trustee*, e ainda exige a presença e a assinatura de testemunhas[267].

De fato, embora a *Trust property* possa constituir-se de quaisquer bens ou direitos com valor patrimonial, devem ser observadas as regras legais do local onde o *Trust* for constituído. Por igual, importante sopesar a hipótese de propriedades situadas em diversas jurisdições e, portanto, imprescindível considerar todas as regras pertinentes a cada bem ou direito e a cada localidade.

Deveras, existem diferentes normativas concernentes à alienabilidade de determinados bens imóveis, assim como atinentes a liberdade de dispor desses bens como, por exemplo, a exigência ou não de respeitar a legítima dos herdeiros necessários.

Em prosseguimento, oportuno indicarmos outras questões fundamentais a serem observadas pelo *settlor* para que ele obtenha o resultado pretendido com a constituição do *Trust*.

Impõe-se, assim como a todos os negócios jurídicos, que o objeto do *Trust* seja lícito e, por igual, que sejam cumpridos todos os requisitos pertinentes à capacidade dos sujeitos e a válida declaração de vontade do instituidor[268]. Logo, indispensável à ausência dos vícios de consentimento como o erro, dolo, coação, simulação ou fraude. Na mesma linha, devemos mencionar que o *Trust* não pode contrariar a lei, aos princípios de ordem pública, a moral e aos bons costumes[269].

Adicionalmente, devem ser observadas as regras legais referentes ao tempo de duração do *Trust*. De fato, os países que reconhecem juridicamente o *Trust* em seu ordenamento jurídico interno, podem estabelecer regras que proíbam a perpetuidade dos *Trusts*[270]. No Direito Inglês, por exemplo, a existência do *Private Trust* está limitada a um período de 125 anos[271].

[267] *Cfr.* KOZUSKO, Donald, VETTER, Stephen. *United States – Trusts, Topical Analyses*. Amsterdam: IBFD, 2011, section 1.2.1.

[268] *Cfr.* HARDY, Amanda. *United Kingdom – Trusts, Topical Analyses*. Amsterdam: IBFD, 2010, section 1.2.1.

[269] *Cfr.* VAZ TOMÉ, Maria João; CAMPOS, Diogo Leite de. *A Propriedade Fiduciária (Trust), Estudo para a sua Consagração no Direito Português*. Coimbra: Almedina, 1999, p. 36.

[270] *Cfr.* VAZ TOMÉ, Maria João; CAMPOS, Diogo Leite de. *A Propriedade Fiduciária (Trust), Estudo para a sua Consagração no Direito Português*. Coimbra: Almedina, 1999, p. 36.

[271] UK. *Perpetuities and Accumulations Act 2009. Sec* 5. Disponível em: http://www.legislation.gov.uk/ukpga/2009/18/section/5. Acesso em: 27.01.2012. Sobre a não aplicação da regra

Outro ponto importante a ser arrematado diz respeito à jurisdição que regerá as regras do *Trust*.

Nesse sentido, então, HARD explica que no Direito Inglês não há impedimentos para que o instituidor do *Trust* indique em cláusula expressa, a sujeição do *Trust* a um direito estrangeiro[272].

A corroborar como esse raciocínio, o artigo 6º da Convenção de Haia sobre o Direito Aplicável aos *Trusts* e o seu Reconhecimento, de 1985, deixa claro essa possibilidade, *in verbis*: ***"A trust shall be governed by the law chosen by the settlor.*** *The choice must be express or be implied in the terms of the instrument creating or the writing evidencing the trust, interpreted, if necessary, in the light of the circumstances of the case"* (grifo nosso)[273].

Deste modo, pode-se dizer que os *Trusts* são, geralmente, regidos pela lei escolhida pelo *settlor* no momento de sua constituição. Contudo, na ausência de qualquer escolha, ou se tal escolha indicar um País que não reconhece o *Trust* em seu ordenamento jurídico interno, ou não reconhece o tipo do *Trust* escolhido pelo *settlor*, a preferência do instituidor será desconsiderada pelos tribunais. Nesse sentido, prevê o artigo 7º da Convenção, que o *Trust* será regido legalmente pelo País que ele estiver mais intimamente ligado[274].

Com efeito, alude o referido artigo, que na determinação dessa conexão, serão considerados, o lugar da administração do *Trust* designado pelo *settlor*; depois, o local onde se encontrarem os ativos do *Trust*; seguidamente, a residência do *trustee* ou o local onde exercer suas atividades; e por fim, os objetos do *Trust*, e o lugar onde devam ser cumpridos[275].

De destacar é, a este propósito, que segundo KOZUSKO e VETTER nos Estados Unidos da América, o local da constituição do *Trust* pode

às instituições de caridade *vide* a *Sec. 2, Perpetuities and Accumulations Act 2009*. Disponível em: http://www.legislation.gov.uk/ukpga/2009/18/section/2. Acesso em: 30.01.2012. Complementarmente, *vide: Cfr.* LUPOI, Maurizio. *Trusts*. Milano: Giuffrè Editore, 2001, p. 181-187.

[272] HARDY, Amanda. *United Kingdom – Trusts, Topical Analyses*. Amsterdam: IBFD, 2010, section 1.2.1.

[273] A Convenção de Haia sobre a lei aplicável aos *Trusts* será analisada com mais detalhes na Parte II de nosso trabalho.

[274] *Cfr.* HCCH. *Convention on the Law Applicable to Trusts and on their Recognition*.

[275] *Cfr.* HCCH. *Convention on the Law Applicable to Trusts and on their Recognition*.

ser alterado ou deslocado de uma jurisdição para outra, geralmente trocando-se o *trustee*. Indicam que, por vezes, isso ocorre quando os beneficiários exercem um poder conferido a eles pelo *settlor*, de nomeação ou substituição do *trustee*. Prosseguem, explicando, que a mudança pode ser de um estado para outro estado, ou até mesmo para outro País. Com efeito, isso acarreta a modificação da lei aplicável ao *Trust*, gerando efeitos, especialmente, nas questões respeitantes a sua gestão[276].

Posto tudo isso, após passarmos pelo estudo da classificação que considera a voluntariedade da constituição dos *Trusts*, os *resulting*, *constructive* e *express trusts*, em prosseguimento, veremos as demais classificações atinentes ao *Express Trusts*.

5.2.1. Classificação dos *Express Trusts*

Alinhado ao já disposto em nosso trabalho, desde já, pois, deve ser feito destaque, que a flexibilidade dos *Trusts* permite que ele seja classificado, subdividido e tipificado das mais variadas formas, convencionando seus elementos e categorias da forma desejada por seu constituinte.

Assim, os tópicos que se seguem descrevem as principais classificações do *express trust*.

a) *Inter vivos e Testamentary* – Conforme já amplamente destacado, o *settlor* pode criar um *express trust* por um ato *inter vivos*, ou seja, capaz de provocar efeitos desde logo, ou, *mortis causa*, organizado na forma de um testamento, para gerar efeitos somente após a morte do *settlor*[277].

Pois bem, tratam-se aqui, então, dos *Trusts inter vivos* e *testamentary*, que se diferenciam, basicamente, pela formalidade exigida na constituição do último[278].

Em regra, na criação de um *Trust* por ato *inter vivos (living trust)*, vigora o princípio da liberdade de forma. Conforme já indicado, o ato

[276] *Cfr.* KOZUSKO, Donald, VETTER, Stephen. *United States – Trusts, Topical Analyses.* Amsterdam: IBFD, 2011, section 1.2.1.

[277] *Cfr.* MARTIN, Jill. E., *Modern Equity*. Fifteenth Edition. London: Sweet & Maxwell, 1997, p. 65.

[278] *Cfr.* SANTISTEBAN, Sonia Martín. *El instituto del trust em los sistemas legales continentales y su compatibilidad com los principios de civil law.* Navarra: Editora Aranzadi, 2005, p. 49..

constitutivo apenas deverá ser obrigatoriamente reduzido a escrito se o *Trust* for constituído com bens imóveis[279].

Por outro lado, necessariamente, o *trust testamentary* será constituído por escrito através do *trust instrument*, e a sua forma de elaboração é análoga às disposições e exigências legais respeitantes ao testamento, sob pena de nulidade[280].

Embora na constituição de um *trust inter vivos* não se exija a forma escrita, deve restar clara a compreensão de todos os seus termos pelas pessoas envolvidas, entre o *settlor, trustee* e beneficiários[281]. Nessa linha, para sua validade, o criador deve empregar uma linguagem precisa, indicando sua intenção de criar um *Trust*, em relação a alguma propriedade determinável, e em favor de pessoas determináveis[282].

Logo, oportuno novamente mencionar, que embora sua forma seja livre, é recomendável a elaboração de um *trust instrument*[283]. A esse propósito, MARTIN explica que, na prática, o *Trust inter vivos* é criado por escrito e, usualmente, por um instrumento denominado por "*trusts deed*"[284].

Devemos acrescentar, que em consonância com HARDY, no Direito Inglês não se exige a utilização de expressões técnicas para a criação de

[279] *Cfr.* VAZ TOMÉ, Maria João; CAMPOS, Diogo Leite de. *A Propriedade Fiduciária (Trust), Estudo para a sua Consagração no Direito Português.* Coimbra: Almedina, 1999, p. 49. *Vide* MARTIN, Jill E. *Modern Equity.* Fifteenth Edition. London: Sweet & Maxwell, 1997, p. 76.

[280] *Cfr.* FREIRE E ALMEIDA, Verônica Scriptore. *A Tributação dos Trusts.* Coimbra: Almedina, 2009, p. 59.

[281] *Cfr.* REUTLINGER, Mark. *Wills, Trusts, and Estates, Essential Terms and Concepts.* Second Edition, New York: Aspen Publishers, 1998, p. 147.

[282] *Cfr.* HARDY, Amanda. *United Kingdom – Trusts, Topical Analyses.* Amsterdam: IBFD, 2010, section 1.2.1.

[283] Nesse sentido, KOZUSKO e VETTER (2011), explicam que, normalmente, o *settlor* elabora uma declaração ou realiza um acordo com o *trustee. Cfr.* KOZUSKO, Donald, VETTER, Stephen. *United States – Trusts, Topical Analyses.* Amsterdam: IBFD, 2011, section 1.2.1.

[284] *Cfr.* MARTIN, Jill E. *Modern Equity.* Fifteenth Edition. London: Sweet & Maxwell, 1997, p. 76. No mesmo sentido *vide*: REUTLINGER, Mark. *Wills, Trusts, and Estates, Essential Terms and Concepts.* Second Edition, New York: Aspen Publishers, 1998, p. 159; MASSIMO, Giuliano. *Il Trust.* In: Opinioni e Confronti – rivista trimestrale di economia e diritto n. 1. Disponível em: www.opinionieconfronti.com . Acesso em: 10.01.2012. *Vide* complementarmente, CLIFFORD, Denis. *Make Your Own Living Trust.* USA: Delta Printing Solutions, 2011, p. 123-152; MOY, Doug H. *Living Trusts.* USA: John Wiley & Sons, 2003, p. 230.

um *Trust inter vivos*, embora, as palavras *"in trust for"* sejam consideradas adequadas[285].

Neste ponto, LUPOI salienta, ainda, que naquele direito é exigida prova escrita apenas nos casos onde a *trust property* é formada total ou parcialmente por "*land*"[286]. Porém, complementa que para provar judicialmente a existência de um *Trust*, a prova escrita será considerada juntamente com todos os demais atos do *settlor*, indicando a sua real intenção em instituir o *Trust*[287].

Além disso, insta mencionar, que embora o Direito Inglês não determine prova escrita nos demais casos de *Trusts inter vivos*, a prova escrita é um requisito de validade à alienação de posições equitativas oriundas do *Trust*. Em outras palavras, em um *Trust inter vivos* formado apenas por bens móveis, ainda que possa ser constituído oralmente, o seu beneficiário não poderá transferir seu Direito equitativo se não o fizer por escrito[288].

Em prosseguimento, e conforme já mencionado, a intenção de criar o *Trust* deve ser acompanhada da válida aquisição da propriedade em *Trust* pelo *trustee*, observando, pois, todas as formalidades legais existentes.

[285] *Cfr.* HARDY, Amanda. *United Kingdom – Trusts, Topical Analyses.* Amsterdam: IBFD, 2010, section 1.2.1. No mesmo sentido, *vide*: MARTIN, Jill E. *Modern Equity.* Fifteenth Edition. London: Sweet & Maxwell, 1997, p. 90.

[286] No Direito inglês, o termo "*land*" inclui a "*leasehold*" (aluguel realizado por um acordo escrito, por um longo período). Complementarmente, devemos mencionar que a classificação dos bens ocorre entre *real property (land)* e *personal property (chattel)*. Ainda, o autor observa que a exigência de prova escrita quando o *Trust* envolver *real* ou *personal property*, existe no Direito Inglês desde 1677, no *Statute of Frauds*. *Cfr.* LUPOI, Maurizio. *Trusts*. Milano: Giuffrè Editore, 2001, p. 162. Hodiernamente, a *Law of Property Act 1925* estipula na Sec. (53) (1) (b), *in verbis*: *"Instruments required to be in writing.(1)Subject to the provision hereinafter contained with respect to the creation of interests in land by parol – ...(b)a declaration of trust respecting any land or any interest therein must be manifested and proved by some writing signed by some person who is able to declare such trust or by his will;"*. *Cfr.* UK. *Law of Property Act 1925, Sec. 53 (1) (b)* e Sec. 205 (1) (ix). Disponível em: http://www.legislation.gov.uk/ukpga/Geo5/15-16/20 . Acesso em: 06.02.2012. *Vide* ainda: CLIFFORD, Denis. *Make Your Own Living Trust.* USA: Delta Printing Solutions, 2011, p. 160.

[287] Neste ponto, o autor destaca que a *Equity* não contempla a falta de defesa a alguém apenas pela não observação das formalidades legais requeridas. *Cfr.* LUPOI, Maurizio. *Trusts.* Milano: Giuffrè Editore, 2001, p. 164.

[288] *Cfr.* LUPOI, Maurizio. *Trusts.* Milano: Giuffrè Editore, 2001, p. 165.

Acresce que, no Direito Inglês, nos casos onde o *settlor* autodeclarar-se como *trustee*, o único requisito para a criação do *Trust* será a declaração de vontade por parte do disponente/*trustee* em constituir o *Trust* em benefício de alguém. Perceba-se que essa manifestação não estará sujeita a formalidades atinentes a transferência, tendo em vista que a *trust property* já se encontra em seu nome[289].

Neste ponto, deve ser recordado, que a partir do momento em que o *settlor* decide criar um *Trust*, ele deve determinar a *trust property*, indicar os beneficiários e, não sendo o *settlor* o *trustee*, deve nomear o *trustee*. E, por fim, a transferência dos bens ou direitos ao *trustee* é essencial para que o *Trust* tenha início[290].

De outro lado, se o *settlor* não transferir a propriedade ao *trustee*, em regra, no Direito Inglês, nada poderá fazer o beneficiário para obrigá-lo judicialmente a realizar a transferência, e dar início ao *Trust*[291]. De fato, LUPOI explica que segundo as regras da *equity* "*Equity will not perfect no imperfect gift*". Entretanto, se o beneficiário prestou uma "*consideration*", ou seja, uma compensação ao *settlor*, ele poderá obrigar a transferência através da execução judicial do *Trust*[292].

Saliente-se, que a comunicação ao *trustee* não é um requisito específico e mandatório, entretanto, é muito importante que o *trustee* conheça a existência do *Trust*, até mesmo para o princípio de suas atividades. Nesta linha, na opinião de MENNEL, a formação de um *trust instrument* implica na formal aceitação do *trustee* e na consequente notificação do

[289] *Cfr.* SANTISTEBAN, Sonia Martín. *El instituto del trust em los sistemas legales continentales y su compatibilidad com los principios de civil law*. Navarra: Editora Aranzadi, 2005, p. 53.

[290] Neste ponto, complementa LUPOI (2001) que a aceitação do *trustee* poderá ocorrer em um momento sucessivo. *Cfr.* LUPOI, Maurizio. *Trusts*. Milano: Giuffrè Editore, 2001, p. 164. *Vide* ainda MENNEL, L. Robert. *Wills and Trusts in a Nutshell*. Minnesota: West Publishing Company, 2007, p. 202; REUTLINGER, Mark. *Wills, Trusts, and Estates, Essential Terms and Concepts*. Second Edition, New York: Aspen Publishers, 1998, p. 146.

[291] *Cfr.* LUPOI, Maurizio. *Trusts*. Milano: Giuffrè Editore, 2001, p. 165.

[292] *Cfr.* LUPOI, Maurizio. *Trusts*. Milano: Giuffrè Editore, 2001, p. 165. No mesmo sentido, *vide*: MARTIN, Jill E. *Modern Equity*. Fifteenth Edition. London: Sweet & Maxwell, 1997, p. 111; WILSON, Sarah. *Todd & Wilson's Textbook on Trusts*. New York: Oxford University Press, 2007, p. 64.

beneficiário sobre a existência do *Trust*, recebendo, normalmente, uma cópia do instrumento constitutivo[293].

Entretanto, não é obrigatório que o beneficiário seja avisado pelo *settlor* sobre a constituição do *Trust*. Porém, neste caso, a declaração constitutiva do *Trust* deve revelar-se a ponto de ser conhecida pelo beneficiário. Perceba-se, com razão, que o beneficiário adquire amplos direitos, ou seja, proteção jurídica relativa ao *beneficial title* sobre a *trust property*[294], o que justifica a importância do seu conhecimento sobre o *Trust*.

Por sua vez, o ***Trust testamentary***, ou *mortis causa*, é criado através de uma manifestação escrita de vontade do instituidor. O *Trust* somente entra em vigor quando a *validade* dessa vontade é comprovada após a morte do *settlor*[295].

O *testamentary trust* é ato personalíssimo do *settlor* e é revogável até a sua morte. Ora, verificando-se o óbito do instituidor, ele torna-se irrevogável[296]. Em oposição ao *trust inter vivos*, trata-se de um *Trust* que, por sua natureza, deve seguir determinadas formalidades para sua válida constituição[297].

Com efeito, os requisitos formais para a criação do *testamentary trust* são os mesmos que os exigidos para a elaboração de um testamento. Dessa forma, para que o *Trust* seja criado validamente, devem ser observadas as exigências legais, referentes as disposições testamentárias, do país onde ele será instituído[298].

Interessante notar, que poderá o *settlor*, entre outras disposições, estipular que na sua sucessão, determinada propriedade seja transferida para um

293 *Cfr*. MENNEL, L. Robert. *Wills and Trusts in a Nutshell*. Minnesota: West Publishing Company, 2007, p. 204..

294 *Cfr*. LUPOI, Maurizio. *Trusts*. Milano: Giuffrè Editore, 2001, p. 159.

295 Deste modo, a produção de efeitos desse *Trust* é "*causa mortis*", pois que, ele é constituído para produzir efeitos somente após a morte do *settlor*.

296 *Cfr*. MENNEL, L. Robert. *Wills and Trusts in a Nutshell*. Minnesota: West Group, 2007, p. 257; FREIRE E ALMEIDA, Verônica Scriptore. *A Tributação dos Trusts*. Coimbra: Almedina, 2009, p. 66.

297 *Cfr*. MARTIN, Jill E. *Modern Equity*. Fifteenth Edition. London: Sweet & Maxwell, 1997, p. 89.

298 Nesse contexto, então, o *trust* será formalizado através do *trust instrument ou trust deed*, caracterizado aqui através do testamento. *Cfr*. UK. *Administration of Justice Act 1982. Sec. 17 of the Administration of Justice Act 1982*. Disponível em: http://www.legislation.gov.uk/ukpga/1982/53 . Acesso em: 27.01.2019.

trust inter vivos já existente, criado por ele anteriormente[299]. Nesse passo, deve-se enfatizar que, se por alguma razão, frustrar parte do *testamentary trust*, ou até mesmo, todo o testamento, sobrevém às instruções deixadas pelo testador. Se nenhuma instrução existir nesse sentido, seguem-se as regras atinentes à falta de testamento[300].

Lembramos, por propício, que a transferência dos bens ao *trustee* ocorre, em regra, através da nomeação do *trustee* pelo "*personal representative*"[301], que é o executor testamentário. Entretanto, pode o executor ser também o *trustee*, se assim for estipulado pelo *settlor*[302].

Em breve ilustração a respeito, no testamento de Michael Jackson, ele enumera três executores, incluindo seu advogado John Branca e o executivo da indústria musical John McClain, *in verbis*: *"I appoint JOHN BRANCA, JOHN McCLAIN and BARRY SIEGEL as co-executors of this Will. In the event of any of their deaths, resignations, inability, failure or refusal to serve or continue to serve as a co-Executor, the other shall serve and no replacement need be named"*[303].

Por fim, neste ponto, LUPOI complementa que em se tratando de pessoas diferentes, o "*personal representative*" é o responsável, entre outras

[299] Aqui podemos citar, como exemplo, o *Last Will of Michael Joseph Jackson, in verbis: "I give my entire estate to the Trustee or Trustees then acting under that certain Amended and Restated Declaration of Trust executed on March 22, 2002 by me as Trustee and Trustor which is called the MICHAEL JACKSON FAMILY TRUST, giving effect to any amendments there to made prior to my death.* ***All such assets shall be held, managed and distributed as a part of said Trust according to its terms and not as a separate testamentary trust****"(grifo nosso). Cfr. Last Will of Michael Joseph Jackson. Disponível em: http://pt.scribd.com/doc/17005603/Michael-Jackson-Last-Will-and-Testament . Acesso em: 12.02.2012.*

[300] *Cfr.* MENNEL, L. Robert. *Wills and Trusts in a Nutshell.* Minnesota: West Group, 2007, p. 256.

[301] Destaca-se que a *Sec. 201 (1) (xviii)*, da *Law of Property Act* 1925, define, *in verbis*: *"Personal representative" means the executor, original or by representation, or administrator for the time being of a deceased person, and as regards any liability for the payment of death duties includes any person who takes possession of or intermeddles with the property of a deceased person without the authority of the personal representatives or the court". Cfr.* UK. *Law of Property Act 1925.* Disponível em: http://www.legislation.gov.uk/ukpga/Geo5/15-16/20 . Acesso em: 07.02.2012.

[302] *Cfr.* LUPOI, Maurizio. *Trusts.* Milano: Giuffrè Editore, 2001, p. 157 e 195. *Vide*: MATTHEWS, Paul. *The place of the trust in English law and in English life. Trusts* & Trustees, United Kingdom, v. 19, n. 3 e 4, p. 242–254, april/may 2013, p. 248.

[303] *Cfr.* Last Will of Michael Joseph Jackson. Disponível em: http://pt.scribd.com/doc/17005603/Michael-Jackson-Last-Will-and-Testament . Acesso em: 12.02.2012.

coisas, em garantir que o *Trust* tenha início, através da transferência ao *trustee* dos ativos que formarão a *trust property*[304].

b) *Revogável e Irrevogável* – Em prosseguimento, então, é *mister* salientar, que um *Trust* constituído por ato *inter vivos* pode ser revogável ou irrevogável. Essa classificação ocorre apenas em relação ao *Trust inter vivos*, pois conforme referido a pouco, o *trust testamentary* é sempre revogável até o óbito de seu instituidor[305].

Em suma, o *settlor* poderá incluir no seu ato constitutivo uma cláusula assecuratória do seu direito de rescindir o *Trust*[306]. É fundamental, pois, que ao constituir um *Trust inter vivos*, o *settlor* declare se o *Trust* será revogável ou irrevogável. Na ausência de tal cláusula, normalmente presume-se a irrevogabilidade do *Trust*.

A esse respeito, LUPOI esclarece que o *trust* revogável é considerado normal no Direito Inglês, desde que previsto expressamente no ato constitutivo[307]. Por sua vez KOZUSKO e VETTER explicam que no Direito norte-americano, as Leis estaduais diferem quanto à questão do direito de revogar ser ou não presumido nos casos de ausência de cláusula indicativa[308].

Deve ser notado, que o *settlor* pode reservar-se expressamente ao direito de revogar apenas parcialmente o *Trust*. Por exemplo, anulando determinados poderes conferidos ao *trustee*, ou benefícios auferidos aos beneficiários, até mesmo podendo excluir algum deles. Certamente, o *settlor* pode se manter no controle do *Trust* em vários aspectos, em consonância com seus interesses.

A partir do momento em que o *settlor* conserva o seu direito de revogar o *Trust*, o poder de modificar os termos do *Trust* lhe será implicitamente conferido.

304 *Cfr.* LUPOI, Maurizio. *Trusts*. Milano: Giuffrè Editore, 2001, p. 164.

305 *Cfr.* MENNEL, L. Robert. *Wills and Trusts in a Nutshell*. Minnesota: West Group, 2007, p. 257. *Vide* HOWER Dennis R.; KAHN, Peter. *Wills, Trusts, and Estates Administration*. New York: Delmar Cengage Learning, 2012, p. 301.

306 *Cfr.* CLIFFORD, Denis. *Make Your Own Living Trust*. USA: Delta Printing Solutions, 2011, p. 4.

307 *Cfr.* LUPOI, Maurizio. *Trusts*. Milano: Giuffrè Editore, 2001, p. 178.

308 *Cfr.* KOZUSKO, Donald, VETTER, Stephen. *United States – Trusts, Topical Analyses*. Amsterdam: IBFD, 2011, section 1.2.1. No mesmo sentido *vide*: MENNEL, L. Robert. *Wills and Trusts in a Nutshell*. Minnesota: West Group, 2007, p. 257.

Em arremate pertinente, quando o *Trust* é constituído por meio de uma declaração do *settlor* nomeando-se como *trustee*, a revogação do *Trust* é mais simples, e levará ao retorno do *equitable interest* ao património pessoal do constituinte, que já detém o *legal interest*. Por outro lado, quando o *trustee* for uma terceira pessoa, a revogação levará ao retorno dos bens ou diretos ao património pessoal do *settlor*, tanto do *legal title* quanto do *equitable interest*, e por isso, deve haver a transferência pelo *trustee* dos bens ou direitos para o *settlor*.

Um *Trust* irrevogável apenas poderá ser modificado no que constar previamente instituído e autorizado pelo *settlor* no ato constitutivo do *Trust*[309].

Deve-se salientar neste plano, que o poder de modificação dos termos do *Trust* poderá, por vezes, abranger a revogação, desde que o poder de modificação, constante no *trust instrument*, seja ilimitado[310].

Por fim, outro ponto marcante, é que, salvo proibição legal, um *Trust* irrevogável pode conter uma cláusula conferindo a algum beneficiário, o poder de revogabilidade ou de alteração de determinados termos do *Trust*, sujeitando a propriedade a disposições diferentes do instituído originariamente pelo *settlor*[311].

c) *Discretionary e Fixed* – Em continuidade aos objetivos da presente Secção, passaremos agora à classificação que diz respeito à extensão dos direitos conferidos aos beneficiários. Sob tal prisma, então, os *Trusts* se diferenciam entre *fixed* e *discretionary trusts*.

Ao *settlor* é possível assegurar que os benefícios sejam distribuídos, de forma fixa e pré-estabelecida, aos beneficiários de sua escolha (*mandatory, estrito ou fixed trust*). Por outro lado, pode o *settlor* preferir deixar essa decisão para o *trustee*, conferindo a ele parcial ou ampla discricionariedade sobre o *Trust* (*discretionary trust*)[312]. Isto importa, substancialmente,

[309] *Cfr.* PENNER, J. E. *The Law of Trusts*. Londres: Oxford University Press, 2010, p. 18.

[310] *Vide* MENNEL, L. Robert. *Wills and Trusts in a Nutshell*. Minnesota: West Group, 2007, p. 257.

[311] No Direito norte-americano, somente alguns estados permitem a presença dessa cláusula. *Cfr.* KOZUSKO, Donald, VETTER, Stephen. *United States – Trusts, Topical Analyses*. Amsterdam: IBFD, 2011, section 1.2.1.

[312] *Cfr.* REUTLINGER, Mark. *Wills, Trusts, and Estates, Essential Terms and Concepts*. Second Edition, New York: Aspen Publishers, 1998, p. 163. *Vide* em complemento: PEARCE,

pois que, diferentes regras se aplicam em relação ao beneficiário de um *fixed trust* e ao beneficiário de um *discretionary trust*[313], conforme já referido.

De forma simples e planejada, o *fixed trust* confere aos seus beneficiários direitos fixos sobre parte apurável do rendimento líquido da *trust property*[314]. Nesse sentido, quando o *settlor* cria um *fixed trust* ele estipula no ato constitutivo do *Trust* quem são os beneficiários e quais serão seus respectivos benefícios. Logo, indicando de antemão, exatamente o que caberá a cada um de seus indicados, e quais serão os prazos das distribuições que devem ser realizadas pelo *trustee*[315].

Por conseguinte, além dos beneficiários possuírem o direito de fiscalizar a administração do *Trust* e de exigir a prestação de contas, eles possuem o direito de ordenar as distribuições do *trustee,* no valor e no prazo determinado pelo *settlor*[316].

Deste modo, pode-se dizer que o *trust instrument* de um *fixed Trust* protege todos os direitos equitativos dos beneficiários[317].

Em oposição ao acima indicado, poderá o *settlor* optar em conferir ao *trustee* um poder discricionário para que ele mesmo decida sobre a escolha dos beneficiários e de seus respectivos benefícios, bem como a determinação dos valores e do prazo da distribuição.

Para isso, o *settlor* deve elaborar uma relação de possíveis beneficiários, cabendo ao *trustee* com poder discricionário escolher o(s) beneficiário(s) dentre os que fazem parte dessa lista. Por igual, pode o *settlor* deixar a

Robert; STEVENS, John; BARR, Warren. *The Law of Trusts and Equitable Obligations.* New York: Oxford University Press, 5 edition, 2010, p. 545.

313 Com efeito, a relevância da presente classificação existe principalmente em relação aos Direitos conferidos aos beneficiários.

314 *Cfr.* HAYTON, D.J., *The Law of Trusts.* London: Sweet e Maxwell, 1998, p. 46.

315 *Vide* MENNEL, L. Robert. *Wills and Trusts in a Nutshell.* Minnesota: West Group, 2007, p. 260.

316 *Cfr.* HAYTON, D.J. *The Law of Trusts.* London: Sweet e Maxwell, 1998, p. 157. *Vide*: JR BOVE, Alexander A. *Should Your Client Have a non-charitable Foundation? For some, it might work better than a trust – even though it must be established in a foreign jurisdiction.* New York: *Trusts* & Estates, November 2009, p. 48.

317 *Cfr.* VAZ TOMÉ, Maria João; CAMPOS, Diogo Leite de. *A Propriedade Fiduciária (Trust), Estudo para a sua Consagração no Direito Português.* Coimbra: Almedina, 1999, p. 58.

critério do *trustee* a decisão sobre o valor dos benefícios que serão atribuídos a eles, e o período que será realizada a distribuição aos beneficiários[318].

Portanto, aqui, as distribuições da renda ou do capital aos beneficiários podem ocorrer em conformidade com vontade do *trustee* que deverá, consequentemente, se nortear pelas circunstâncias que se apresentarem para ele, em cada época surgente[319].

Em um *Trust* discricionário, não é conferido ao beneficiário nenhum direito a renda ou ao capital proveniente do *Trust*, nem mesmo um valor que baste para seu sustento[320].

Neste caso, é o *trustee* que, fazendo uso de sua discricionariedade, decide quem será o beneficiário e o quanto irá atribuir a cada beneficiário do *Trust*. Em outras palavras, o *trustee* define o *quantum* pagar e igualmente a quem pagar[321].

É sob tal prisma que o beneficiário de um *Trust* discricionário não possui nenhum direito fixo latente, apenas detém uma expectativa de direito. Assim, ele não pode exigir a distribuição de renda do *trustee*[322]. Entretanto, igualmente aos beneficiários de um *fixed trust*, eles têm o direito de fiscalizar a administração do *Trust* e de pedir a prestação de contas[323].

Por tal motivo, uma das principais características de um *Trust* discricionário é a sua capacidade de impedir a alienação dos interesses equitativos de um beneficiário. Essencialmente, destaca-se, que um beneficiário

[318] Cfr. MENNEL, L. Robert. *Wills and Trusts in a Nutshell*. Minnesota: West Group, 2007, p. 260. *Vide*: PARKINSON, Patrick. *Reconceptualising the Express Trust*. The Cambridge Law Journal, New York, 61 (3), p. 657-683, novembro 2002, p. 660.

[319] *Cfr.* MENNEL, L. Robert. *Wills and Trusts in a Nutshell*. Minnesota: West Group, 2007, p. 260.

[320] *Cfr.* MENNEL, L. Robert. *Wills and Trusts in a Nutshell*. Second Edition, Minnesota: West Group, 2004, p. 253. *Vide* HUDSON, Alastair. *Equity & Trusts*. Australia: Cavendish publishing, 2010, p. 54.

[321] *Cfr.* THOMAS, Geraint; HUDSON, Alastair. *The Law of Trusts*. New York: Oxford University Press, 2010, p. 27; MENNEL, L. Robert. *Wills and Trusts in a Nutshell*. Second Edition, Minnesota: West Group, 2004, p. 253.

[322] *Cfr.* MOFFAT, GRAHAM. *Trusts Law-Text and Materials*. New York: Cambridge University Press, 2005, p. 8.

[323] *Cfr.* FREIRE E ALMEIDA, Verônica Scriptore. *A Tributação dos Trusts*. Coimbra: Almedina, 2009, p. 68..

não pode transferir seu interesse equitativo, nem seus credores podem alcançá-los[324].

d) ***Private e Charitable*** – Outra relevante classificação se refere as finalidades dos *Trusts*, que podem ser caritativas ou de ordem privada. Nesta distinção, os *Trusts* são chamados de *charitable* ou *private* e, embora diferentes em suas finalidades, compartilham muitas características. Ambos podem ser constituídos pelo *settlor* através de um ato voluntário *mortis causa* ou *inter vivos* e demandam a transferência da *trust property* à esfera jurídica do *trustee*, para que o *Trust* tenha início.

Em regra, o *private trust* é constituído visando beneficiar pessoas determinadas que de alguma forma tenham ligação com o *settlor*, ou objetivam beneficiar o próprio constituinte[325]. Por isso, o *private trust* possui finalidades particulares, tendo em vista a proteção de riquezas, sobretudo, do património familiar. Portanto, obrigatoriamente, os beneficiários de um *private trust* devem ser determinados ou facilmente determináveis.

É sob tal prisma, então que, no *private trust*, o *trustee*[326] administra a propriedade que lhe foi confiada, em benefício de um ou mais beneficiários fixos, indicados pelo *settlor*.

Além disso, conforme discorremos a pouco, ao *trustee* pode ser conferido o poder discricionário de incluir ou excluir beneficiários já sugeridos por ele através da elaboração prévia de uma lista ou mediante a indicação de uma classe de beneficiários (por exemplo: "meus familiares").

Igualmente, os benefícios e os prazos de distribuição destes, podem ser previamente definidos pelo *settlor*, e distribuídos adequadamente aos beneficiários do *private trust*; ou, o *settlor* pode optar por conferir discricionariedade ao *trustee* para que ele também decida sobre isso.

[324] *Cfr.* REUTLINGER, Mark. *Wills, Trusts, and Estates, Essential Terms and Concepts.* Second Edition, New York: Aspen Publishers, 1998, p. 163.

[325] *Cfr.* MARTIN, Jill E. *Modern Equity.* Fifteenth Edition. London: Sweet & Maxwell, 1997, p. 347.

[326] *Vide* MCKENZIE, Christopher. *Private trust companies: the best of all worlds. Trusts* & Trustees, United Kingdom, v. 14, n. 2, march 2008, p. 99-100; STEINER, Bonnie. *Private trust companies: a double edged sword? The pros & the cons. Trusts* & Trustees, United Kingdom, v. 15, n. 6, p. 458–471, 2009, p. 458 –459.

Destaca-se, portanto, que o *private trust* tem ânimo de lucro, e não o de atingir determinado fim[327].

Os *charitable trusts* são criados visando finalidades que, pela lei, são tratadas como intenções públicas ou caritativas. Logo, o *charitable trust* também é intitulado de *public trust*[328]. No *charitable trusts* o *trustee* administra o *Trust* tendo em vista a realização de propósitos benéficos de cunho público ou caritativo. É nesta perspectiva, então, que os beneficiários são indefinidos. Tal diferença em relação aos *private trusts* resulta para o *charitable* consequências favoráveis, nomeadamente, em relação à *rule against perpetuites*, às questões tributárias além disso poderá ter beneficiários indefinidos[329].

Indubitavelmente, uma geral vantagem que o *charitable* tem sobre o *private*, é o tratamento legal favorecido. Com efeito, há um estímulo para a sua constituição, tendo em vista os benefícios que traz para o público em geral[330].

Permite-se que os fins de caridade sejam indicados de forma ampla e abstrata como, por exemplo, auxiliar a pobreza, objetivo que confere ao *Trust* duração indefinida[331]. Isso também ocorre, por exemplo, quando o *trust instrument* indicar circunstâncias em que a renda do *Trust* seja transferida de *charity* para outra *charity*, indefinidamente. Tais hipóteses são possíveis porque os *charitable trusts* não são afetados pela *rule against*

[327] *Vide* LUPOI, Maurizio. *Trusts*. Milano: Giuffrè Editore, 2001, p. 211.

[328] *Cfr.* REUTLINGER, Mark. *Wills, Trusts, and Estates, Essential Terms and Concepts*. Second Edition, New York: Aspen Publishers, 1998, p. 214.

[329] *Cfr.* EISENSTEIN, Ilana H. *Keeping Charity In Charitable Trust Law: The Barnes Foundation And The Case for Consideration of Public Interest In Administration Of Charitable Trusts*. University Of Pennsylvania Law Review, Philadelphia, v. 15, 2003, p. 1747.

[330] *Vide*: FARROW, Trevor C. W. *The Limits of Charity: Redefining the Boundaries of Charitable Trust Law*. Toronto: Estates & *Trusts* Journal, Vol. 11, 1994, p. 307.

[331] *Cfr.* HAYTON, D.J., *The Law of Trusts*. London: Sweet e Maxwell, 1998, p. 103. Por outro lado, não se permite a criação de propósitos com critérios discriminatórios, por exemplo, para o auxílio da pobreza de pessoas brancas. Podemos citar aqui o "*THE GIRARD CASE*", onde o *trustee* tinha o dever de negar a admissão de negros para a faculdade criada (através da estrutura do *charitable trust*) sob o *testamentary trust* de Stephen Girard *Vide. Cfr.* CLARK, Elias. "*Charitable Trusts, the Fourteenth Amendment and the Will of Stephen Girard*" (1957). Cambridge: The Cambridge Law Journal, Volume 66, 1957, p. 979-1015.

perpetuites, permitindo-se, pois, a vinculação dos bens ou direitos no *Trust* para sempre[332].

Em alinhamento, em razão dos benefícios tributários que o *charitable trust* faz jus, nem toda benevolência pode ser entendida como sendo um propósito *charitable*. De fato, VAZ TOMÉ e CAMPOS explanam que deve existir um cuidado em não generalizar as finalidades *charitable* para não multiplicar esse tipo de *Trust* que, por sua natureza, acumulam bens (*deed hand*) e são isentos de impostos[333]. Realmente, os *charitable trusts* são beneficiados com a isenção de tributos, como o Imposto de Renda, Imposto sobre a Transmissão de Bens, Imposto sobre os Ganhos de Capital e o Imposto de Selo. Da mesma forma, existe a isenção de impostos sobre a transferência de bens doados para uma *charity*[334].

Nesse contexto, então, em não tendo o *trust charitable* um beneficiário identificável, capaz de receber um incentivo econômico permanente, cabe ao *attorney general*[335] assistido pela *Charity Comission*,

[332] *Cfr. Perpetuities and Accumulations Act 2009*. Sec.2. Disponível em: http://www.legislation.gov.uk/ukpga/2009/18/pdfs/ukpga_20090018_en.pdf. Acesso em: 03.03.2012; PENNER, J. E. *The Law of Trusts*. Londres: Oxford University Press, 2010, p. 452; MARTIN, Jill E. *Modern Equity*. Fifteenth Edition. London: Sweet & Maxwell, 1997, p. 353. BRODY, Evelyn. *Charity Governance: What's Trust Law Got To Do With It?* Chicago: Chicago-Kent Law Review, V. 80, 2005, p. 647.

[333] *Cfr.* VAZ TOMÉ, Maria João; CAMPOS, Diogo Leite de. *A Propriedade Fiduciária (Trust), Estudo para a sua Consagração no Direito Português*. Coimbra: Almedina, 1999, p. 52.

[334] *Cfr.* HAYTON, D.J., *The Law of Trusts*. London: Sweet e Maxwell, 1998, p. 103; PENNER, J. E. *The Law of Trusts*. Fifth Edition, Londres: Oxford University Press, 2006, p. 430. Complementarmente, indico a leitura de: FREIRE E ALMEIDA, Verônica Scriptore. *A Tributação dos Trusts*. Coimbra: Almedina, 2009.

[335] No Reino Unido o *attorney general* trata-se de um consultor jurídico chefe da Coroa; é um ministro da Coroa com a responsabilidade de superintender os serviços judiciais, e tem uma série de independentes funções de interesse público. O Procurador Geral também ocupa o cargo em separado do advogado-geral da Irlanda do Norte. O advogado-geral para a Escócia é o responsável pela Lei do Reino Unido com competência específica em matéria de Direito escocês. *Cfr.* UK. *Attorney General's Office*. Disponível em: http://www.attorneygeneral.gov.uk/Pages/default.aspx. Acesso em: 06.03.2012. Nessa linha, em relação ao Direito norte-americano, explicam KLICK e SITKOFF (2008) que muitos estados têm ampliado a atuação do *attorney general*, incluindo o poder de investigar a operação de Entidades de Caridade. Complementam que, na maioria dos estados, o *attorney general* exige relatórios regulares de *Trust Charitable* e de outras instituições de caridade. Além disso, em muitos casos, o *attorney general* é parte necessária no contencioso envolvendo um *Trust Fund Charitable*. *Cfr.* KLICK,

a responsabilidade de obrigar o *trustee* a executar os termos do *trust charitable*[336].

Na Inglaterra e no País de Gales, a *Charity Comission* foi criada para realizar o registo e regulamentar as instituições de caridade[337]. Sob tal prisma, então, além do registo e da regulamentação, cabe a *Charity Commissioners* monitorar a contabilidade dos *charitable trusts*, acompanhar a administração e evitar os abusos e por fim, aconselhar os *charitable trustees* em vários assuntos como, por exemplo, nos relativos aos investimentos[338].

Nessa linha, HAYTON complementa que em razão dos benefícios fiscais que o *trust charitable* adquire, quando o *settlor* desejar criar um novo *charitable trust* ao invés de transferir seus bens ou direitos a um *charitable trust* já existente, ele deve negociar os termos do novo *trust instrument* com os *charity commissioners*, que, antes de registrar a nova *charity*, deve consultar a Receita Federal (*Inland Revenue*)[339].

Devemos acrescentar, ainda, que em consonância com PENNER, embora os *charity commissioners* devam seguir as orientações dos Tribunais na determinação de novos propósitos *charitable*, é importante considerar, igualmente, a sociedade como um todo, identificando suas necessidades[340].

Em arremate importante, devemos mencionar a respeito da doutrina *cy-près*, doutrina jurídica que teve sua origem nos tribunais de equidade.

Essencialmente, o termo *cy-près* pode ser traduzido como *"o mais próximo possível"*. Sua aplicação ocorre em determinados casos, onde a realização do objetivo original do *settlor* na criação do *trust charitable* se tornou impraticável, inexequível ou ilegal. Nestes casos, permite-se ao Tribunal ou aos *charity commissioners*, a alteração dos termos do *trust*

Jonathan; SITKOFF, Robert H. *Agency costs, charitable Trusts, and corporate control: evidence from Hershey's kiss-off.* Columbia Law Review, v. 108, n. 4, 2008, p. 781.

336 *Cfr.* PENNER, J. E. *The Law of Trusts*. Londres: Oxford University Press, 2010, p. 452.

337 *Cfr.* UK. *Charity Commissiom*. Disponível em: http://www.charity-commission.gov.uk/index.aspx. Acesso em: 06.03.2019.

338 *Cfr.* UK. *Charity Commissiom*. Disponível em: http://www.charity-commission.gov.uk/index.aspx. Acesso em: 06.03.2019.

339 *Cfr.* HAYTON, D.J. *The Law of Trusts*. London: Sweet e Maxwell, 1998, p. 43.

340 *Cfr.* PENNER, J. E. *The Law of Trusts*. Fifth Edition, Londres: Oxford University Press, 2006, p. 430.

charitable, indicando outro objetivo[341]. Entretanto, o novo objetivo deve se assemelhar o máximo possível da intenção original do *settlor*, evitando que o *Trust* fracasse[342].

341 *Cfr.* ATKINSON, Rob. *The Low Road To Cy Pres Reform: Principled Practice To Remove Dead Hand Control Of Charitable Assets*. Tallahassee: Florida State University, Working Paper Nº 176, 2005, p. 32.
342 *Cfr.* ATKINSON, Rob. *The Low Road To Cy Pres Reform: Principled Practice To Remove Dead Hand Control Of Charitable Assets*. Tallahassee: Florida State University, Working Paper Nº 176, 2005, p. 32.

Capítulo II
Aspectos Fundamentais da Administração do *Trust*

Ganha evidência, agora, o estudo dos basilares aspectos implicantes com a administração do *Trust.*

Em síntese, a administração do *Trust* consiste na conservação e gerenciamento de seus ativos pelo *trustee,* durante o período de sua existência.

Entretanto, embora a administração do *Trust* seja, em regra, um encargo do *trustee,* já mencionamos que o *settlor* pode reter alguns poderes de administração sobre o *Trust,* sem que isso afete a sua validade. Iniciaremos então este tópico discorrendo sobre o poder do settlor sobre administração do *Trust.*

1. O Poder do *Settlor* sobre Administração do *Trust*

Comumente, cabe ao *trustee* a administração do *Trust*[343]. Contudo, em não sendo o *settlor* o próprio *trustee,* ele poderá reserva-se de poderes em relação ao *Trust,* nomeadamente quando ele desejar manter o poder de controle sobre determinados aspectos do *Trust*[344].

A manutenção pelo *settlor* de tais poderes reflete diretamente na administração do *Trust,* ou seja, na conservação e gerenciamento dos ativos

[343] *Cfr.* REUTLINGER, Mark. *Wills, Trusts, and Estates, Essential Terms and Concepts.* Second Edition, New York: Aspen Publishers, 1998, p. 221.

[344] *Cfr.* O'HAGAN, Patrick. *The reluctant settlor – property, powers and pretences. Trusts* & Trustees, United Kingdom, v. 17, n. 10, p. 905–919, november 2011, p. 905.

pelo *trustee* durante o período de existência do Instituto. Entretanto, embora o *settlor* intervenha na administração, não pode ele privar o *trustee* de sua autonomia e independência, inerentes ao exercício de sua função[345].

Em consonância com JACOB e GRAHAM algumas das competências reservadas frequentemente pelo *settlor* são as capacidades de: remover *trustees*[346]; nomear *trustees* novos; revogar o *Trust* total ou parcialmente; adicionar ou excluir beneficiários; alterar os termos do *Trust*; alterar as disposições administrativas do *Trust*; alterar a lei que regerá o *Trust*; mudar o lugar da administração do *Trust*; nomear a renda ou o capital que será distribuído ao beneficiário; atuar como gestor de investimentos ou consultor; impedir a venda ou direcionar a retenção de certo ativo do *trust fund*, como por exemplo, ações de empresas privadas; restringir o exercício dos poderes discricionários dos *trustees*[347].

Sobre esse último aspecto, explica NOLAN que os atos discricionários do *trustee* podem sujeitar-se a diversas formas de controle do *settlor*. Contudo, essas formas de controle devem ser equilibradas com a flexibilidade e os objetivos do *Trust*, tendo o cuidado de não abolir a discrição inerente ao próprio poder discricionário[348].

O poder do *settlor* sobre a administração do *Trust* é bem proeminente no *Trust* revogável. De fato, a revogabilidade ou não do *Trust*, conferem ao *settlor* poderes fulcrais sobre o *Trust*, reduzindo consideravelmente a liberdade de gestão do *trustee*[349]. De fato, vimos que, no *Trust* revogável, o *settlor* pode extinguir ou modificar cláusulas significativas do *trust instrument* e até mesmo revogá-lo por completo.

[345] *Cfr.* SANTISTEBAN, Sonia Martín. *El instituto del trust em los sistemas legales continentales y su compatibilidad com los principios de civil law.* Navarra: Editora Aranzadi, 2005, p. 56.

[346] *Cfr.* WATERS, Donovan. *Settlor control – what kind of a problem is it?. Trusts* & Trustees, United Kingdom, v. 15, n. 1, p. 12-17, march 2009, p. 14.

[347] *Cfr.* JACOB, Nicholas; GRAHAM, Lawrence. *The legal realities of reserved powers Trusts. Trusts* & Trustees, United Kingdom, p. 25-31, June 2006, p. 27 –28.

[348] *Cfr.* NOLAN, R.C. *Controlling Fiduciary Power.* Cambridge Law Journal, Cambridge, 68(2), p. 293–323, july 2009, p. 293. *Vide* WATERS, Donovan. *Settlor control – what kind of a problem is it?. Trusts* & Trustees, United Kingdom, v. 15, n. 1, p. 12-17, march 2009, p. 15.

[349] *Vide*: MEESON, Nigel. *Case notes: Receivers and revocable Trusts: reserved powers cannot be exercised against the will of the settlor. Trusts* & Trustees, United Kingdom, v. 15, n. 9, p. 31-34, november 2009, p.735.

Nesse quadro, JACOB e GRAHAM alertam que um dos maiores perigos da reserva de muitos poderes pelo *settlor* é justamente em relação aos deveres fiduciários exigidos do *trustee*. Com efeito, o *trustee* tem a responsabilidade geral em relação a todos os aspectos do *Trust*, incluindo áreas sobre as quais pode haver competências reservadas ao *settlor*[350].

Assim, deve restar muito clara no *trust instrument* as competências e atribuições do *settlor* e as do *trustee*, em razão da responsabilidade inerente ao exercício da profissão de *trustee*. Por exemplo, se o *settlor* reserva o poder de gerenciar os investimentos do *Trust*, e se a delimitação de competências não for feita de forma adequada, os *trustees* ainda mantém a responsabilidade geral em relação aos investimentos do *Trust*[351].

Ante o até aqui examinado, derradeiramente destaca-se, que o *settlor* poderá estender todos esses poderes de controle, mencionados acima, a um *Protector*[352]. De fato, o *settlor* pode, no ato constitutivo do *Trust*, indicar que um terceiro possa dar instruções ao *trustee*. É *mister* salientar que, o *protector* pode ser o próprio *settlor*[353]. Nesse sentido, HAYTON explica que normalmente o *settlor* retém esses poderes de *protector*, atribuindo tais poderes a terceiros somente após a sua morte ou, no caso de sua incapacidade mental superveniente[354].

Perceba-se, que o *protector* trata-se de uma pessoa que, em consonância com as previsões do ato constitutivo, vai exercer certos poderes frente ao *trustee*. Com efeito, suas funções podem ser das mais diversas, desde a nomeação ou a destituição do *trustee*, até a designação de beneficiários. Ainda, pode ser encarregado de consentir determinados atos

[350] *Cfr.* JACOB, Nicholas; GRAHAM, Lawrence. *The legal realities of reserved powers Trusts. Trusts* & Trustees, United Kingdom, p. 25-31, June 2006, p. 25.

[351] *Vide* LANGBEIN, John H. *Burn the Rembrandt: Trust Law's Limits on the Settlor's Power to Direct Investments.* In: Yale Law School- Faculty Scholarship Series, 2010, p. 386.

[352] *Cfr.* PRYKE, Stuart. *Of protectors and enforcers. Trusts* & Trustees, United Kingdom, v. 16, n. 2, p. 64–72, march 2010, p. 65.

[353] *Vide*: LUPOI, Maurizio. *Trusts.* Milano: Giuffrè Editore, 2001, p. 175; PRYKE, Stuart. *Of protectors and enforcers. Trusts* & Trustees, United Kingdom, v. 16, n. 2, p. 64–72, march 2010, p. 64; DUCKWORTH, Antony. *Protectors: law and practice. Trusts* & Trustees, United Kingdom, v. 19, n. 1, p. 98–112, february 2013.

[354] *Cfr.* HAYTON, D.J. *The Law of Trusts*. London: Sweet e Maxwell, 1998, p. 128.

de administração do *trustee*, obter informação sobre a administração do *Trust*, fixar a remuneração do *trustee*, entre outros encargos[355].

Nesta linha, para orientar o *protector* depois de sua morte e, principalmente, na existência da atribuição de muitos poderes discricionários ao *trustee*, o *settlor*, normalmente, formaliza uma carta de intenções, contendo todos os seus desejos, que apesar de não vincular o *trustee*, fornece ao *protector* uma direção a ser seguida. Perceba-se, que o *trustee* pode considerar as circunstâncias atuais e tomar outras direções, sem prejudicar, no entanto, o *Trust* e os beneficiários[356].

Igualmente ao *trustee*, o *protector* assume obrigações fiduciárias em relação aos beneficiários[357] e ao cumprimento dos objetivos do *Trust*. Não obstante, o *protector* não pode intervir ativamente na gestão do *Trust*, nem na distribuição de rendimentos ou capital do *Trust*, fora dos termos específicos de seu ato constitutivo. Perceba-se, ainda, que apesar da possibilidade de ser-lhe atribuído um poder de revogar ou de substituir o *trustee*, ele não pode ser o substituto, passando a desempenhar as funções do *trustee*[358]. Por fim, dentro das referidas distinções, o *protector* não é um *trustee*, são pessoas independentes e autônomas, cada qual com suas funções e responsabilidades dentro da estrutura dos *Trusts*[359].

2. Deveres do *Trustee*

Conforme já indicado, em regra, a administração do *Trust* consiste na conservação e gerenciamento de seus ativos pelo *trustee*, durante o período de sua existência[360]. É nesta perspectiva, então, que os deveres do *trustee* no âmbito da administração dos *Trusts*, circundam primordialmente: a

[355] *Cfr.* SANTISTEBAN, Sonia Martín. *El instituto del trust em los sistemas legales continentales y su compatibilidad com los principios de civil law*. Navarra: Editora Aranzadi, 2005, p. 72.

[356] *Cfr.* HAYTON, D.J. *The Law of Trusts*. London: Sweet e Maxwell, 1998, 128.

[357] *Cfr.* PRYKE, Stuart. *Of protectors and enforcers*. *Trusts* & Trustees, United Kingdom, v. 16, n. 2, p. 64–72, march 2010, p. 65.

[358] *Cfr.* SANTISTEBAN, Sonia Martín. *El instituto del trust em los sistemas legales continentales y su compatibilidad com los principios de civil law*. Navarra: Editora Aranzadi, 2005, p. 72.

[359] *Cfr.* LUPOI, Maurizio. *Trusts*. Milano: Giuffrè Editore, 2001, p. 177.

[360] *Cfr.* REUTLINGER, Mark. *Wills, Trusts, and Estates, Essential Terms and Concepts*. Second Edition, New York: Aspen Publishers, 1998, p. 221.

gestão ativa do *trustee* do património do *Trust*, a detenção da *trust property*, e a distribuição dos benefícios aos beneficiários[361].

Dessa forma, para conservar e gerenciar a *trust property*, o *trustee* se compromete em observar todos os deveres atrelados a gestão do *Trust*, ao passo que são deveres inerentes e obrigatórios. Aceitando a função, o *trustee* vincula-se em exercer seus poderes e deveres de proprietário legal, de acordo com os termos do instituto. É essa a essência de qualquer *Trust*.

Além de considerar as provisões do *trust instrument*, o *trustee* deve, ainda, no exercício de seus poderes e deveres, observar os interesses dos beneficiários, as imposições legais ou estatutárias e, por fim, as regras da *equity* que tratem do assunto.

Propícia a menção aqui, que o *settlor* poderá dosar através de cláusulas inseridas no instrumento, a amplitude dos poderes e dos deveres atribuídos ao *trustee*, em harmonia com os objetivos que pretende auferir. Todavia, os deveres fiduciários do *trustee* são considerados fundamentais e indisponíveis[362]. Nesta perspectiva, pois, a partir do momento em que o *settlor* constitui um *Trust*, e o encargo é aceito pelo *trustee*, a boa-fé das partes presume-se, desde os primórdios de seu desenvolvimento legal.

Com efeito, o exercício de poderes e deveres – de controle e gerência – sobre o património do *Trust*, involuntariamente, impõem ao *trustee* os deveres de diligência, lealdade, cuidado e boa-fé[363].

Portanto, é fundamental que o *trustee* conheça todas as cláusulas do *trust instrument* e, igualmente, aprecie todos os documentos e detalhes, referentes aos bens ou direitos que consubstanciam o património do *Trust*. Somente desta forma, poderá o *trustee* agir com acuidade, considerando a natureza especial de cada tipo de bem ou direito[364].

É essencial, então, que o *trustee* tenha um panorama global dos objetivos do *Trust* e, consequentemente, da extensão de seus poderes, deveres e responsabilidades. Basicamente, os *trustees* devem exercer seus deveres fiduciários visando os melhores resultados para os beneficiários do *Trust*, e nunca com interesses particulares, para si, sua família ou amigos. Em

361 *Cfr.* WAI LAU, Ming. *The Economic Structure of Trusts – Towards a Property-based Approach*. New York: Oxford University Press, 2011, p. 5.

362 *Cfr.* LUPOI, Maurizio. *Trusts*. Milano: Giuffrè Editore, 2001, p. 346.

363 *Cfr.* HAYTON, D.J., *The Law of Trusts*. London: Sweet e Maxwell, 1998, p. 133.

364 *Cfr.* CHALHUB, Melhim Namem. *Trust*. Rio de Janeiro: Renovar, 2001, p. 50.

geral, pois, deve, em prol dos interesses dos beneficiários, manter a segurança e a confiança na relação em *Trust.*

Enfim, são deveres extremamente onerosos, sendo necessária ampla cautela do *trustee* na administração do património em *Trust*, para que não haja a transgressão da propriedade, e em consequência, dos interesses dos beneficiários[365].

É hora agora de analisarmos com maior acuidade alguns deveres específicos e fundamentais do *trustee,* atinentes, é claro, a sua gestão no *Trust.*

a) Dever de Lealdade – Presume-se a boa-fé, ou seja, a existência de confiança na relação em *Trust.* Indispensavelmente, espera-se, que os beneficiários depositem sua confiança nos *trustees,* e que correspectiva fidelidade seja retribuída a eles[366]. Isto porque, a lealdade é dever basilar, implícito e inerente, na relação jurídica do *Trust.* Logo, independe de qualquer cláusula escrita no *trust instrument*[367].

Neste sentido, aliás, límpida a mensagem de MENNEL, *in verbis*: "*the greatest duty of a fiduciary is the duty of loyalty*"[368].

Indubitavelmente, existe a perspectiva de todas as partes envolvidas e, sob o ponto de vista legal, de que o *trustee* fielmente proteja e promova os interesses dos beneficiários. Dessa forma o *trustee* não é livre para exercer os seus poderes da forma como desejar e, sim, e somente, de acordo com os termos do *Trust* e a vontade do instituidor.

A lei, portanto, requer que os *trustees* atuem de acordo com essa expectativa de boa-fé. Por conseguinte, que realizem a gestão dos bens do *Trust* desinteressadamente, sem abusar de sua posição privilegiada e da confiança depositada neles pelo *settlor* e, por via de consequência, pelos beneficiários.

[365] *Vide*: LUPOI, Maurizio. *Trusts*. Milano: Giuffrè Editore, 2001, p. 348.

[366] *Cfr.* REUTLINGER, Mark. *Wills, Trusts, and Estates, Essential Terms and Concepts*. Second Edition, New York: Aspen Publishers, 1998, p. 157.

[367] *Cfr.* MENNEL, L. Robert. *Wills and Trusts in a Nutshell*. Minnesota: West Group, 2007, p. 281. *Vide*: LUPOI, Maurizio. *Trusts*. Milano: Giuffrè Editore, 2001, p. 346.

[368] *Cfr.* MENNEL, L. Robert. *Wills and Trusts in a Nutshell*. Minnesota: West Group, 2007, p. 281; MOLLOY, Tony. *Trustees of controlling shareholdings who take directorships or senior executive posts in the company. Trusts* & Trustees, United Kingdom, v. 16, n. 9, p. 741–749, october 2010, p. 741.

Nessa esteira, WAI LAU avalia, *in verbis*: "*The duty of loyalty exists for a simple yet fundamental reason, to exclude the trustee from benefiting from the trust in any way*"[369].

É sob tal prisma, então, que os *trustees* são impedidos de tirar qualquer proveito de sua posição. Logo, um *trustee* não pode transacionar com os bens ou direitos que administra, ainda que ele pague um preço justo. Pelas mesmas razões, não pode negociar com pessoas que de alguma forma se relacionem com ele, como familiares ou amigos. Em outras palavras, é vedado ao *trustee* misturar seus interesses pessoais com os interesses preferenciais dos beneficiários[370].

Nesse sentido, límpida a mensagem de REUTLINGUER, *in verbis*: "*since this necessarily would involve a division of their loyalty between their personal interests and those of the beneficiaries. In other words, they generally cannot "wear both hats" (individual and fiduciary) in the same transaction*"[371].

A violação do dever de lealdade não ocorre apenas quando o *trustee* autobeneficiar-se, mas, igualmente, quando favorecer beneficiários agindo em desacordo com os termos do *Trust*. Certamente, ainda que determinada transação traga excepcional vantagem também aos beneficiários, o *trustee* não pode agir em discordância com os termos do *Trust*. Logo, além do *trustee* considerar globalmente os interesses dos beneficiários, ele deve agir de acordo com a intenção do *settlor* consubstanciada no *trust instrument*[372].

Nesse quadro, aceitar a função de *trustee* significa a natural renúncia de toda e qualquer vantagem particular, sendo incompatível que o *trustee* tenha lucros pessoais sobrevindos à razão do exercício de sua função[373].

Em exemplo pertinente, o *trustee* não pode adquirir uma propriedade do *Trust*, vender um bem particular para o *Trust* e, ainda, é inadmissível

[369] *Cfr.* WAI LAU, Ming. *The Economic Structure of Trusts – Towards a Property-based Approach.* New York: Oxford University Press, 2011, p. 167. *Vide* complementarmente PETTIT, Philip H. *Equity and the Law of Trusts.* Oxford: Oxford University Press, 2009, p. 147.

[370] *Cfr.* SANTISTEBAN, Sonia Martín. *El instituto del trust em los sistemas legales continentales y su compatibilidad com los principios de civil law.* Navarra: Editora Aranzadi, 2005, p. 58.

[371] *Cfr.* REUTLINGER, Mark. *Wills, Trusts, and Estates, Essential Terms and Concepts.* Second Edition, New York: Aspen Publishers, 1998, p. 156.

[372] *Cfr.* BIRKS, Peter; PRETTO, Arianna. *Breach of trust.* Oxford: Hart Publishing, 2002, p. 4.

[373] *Cfr.* WAI LAU, Ming. *The Economic Structure of Trusts – Towards a Property-based Approach.* New York: Oxford University Press, 2011, p. 167.

que ele pague suas despesas particulares com os recursos do *Trust*[374]. Na verdade, perceba-se, que são situações que descaracterizam uma relação normal de compra e venda, onde os interessados são colocados em pé de igualdade, discutindo os termos do ato negocial, eliminando os pontos divergentes, mediante transigência mútua. Aqui, o *trustee* exerce ambos os papéis, tendo o controle do preço e da oferta da propriedade colocada à venda, portanto, tende a obter vantagens para si[375].

Em razão disso, a proibição existe sempre, ainda que o *trustee* pague um preço maior do que o valor que seria pago por terceiros[376]. Consequentemente, a aquisição pelo *trustee* de bens ou direitos advindos dos ativos do *Trust* gera a violação de seus deveres fiduciários, e por isso ele será responsabilizado.

b) Dever de Administração – De início, neste ponto, insta destacar--se, que um *Trust* pode ser ativo ou passivo. O *Trust* será passivo quando a obrigação do *trustee* for a de simplesmente distribuir alguma propriedade aos beneficiários. Por sua vez no *Trust* ativo, o *trustee* tem uma série de direitos e deveres a cumprir, ou seja, tem obrigações dinâmicas de gestão do *Trust*[377]. Neste contexto, em todos os *Trusts* ativos o dever de administração é um dever natural, portanto, independe de cláusula no *trust instrument*. Perceba-se, então, que é um dever implícito e obrigatório a todos os *trustees*[378].

Existem vários deveres e poderes administrativos fixos, e ainda, há àqueles exercidos no uso da discricionariedade do *trustee*, a depender, sempre do que estiver estipulado pelo *settlor* no *trust instrument*. Complementa MACK, *in verbis*: *"The duties of trustees are many and varied.*

[374] *Cfr.* MENNEL, L. Robert. *Wills and Trusts in a Nutshell.* Minnesota: West Group, 2007, p. 284-285. *Vide*: LANGBEIN, John H. *Questioning the Trust Law Duty of Loyalty: Sole Interest or Best Interest?.* U.S: The Yale Law Journal, Volume 114, 2005, p. 934.

[375] *Cfr.* LANGBEIN, John H. *Questioning the Trust Law Duty of Loyalty: Sole Interest or Best Interest?.* U.S: The Yale Law Journal, Volume 114, 2005, p. 934.

[376] *Cfr.* MENNEL, L. Robert. *Wills and Trusts in a Nutshell.* Minnesota: West Group, 2007, p. 284-285.

[377] *Cfr.* REUTLINGER, Mark. *Wills, Trusts, and Estates, Essential Terms and Concepts.* Second Edition, New York: Aspen Publishers, 1998, p. 146.

[378] *Cfr.* MENNEL, L. Robert. *Wills and Trusts in a Nutshell.* Second Edition, Minnesota: Thomson West, 2007, p. 289.

Most of these duties will be set out in the trust deed; however, others arise as a matter of law"[379].

Em prosseguimento, o dever de administração determina que, no início de suas funções, o *trustee* tome parte de todo o conteúdo inserido no *trust instrument*, para que somente dessa forma conheça e domine a extensão de seus poderes e possa cumprir com êxito suas obrigações[380].

A corroborar com esse raciocínio, podemos mencionar REED, *in verbis*: "*Trustees cannot properly administer any trust unless they understand its terms. To do this they must first obtain all of the original trust documents or at least certified copies of originals*".[381]

No exercício de sua função, é evidente que o *trustee* não pode considerar seus interesses particulares na tomada de suas decisões administrativas, conforme já supramencionado. Logo, o *trustee* não pode aproveitar-se de sua posição retirando vantagens patrimoniais que normalmente não teria se não fosse administrador do *Trust*. Imperioso, pois, que o *trustee* evite situações antagônicas, que provoquem a colisão entre seus interesses pessoais e seus deveres sob o *Trust*. Tais circunstâncias são evitáveis e estão sujeitas a fiscalizações[382].

De modo óbvio, haverá conflito de interesses quando o *trustee* também for um dos beneficiários do *Trust*. Nesse caso, o *trustee* deve procurar aconselhar-se com pessoas imparciais e fora da administração do *Trust*, e dependendo da importância, procurar inclusive, por diretivas fornecidas judicialmente[383].

[379] *Cfr.* MACK, Robert. *Clash of the Titans – what happens when the duty to protect and preserve the trust fund clashes with the investment powers?. Trusts* & Trustees, United Kingdom, v. 17, n. 2, p. 101–104, march 2011, p. 101.

[380] *Cfr.* VAZ TOMÉ, Maria João; CAMPOS, Diogo Leite de. *A Propriedade Fiduciária (Trust), Estudo para a sua Consagração no Direito Português.* Coimbra: Almedina, 1999, p. 110; MENNEL, L. Robert. *Wills and Trusts in a Nutshell.* Minnesota: West Group, 2007, p. 289.

[381] *Cfr.* REED, Edward; Jonathan, RILEY. *Risk management for Trusts and trustees. Trusts* & Trustees, United Kingdom, p. 9-12, november 2005, p. 9.

[382] Muitos acordos realizados pelos *trustees* são proibidos, a menos que aprovados anteriormente pelo *trust instrument* ou se obtida autorização judicial. *Cfr.* KOZUSKO, Donald, VETTER, Stephen. *United States – Trusts, Topical Analyses.* Amsterdam: IBFD, 2011, section 1.1.

[383] *Cfr.* LUPOI, Maurizio. *Trusts.* Milano: Giuffrè Editore, 2001, p. 271. Complementarmente, *vide* outros casos em: NOLAN, R.C. *Controlling Fiduciary Power.* Cambridge Law Journal, Cambridge, 68(2), p. 293–323, july 2009, p. 312 e 315.

Deve ser derradeiramente mencionado, que nos casos onde o *Trust* for administrado por mais de um *trustee*, através de uma companhia ou de uma instituição financeira, a administração do *Trust* será exercida por todos[384]. Salvo disposição contrária no *trust instrument*, as decisões serão tomadas unanimemente entre os *trustees*[385].

Por fim, fundamental destacarmos, que eventuais problemas surgentes na administração do *Trust*, que não tratados especificamente pelo *trust instrument* ou por legislações pertinentes, conferem ao *trustee* o poder/dever de socorrer-se dos Tribunais apropriados[386].

c) Dever de Identificação –Conforme discorremos, a válida constituição do *Trust* demanda, necessariamente, a transferência dos bens ou direitos do *settlor* para o *trustee*[387].

Em alinhamento, o dever de identificação significa que, após assumir a titularidade de tais ativos, o *trustee* adquire o dever de manter o património do *Trust* devidamente separado do seu património pessoal e, igualmente, apartado do património de terceiros ou de outros *Trusts* que por ventura também administre[388].

Perceba-se, que tais determinações são extraíveis da Convenção de Haia sobre o Direito Aplicável aos *Trusts* e seu Reconhecimento de 1985, que em seu artigo Art. 2º, declara, *in verbis*: "*the assets constitute a separate fund and are not a part of the trustee's own estate*"[389].

A este respeito, é importante indicar, que o primordial objetivo aqui, é salvaguardar o *trust fund* de qualquer execução patrimonial que o *trustee* sofra por parte de credores particulares, logo, impedindo a confusão

[384] *Cfr.* MARTIN, Jill E. *Modern Equity*. Fifteenth Edition. London: Sweet & Maxwell, 1997, p. 485; LUPOI, Maurizio. *Trusts*. Milano: Giuffrè Editore, 2001, p. 349.

[385] *Cfr.* HAYTON, D.J., *The Law of Trusts*. London: Sweet e Maxwell, 1998, p. 133.

[386] *Cfr.* MENNEL, L. Robert. *Wills and Trusts in a Nutshell*. Second Edition, Minnesota: West Group, 2004, p. 281. *Vide* também, BUSSATO, Alessia. *La Figura Del Trust Negli Ordinamenti Di Common Law e Diritto Continentale*. Rivista Di Diritto Civile, 1992, p. 311.

[387] *Cfr.* LUPOI, Maurizio. *Trusts*. Milano: Giuffrè Editore, 2001, p. 274.

[388] *Cfr.* REUTLINGER, Mark. *Wills, Trusts, and Estates, Essential Terms and Concepts*. Second Edition, New York: Aspen Publishers, 1998, p. 225.

[389] *Cfr.* HCCH. *Convention on the Law Applicable to Trusts and on their Recognition*. Disponível em: http://hcch.e-vision.nl/index_en.php?act=conventions.text&cid=59. Acesso em 30.03. 2012.

com seu património próprio e, consequentemente, o abuso indevido de sua função[390].

Nessa linha, MENNEL explica que o dever de identificação determina que, em um primeiro momento, os bens ou direitos do *Trust* estejam corretamente separados, e depois, que esses bens ou direitos sejam nitidamente identificados como integrantes de determinado *Trust*[391].

Dessa forma, se um mesmo *settlor* criar dois *Trusts* sob a gerência de um mesmo *trustee*, para cada *Trust* criado haverá um património designado e, portanto, cada qual deverá ser claramente identificado e separado[392].

Em termos práticos, pois, o dever de identificar significa a apropriada indicação de que aquela propriedade pertence a um *Trust*. Importante aqui esclarecer, que essa indicação ocorrerá em consonância com o tipo de propriedade a ser distinguida. Por exemplo, em se tratando de bens imóveis, deverá ser averbado na escritura do imóvel sobre a existência do *Trust* através de um gravame[393]. Isso importa, substancialmente, para indicar que a propriedade pertence a um *Trust*, para o benefício de alguém. Tal advertência confere, pois, efeito *erga omnes*.

Por fim, deve-se atentar, que será responsabilizado o *trustee* pela confusão patrimonial que der causa e, igualmente, pela perda de qualquer ativo do *Trust* em virtude de sua não observação a esse dever, independente da boa-fé do *trustee*[394].

[390] *Cfr.* REUTLINGER, Mark. *Wills, Trusts, and Estates, Essential Terms and Concepts*. Second Edition, New York: Aspen Publishers, 1998, p. 225.

[391] *Cfr.* MENNEL, L. Robert. *Wills and Trusts in a Nutshell*. Minnesota: West Group, 2007, p. 298-299; FREIRE E ALMEIDA, Verônica Scriptore. *A Tributação dos Trusts*. Coimbra: Almedina, 2009, p. 98.

[392] *Cfr.* MENNEL, L. Robert. *Wills and Trusts in a Nutshell*. Minnesota: West Group, 2007, p. 299; ROUNDS, Charles E. *Loring, a trustee's handbook*. New York: Aspen Publishers, 2009, p. 456.

[393] *Cfr.* MENNEL, L. Robert. *Wills and Trusts in a Nutshell*. Minnesota: West Group, 2007, p. 301. *Vide* ROUNDS, Charles E. *Loring, a trustee's handbook*. New York: Aspen Publishers, 2009, p. 458- 459.

[394] *Cfr.* REUTLINGER, Mark. *Wills, Trusts, and Estates, Essential Terms and Concepts*. Second Edition, New York: Aspen Publishers, 1998, p. 226. *Vide* MENNEL, L. Robert. *Wills and Trusts in a Nutshell*. Minnesota: West Group, 2007, p. 300; BIRKS, Peter; PRETTO, Arianna. *Breach of trust*. Oxford: Hart Publishing, 2002, p. 8.

d) Dever de Prestação de Contas e de Informação – O dever do *trustee* de prestar contas de sua administração é inerente à natureza de suas atividades[395]. Trata-se de um dever implícito, decorrente do exercício da função de administração do *Trust*[396].

A corroborar com esse raciocínio, o artigo 8º, letra j, da Convenção de Haia sobre os Direitos Aplicáveis ao *Trust* e seu Reconhecimento, deixa claro que é dever do *trustee* prestar contas de sua administração[397].

Nesse contexto, se por um lado existe o dever de prestar contas, por outro lado, o beneficiário possui o direito a obter informações sobre essas contas.

Devemos acrescentar, que em consonância com a afirmação de LUPOI, *in verbis*: "*In realtà, il buon trustee si mantiene sempre in contatto com i beneficiarii di um trust*"[398].

Logo, perceba-se, que correspondente ao dever de Prestação de Contas é o Dever de Informação[399]. Nesta perspectiva, os *trustees* são responsáveis por manter a contabilidade do *Trust* organizada. Eles devem realizar o registo de todas as operações realizadas no *Trust* e segundo as regras contábeis. Igualmente, deve guardar todos os documentos e faturas que comprovem o registo realizado. Perceba-se, com razão, que os registos devem ser capazes de proporcionar informações suficientes aos beneficiários, em qualquer data solicitada.

395 *Cfr.* COTTON, Wilson. *Trustees' accounts. Trusts* & Trustees, United Kingdom, v. 16, n. 8, p. 653–659, september 2010, p. 653.

396 O *trustee* tem um dever fixo de manter organizada a contabilidade do *Trust*, isto é, deve registrar todos os fatos referentes ao *Trust*. *Cfr.* PENNER, J. E. *The Law of Trusts*. Londres: Oxford University Press, 2010, p. 60. *Vide*: PEARCE, Robert; STEVENS, John; BARR, Warren. *The Law of Trusts and Equitable Obligations*. New York: Oxford University Press, 5 edition, 2010, p. 842-846. *Vide*, ainda, em complemento, sobre a natureza da prestação de contas em: MENEZES CORDEIRO, António. *Introdução ao Direito da Prestação de Contas*. Coimbra: Almedina, 2008, pp. 104-105.

397 *Cfr.* HCCH. *Convention on the Law Applicable to Trusts and on their Recognition*. Disponível em: http://hcch.e-vision.nl/index_en.php?act=conventions.text&cid=59 Acesso em: 01.04. 2012.

398 *Cfr.* LUPOI, Maurizio. *Trusts*. Milano: Giuffrè Editore, 2001, p. 285.*Vide*: BIRKS, Peter; PRETTO, Arianna. *Breach of Trust*. Oxford: Hart Publishing, 2002, p. 8.

399 *Vide* PETTIT, Philip H. *Equity and the Law of Trusts*. Oxford: Oxford University Press, 2009, p. 402.

Conforme já discorremos anteriormente, os beneficiários possuem um interesse benéfico, atual ou futuro, no património do *Trust* e, portanto, possuem o autêntico interesse em acompanhar e fiscalizar os atos de gestão do *trustee*[400]. Apesar disso, ressalta-se, que os beneficiários possuem legitimidade para reivindicar os documentos e as demonstrações contábeis, referentes apenas aos bens ou direitos concernentes aos seus interesses benéficos sob o *Trust*[401].

Por exemplo, os beneficiários que possuem um interesse benéfico no rendimento do *Trust* possuem o direito de fiscalizar toda a contabilidade, pois que possuem legítimo interesse em toda renda que o património do *Trust* é capaz de gerar. Por sua vez, um beneficiário que possui um interesse futuro em determinada propriedade, somente terá o legítimo direito de reivindicar a contabilidade organizada alusiva aos negócios relativos a essa propriedade específica, e não ao todo patrimonial[402].

Recomenda-se, que o *trustee* constantemente atualize a contabilidade, nomeadamente em relação a balanços relativos às distribuições do rendimento e ao capital do *Trust*[403]. Destaca-se, aqui, que o *trustee* – no caso de necessidade específica, e objetivando se resguardar de eventuais problemas – poderá contratar terceiros para a realização de uma auditoria independente, pagando os respectivos custos com o rendimento ou o capital do *Trust*[404].

[400] *Cfr.* FREIRE E ALMEIDA, Verônica Scriptore. *A Tributação dos Trusts*. Coimbra: Almedina, 2009, p. 102; LUPOI, Maurizio. *Trusts*. Milano: Giuffrè Editore, 2001, p. 285. *Vide* GIBBON, Michael. *Beneficiaries' information rights*. *Trusts* & Trustees, United Kingdom, v. 17, n. 1, p. 27–33, february 2011, p. 29.

[401] *Cfr.* VAZ TOMÉ, Maria João; CAMPOS, Diogo Leite de. *A Propriedade Fiduciária (Trust), Estudo para a sua Consagração no Direito Português*. Coimbra: Almedina, 1999, p. 118.

[402] *Cfr.* MARTIN, Jill E. *Modern Equity*. Fifteenth Edition. London: Sweet & Maxwell, 1997, p. 505 e 548. GIBBON, Michael. *Beneficiaries' information rights*. *Trusts* & Trustees, United Kingdom, v. 17, n. 1, p. 27–33, february 2011, p. 29..

[403] *Cfr.* COTTON, Wilson. *Trustees' accounts*. *Trusts* & Trustees, United Kingdom, v. 16, n. 8, p. 653–659, september 2010, p. 653.

[404] *Cfr.* MARTIN, Jill E. *Modern Equity*. Fifteenth Edition. London: Sweet & Maxwell, 1997, p. 549.

Neste ponto, deve ser recordado, que no caso do *Trust* discricionário, os beneficiários não têm o direito de exigir do *trustee* informações relativas às motivações do uso de sua discricionariedade[405].

Deve se atentar, ainda, que o *settlor* pode estabelecer no *trust instrument* o quanto de informação o *trustee* deve proporcionar aos beneficiários, pois que, certamente, pode manter algumas informações em sigilo[406].

À derradeira, deve-se enfatizar que a prestação de contas poderá ocorrer ao final do prazo de existência do *Trust*, momento em que todos os seus ativos são repassados aos beneficiários indicados pelo *settlor*. Contudo, também é normal que ocorra periodicamente, anualmente ou semestralmente, ou ainda, com outra periodicidade combinada no *trust instrument*[407].

e) Dever de "Não Delegação" – A esse respeito, é de começar por dizer que a obrigação de não delegar os poderes e deveres a terceiros, é uma das decorridas do próprio dever de administração do *trustee*.

A regra geral é que, constituído o *Trust*, o *trustee* tem que agir pessoalmente e, na existência de mais de um *trustee*, deve agir conjuntamente, exceto se o *settlor* determinar diferentemente no *trust instrument*[408].

Claramente, ao constituir um *Trust*, o *settlor* deseja que o *trustee* nomeado por ele, e escolhido em virtude de suas qualificações e habilidades técnicas, desenvolva as atividades administrativas pessoalmente, conferindo cumprimento ao *Trust*[409]. Neste ponto, perceba-se, que os deveres e poderes do *trustee* existem em razão do ofício que ele voluntariamente

[405] *Vide* GIBBON, Michael. *Beneficiaries' information rights. Trusts* & Trustees, United Kingdom, v. 17, n. 1, p. 27-33, february 2011, p. 29.

[406] *Cfr.* MENNEL, L. Robert. *Wills and Trusts in a Nutshell.* Second Edition, Minnesota: West Group, 2004, p. 295; FOX, David. *Non-excludable trustee duties. Trusts* & Trustees, United Kingdom, v. 17, n. 1, p. 17-26, february 2011, p. 20; FREIRE E ALMEIDA, Verônica Scriptore. *A Tributação dos Trusts.* Coimbra: Almedina, 2009, p. 103; MARTIN, Jill E. *Modern Equity.* Fifteenth Edition. London: Sweet & Maxwell, 1997, p. 506.

[407] *Cfr.* REUTLINGER, Mark. *Wills, Trusts, and Estates, Essential Terms and Concepts.* Second Edition, New York: Aspen Publishers, 1998, p. 229. FREIRE E ALMEIDA, Verônica Scriptore. *A Tributação dos Trusts.* Coimbra: Almedina, 2009, p. 102.

[408] *Cfr.* LUPOI, Maurizio. *Trusts.* Milano: Giuffrè Editore, 2001, p. 273 e 349.

[409] *Vide* PENNER, J. E. *The Law of Trusts.* Seventh Edition. Londres: Oxford University Press, 2010, p. 58.

aceitou. Logo, tais deveres e poderes pertencem ao *trustee* para que, pessoalmente, os exerça[410].

Entretanto, diferentes regras se aplicam em relação ao *trustee* não remunerado e não profissional. Com efeito, em sendo o *trustee* remunerado e profissional, ele deve exercer suas atividades pessoalmente, delegando determinadas funções apenas secundariamente. Porém, vimos que o papel de *trustee* também pode ser exercido por um familiar próximo ou amigo do *settlor*, o que muitas vezes lhe confere menor qualificação profissional no desempenho de suas funções como *trustee*. Por conseguinte, normalmente, faz-se necessária a contratação de terceiros para o exercício de atividades qualificadas como, por exemplo, um contador ou um advogado[411].

Em qualquer caso, todavia, o dever de não delegação de poderes e deveres pode ser expressamente estabelecido no *trust instrument*, tornando-se uma proibição absoluta[412].

A delegação dos poderes e deveres pelo *trustee* a terceiros, em desconformidade com o indicado pelo *trust instrument*, ocasiona a responsabilização pessoal do *trustee*, podendo incidir em perdas e danos. Dessa forma, se o terceiro (delegado) agir com negligência imprudência ou imperícia, ou ainda com dolo no exercício da função que lhe foi delegada, quem responderá será o *trustee*, que é responsável por todos os atos de seu delegado[413].

Importante aqui esclarecer, que ainda que exista autorização expressa no *trust instrument* permitindo ao *trustee* a delegação total ou parcial de

[410] *Cfr.* BIRKS, Peter; PRETTO, Arianna. *Breach of trust*. Oxford: Hart Publishing, 2002, p. 60. No mesmo sentido *vide* PENNER, J. E. *The Law of Trusts*. Seventh Edition. Londres: Oxford University Press, 2010, p. 296.

[411] De fato, pode ser razoável que o *trustee* contrate advogados, contadores, consultores financeiros, corretores e outros especializados prestadores de serviços. *Cfr.* LANGBEIN, John H. *Reversing the Non delegation Rule of Trust-Investment Law*. Yale Law School: Scholarship Series, Paper 487, 1994, p. 108.

[412] *Cfr.* MENNEL, L. Robert. *Wills and Trusts in a Nutshell*. Second Edition, Minnesota: West Group, 2004, p. 299. LANGBEIN, John H. *Reversing the Nondelegation Rule of Trust-Investment Law*. Yale Law School: Scholarship Series, Paper 487, 1994, p. 109. BIRKS, Peter; PRETTO, Arianna. *Breach of trust*. Oxford: Hart Publishing, 2002, p. 60.

[413] *Cfr.* MENNEL, L. Robert. *Wills and Trusts in a Nutshell*. Second Edition, Minnesota: West Group, 2004, p. 300. *Vide*: LUPOI, Maurizio. *Trusts*. Milano: Giuffrè Editore, 2001, p. 274.

seus deveres e poderes[414], o *trustee* será o responsável pelos atos dos seus delegados[415].

Devemos acrescentar, que o *trustee* poderá se consultar com terceiros, nomeadamente em assuntos particularmente complicados. Entretanto, a decisão sobre a matéria será tida como sendo do *trustee*, que deve agir pessoalmente em seus atos administrativos e, por eles, se responsabiliza[416].

Por fim, deve ser recordado, que pode o *settlor* estipular no *trust instrument trustees* sucessores, para eventuais necessidades de substituição do *trustee* original, como, por exemplo, em razão de sua morte, retirada, remoção ou invalidez.

f) Dever de Distribuição das Receitas do *Trust* – Em geral os *trustees* possuem poderes e deveres de administração e de disposição. Os primeiros referem-se aos atos de gestão do património em *Trust*. Os segundos são os atinentes à distribuição dos benefícios aos beneficiários.

Nesse quadro, o dever de distribuição impõe ao *trustee* a obrigação de realizar disposições da *trust property* aos beneficiários de acordo com o estipulado nos termos constitutivos do *Trust*. Logo, o *trustee* não é livre para realizar distribuições como desejar, e beneficiar a quem ele gostaria, mas, e somente, em obediência a intenção do *settlor*[417].

[414] Vide Artigo 8º, letra c, da Convenção de Haia, nestes termos: "*The law specified by Article 6 or 7 shall govern the validity of the trust, its construction, its effects, and the administration of the trust.In particular that law shall govern – ... c) the right of trustees to delegate in whole or in part the discharge of their duties or the exercise of their powers*". *Cfr.* HCCH. *Convention on the Law Applicable to Trusts and on their Recognition.* Disponível em: http://hcch.e-vision.nl/index_en.php?act=conventions.text&cid=59. No mesmo sentido, *vide*: REUTLINGER, Mark. *Wills, Trusts, and Estates, Essential Terms and Concepts.* Second Edition, New York: Aspen Publishers, 1998, p. 223

[415] *Cfr.* HAYTON, D.J. *The Law of Trusts.* London: Sweet e Maxwell, 1998, p. 134. *Vide*: MACK, Robert. *Clash of the Titans – what happens when the duty to protect and preserve the trust fund clashes with the investment powers?. Trusts* & Trustees, United Kingdom, v. 17, n. 2, p. 101-104, march 2011, p. 102.

[416] *Cfr.* MENNEL, L. Robert. *Wills and Trusts in a Nutshell.* Second Edition, Minnesota: West Group, 2004, p. 300. *Vide*: LUPOI, Maurizio. *Trusts.* Milano: Giuffrè Editore, 2001, p. 274.

[417] Com efeito, haverá violação do *Trust*, sempre que o *trustee* realizar distribuições aos beneficiários em desconformidade com a intenção do *settlor. Cfr.* BIRKS, Peter; PRETTO, Arianna. *Breach of trust.* Oxford: Hart Publishing, 2002, p. 4; PENNER, J. E. *The Law of Trusts.* Seventh Edition. Londres: Oxford University Press, 2010, p. 22.

Nesse contexto, o *trustee* que possuir o poder discricionário na escolha do *quantum* que irá distribuir para cada beneficiário é obrigado, no exercício dessa discrição, a observar seus deveres fiduciários e harmonizar essas distribuições em consonância com os objetivos do *Trust*[418].

Em suma, trata-se do dever de realizar as distribuições considerando as receitas do *Trust*, de maneira aceitável entre os vários beneficiários, equilibrando os interesses benéficos existentes, e de acordo com os termos do *Trust*[419].

g) Dever de Imparcialidade – O *trustee* deve comportar-se de forma imparcial em relação a todos os beneficiários do *Trust*[420]. A partir do momento em que o *Trust* se inicia, até o seu término, o *trustee* deve observar cuidadosamente o interesse de cada beneficiário, distribuindo os benefícios conforme as indicações confiadas pelo *settlor* no ato constitutivo do *Trust*, discricionariamente ou de forma direcionada.

Nesse contexo, somente o *settlor* possui o poder de tratar com imparcialidade um ou outro beneficiário do *Trust*, e faz isso ao designar os benefícios de cada um, no próprio instrumento do *Trust*. Assim, por mais uma vez, devemos mencionar, que o *trustee* deve agir em conformidade com a intenção do *settlor*[421].

Não obstante, se nenhuma diferença foi feita entre os beneficiários no *trust instrument*, mas, que, porém, foi conferido o poder discricionário ao *trustee* para que realize as escolhas, essas distribuições benéficas

[418] *Vide* PENNER, J. E. *The Law of Trusts*. Seventh Edition. Londres: Oxford University Press, 2010, p. 58-59; STANFORD-TUCK, Michael. *How to juggle beneficiaries: the power to add or remove. Trusts* & Trustees, United Kingdom, v. 17, n. 7, p. 695–703, august 2011, p. 697.

[419] *Cfr.* REUTLINGER, Mark. *Wills, Trusts, and Estates, Essential Terms and Concepts*. Second Edition, New York: Aspen Publishers, 1998, p. 228. *Vide* PENNER, J. E. *The Law of Trusts*. Seventh Edition. Londres: Oxford University Press, 2010, p. 22; REED, Edward; Jonathan, RILEY. *Risk management for Trusts and trustees. Trusts* & Trustees, United Kingdom, p. 9-12, november 2005, p. 10.

[420] *Cfr.* LUPOI, Maurizio. *Trusts*. Milano: Giuffrè Editore, 2001, p. 270. *Vide* PENNER, J. E. *The Law of Trusts*. Seventh Edition. Londres: Oxford University Press, 2010, p. 21; SANTISTEBAN, Sonia Martin. *El instituto del trust em los sistemas legales continentales y su compatibilidad com los principios de civil law*. Navarra: Editora Aranzadi, 2005, p. 59; BIRKS, Peter; PRETTO, Arianna. *Breach of trust*. Oxford: Hart Publishing, 2002, p. 89.

[421] *Cfr.* PENNER, J. E. *The Law of Trusts*. Seventh Edition. Londres: Oxford University Press, 2010, p. 22.

realizadas pelo *trustee* não podem beneficiar mais a um do que a outro, sem uma justificativa plausível e visível aos demais beneficiários, sob o risco de ser acusado de imparcialidade[422].

É fundamental, pois, que no uso de seus poderes discricionários, o *trustee* escolha os beneficiários de uma maneira inteiramente neutra, consagrando esse poder com imparcialidade completa. As escolhas devem ser claramente justas[423]. Logo, se não autorizado pelo *trust instrument*, deve o *trustee* agir no interesse de todos os beneficiários de igual forma. E quando distribuir algum benefício de forma muito desigual a algum beneficiário, em prejuízo dos demais, é conveniente que busque pela aprovação de todos os beneficiários[424].

h) Dever de Realizar Investimentos – O dever de realização de investimentos pode ser expressamente estipulado pelo *settlor* no *trust instrument,* ou ele é implícito.

A esse propósito, MACK considera *in verbis*: "*Trustees must be proactive in the exercise of their duties, and the duty to invest the trust fund is no exception*"[425].

Contudo, não é um dever essencial do *Trust*, sopesando que muitas vezes pode o *trustee* apenas ter o dever de manter a *trust property* para a entrega posterior aos beneficiários. No exercício de seu dever de administração, ao *trustee* compete considerar todos os bens ou direitos que compõem a *trust property* e determinar, a cada bem ou direito, diretrizes

[422] *Vide* STANFORD-TUCK, Michael. *How to juggle beneficiaries: the power to add or remove. Trusts* & Trustees, United Kingdom, v. 17, n. 7, p. 695–703, august 2011, p. 699; STEEN, Peter; DONALD, Lilly. *It's a real privilege: common interests in trust disputes. Trusts* & Trustees, United Kingdom, v. 19, n. 1, p. 68-78, february 2013.

[423] *Cfr.* LUPOI, Maurizio. *Trusts.* Milano: Giuffrè Editore, 2001, p. 269.

[424] *Cfr.* MENNEL, L. Robert. *Wills and Trusts in a Nutshell.* Second Edition, Minnesota: West Group, 2004, p. 304-305; HAYTON, D.J., *The Law of Trusts.* London: Sweet e Maxwell, 1998, p. 136. *Vide* também: REUTLINGER, Mark. *Wills, Trusts, and Estates, Essential Terms and Concepts.* Second Edition, New York: Aspen Publishers, 1998, p. 224; MARTIN, Jill E. *Modern Equity.* Fifteenth Edition. London: Sweet & Maxwell, 1997, p. 537.

[425] *Cfr.* MACK, Robert. *Clash of the Titans – what happens when the duty to protect and preserve the trust fund clashes with the investment powers?. Trusts* & Trustees, United Kingdom, v. 17, n. 2, p. 101–104, march 2011, p. 101.

de investimento que os tornem produtivos ou, se for o caso, apenas proporcionar a sua manutenção[426].

Com efeito, seus atos devem refletir os objetivos estipulados no *trust instrument* e, também, a natureza de cada bem ou direito em *Trust*. De fato, pode não ser cogente tornar todo o património do *Trust* produtivo, devendo ser considerada a espécie de cada tipo de bem ou direito individualmente[427].

Nesse quadro, salienta O'HAGAN, *in verbis*: "*The principal fiduciary obligation of a trustee is to adhere to the terms of the trust. Thus, if the trustee purchases or retains an unauthorized investment, the beneficiary can elect whether to accept the asset or hold the trustee to account and force him to reconstitute the trust fund*"[428].

Oportuna a menção aqui, que no exercício do seu dever de investir, além de observar as diretrizes fornecidas pelo *settlor* no *trust instrument*, o *trustee* deve considerar as disposições legais e estatutárias pertinente ao tema[429].

É de se lembrar, por fim, que ao *trustee* pode ser conferido restrito ou amplo poder de administração e, por conseguinte, uma maior ou menor liberdade de optar na realização dos investimentos[430]. Em regra, as determinações do *settlor* devem ser obedecidas, ao menos que, por alguma razão, tornem-se inexequíveis[431].

[426] *Cfr.* MENNEL, L. Robert. *Wills and Trusts in a Nutshell.* Second Edition, Minnesota: West Group, 2004, p. 281. *Vide* ainda: BANTEKAS,Ilias. *Trust funds under international law: trustee obligations of the United Nations and international development banks.* UK: Asser Press, Cambridge University Press, 2009, p. 213-219.

[427] *Cfr.* VAZ TOMÉ, Maria João; CAMPOS, Diogo Leite de. *A Propriedade Fiduciária (Trust), Estudo para a sua Consagração no Direito Português.* Coimbra: Almedina, 1999, p. 111; *Vide* MENNEL, L. Robert. *Wills and Trusts in a Nutshell.* Minnesota: West Group, 2007, p. 290.

[428] *Cfr.* O'HAGAN, Patrick. *Trust investment losses and risk management: an offshore perspective. Trusts* & Trustees, United Kingdom, v. 16, n. 5, june 2010, p. 286.

[429] *Vide* MENNEL, L. Robert. *Wills and Trusts in a Nutshell.* Minnesota: West Group, 2007, p. 290- 293.

[430] *Cfr.* MARTIN, Jill E. *Modern Equity.* Fifteenth Edition. London: Sweet & Maxwell, 1997, p. 517.

[431] *Cfr.* VAZ TOMÉ, Maria João; CAMPOS, Diogo Leite de. *A Propriedade Fiduciária (Trust), Estudo para a sua Consagração no Direito Português.* Coimbra: Almedina, 1999, p. 112. *Vide* ainda MENNEL, L. Robert. *Wills and Trusts in a Nutshell.* Minnesota: West Group, 2007, p. 290-293.

i) Deveres de Realização de Investimentos Produtivos e de Diversificação dos Investimentos – Vimos a pouco, que o poder de realizar investimentos demanda o dever de investir os ativos do *Trust*, preservando-os, e ao mesmo tempo buscando um retorno razoável sobre o investimento do capital[432].

Nessa linha, o *trustee* deve tornar os bens ou direitos em *Trust* produtivos, zelando pela preservação desse património[433].

Sob tal prisma, os estados norte-americanos têm promulgado o *"Uniform Trust Code"* ou o *"Uniform Prudent Investor Act (UPIA)"*. São diretrizes legais e modernas, que auxiliam os *trustees* na escolha dos *portfolios*. Pressupondo que, se o *trustee* se guiou por tais estratégias legais, ele agiu com prudência, evitando assim sua futura responsabilização judicial[434].

Por sua vez, no Direito Inglês o *Trustee Act 2000*, fornece diretrizes referentes aos atos do *trustee*[435].

Na verdade, a evolução experimentada pelo instrumento do *Trust* chegou ao ponto em que, muitas das regras relativas aos deveres fiduciários deixaram de serem cláusulas inseridas no instrumento do *Trust*, e passaram a advir de regras legais e estatutárias[436].

Normalmente, o *trustee* possui flexibilidade na gestão dos ativos do *Trust*. Contudo, além do desempenho dos investimentos, ele deve considerar todas as implicações concernentes a esse património. Da mesma

[432] *Vide* PETTIT, Philip H. *Equity and the Law of Trusts*. Oxford: Oxford University Press, 2009, p. 417.

[433] *Cfr.* PENNER, J. E. *The Law of Trusts*. Eighth Edition. Londres: Oxford University Press, 2012, p. 288.

[434] *Cfr.* KOZUSKO, Donald, VETTER, Stephen. *United States – Trusts, Topical Analyses*. Amsterdam: IBFD, 2011, section 1.1. Nos Estados Unidos, o *Uniform Trust Code- UTC*, é um código modelo criado para os estados utilizarem como estatuto padrão ou para complementar e revisar as leis existentes estaduais relativas aos *Trusts*. *Vide* U.S. *Uniform Trust Code*. Disponível em: http://www.law.upenn.edu/bll/archives/ulc/uta/2005final.htm . Acesso em: 26.07.2019. *Vide* também: LEIBELL, David Thayne; DANIELS, Daniel L.; MEJIA, Paulina. *Holding Family Business Interests In Trust. Trusts* & Estates, Penton Business Med, New York, March 2012; LESLIE, Melanie B. *Common Law, Common Sense: Fiduciary Law and Trustee Identity*. Cardozo Law Review, New York, v. 27, 2006, p. 37-38.

[435] *Cfr.* UK. *Trustee Act 2000*. Disponível em: http://www.legislation.gov.uk/ukpga/2000/29/part/II . Acesso em: 26.03.2019. *Vide* PENNER, J. E. *The Law of Trusts*. Seventh Edition. Londres: Oxford University Press, 2010, p. 286.

[436] *Cfr.* LUPOI, Maurizio. *Trusts*. Milano: Giuffrè Editore, 2001, p. 274.

forma, deve observar seus deveres fiduciários, que impõem ao *trustee* um elevado padrão de cuidado e prudência[437].

Entretanto, o padrão de cuidado e diligência do *trustee* pode ser menos ou mais rigoroso, a depender da intenção e indicações do *settlor*, notadamente quando tratar-se de investimentos. Nessa linha, o *trustee* que tem expressamente indicado o dever de investir, tem um poder discricionário na escolha dos investimentos, mas no exercício desse poder discricionário, lhe é exigido um alto padrão de cuidado, maior do que se investisse seu próprio dinheiro[438].

Dessa forma, enquanto um investidor comum é livre para realizar suas próprias escolhas, que, por vezes, tende a escolher padrões de investimentos de caráter especulativo, o *trustee* deve seguir rigorosamente as instruções a respeito dos investimentos, explanadas no *trust instrument*. Logo, além de limitar-se à classe de investimentos permitidos pelo *Trust*, deve evitar qualquer investimento, inserido nessa classe, que coloque em perigo os ativos do *Trust*[439].

Na mesma sequência, o dever de diversificar os investimentos existe conjuntamente com o dever de investir e, portanto, pode ser implícito ou explícito[440].

Inicialmente, explica REUTLINGER, *in verbis: "The duty to invest in more than one, or several, diferent entities or types of asset, subject to different market forces"*[441].

[437] *Cfr.* KOZUSKO, Donald, VETTER, Stephen. *United States – Trusts, Topical Analyses.* Amsterdam: IBFD, 2011, section 1.1.

[438] Nesse sentido, foi a decisão de *Lord Justice Lindley in Whiteley v Learoyd. Cfr.* MEIKLEJOHN, Steve; SAUNDERS, Alexa. *Trustees' duties in relation to underlying Companies. Trusts* & Trustees, United Kingdom, v. 16, n. 9, p. 782–787, october 2010, p. 783. *Vide* ainda: PENNER, J. E. *The Law of Trusts.* Seventh Edition. Londres: Oxford University Press, 2010, p. 22; MARTIN, Jill E. *Modern Equity.* Fifteenth Edition. London: Sweet & Maxwell, 1997, p. 515; BANTEKAS, Ilias. *Trust funds under international law: trustee obligations of the United Nations and international development banks.* UK: Asser Press, Cambridge University Press, 2009, p. 214.

[439] *Cfr.* MARTIN, Jill E. *Modern Equity.* Fifteenth Edition. London: Sweet & Maxwell, 1997, p. 481.

[440] *Cfr.* MENNEL, L. Robert. *Wills and Trusts in a Nutshell.* Minnesota: West Group, 2007, p. 307-308.

[441] *Cfr.* REUTLINGER, Mark. *Wills, Trusts, and Estates, Essential Terms and Concepts.* Second Edition, New York: Aspen Publishers, 1998, 227.

Dessa forma, é prudente que o *trustee,* ao investir os ativos do *Trust,* não arrisque todo o património em apenas um tipo de investimento, para não correr o risco de perder tudo. Como regra geral, então, o *trustee* deve procurar investir os ativos do *Trust* em tipos diversos de investimentos[442].

Esse dever existe a muito tempo nos Estados Unidos, e cada vez ganha maior importância. Com efeito, no Direito norte-americano, muitos estados vêm implementando regras diretivas sobre o padrão prudente de investimentos nos casos de *Trusts,* semelhantes ao *Uniform Prudent Investor Act* (UPIA)[443]. Como vimos, o *Uniform Prudent Investor Act* (UPIA)[444] é uma lei modelo que fornece orientações sobre os padrões de conduta relacionados aos investimentos no *Trust*[445]. Em suma, a lei modelo estabelece que o *trustee* tem a obrigação de diversificar os investimentos, distribuindo os riscos de eventuais perdas. Contudo, pode a obrigação ser atenuada quando: o custo dessa diversificação justificar; o património do *Trust* formar-se por uma empresa familiar; ou o *trust instrument* indicar a não diversificação dos investimentos[446].

[442] *Cfr.* MENNEL, L. Robert. *Wills and Trusts in a Nutshell.* Minnesota: West Group, 2007, p. 307.

[443] *Cfr.* KOZUSKO, Donald, VETTER, Stephen. *United States – Trusts, Topical Analyses.* Amsterdam: IBFD, 2011, section 1.2.1. *Vide* USA. *The 2011 Florida Statutes,* Title XXXIII, Chapter 518- Investment of Fiduciary Funds- Section 11. Disponível em: http://www.flsenate.gov/Laws/Statutes/2011/518.11. Acesso em: 30.03.2012. *Vide* LEIBELL, David Thayne; DANIELS, Daniel L.; MEJIA, Paulina. *Holding Family Business Interests In Trust. Trusts* & Estates, Penton Business Med, New York, March 2012.

[444] *Cfr.* USA. *Uniform of Law Commission. Uniform Prudent Investor Act.* SECTION 2. Disponível em: https://www.uniformlaws.org/committees/community-home?CommunityKey=58f87d0a-3617-4635-a2af-9a4d02d119c9. Acesso em: 30.03.2019.

[445] *Cfr.* KOZUSKO, Donald, VETTER, Stephen. *United States – Trusts, Topical Analyses.* Amsterdam: IBFD, 2011, section 1.2.1. O Uniform Prudent Investor Act foi realizado pela National Conference of Commissioners on Uniform State Laws. Atualmente cerca de 44 Estados norte-americanos adotam o *Uniform Prudent Investor Act. Cfr.* GARY, Susan, *UMIFA Becomes UPMIFA.* ABA Property & Probate Journal, January/February 2007; USA. *Uniform of Law Commission.* Uniform Prudent Investor Act. Disponível em https://www.uniformlaws.org/committees/community-home?CommunityKey=58f87d0a-3617-4635-a2af-9a4d02d119c9. Acesso em: 30.03.2019.

[446] Dessa forma, normalmente o *trustee* deve diversificar os investimentos do *Trust,* a menos que o *trustee* comprove que a não diversificação seja melhor para os objetivos do *Trust. Cfr.* USA. *Uniform of Law Commission. Uniform Prudent Investor Act.* SECTION 3. Disponível em: http://www.law.upenn.edu/bll/archives/ulc/fnact99/1990s/upia94.pdf. Acesso em: 30.03.2012. *Vide* BANTEKAS, Ilias. *Trust funds under international law: trustee obligations of*

Indica a lei, porém, que quando o património em *Trust* for constituído de dinheiro, é inescusável a não diversificação dos investimentos pelo *trustee*[447]. Por fim, adverte, que a não observância de seu dever ocasiona a responsabilização do *trustee* por eventuais danos, que por isso cause no património do *Trust*[448].

Por sua vez, no Reino Unido existem normas estabelecidas consubstanciadas no *Trustee Act 2000*. Tais regras indicam padrões de investimentos que devem ser observados pelo *trustee* na ausência de recomendações específicas no *trust instrument*. Entre outras menções, indica, por exemplo, que o *trustee* deve, em tempos em tempos, rever os investimentos do *Trust*. Enfim, e igualmente a lei modelo norte-americana, ressalta a importância da necessidade de diversificação dos investimentos em consonância com as circunstâncias[449].

A partir de todo o exposto, podemos concluir que no exercício de seu dever de investir, deve o *trustee*: utilizar-se de um maior cuidado nos investimentos no exercício de sua função, do que se ele estivesse investindo seu próprio património; realizar os investimentos tendo em vista os objetivos do *Trust*, os interesses dos beneficiários e a intenção real do *settlor*; por fim, tornar produtivo os investimentos também significa preservar e resguardar o património que lhe foi confiado, e, por isso, o *trustee* deve sempre agir com prevenção e precaução na escolha dos investimentos, considerando globalmente todos os aspectos que envolvem o *Trust*[450].

3. Poderes do *Trustee*

Conforme mencionamos, a administração do *Trust* consiste na conservação e gerenciamento de seus ativos pelo *trustee*. Isso incorre na obrigatória análise dos deveres, poderes e responsabilidades do *trustee*.

the United Nations and international development banks. UK: Asser Press, Cambridge University Press, 2009, p. 214.

447 *Cfr.* LANGBEIN, John H. *The Uniform Prudent Investor Act and the Future of Trust Investing*. Faculty Scholarship Series. Paper 486, p. 646-647.

448 *Vide* MENNEL, L. Robert. *Wills and Trusts in a Nutshell*. Minnesota: West Group, 2007, p. 307-308.

449 *Cfr.* UK. *Trustee Act 2000*. (4). Disponível em: http://www.legislation.gov.uk/ukpga/2000/29/part/II. Acesso em: 30.03.2019.

450 *Vide* O'HAGAN, Patrick. *Trust investment losses and risk management: an offshore perspective*. *Trusts* & Trustees, United Kingdom, v. 16, n. 5, june 2010, p. 286.

No exercício de seus poderes, o *trustee* deve pensar exclusivamente nos interesses dos beneficiários.

Aliás, para efeito apenas introdutório, especial consideração assume o exemplo de PENNER (2010), *in verbis*: "*He should not buy company shares as an investment because he has an interest in the company and thinks it needs more capital; he should not exercise his discretion to give beneficiary X a great deal and beneficiary Y nothing because he is in love with beneficiary X; he should not appoint his brother as his successor trustee because the latter is down on his luck and could do with the trustee's fees*"[451].

a) O Poder de Venda, Arrendamento e Permuta. Como já antes sinalizado, o *trustee* pode dispor livremente dos bens ou direitos constituídos em *Trust*, ponderando que possui perfeitas competências de disposição, onerosa ou gratuita.

Todavia, o poder de venda pode ser atribuído ou vedado ao *trustee*, expressamente no *trust instrument*[452]. Sob tal prisma, é *mister* salientar, que na ausência de previsão expressa permissiva e, não havendo clausula proibitiva, o poder de venda pode ser inferido do dever do *trustee* de tornar os bens produtivos[453].

Por outro lado, o contrário também pode ser deduzido, ou seja, o desejo do *settlor* em não vender a propriedade também pode ser implícito ao considerar, com cuidado, as circunstâncias particulares, o património

[451] *Cfr.* PENNER, J. E. *The Law of Trusts*. Londres: Oxford University Press, 2010, p. 20. Em complemento REED (2005), *in verbis*: "*A trustee is duty-bound to safeguard and manage the trust assets. In the context of a life interest settlement, this includes ensuring the interests of the life tenant and interests of remainder beneficiaries are balanced by investing trust assets to achieve an appropriate balance between income and capital profit. This requires an understanding of the income and capital requirements of the beneficiaries and the likely returns on trust investments*". *Cfr.* REED, Edward; Jonathan, RILEY. *Risk management for Trusts and trustees. Trusts* & Trustees, United Kingdom, p. 9-12, november 2005, p. 10.

[452] *Vide* MENNEL, L. Robert. *Wills and Trusts in a Nutshell*. Minnesota: West Group, 2007, p. 270. *Vide* ainda sobre esse assunto PETTIT, Philip H. *Equity and the Law of Trusts*. Oxford: Oxford University Press, 2009, p. 462.

[453] Na basilar lição de BOGERT (1921), embora o poder de venda possa ser expressamente atribuído ao *trustee*, não é exigida nenhuma expressão técnica quando a intenção do *settlor* for suficientemente clara. *Cfr.* BOGERT, George. *Law of Trusts*. St. Paul: West Publishing Company, 1921, p. 305.

envolvido e, ainda, os propósitos do *Trust* indicados no *trust instrument*[454]. Em regra, porém, quando a intenção do *settlor* é resguardar os bens ou direitos para os beneficiários, ele veda expressamente no *trust instrument* a alienabilidade[455].

Não obstante, no exercício de seu dever de administração pode o *trustee* se socorrer dos tribunais, caso haja imperiosa necessidade de alienar determinado bem, mesmo perante expressa proibição no instrumento do *Trust*[456].

É nesta perspectiva, então, que pode ou não surgir o poder de venda para o *trustee.*

Em existindo, o *trustee* deve exercer o seu poder com a devida cautela e cuidado, procurando uma ampla exposição ao mercado, e obtendo o melhor preço possível. Igualmente, deve ter cautela em relação às formas de recebimento, aceitando formas seguras de pagamento do adquirente[457].

Lembramos, por propício, que o *trustee* é proibido de comprar bens ou direitos do *Trust.* Nitidamente, tal proibição é extensiva a seus familiares, que da mesma forma podem se beneficiar contrariamente aos interesses do *Trust.*

Em sequência, os poderes de arrendamento e aluguel, são poderes considerados de gestão e, portanto, normalmente são atribuídos ao *trustee*[458]. Tais poderes podem ser vistos como alternativos ao *trustee,* que é proibido expressamente de alienar o património do *Trust.* Contudo,

[454] *Cfr.* MENNEL, L. Robert. *Wills and Trusts in a Nutshell.* Second Edition, Minnesota: West Group, 2004, p. 263.

[455] *Cfr.* KOZUSKO, Donald, VETTER, Stephen. *United States – Trusts, Topical Analyses.* Amsterdam: IBFD, 2011, section 1.2.1.

[456] *Cfr.* VAZ TOMÉ, Maria João; CAMPOS, Diogo Leite de. *A Propriedade Fiduciária (Trust), Estudo para a sua Consagração no Direito Português.* Coimbra: Almedina, 1999, p. 101. No mesmo sentido, *vide*: MENNEL, L. Robert. *Wills and Trusts in a Nutshell.* Second Edition, Minnesota: West Group, 2004, p. 263; PETTIT, Philip H., *Equity and the Law of Trusts.* London: Butterworths, 1993, p. 440.

[457] *Cfr.* MENNEL, L. Robert. *Wills and Trusts in a Nutshell.* Second Edition, Minnesota: West Group, 2004, p. 263. *Vide* também MARTIN, Jill E. *Modern Equity.* Fifteenth Edition. London: Sweet & Maxwell, 1997, p. 557; BOLEAT, David. *Who would be a Professional Trustee?. Trusts* & Trustees, United Kingdom, v. 2, Issue 4, p. 12-13, 1996.

[458] *Vide* MENNEL, L. Robert. *Wills and Trusts in a Nutshell.* Minnesota: West Group, 2007, p. 270-271.

deve o *trustee* ter uma atenção especial com a deterioração desse bem arrendado ou alugado[459].

Em derradeiro, a permuta é admitida ao *trustee* que possuir o poder de venda de um bem em *Trust* e, a consequente opção, de comprar outro bem com o produto dessa venda. Logo, neste caso, se os bens a serem permutados forem equivalentes, e se não houver proibição expressa da permuta no *trust instrument*, a troca será permitida[460].

b) Hipoteca ou Outra Constituição de Garantias Reais – O poder de constituir hipoteca ou outras garantias reais com os bens ou direitos em *Trust*, normalmente, não é conferido ao *trustee*[461]. Em emergências, pode ser razoável que o *trustee* realize empréstimos conferindo garantia real, e logo, justificável do ponto de vista do cumprimento de seus deveres administrativos e fiduciários, ainda que sem obter autorização judicial prévia[462].

A esse respeito, e por fim, destaca-se que se, no início do *Trust*, o *trustee* receber a transferência de um bem onerado com uma garantia

[459] *Cfr.* VAZ TOMÉ, Maria João; CAMPOS, Diogo Leite de. *A Propriedade Fiduciária (Trust), Estudo para a sua Consagração no Direito Português.* Coimbra: Almedina, 1999, p. 101; *Vide* também: MENNEL, L. Robert. *Wills and Trusts in a Nutshell.* Minnesota: West Group, 2007, p. 271; MASTERS, Colin. *The Powers and Duties of Trustees under English Law. Trusts* & Trustees, United Kingdom, v.2, Issue 1, p. 26-28, 1996, p. 26-28.

[460] *Cfr.* MENNEL, L. Robert. *Wills and Trusts in a Nutshell.* Minnesota: West Group, 2007, p. 273; VAZ TOMÉ, Maria João; CAMPOS, Diogo Leite de. *A Propriedade Fiduciária (Trust), Estudo para a sua Consagração no Direito Português.* Coimbra: Almedina, 1999, p. 104; MASTERS, Colin. *The Powers and Duties of Trustees under English Law. Trusts* & Trustees, United Kingdom, v.2, Issue 1, p. 26-28, 1996, p. 26-28.

[461] *Cfr.* MENNEL, L. Robert. *Wills and Trusts in a Nutshell.* Minnesota: West Group, 2007, p. 271. Em complemento *vide*: BUSSATO, Alessia. *La Figura Del Trust Negli Ordinamenti Di Common Law e Diritto Continentale.* Rivista Di Diritto Civile, p. 310-357, 1992, p. 310.

[462] *Cfr.* VAZ TOMÉ, Maria João; CAMPOS, Diogo Leite de. *A Propriedade Fiduciária (Trust), Estudo para a sua Consagração no Direito Português.* Coimbra: Almedina, 1999, p. 102. Na lição fundamental de BOGERT (1921) a hipoteca somente será considerada válida se cabalmente for demonstrada pelo *trustee* a sua necessidade imperiosa e finalidade específica. *Cfr.* BOGERT, George. *Law of Trusts.* St. Paul: West Publishing Company, 1921, p. 310. *Vide* ainda MENNEL, L. Robert. *Wills and Trusts in a Nutshell.* Minnesota: West Group, 2007, p. 272.

real, o *trustee* poderá durante a sua administração amealhar rendas para a desoneração futura desse bem[463].

c) O Poder de Realizar Benfeitorias – O poder de realizar benfeitorias será conferido ao *trustee* expressamente pelo *settlor* no ato constitutivo ou, ele será implícito se, de tal poder, depender o cumprimento das finalidades do *Trust*[464].

Certamente, o *trustee* poderá solicitar o poder de realização de benfeitorias judicialmente, se entender que é necessário para valorização de determinado bem, património do *Trust*. Com efeito, esse poder pode ser entendido como decorrente do dever de realizar investimentos, e do dever geral de administração em não compactuar com a depreciação de determinado bem, ao passo que uma benfeitoria pode ser vista como um investimento adicional no bem[465].

d) O Poder de Investir a *Trust Property* – O poder de investir é essencial ao *Trust* e inseparável dos deveres de administração do *trustee*. Sob tal prisma, então, em geral, no exercício de seu poder de investir a *trust property*, os *trustees* devem agir com honestidade e diligência, diversificar e identificar os bens constitutivos do *Trust*[466].

Normalmente, existe no *Trust* a necessidade de investir o seu património. Para tanto, o *trustee* deve procurar investir os ativos em *Trust*, buscando resultados econômicos e financeiros satisfatórios, tornando os bens ou direitos produtivos, cominando na satisfação dos objetivos do *Trust*[467].

[463] *Cfr.* VAZ TOMÉ, Maria João; CAMPOS, Diogo Leite de. *A Propriedade Fiduciária (Trust), Estudo para a sua Consagração no Direito Português*. Coimbra: Almedina, 1999, p. 102; MENNEL, L. Robert. *Wills and Trusts in a Nutshell*. Second Edition, Minnesota: West Group, 2004, p. 265; PETTIT, Philip H. *Equity and the Law of Trusts*. Oxford: Oxford University Press, 2009, p. 30.

[464] *Vide* MENNEL, L. Robert. *Wills and Trusts in a Nutshell*. Minnesota: West Group, 2007, p. 273.

[465] *Cfr.* MENNEL, L. Robert. *Wills and Trusts in a Nutshell*. Second Edition, Minnesota: West Group, 2007, p. 273.

[466] *Cfr.* VAZ TOMÉ, Maria João; CAMPOS, Diogo Leite de. *A Propriedade Fiduciária (Trust), Estudo para a sua Consagração no Direito Português*. Coimbra: Almedina, 1999, p. 103; MCCALL, Christopher. *A fine romance – the union of prudence and risk*. *Trusts* & Trustees, United Kingdom, v. 15, n. 2, april 2009, p. 62.

[467] *Cfr.* MENNEL, L. Robert. *Wills and Trusts in a Nutshell*. Minnesota: West Group, 2007, p. 272. *Vide* BANTEKAS, Ilias. *Trust funds under international law : trustee obligations of the*

O poder de realizar investimentos tem dois aspectos limitativos principais: o dever de o *trustee* investir o património do *Trust*, de modo a ser "equilibrado" entre as diferentes classes de beneficiários e, depois, o dever de investir os ativos do *Trust*, preservando-os, e ao mesmo tempo buscando um retorno razoável sobre o investimento do capital[468].

Dentro deste contexto, PENNER explica que o *trustee* deve, obrigatoriamente, analisar na realização de investimentos, a classe dos beneficiários do *Trust*, ou seja, o beneficiário do capital e o beneficiário do rendimento[469]. Deve-se enfatizar, que as duas principais características de qualquer investimento são o risco e o retorno. Essas noções estão diretamente relacionadas, ao passo que, quanto maior o risco, maior é a chance de retorno percentual sobre o capital investido[470].

De fato, embora o *trustee* tenha o poder de investir os bens constituídos em *Trust*, e de consequentemente melhorar a posição dos beneficiários, ele é obrigado a agir com cautela e renunciar investimentos especulativos, que embora possam trazer maior retorno, colocam em risco os direitos dos mesmos[471].

O *trust instrument* pode direcionar o *trustee* nos tipos de investimentos permitidos ou proibidos, norteando seu poder de investir do *trustee*. Nessa linha, muitas vezes o *settlor* confere um poder discricionário ao *trustee* na escolha dos investimentos. Contudo, no exercício desse poder discricionário ele deve ser mais prudente do que se fosse investir seu próprio

United Nations and international development banks. UK: Asser Press, Cambridge University Press, 2009, p. 213-214; CHALHUB, Melhim Namem. *Trust*. Rio de Janeiro: Renovar, 2001, p. 50.

468 *Cfr.* HAYTON, D.J., *The Law of Trusts*. London: Sweet e Maxwell, 1998, p. 136-138. LOVE, Victoria. *Caution Required on the Duty of Care in the UK Trustee Act 2000. Trusts* & Trustees, United Kingdom, v. 8, Issue 2, p. 30-31, 2002; CRILL, James. *A trustee's perspective on investment. Trusts* & Trustees, United Kingdom, v. 5, Issue 2, p. 7-13, 1999; STEPHENS, John. *Designing an Investment portfolio for trustees. Trusts* & Trustees, United Kingdom, v. 1, Issue 8, p. 15-16, 1995, p. 15-16.

469 *Cfr.* PENNER, J. E. *The Law of Trusts*. Londres: Oxford University Press, 2010, p. 284 e 285..

470 *Cfr.* PENNER, J. E. *The Law of Trusts*. Seventh Edition. Londres: Oxford University Press, 2010, p. 285; MCCALL, Christopher. *A fine romance – the union of prudence and risk. Trusts* & Trustees, United Kingdom, v. 15, n. 2, april 2009, p. 62.

471 *Cfr.* WAIN, Mark; SHENKIN, Michael. *Trustee investment powers and the use of asset managers. Trusts* & Trustees, United Kingdom, v. 15, n. 2, p. 72-79, april 2009, p. 80..

dinheiro, ou seja, mais cauteloso do que um homem comum e prudente seria com seus investimentos próprios[472].

Por outro lado, o *settlor* pode limitar os poderes discricionários de investimentos do *trustee*. Por exemplo, ele pode instituir uma cláusula que obrigue o *trustee* a consultá-lo quando for realizar investimentos, reservando-se, igualmente, um direito de recusa sobre os investimentos efetuados pelo *trustee*[473].

Normalmente, o *trustee* é profissional, com capacidade técnica e adequada para agir com percepções próprias. Esperam-se do *trustee*, habilidades para visualizar oportunidades e ao mesmo tempo, responsabilidades para agir com razoabilidade em sua administração[474].

Destaque-se, por pertinente, que na realização dos investimentos, normalmente, é permitido ao *trustee* a contratação de terceiros, técnicos e especialistas, para auxiliá-lo nos investimentos. Neste caso, em princípio, o *trustee* não será responsável pelas faltas cometidas por seus delegados, desde que haja contratado de boa-fé.

É de se destacar, por fim, que é inerente ao dever fiduciário, o padrão de prudência na realização de investimentos, exigindo que o *trustee* tenha um comportamento aceitável em todas as circunstâncias[475]. De fato, é o *trustee* quem vai optar pelo investimento que entender ser o melhor, limitando seu poder de investir, em razão da finalidade principal do *Trust* e nas estipulações contidas em seu ato constitutivo[476].

[472] *Cfr.* MARTIN, Jill E. *Modern Equity*. Fifteenth Edition. London: Sweet & Maxwell, 1997, p. 481. *Vide* MCCALL, Christopher. *A fine romance – the union of prudence and risk. Trusts* & Trustees, United Kingdom, v. 15, n. 2, april 2009, p. 63.

[473] *Cfr.* POIDEVIN, Nicholas Le. *The worried trustee. Trusts* & Trustees, United Kingdom, v. 15, n. 7, p. 596-601, september 2009, p. 596. *Vide* ainda TRIPET, François. *Trust Patrimoniaux Anglo-Saxons et Droit Fiscal Français*. Paris: Litec, 1989, p. 07.

[474] *Cfr.* CHALHUB, Melhim Namem. *Trust*. Rio de Janeiro: Renovar, 2001, p. 48. *Vide* GRAZIADEI, Michele; MATTEI, Ugo; SMITH, Lionel. *Commercial Trusts in European private law*. Cambridge: Cambridge University Press, 2005, p. 220-221.

[475] *Vide* BANTEKAS, Ilias. *Trust funds under international law : trustee obligations of the United Nations and international development banks*. UK: Asser Press, Cambridge University Press, 2009, p. 213-214.

[476] *Vide* HOOPER, Philip. *Investing Trust Funds – a Banker's View. Trusts* & Trustees, United Kingdom, v.2, Issue 4, p. 17-21, 1996.

d) Poderes Discricionários ou Mandatórios do *Trustee*- Vimos que uma obrigação natural dos *Trusts* é o dever geral do *trustee* em administrar os bens do *Trust* e distribuir os benefícios aos beneficiários designados pelo *settlor.*

Contudo, o *trustee* pode exercer essa administração e distribuição de forma ampla e com liberdade total sobre seus atos de gestão (*discretionary trust*), ou poderá exercer de forma fixa (*fixed* ou *mandatory Trust*) com a obrigação de obedecer a todas as indicações do *settlor* apontadas no *trust instrument.* Nessa linha, o poder *mandatory* do *trustee* trata-se, em realidade, de um dever, pois que suas ações devem obedecer "obrigatoriamente" ao instruído pelo *settlor* no *trust instrument*[477].

Não obstante, poderá ser designado ao *trustee* um poder *mandatory* para determinados atos, e poderes discricionários para muitos outros atos, tudo a depender da intenção do *settlor*[478]. Na verdade, não é comum a ausência total do poder discricionário, mas, sim, as limitações que são impostas a esse poder ao serem conferidos ao *trustee*[479].

Como já sinalizado, em seu ápice, os poderes discricionários conferem ao *trustee* o poder de tomada das decisões sobre várias e importantes questões administrativas. Nessa linha, igualmente, confere o poder decisório de pontos atinentes ao *quantum* e quando a renda do *Trust* será distribuída aos beneficiários e, ainda, para quem ela será designada[480]. Em outras palavras, as distribuições da renda ocorrem em conformidade com a vontade do *trustee*[481].

[477] *Cfr.* REUTLINGER, Mark. *Wills, Trusts, and Estates, Essential Terms and Concepts.* Second Edition, New York: Aspen Publishers, 1998, p. 221. *Vide* PENNER, J. E. *The Law of Trusts.* Seventh Edition. Londres: Oxford University Press, 2010, p. 53.

[478] *Cfr.* REUTLINGER, Mark. *Wills, Trusts, and Estates, Essential Terms and Concepts.* Second Edition, New York: Aspen Publishers, 1998, p. 221. *Vide* BARKLEY, Tobias J. *The content of the trust: what must a trustee be obliged to do with the property?. Trusts* & Trustees, United Kingdom, v. 19, n. 5, p. 452–468, june 2013.

[479] *Cfr.* MENNEL, L. Robert. *Wills and Trusts in a Nutshell.* Minnesota: West Group, 2007, p. 273.

[480] *Vide* PENNER, J. E. *The Law of Trusts.* Seventh Edition. Londres: Oxford University Press, 2010, p. 81; MENNEL, L. Robert. *Wills and Trusts in a Nutshell.* Minnesota: West Group, 2007, p. 260.

[481] BUCKLAND, Edward. *Practical administration of Trusts – Part I. Trusts* & Trustees, United Kingdom, v. 11, december/january, p. 15 –23, 2005, p. 22. *Vide* PETTIT, Philip H. *Equity and the Law of Trusts.* Oxford: Oxford University Press, 2009, p. 76.

Ainda, pode ter o poder de decidir a quem designará a renda, ou seja, o poder de adicionar ou remover um beneficiário de uma classe de beneficiários apontada pelo *settlor* no *trust instrument*. Entretanto, importante referir aqui, que os beneficiários do *Trust* discricionário não podem reivindicar do *trustee* documentos que comprovem a motivação do uso de sua discricionariedade[482].

De fato, isso é confidencial, e o *trustee* que possui esses poderes não é obrigado a divulgar ou comprovar os motivos que o levaram a fazer uso de sua discricionariedade[483].

Por outro lado, os beneficiários possuem o direito de revogar uma distribuição discricionária de benefícios, quando há fundada suspeita de que o *trustee* não tenha atuado com boa-fé, mas caprichosamente ou perversamente, em prol de algum beneficiário[484].

Dentro das referidas observações, primordialmente, o poder discricionário confere ao *trustee* agilidade para lidar com modificações supervenientes de determinadas circunstâncias de mercado, muitas vezes, com isso, minimizando possíveis perdas patrimoniais.

À derradeira, deve-se enfatizar, que o *trustee* precisa considerar vários fatores na tomada de suas decisões administrativas, como, por exemplo, fatores econômicos, políticos e tributários. Nessa linha, o poder discricionário confere a ele uma maior liberdade ao considerar o melhor para determinados atos de gestão em relação aos bens ou direitos, em ocasiões que a interferência do *settlor* poderia ser prejudicial, e a agilidade do *trustee*, essencial[485].

[482] HAYTON, D.J. *The Law of Trusts*. London: Sweet e Maxwell, 1998, p. 158. STANFORD-TUCK, Michael. *How to juggle beneficiaries: the power to add or remove*. *Trusts* & Trustees, United Kingdom, v. 17, n. 7, p. 695–703, august 2011, p. 699.

[483] *Cfr*. VAZ TOMÉ, Maria João; CAMPOS, Diogo Leite de. *A Propriedade Fiduciária (Trust), Estudo para a sua Consagração no Direito Português*. Coimbra: Almedina, 1999, p. 77. *Vide*: GIBBON, Michael. *Beneficiaries' information rights*. *Trusts* & Trustees, United Kingdom, v. 17, n. 1, p. 27–33, february 2011, p. 29.

[484] *Cfr*. HAYTON, D.J. *The Law of Trusts*. London: Sweet e Maxwell, 1998, p. 155.

[485] *Cfr*. MARTIN, Jill E. *Modern Equity*. Fifteenth Edition. London: Sweet & Maxwell, 1997, p. 197. *Vide* MOFFAT, Graham. *Trusts Law: Text And Materials*. New York: Cambridge University Press, 2005, p. 50. *Vide* HAMILTON, Sara. *Understanding the Trust*. *Trusts* & Estates, Penton Business Med, New York, Volume 151, Issue 8, Aug 2012.

4. Violação do *Trust* e a Responsabilidade do *Trustee*

Depois de termos discorrido sobre os fulcrais aspectos atinentes aos deveres e poderes do *trustee*, é hora agora de analisarmos a responsabilidade do *trustee* quando ele incorrer em violação do *Trust*, não exercendo adequadamente os seus deveres e poderes.

A violação do *Trust* pode ocorrer de duas formas principais: em decorrência de ato *ultra vires;* ou em consequência de culpa do *trustee* (negligência, imperícia, imprudência), atos estes que se praticados corretamente seriam considerandos ato *intra vires*[486].

Em suma, haverá incumprimento do *Trust* sempre que o *trustee* violar os seus deveres ou exceder em seus poderes[487].

Com efeito, o *trustee* deve desempenhar suas funções adequadamente. Logo, no uso dos poderes e deveres atribuídos a ele pelo ato constitutivo do *Trust* ou legalmente, o *trustee* deve procurar ao máximo, satisfazer com êxito todos os objetivos do *Trust.*

Atuando dessa forma, em regra, ele não será responsável pela perda ou depreciação da *trust property* decorrentes de fatores alheios à sua vontade[488].

Entretanto, acrescentam VAZ TOMÉ e CAMPOS, que devido aos critérios de conduta derivados da natureza fiduciária dos seus deveres, podemos deparar com diversos incumprimentos que, em outras situações não seriam consideradas violações[489].

Nessa linha, alude WARBURTON, que os Tribunais ingleses são mais rigorosos quanto ao cumprimento dos deveres fiduciários do *trustee*, de lealdade e de diligência, do que ao decidirem em razão de violação de tais deveres por um administrador inserido em outras figuras jurídicas

[486] *Cfr.* FOX, David. *Non-excludable trustee duties. Trusts* & Trustees, United Kingdom, v. 17, n. 1, p. 17–26, february 2011, p. 20.

[487] *Vide* MENNEL, L. Robert. *Wills and Trusts in a Nutshell.* Second Edition, Minnesota: Thomson West, 2007, p. 276-277.

[488] *Cfr.* MARTIN, Jill E. *Modern Equity.* Fifteenth Edition. London: Sweet & Maxwell, 1997, p. 481.

[489] *Cfr.* VAZ TOMÉ, Maria João; CAMPOS, Diogo Leite de. *A Propriedade Fiduciária (Trust), Estudo para a sua Consagração no Direito Português.* Coimbra: Almedina, 1999, p. 132; MENNEL, L. Robert. *Wills and Trusts in a Nutshell.* Second Edition, Minnesota: Thomson West, 2007, p. 277.

disponíveis, tal como a *Corporation*, o que confere ao instituto dos *Trust*, maior segurança e confiança[490].

A corroborar com esse raciocínio, complementa MENNEL que a defesa do *trustee* é ínfima, ao passo que basta comprovar a inconsistência do ato do *trustee* com seu dever imposto, independentemente de sua boa ou má- fé[491].

Aliás, especial consideração assume a menção feita por PENNER, *in verbis: "A trustee is strictly liable for breaches of trust, and it does not matter why he misapplies the trust property or neglects to invest it properly, whether because he favoured his own interest over beneficiaries, or because of his incompetence, or any other reason"*[492].

Por todo esse contexto, em termos gerais, no Direito Inglês, o *trustee* responde pessoalmente e ilimitadamente perante os beneficiários do *Trust*, por todo e qualquer incumprimento de seus deveres. Neste caso, o beneficiário deve comprovar o nexo de causalidade entre os danos acarretados no *trust fund* e o incumprimento do *Trust*[493].

O *trustee* responde pessoalmente e ilimitadamente, perante terceiros, pelas obrigações que contratar na qualidade de *trustee*. Nesse último ponto, entretanto, algumas jurisdições permitem que o terceiro recupere seus ativos diretamente do património do *Trust*, quando estes, previamente, foram informados pelo *trustee* de que ele agia na qualidade de *trustee*. Nota-se, aqui, que a responsabilidade pessoal do *trustee* foi atenuada em razão da dificuldade que se criava em um mundo de *trustees* profissionais que hoje impera[494].

Oportuna a menção aqui, por conseguinte, que o rigor existente em relação a responsabilidade do *trustee*, somam-se a imprescritibilidade

490 *Cfr.* WARBURTON, A. Joseph. *Trusts Versus Corporations: An Empirical Analysis of British Mutual Funds*. Michigan: Ross School of Business, University of Michigan, 2010.

491 *Cfr.* MENNEL, L. Robert. *Wills and Trusts in a Nutshell*. Second Edition, Minnesota: Thomson West, 2007, p. 277.

492 *Cfr.* PENNER, J. E. *The Law of Trusts*. Seventh Edition. Londres: Oxford University Press, 2010, p. 319.

493 *Cfr.* SANTISTEBAN, Sonia Martín. *El instituto del trust em los sistemas legales continentales y su compatibilidad com los principios do civil law*. Navarra: Editora Aranzadi, 2005, p. 60. *Vide* MENNEL, L. Robert. *Wills and Trusts in a Nutshell*. Second Edition, Minnesota: Thomson West, 2007, p. 277.

494 *Cfr.* LUPOI, Maurizio. *Trusts*. Milano: Giuffrè Editore, 2001, p. 352.

das ações judiciais demandadas contra ele, nomeadamente nos casos de fraude, e ao impedimento do *trustee* compensar perdas com lucros[495].

Com efeito, não é permitido que o *trustee* compense as perdas de um negócio com ganhos em outros. Em outras palavras, não pode o *trustee* compensar com ganhos extras, os prejuízos ocorridos em razão do descumprimento de seus deveres[496].

Contudo, perceba-se, que tal critério pode ser atenuado quando tratar-se de investimentos. De fato, embora a proibição de compensações obste, de certa forma, performances especulativas do *trustee*, o dever de investir não significa, obviamente, que o *trustee* deve sempre alcançar resultados positivos nos investimentos que realiza, mas, sim, que deve agir, impreterivelmente, respeitando seus deveres fiduciários[497].

Em sequência a esse ponto em análise, devemos aludir aqui, as chamadas *trustees exemption clauses*. Tratam-se de cláusulas de isenção de responsabilidade do *trustee* inseridas pelo *settlor* no *trust instrument*, instituindo situações de exclusão da ilicitude ou culpa do *trustee*[498].

Todavia, naturalmente, compartilhamos da opinião de que não é permitido ao *settlor* excluir a responsabilidade do *trustee* que agir contra seus deveres fiduciários de lealdade, boa-fé e prudência, pois que tal

[495] Nesse ponto, destaca LUPOI (2001), que a exemplo do Direito Inglês, a imprescritibilidade tem se tornado constante em outras jurisdições como Jersey, Guernsey, Belize, Nevis, Anguilla, Malta entre outros. *Cfr.* LUPOI, Maurizio. *Trusts.* Milano: Giuffrè Editore, 2001, p. 352.

[496] *Cfr.* MENNEL, L. Robert. *Wills and Trusts in a Nutshell.* Second Edition, Minnesota: Thomson West, 2007, p. 280; VAZ TOMÉ, Maria João; CAMPOS, Diogo Leite de. *A Propriedade Fiduciária (Trust), Estudo para a sua Consagração no Direito Português.* Coimbra: Almedina, 1999, p. 134.

[497] Com efeito, no exercicio do seu poder de investir, o *trustee* nortear-se considerando todos os seus deveres *Vide* VAZ TOMÉ, Maria João; CAMPOS, Diogo Leite de. *A Propriedade Fiduciária (Trust), Estudo para a sua Consagração no Direito Português.* Coimbra: Almedina, 1999, p. 134; HALPERN, David. *Negligent investment: claims against trustees and agents. Trusts* & Trustees, United Kingdom, v. 15, n. 7, p. 602-610, september 2009, p. 608.

[498] *Vide* MARTIN, Jill E. *Modern Equity.* Fifteenth Edition. London: Sweet & Maxwell, 1997, p. 483; PANICO, Paolo. *International Trust Laws.* Oxford: Oxford University Press, 2010, p. 287-318.

exclusão é veementemente contrária à ordem pública e aos princípios basilares do *Trust*[499].

É por demais oportuno, nesse passo, abordarmos o caso *Armitage V. Nurse* [1997], no qual o *Lord Justice Millett LJ* muito bem esclareceu: "*There is an irreducible core of obligations owed by the trustees to the beneficiaries and enforceable by them which is fundamental to the concept of the trust. If the beneficiaries have no rights enforceable against the trustees there are no trusts. But I do not accept the further submission that these core obligations include the duties of skill and care, prudence and diligence. The duty of the trustees to perform the trusts honestly and in good faith for the benefit of the beneficiaries is the minimum necessary to give substance to the trusts, but in my opinion that is sufficient*"[500].

[499] *Cfr.* VAZ TOMÉ, Maria João; CAMPOS, Diogo Leite de. *A Propriedade Fiduciária (Trust), Estudo para a sua Consagração no Direito Português*. Coimbra: Almedina, 1999, p. 133; *Vide* BRIDGE, Stuart. *Trustees exemption clauses*. The Cambridge Law Journal, Cambridge, v. 57, p. 34, 1998, p. 34; MENNEL, L. Robert. *Wills and Trusts in a Nutshell*. Second Edition, Minnesota: Thomson West, 2007, p. 279.

[500] No caso *Armitage V. Nurse* [1997] O Tribunal de Recurso (*Court of Appeal)*, decidiu que as cláusulas de isenção de *trustee* podem validamente isentar os *trustees* de responsabilidade sobre todas as violações do *Trust*, exceto nos causos de fraude. Em julho de 2006, a *Law Commission of England and Wales (the 'Law Commission')* publicou relatório sobre *Trustee Exemption Clauses*, confirmando a exceção em relação a fraude. O relatório recomenda ao setor de *Trusts* adotem tais diretrizes, não-oficialmente, em relação as cláusulas de isenção de responsabilidade do *trustee*. O relatório, por exemplo, recomenda que qualquer *trustee* remunerado que provoca o instituidor para a inclusão de uma cláusula de exclusão de sua responsabilidade por negligência, deve ser anterior a criação do *Trust*, e ele deve tomar todas as medidas razoáveis para garantir que o *settlor* está ciente do significado e efeito da cláusula. *Cfr.* UK. *The Law Commi*ssion (Law Com No 301), *Trustee Exemption Clauses*. Disponível em: http://lawcommission.justice.gov.uk/docs/lc301_Trustee_Exemption_Clauses.pdf. Acesso em: 28.07.2012; UK. *Armitage v. Nurseand Others* [1997] EWCA Civ 1279 (19th March, 1997). Disponível em: http://www.bailii.org/ew/cases/EWCA/Civ/1997/1279.html . Acesso em: 29.07.2012. *Vide* ainda MATTHAMS, Paul. *The Jersey approach to excluding trustee liability: a comparison with the Law Commission's proposals. Trusts* & Trustees, United Kingdom, v. 13, n. 7, p. 252-254, 2007; RICHMOND, William. *'Judicious breaches of trust': where now for the trustee exemption clause?. Trusts* & Trustees, United Kingdom, v. 12, p. 24-28, 2006, p. 24; PENNER, J. E. *The Law of Trusts*. Seventh Edition. Londres: Oxford University Press, 2010, p. 339; HUDSON, Alastair. *Equity & Trusts*. Australia: Cavendish publishing, 2010, p. 374.

Na mesma linha, muito bem exprime a ideia ZHONG WEI, *in verbis*: "*When we go to the heart of the trust relationship, there must be certain elements an 'irreducible core content which must exist if there is to be a trust at all*"[501].

Complementa ainda, MOLLOY, *in verbis*: "*It is thus axiomatic that a trustee must perform – and, on an account being taken, it is taken as read that he has performed – the trusts honestly and in good faith for the benefit of the beneficiaries*"[502].

Por fim, nesse contexto, FOX explica que embora o *settlor* possa livremente estipular as cláusulas do *trust instrument*, excluindo a responsabilidade do *trustee*, o Tribunal pode entender que os termos que reduzirem ou excluírem os deveres fiduciários são inválidos, pois que tais deveres são irredutíveis e intrínsecos ao *Trust*[503].

Em sequência, oportuno, novamente mencionar aqui, que também excluirá a responsabilidade do *trustee*, a aquiescência de todos os beneficiários para a adoção de conduta contrária aos termos do *Trust*. Para tanto, além da capacidade do exercício de direitos para consentir, é necessário que todos os beneficiários estejam amplamente informados[504]. Igualmente, ao *settlor* do *Trust* revogável, é permitido prestar referido consentimento[505].

Outra hipótese de exclusão de responsabilidade do *trustee* é a solicitação por ele de autorização judicial para praticar algum ato contrário aos seus deveres. Claramente, o tribunal consentirá desde que entenda

[501] *Cfr.* ZHONG WEI, Terence Tan. *The irreducible core content of modern trust law. Trusts* & Trustees, United Kingdom, v. 15, n. 6, p. 477-493, august 2009, p. 478.

[502] *Cfr.* MOLLOY, Tony. *Trustees of controlling shareholdings who take directorships or senior executive posts in the company. Trusts* & Trustees, United Kingdom, v. 16, n. 9, p. 741–749, october 2010, p. 741. No mesmo sentido *vide* LANGBEIN, John H. *Questioning the Trust Law Duty of Loyalty: Sole Interest or Best Interest?*. New Haven: The Yale Law Journal, Volume 114, Issue 5, 2005, p. 931.

[503] *Cfr.* FOX, David. *Non-excludable trustee duties. Trusts* & Trustees, United Kingdom, v. 17, n. 1, p. 17–26, february 2011, p. 19.

[504] *Cfr.* VAZ TOMÉ, Maria João; CAMPOS, Diogo Leite de. *A Propriedade Fiduciária (Trust), Estudo para a sua Consagração no Direito Português.* Coimbra: Almedina, 1999, p. 133; MENNEL, L. Robert. *Wills and Trusts in a Nutshell.* Second Edition, Minnesota: Thomson West, 2007, p. 277-278; PENNER, J. E. *The Law of Trusts.* Seventh Edition. Londres: Oxford University Press, 2010, p. 335.

[505] *Cfr.* MENNEL, L. Robert. *Wills and Trusts in a Nutshell.* Second Edition, Minnesota: Thomson West, 2007, p. 279.

que tal violação seja favorável ao desempenho e objetivos do *Trust* e não configure um prejuízo aos beneficiários[506].

Importante também destacar, que o *trustee* tem a obrigação de defender judicialmente o património do *Trust* de eventuais ações executórias, e igualmente promover todas as ações judiciais necessárias para recuperar eventual ativo perdido[507].

Perceba-se, que é fundamental a proteção do *Trust* em relação a eventuais ações judiciais que possam recair sobre seu património. É de se lembrar, nesse ponto, que na inércia ou ilegitimidade do *trustee*, os beneficiários têm legitimidade para intentar com qualquer ação judicial que vise a proteção do património do *Trust*. De qualquer forma, as prováveis custas judiciais são suportadas pelo *Trust*[508].

Nesta sequencia, algumas palavras, agora, sobre o amparo do beneficiário em relação à violação do *Trust* pelo *trustee*.

Essencialmente, destaca-se, que os beneficiários do *Trust* possuem várias defesas – *in equity* – contra os atos de violação do *Trust* pelo *trustee*.

Desde logo podemos citar a *specific enforcement*, que objetiva obrigar o *trustee* a cumprir os seus deveres impostos pelo *trust instrument* ou legalmente. O Tribunal pode ordenar que o *trustee* realize determinada função, direcionada normalmente a uma ação em particular. Trata-se de uma obrigação específica que o *trustee* deveria ter cumprido voluntariamente[509].

506 *Vide* MENNEL, L. Robert. *Wills and Trusts in a Nutshell*. Second Edition, Minnesota: Thomson West, 2007, p. 279.

507 *Vide* HUBBARD, Mark. *The cupboard was bare: what is a trustee's duty, when he has a good claim to recover trust assets but no funding?*. *Trusts* & Trustees, United Kingdom, v. 16, n. 5, p. 293–298, june 2010, p. 293; PENNER, J. E. *The Law of Trusts*. Seventh Edition. Londres: Oxford University Press, 2010, p. 21; POIDEVIN, Nicholas Le. *The worried trustee*. *Trusts* & Trustees, United Kingdom, v. 15, n. 7, p. 596-601, september 2009, p. 598.

508 Na Inglaterra, se o *Trust* não possuir ativos suficientes para arcar com as despesas processuais, o *trustee* não será obrigado a suportar as despesas com seu dinheiro particular, embora na prática, o *trustee* corra o risco. *Cfr.* HUBBARD, Mark. *The cupboard was bare: what is a trustee's duty, when he has a good claim to recover trust assets but no funding?*. *Trusts* & Trustees, United Kingdom, v. 16, n. 5, p. 293–298, june 2010, p. 295.

509 *Cfr.* CHAMBERS, Robert. *Liability*. In: BIRKS, Peter; PRETTO, Arianna. *Breach of trust*. Oxford: Hart Publishing, 2002, p. 10. *Vide* MENNEL, L. Robert. *Wills and Trusts in a Nutshell*. Second Edition, Minnesota: Thomson West, 2007, p. 328; VAZ TOMÉ, Maria João; CAMPOS, Diogo Leite de. *A Propriedade Fiduciária (Trust), Estudo para a sua Consagração no*

Por exemplo, o Tribunal pode obrigar o *trustee* a realizar distribuições do rendimento do *Trust* aos beneficiários que possuem tal direito fixo, atribuído a eles no *trust instrument*.

Também existe a hipótese de injunção judicial (*injuction*) contra o *trustee* inadimplente, em ordem à adoção da conduta devida[510]. Dessa forma, o Tribunal pode impedir que o *trustee* pratique determinados atos em relação aos ativos do *Trust*, quando ele, por exemplo, utilizar tais bens ou direitos para fins impróprios, ou realizar uma venda abaixo do seu valor, ou ainda, transferir bens ou direitos para a pessoa errada[511].

Outro remédio que confere os mesmos efeitos dos mencionados acima é a *declaration*. Aqui o Tribunal impõe deveres fiduciários e elabora uma declaração consubstanciada com diretrizes que devem ser seguidas obrigatoriamente pelo *trustee*[512].

Embora existam várias formas do beneficiário obrigar o cumprimento dos deveres pelo *trustee*, indubitavelmente, o *trustee* é obrigado a pagar uma indenização pelas perdas, quando existentes. De fato, o beneficiário poderá pedir judicialmente uma indenização (*damages*), pelas perdas sofridas pelo *trust fund*, em razão da violação do *Trust*[513].

A indenização será mensurada pelas perdas causadas em razão da violação do *Trust*. Logo, podem ser considerados os danos emergentes, os lucros cessantes e os proveitos realizados pelo *trustee* em seu próprio benefício[514].

Direito Português. Coimbra: Almedina, 1999, p. 141; HUDSON, Alastair. *Equity & Trusts*. Australia: Cavendish publishing, 2010, p. 1065.

510 *Cfr.* VAZ TOMÉ, Maria João; CAMPOS, Diogo Leite de. *A Propriedade Fiduciária (Trust), Estudo para a sua Consagração no Direito Português*. Coimbra: Almedina, 1999, p. 141.

511 Igualmente à *specific enforcement* dos deveres do *trustee*, a *injuction* objetiva impedir a violação do *Trust*, e está disponível independentemente da adequação de outros remédios *in equity*. *Cfr.* BIRKS, Peter; PRETTO, Arianna. *Breach of Trust*. Oxford: Hart Publishing, 2002, p. 10.

512 *Cfr.* CHAMBERS, Robert. *Liability*. In: BIRKS, Peter; PRETTO, Arianna. *Breach of trust*. Oxford: Hart Publishing, 2002, p. 11.

513 *Cfr.* CHAMBERS, Robert. *Liability*. In: BIRKS, Peter; PRETTO, Arianna. *Breach of trust*. Oxford: Hart Publishing, 2002, p. 11. *Vide* MENNEL, L. Robert. *Wills and Trusts in a Nutshell*. Second Edition, Minnesota: Thomson West, 2007, p. 280.

514 *Cfr.* VAZ TOMÉ, Maria João; CAMPOS, Diogo Leite de. *A Propriedade Fiduciária (Trust), Estudo para a sua Consagração no Direito Português*. Coimbra: Almedina, 1999, p. 141.

Pelas razões explicitadas acima, é possível a destituição do *trustee* e sua consequente substituição[515].

Lembramos, por propício, que quando o incumprimento do *trustee* envolver bens ou direitos específicos, os beneficiários podem segui-los (*tracing*), salvo se estes tiverem sido adquiridos onerosamente por terceiro de boa-fé[516].

Conforme já indicado, o *tracing* respeita em primeiro lugar os bens ou direitos originariamente transferidos ao *trustee* pelo *settlor*. Depois, pode atingir os bens adquiridos em substituição dos bens originários.

Observe-se, ainda, que se o *trustee* violar o dever de identificação, e confundir seus bens pessoais com a *trust property*, os beneficiários possuem direito privilegiado em relação a terceiros[517].

Logo, no caso de insolvência ou falência do *trustee*, o beneficiário já possui um direito real em relação aos bens ou direitos em *Trust* e, portanto, é privilegiado em relação aos demais credores do *trustee* que são impedidos de alcançar os ativos do *Trust*. Ademais, se misturados os ativos do *Trust* com o património pessoal do *trustee*, os beneficiários do *Trust* possuem o mesmo privilégio[518].

Em ponteamento final a respeito da violação do *Trust* e da responsabilidade do *trustee*, insta ainda relembrar que, hodiernamente, a administração do património sob as regras do *Trust* é em maior parte exercida por mais de um *trustee*, e por *trustees* profissionais, através de sociedades ou instituições financeiras[519].

[515] *Vide* MENNEL, L. Robert. *Wills and Trusts in a Nutshell*. Second Edition, Minnesota: Thomson West, 2007, p. 280; PENNER, J. E. *The Law of Trusts*. Eighth Edition. Londres: Oxford University Press, 2012, p. 359-361.

[516] *Vide* LUPOI, Maurizio. *Trusts*. Milano: Giuffrè Editore, 2001, p. 361; REUTLINGER, Mark. *Wills, Trusts, and Estates, Essential Terms and Concepts*. Second Edition, New York: Aspen Publishers, 1998, p. 231; HUDSON, Alastair. *Equity & Trusts*. Australia: Cavendish publishing, 2010, p. 865.

[517] *Cfr.* VAZ TOMÉ, Maria João; CAMPOS, Diogo Leite de. *A Propriedade Fiduciária (Trust), Estudo para a sua Consagração no Direito Português*. Coimbra: Almedina, 1999, p. 142.

[518] *Vide* VAZ TOMÉ, Maria João; CAMPOS, Diogo Leite de. *A Propriedade Fiduciária (Trust), Estudo para a sua Consagração no Direito Português*. Coimbra: Almedina, 1999, p. 150.

[519] *Cfr.* HUDSON, Alastair. *Equity & Trusts*. Australia: Cavendish publishing, 2010, p. 75; LUPOI, Maurizio. *Trusts*. Milano: Giuffrè Editore, 2001, p. 271; MARTIN, Jill E. *Modern Equity*. Fifteenth Edition. London: Sweet & Maxwell, 1997, p. 491.

Sob tal prisma, devemos esclarecer, primeiramente, que em havendo mais de um *trustee*, os *co-trustees* devem decidir por unanimidade, salvo cláusula contrária no *trust instrument* autorizando *quorum* diferente[520].

Com relação à responsabilidade dos *trustees*, destaca-se, que a regra geral da *equity* é que o *trustee* é responsável apenas pelas suas próprias violações do *Trust*, e não por violações cometidas por seus *co-trustees*. No entanto, o *trustee* será responsável por violações de seus *co-trustees* e delegados[521], na medida em que forem negligentes ou imprudentes ao acompanhar a conduta ou eleger seus *co-trustees*[522].

Em síntese a respeito, MACK destaca, *in verbis*: "*Crucially, the trustee must not neglect to exercise its power of oversight once a delegate has been appointed as a trustee has a specific duty to ensure an investment manager does not exceed the scope of the investment mandate, as well as a general duty to oversee and monitor the activities of the investment manager*"[523].

Importa ainda mencionar, que o profissionalismo do *trustee*, ou seja, a sua qualificação profissional e remuneração, é essencial na apreciação do padrão de conduta que será exigido dele em relação à administração

[520] *Cfr.* LUPOI, Maurizio. *Trusts*. Milano: Giuffrè Editore, 2001, p. 349; VAZ TOMÉ, Maria João; CAMPOS, Diogo Leite de. *A Propriedade Fiduciária (Trust), Estudo para a sua Consagração no Direito Português*. Coimbra: Almedina, 1999, p. 135; MARTIN, Jill E. *Modern Equity*. Fifteenth Edition. London: Sweet & Maxwell, 1997, p. 485. *Vide* ainda: PEARCE, Robert; STEVENS, John; BARR, Warren. *The Law of Trusts and Equitable Obligations*. New York: Oxford University Press, 5 edition, 2010, p. 825-826.

[521] Conforme mencionamos, é comum o *trustee* delegar funções nomeadamente em questão de investimentos. *Vide* HALPERN, David. *Negligent investment: claims against trustees and agents*. *Trusts* & Trustees, United Kingdom, v. 15, n. 7, p. 602-610, september 2009, p. 605. Nesse contexto, explica POIDEVIN (2009), *in verbis*: "*A trustee which takes the initiative to see whether there is a viable claim against managers or advisers, carrying its beneficiaries with it, will safeguard the beneficiaries' interests at the same time as minimizing the risk of criticism of itself*". *Cfr.* POIDEVIN, Nicholas Le. *The worried trustee*. *Trusts* & Trustees, United Kingdom, v. 15, n. 7, p. 596-601, september 2009, p. 601.

[522] *Cfr.* PENNER, J. E. *The Law of Trusts*. Seventh Edition. Londres: Oxford University Press, 2010, p. 334-335. *Vide* MENNEL, L. Robert. *Wills and Trusts in a Nutshell*. Second Edition, Minnesota: Thomson West, 2007, p. 279; HALPERN, David. *Negligent investment: claims against trustees and agents*. *Trusts* & Trustees, United Kingdom, v. 15, n. 7, p. 602-610, september 2009.

[523] *Cfr.* MACK, Robert. *Clash of the Titans – what happens when the duty to protect and preserve the trust fund clashes with the investment powers? Trusts* & Trustees, United Kingdom, v. 17, n. 2, p. 101–104, march 2011, p. 102.

dos bens ou direitos em *Trust*. Tal análise reflete, consequentemente, na intensidade de sua responsabilização no caso de violação do *Trust*.

Fundamentalmente, o desempenho esperado do *trustee* não profissional e familiar, é bem diferente da performance desejada do *trustee* qualificado e remunerado[524]. Em realidade, anseia-se um maior cuidado e diligência dos *trustees* profissionais[525].

A esse propósito, na basilar lição de MARTIN, o *trustee* se classifica em três grupos: o *trustee* não profissional e não remunerado, tais como o "amigo da família"; o *trustee* pago, muitas vezes profissionalmente qualificado, tais como os advogados, os administradores e os contabilistas; e, por fim, os administradores altamente profissionais, tais como os Bancos e as *Trusts Companies*[526].

Segue explicando o ilustre autor, que em relação ao *trustee* não remunerado, é exigido o mesmo padrão de conduta que ele teria na gestão de seus próprios negócios. Por outro lado, em relação ao *trustee* remunerado, é mais elevada essa exigência, sendo requerido um máximo cuidado e diligência, considerando, pois, sua qualificação profissional e seu conhecimento apurado nos assuntos concernentes à gestão dos bens ou direitos em *Trust*. Portanto, é esperado dele um maior cuidado em comparação ao fato de que estivesse cuidando de seus próprios bens ou direitos[527].

Assim, por exemplo, um maior cuidado é claramente devido quando a função de *trustee* é exercida por uma empresa profissionalmente qualificada como, por exemplo, uma Instituição Financeira, cuja atividade seja especializada na gestão de *Trusts*. Nesses casos, quem presta o serviço como *trustee* profissional, faz sua publicidade como tendo *"excelência na*

[524] *Cfr.* BUCKLEY,Lewis; GRACE, William. *The regulator and the court's expectations of a professional trustee: the double impact. Trusts* & Trustees, United Kingdom, p. 22-23, may 2006, p. 22.

[525] *Cfr.* REED, Edward; Jonathan, RILEY. *Risk management for Trusts and trustees. Trusts* & Trustees, United Kingdom, p. 9-12, november 2005, p. 10.

[526] *Cfr.* MARTIN, Jill E. *Modern Equity.* Fifteenth Edition. London: Sweet & Maxwell, 1997, p. 482. *Vide* em complemento: PARKER, David Berkeley; OAKLEY, A. J.; MELLOWS, Anthony R. *The Modern Law of Trusts.* London: Sweet & Maxwell, 1998, p. 192-193.

[527] *Cfr.* MARTIN, Jill E. *Modern Equity.* Fifteenth Edition. London: Sweet & Maxwell, 1997, P. 482. *Vide* HALPERN, David. *Negligent investment: claims against trustees and agents. Trusts* & Trustees, United Kingdom, v. 15, n. 7, p. 602-610, september 2009, p. 603.

administração de patrimónios", em virtude de possuírem equipes especializadas e capacitadas[528].

Certamente, então, não se pode esperar a mesma capacidade de gestão do *trustee* familiar, que assume, muitas vezes, a função em razão de um "*dever moral*". Logo, judicialmente falando, deverá ser punido mais severamente um *trustee* profissional (quando houver violação às regras dos *Trusts*) em comparação com um *trustee* não profissional e não remunerado. Isto, porquanto, justamente, o profissional abandonou os cuidados especiais e habilidade que ele declarou ter[529].

5. Formas de Modificação e Extinção do *Trust*

Em arremate importante, urge trazer-se a contexto, breve abordagem sobre as formas de modificação e extinção do *Trust.*

Neste ponto, deve ser recordado, que em regra o *trustee* administra o *Trust* seguindo as indicações do ato constitutivo do *Trust*, designado por *trust instrument*[530].

Conforme já antes sinalizado, a modificação dos termos do *trust instrument* poderá ocorrer pelo próprio *settlor*, se ele reservar para si o amplo poder de revogação do *Trust*, que por sua abrangência, permite a modificação de suas cláusulas, ou, ainda, poderá apenas manter o modesto poder de modificação de específicas cláusulas que considere relevantes. Insta ainda relembrar, que pode o *settlor* conferir tais poderes a terceiros[531].

[528] *Vide* HALPERN, David. *Negligent investment: claims against trustees and agents. Trusts* & Trustees, United Kingdom, v. 15, n. 7, p. 602-610, september 2009, p. 603-604. *Cfr.* Boston Private Bank. Disponível em: https://www.bostonprivatebank.com/index.cfm?pid=10310. Acesso em: 09.03.2012. *HCBC Private Bank.* Disponível em: http://www.hsbcpb.com/services/trust-and-fiduciary-services.html. Acesso em: 01.12.2011. Mercado de Capitais do Banco Itaú. Disponível em: http://www.itaucustodia.com.br/capitais_conheca.htm. Acesso em: 01.12.2011.

[529] *Vide*: *Bartlett v. Barclays Bank Trust Co.* Ltd (Nº 1) [1980] Ch. 515;[1980] 2 W.L.R. Nesse sentido indicamos também a leitura: MARTIN, Jill E. *Modern Equity.* Fifteenth Edition. London: Sweet & Maxwell, 1997, p. 482-483; PENNER, J. E. *The Law of Trusts.* Londres: Oxford University Press, 2010, p. 290-291.

[530] *Cfr.* MARTIN, Jill E. *Modern Equity.* Fifteenth Edition. London: Sweet & Maxwell, 1997, p. 611.

[531] *Vide* PENNER, J. E. *The Law of Trusts.* Seventh Edition. Londres: Oxford University Press, 2010, p. 307.

Em outro caso, pode o beneficiário, civilmente capaz, solicitar modificações no instrumento, desde que tais alterações alcancem somente os seus interesses benéficos[532]. Também deve ser notada a ausência de disposição no *trust instrument* em sentido contrário, pois que, como reiteradamente indicado ao longo da primeira parte, é importante preservar a vontade do instituidor.

Já a extinção do *Trust*, em um primeiro momento, pode ocorrer naturalmente, em virtude de seus próprios termos constitutivos.

Dessa forma, pode o *settlor* ter estipulado um prazo para seu término, ou uma condição resolutiva[533]. Logo, exaurindo as finalidades para o qual o *Trust* foi estabelecido, não há mais razões de sua continuidade.

Do mesmo modo, se extinguirá, em circunstâncias em que as finalidades estabelecidas pelo *settlor* no ato constitutivo, tornaram-se ilegais ou de impossível realização[534].

Outra forma de extinção ocorre quando a estrutura subjetiva do *Trust* é prejudicada. Conforme já mencionado, não pode o único *trustee* ser também o único beneficiário do *Trust*. Logo, se por alguma razão ocorrer a fusão dos papéis de *trustee* e beneficiário durante a existência do *Trust*, ele deverá ser extinto. O argumento para tal rigor é, claramente, porque o *Trust* exige que o *equitable title* e o *legal title* pertençam a pessoas diferentes[535].

Conforme já referido, ainda, o *settlor* pode reservar-se ao poder de revogar o *Trust*, ou conferir esse poder a algum beneficiário ou terceiro[536].

[532] *Cfr.* MARTIN, Jill E. *Modern Equity.* Fifteenth Edition. London: Sweet & Maxwell, 1997, p. 611.

[533] *Vide*: MENNEL, L. Robert. *Wills and Trusts in a Nutshell.* Second Edition, Minnesota: West Group, 2004, p. 338.

[534] *Cfr.* REUTLINGER, Mark. *Wills, Trusts, and Estates, Essential Terms and Concepts.* Second Edition, New York: Aspen Publishers, 1998, p. 167; MENNEL, L. Robert. *Wills and Trusts in a Nutshell.* Second Edition, Minnesota: West Group, 2004, p. 338.

[535] *Cfr.* REUTLINGER, Mark. *Wills, Trusts, and Estates, Essential Terms and Concepts.* Second Edition, New York: Aspen Publishers, 1998, p. 170.

[536] *Cfr.* VAZ TOMÉ, Maria João; CAMPOS, Diogo Leite de. *A Propriedade Fiduciária (Trust), Estudo para a sua Consagração no Direito Português.* Coimbra: Almedina, 1999, p.165; MENNEL, L. Robert. *Wills and Trusts in a Nutshell.* Second Edition, Minnesota: West Group, 2004, p. 338; REUTLINGER, Mark. *Wills, Trusts, and Estates, Essential Terms and Concepts.* Second Edition, New York: Aspen Publishers, 1998, p. 167.

Na ausência de previsão de tais poderes, seja de modificação, seja de exclusão, podem os interessados, ou seja, o *trustee* e os beneficiários, solicitarem judicialmente, conjuntamente ou separadamente, a modificação ou a extinção do *Trust*[537]. Contudo, raramente os Tribunais da equidade permitem alterações nas provisões do *Trust* nos casos de não previsão expressa desse poder conferido pelo *settlor*[538].

De outro lado, o *Trust* poderá ser extinto com consentimento de todos os beneficiários.

Trata-se da regra da equidade designada por *Saunders v Vautier*, que prevê que, se todos os beneficiários do *Trust* são adultos e capazes, eles podem requerer que o *trustee* transfira a *legal property* a eles, extinguindo-se o *Trust*[539].

Para tanto, os beneficiários devem ter capacidade para os atos da vida civil, a extinção não deve prejudicar nenhuma finalidade importante do *Trust* e, ainda, exige-se a ausência de interesses pendentes[540]. Em último caso, poderá o *settlor* dar seu consentimento, e, assim sendo, será irrelevante a existência de propósitos ou interesses frustrados[541].

Observamos ainda, que a morte do *trustee* e a inexistência de sucessores designados no *trust instrument*, não acarreta necessariamente a extinção do *Trust*. Neste caso, se inexistir cláusula diretiva a respeito do assunto, o Tribunal nomeará um novo *trustee*[542].

537 *Cfr.* WILSON, Sarah. *Todd & Wilson's Textbook on Trusts*. New York: Oxford University Press, 2007, p. 383. *Vide* UK. *Variation of Trusts Act 1958*. Disponível em: http://www.legislation.gov.uk/ukpga/Eliz2/6-7/53/contents. Acesso em: 22.06.2012. *Vide* RUBIN, Charles. *Prohibiting Trust Amendments*. New York: Penton Business Med – *Trusts* & Estates (Apr 25, 2012).

538 *Vide* REUTLINGER, Mark. *Wills, Trusts, and Estates, Essential Terms and Concepts*. Second Edition, New York: Aspen Publishers, 1998, p. 167.

539 *Vide* PENNER, J. E. *The Law of Trusts*. Eighth Edition. Londres: Oxford University Press, 2012, p. 66; PARKER, David Berkeley; OAKLEY, A. J.; MELLOWS, Anthony R. *The Modern Law of Trusts*. London: Sweet & Maxwe, 1998, p. 637-638.

540 *Cfr.* MARTIN, Jill E. *Modern Equity*. Fifteenth Edition. London: Sweet & Maxwell, 1997, p. 611; MENNEL, L. Robert. *Wills and Trusts in a Nutshell*. Second Edition, Minnesota: West Group, 2004, p. 339.

541 *Cfr.* VAZ TOMÉ, Maria João; CAMPOS, Diogo Leite de. *A Propriedade Fiduciária (Trust), Estudo para a sua Consagração no Direito Português*. Coimbra: Almedina, 1999, p.165; MENNEL, L. Robert. *Wills and Trusts in a Nutshell*. Second Edition, Minnesota: West Group, 2004, p. 339.

542 *Cfr.* BEILFUSS, Cristina González. *El Trust- La Institución Anglo-Americana y el Derecho Internacional Privado Español*. Barcelona: Bosch, 1997, p. 34.

Insta ainda relembrar, que no Direito Inglês, a existência do *Private Trust* está limitada a um período de 125 anos.

Por fim, extinto o *Trust*, a titularidade legal, dos bens ou direitos, deve ser transferida pelo *trustee* aos beneficiários designados pelo *settlor*. Embora possa ser automática[543] essa transferência, comumente, o próprio *trustee* a faz, logo após a realização do balanço patrimonial final[544].

[543] No entanto, a transferência automática dependerá de regra legal (*statutory*), dos termos do *Trust* ou em decorrência do final do prazo estipulado pelo *settlor*. *Cfr.* VAZ TOMÉ, Maria João; CAMPOS, Diogo Leite de. *A Propriedade Fiduciária (Trust), Estudo para a sua Consagração no Direito Português*. Coimbra: Almedina, 1999, p. 165; MENNEL, L. Robert. *Wills and Trusts in a Nutshell*. Second Edition, Minnesota: West Group, 2004, p. 339.

[544] Em complemento, destaca-se que o *trustee* possui o Direito de retenção, como garantia para suas compensações ou reembolsos das despesas pagas por ele. *Cfr.* VAZ TOMÉ, Maria João; CAMPOS, Diogo Leite de. *A Propriedade Fiduciária (Trust), Estudo para a sua Consagração no Direito Português*. Coimbra: Almedina, 1999, p. 165; MENNEL, L. Robert. *Wills and Trusts in a Nutshell*. Second Edition, Minnesota: West Group, 2004, p. 339.

Capítulo III
Finalidades dos *Trusts*

1. Finalidades dos Trusts nos Contextos Financeiro, Empresarial e na Gestão Patrimonial

a) ***Business Trust*** – De início, insta destacar-se que *business trust* é um termo comumente utilizado no Direito norte-americano[545], e tende a oferecer uma ampla flexibilidade na gestão dos negócios.

Tal *Trust*, também é conhecido por *commercial trust*, e é geralmente constituído pelo *settlor* (normalmente, também beneficiáriodo *Trust*), que transfere o título legal da propriedade ao *trustee*, com o principal objetivo de que ele realize uma atividade econômica com fins lucrativos[546].

Aqui, os *trustees* realizam um negócio em nome dos beneficiários, que fornecem o capital para o investimento[547]. Para ser considerado como

[545] *Cfr.* LUPOI, Maurizio. *Trusts.* Milano: Giuffrè Editore, 2001, p. 205. A *Uniform Statutory Trust Entity Act,* foi elaborada com o objetivo de uniformizar o *Business Trust* nos vários estados norte-americanos, tendo em vista possuirem legislação a respeito completamente díspar. Objetiva tornar o *Business Trust* mais eficaz, e aborda várias questões que são tipicamente vistas nas leis de outras entidade comerciais. *Cfr.* RUTLEDGE, Thomas; HABBART, Ellisa O. *The Uniform Statutory Trust Entity Act: A Review.* American Bar Association, Chicago, v. 65, august 2010, p. 1055..

[546] *Cfr.* ABBIN, Byrle M. *Income Taxation of Fiduciaries and Beneficiaries.* Volume 2. Chicago: Wolter Kluwer Business, 2008, Capítulo 20, p. 11.

[547] *Cfr.* WAI LAU, Ming. *The Economic Structure of Trusts – Towards a Property-based Approach.* New York: Oxford University Press, 2011, p. 65.

um *Business Trust*, o *trustee* deve desenvolver uma atividade econômica como, por exemplo, a realização de investimentos, ou a compra e venda de produtos.

A opção pelo *Trust* para o exercício de uma atividade empresária, confere para além da administração especializada e flexível, incontestável limitação de responsabilidade dos beneficiários em relação as demais estruturas jurídicas constituidas para tal fim[548].

Neste ponto, nas palavras de RWOOD, *in verbis*: "*If you say, 'what is the essence of the trust arrangement? it is nothing to do with the law of fiduciary duties. Of course there are fiduciary relationships because of wicked uncles etc, but that is not the real point. The underlying transaction, whatever name you give it, is that the property held by the titleholder is immune from the private creditors of the title-holder. The assets do not go into the mass available to insolvency creditors if the trustee becomes bankrupt. That is what a trust is*"[549].

Em regra, os ativos do *business trust* são formados por ações de outras companhias, ou investimentos no setor econômico, e conferem uma responsabilidade limitada aos seus beneficiários. Nesse quadro, investidores compram participações (*certificates of beneficial interest*) no *trust fund*, e o *trustee* se encarrega de investir o dinheiro do *Trust Fund* adquirindo ações promissoras de uma companhia ou através do mercado de valores mobiliários, conforme o que for especificado no *trust instrument*[550].

Deve ser notado, também, que o *trustee* obriga-se a comprar essas participações caso os investidores desejem vendê-las. Nesse sentido, fica previamente estipulado no *trust instrument* o valor que será pago pelo *trustee* no caso de os beneficiários almejarem alienar essas participações. Dessa forma, o beneficiário desejoso em desfazer-se de sua participação benéfica tem a opção de vendê-la diretamente ao *Trust*, não sendo imperiosa a sua oferta e venda a terceiros no mercado mobiliário, e a preço de mercado[551].

[548] *Cfr.* ABBIN, Byrle M. *Income Taxation of Fiduciaries and Beneficiaries*. Volume 2. Chicago: Wolter Kluwer Business, 2008, Capítulo 20, p. 11.

[549] *Cfr.* RWOOD, Philip. *Commercial Trusts in an international context. Trusts* & Trustees, United Kingdom, v. 19, n. 3 e 4, p. 267-274, april/may 2013, p. 271–272.

[550] *Cfr.* BEILFUSS, Cristina González. *El Trust- La Instituición Anglo-Americana y el Derecho Internacional Privado Español*. Barcelona: Bosch, 1997, p. 49.

[551] *Cfr.* BEILFUSS, Cristina González. *El Trust- La Instituición Anglo-Americana y el Derecho Internacional Privado Español*. Barcelona: Bosch, 1997, p. 49.

Outro ponto importante, é que o *trustee* se responsabiliza pessoal e ilimitadamente perante terceiros alheios ao *Trust*. Contudo, por sua gestão, aqui, se restringir, em regra, ao setor econômico, o risco em relação a terceiros é sutil[552]. Não obstante, é recomendável que o *trustee* contrate um seguro de responsabilidade civil, que se previsto no *trust instrument*, pode ser pago a cargo dos bens do *Trust*[553].

Por fim interessante mencionar que no Direito norte-americano, os Estados implementam em seu ordenamento jurídico pequenas variações do *Business Trust*[554]. Nesse sentido, o *business trust* também pode ser referido por ***Massachusetts Business Trusts***, pois que, igualmente, é utilizado para alcançar finalidades empresariais[555]. Por sua vez no Reino Unido, os *Trusts* que desempenham atividades empresariais, são chamados de *trading trusts*[556]. Logo, assim como no *business trust*, o *trustee* de um ***Trading Trust*** exerce uma atividade empresarial em benefício dos beneficiários.

b) *Unit Trust* – Constitui um *unit trust* pessoas que pretendem desenvolver uma atividade de investimento através do apelo ao público investidor. Na verdade, trata-se de um tipo de "*investimento coletivo*".

Ressalta-se, que o *unit trust* tem início através da celebração de um acordo entre o gestor do fundo (gerente) e um *trustee* (individual ou

552 Complementa HAYTON (2002), *in verbis*: "*In commercial Trusts the trustees is more likely to breach this duty of loyalty through self-dealing and related-party transactions than through independent secret profit-making ventures*". *Cfr.* HAYTON, David. *Extending the Boundaries of Trusts and Similar Ring-Fenced Fund*. Netherlands: Kluwer Law International, 2002.*Vide* ainda BEILFUSS, Cristina González. *El Trust- La Instituición Anglo-Americana y el Derecho Internacional Privado Español*. Barcelona: Bosch, 1997, p. 49.

553 *Cfr.* MCKENZIE, Christopher. Partner. *Private trust companies: the best of all worlds*. *Trusts* & Trustees, United Kingdom, v. 14, n. 2, p. 99-110, 2008, p. 100; BEILFUSS, Cristina González. *El Trust- La Instituición Anglo-Americana y el Derecho Internacional Privado Español*. Barcelona: Bosch, 1997, p. 49; HAYTON, D.J. *The Law of Trusts*. London: Sweet e Maxwell, 1998, p. 64.

554 *Cfr.* MENNEL, L. Robert. *Wills and Trusts in a Nutshell*. Second Edition, Minnesota: Thomson West, 2007, p. 262.

555 *Cfr.* ABBIN, Byrle M. *Income Taxation of Fiduciaries and Beneficiaries*. Volume 2. Chicago: Wolter Kluwer Business, 2008, Capítulo 20, p. 31.

556 O *Trading Trust* desenvolveu-se em 1970, como um veículo de negociação comercial. *Cfr.* HEATH, Paul. *Bringing trading Trusts into the company line*. *Trusts* & Trustees, United Kingdom, v. 16, n. 9, p. 690–704, october 2010.

trust companies)[557]. O gerente de um fundo, compra ações de diferentes empresas formando um *pool* de ações (portfólio ou carteira).

Inicialmente, então, o gestor do fundo é o único beneficiário do *Trust*, no qual subdivide o próprio interesse equitativo em unidades (*units*), oferecendo ao público. Nessa linha, investidores compram, unidades (*units*) desse fundo, e o dinheiro investido por eles, forma o *trust fund*[558]. Consequentemente, os rendimentos do *trust fund* pertencem aos beneficiários, ou seja, a cada titular de uma *unit*.

Perceba-se, pois, que os investidores adquirem as *units* nos termos de um contrato entre os investidores e o gestor do fundo. Somente após, o *trustee* toma posse dessa carteira de investimentos em nome desses investidores (do dinheiro investido), ficando a cargo do gestor a gerência desse fundo. Quer isso dizer, que o contrato nos termos do qual os investidores compraram seus interesses benéficos (*units*) do autor do fundo, incorpora-se aos termos do *trust instrument* (elaborado entre o fundo gestor e o *trustee*), vinculando o *trustee* e os investidores (beneficiários). Repare-se, então, que os direitos e prerrogativas dos investidores são regidos pela Lei do *Trust* e do Contrato[559].

557 *Cfr.* LUPOI, Maurizio. *Trusts*. Milano: Giuffrè Editore, 2001, p. 239; PETTIT, Philip H. *Equity and the Law of Trusts*. Oxford: Oxford University Press, 2006, p. 17.

558 *Cfr.* LUPOI, Maurizio. *Trusts*. Milano: Giuffrè Editore, 2001, p. 239; VAZ TOMÉ, Maria João; CAMPOS, Diogo Leite de. *A Propriedade Fiduciária (Trust), Estudo para a sua Consagração no Direito Português*. Coimbra: Almedina, 1999, p. 185; PETTIT, Philip H. Equity and the Law of *Trusts*. Oxford: Oxford University Press, 2006, p. 18.

559 Uma mudança importante para o mercado de fundos mútuos britânicos ocorreu em 1997, ano em que os reguladores britânicos permitiram um novo tipo de *open-end* fundo mútuo, a *open-ended investment company* (OEIC). Trata-se de um tipo de investimento coletivo formalizado através de uma sociedade anônima de capital aberto. A OEIC entrou em vigor em 06 de janeiro de 1997. Os investidores investem em uma OEIC comprando ações no fundo. Na prática, não difere muito dos *Unit Trusts*. Os OEICs são comercializáveis na União Europeia, ao contrário do *unit trust*. Em 1980, a União Europeia estabeleceu formas regulamentares para a promoção de investimentos transfronteiriços, através de fundos mútuos entre seus membros, conhecida como a Diretiva OICVM, que impôs padrões mínimos de regulação dos *open-end* fundos mútuos no âmbito europeu. *Cfr.* EUROPEAN UNION. *Official Journal of the European Union*. Disponível em:
http://eur-lex.europa.eu/LexUriServ/LexUriServ.do?uri=OJ:L:2009:302:0032:0096:EN:PDF. Acesso em: 17.03.2012.

Também, cabe destacar-se, que os títulos adquiridos (*units*) pelos beneficiário-investidores muitas vezes ficam sob a custódia de um Banco, que também age como um *trustee*, denominado de *custodian trustee* em oposição ao *manager trustee*[560].

Nesse quadro, em regra, enquanto o *custodian trustee*, guarda as *units*, o *manager trustee* tem o dever de fiscalizar o *gestor do fundo*, impondo que ele siga o *trust instrument* com relação aos objetivos do fundo, e dessa forma, protegendo os ativos do *Trust*[561].

Vale mencionar, que o perfil desses investidores se revela como sendo o de investidores adversos ao risco, e de pequenos investidores, isto porque o fundo contém uma série de ações diversificadas, diluindo o risco de perda[562]. Com efeito, podem existir dois tipos de fundos de investimentos[563] com estratégias diferentes, permitindo que o investidor escolha em consonância com seu perfil conservador ou de risco[564].

Posto tudo isso, oportuna a menção aqui, que a estrutura dos *Unit Trusts* é a de um fundo mútuo sem personalidade jurídica, regidos por leis especiais. Tal estrutura permite que os fundos mantenham os ativos (portfólio de ações) e repassem os lucros totalmente aos proprietários individuais das *units*, ao invés de reinvesti-los no fundo. O investidor é efetivamente o beneficiário do *Trust*[565].

Por fim, deve-se enfatizar que, no Reino Unido, os *authorised unit trusts* são *Trusts* instituídos e autorizados pela Comissão de Valores e Investimentos, no âmbito do *Financial Services and Markets Act 2000*[566].

[560] *Cfr.* LUPOI, Maurizio. *Trusts.* Milano: Giuffrè Editore, 2001, p. 239. *Vide* MATTHEWS, Paul. *The place of the trust in English law and in English life. Trusts* & Trustees, United Kingdom, v. 19, n. 3 e 4, p. 242–254, april/may 2013, p. 249.

[561] *Cfr.* UK. *Government Services and Information.* Disponível em: https://www.gov.uk/ Acesso em: 19.03.2019.

[562] *Cfr.* LUPOI, Maurizio. *Trusts.* Milano: Giuffrè Editore, 2001, p. 239.

[563] *Cfr.* HAYTON, D.J. *The Law of Trusts.* London: Sweet e Maxwell, 1998, p. 61; UK. *Government Services and Information.* Disponível https://www.gov.uk/ Acesso em: 19.03. 2019.

[564] *Cfr.* UK. *Government Services and Information.* Disponível em: https://www.gov.uk/ Acesso em: 19.03.2019.

[565] *Cfr.* HAYTON, D.J. *The Law of Trusts.* London: Sweet e Maxwell, 1998, p. 61.

[566] *Cfr.* UK. *Financial Services and Markets Act 2000.* Disponível em: http://www.legislation.gov.uk/ukpga/2000/8/contents Acesso em: 20.03.2019.

Enquanto os *Unauthorised Unit Trusts* são aqueles *Trusts* que não podem ter suas *units* vendidas publicamente.

c) ***Investment Trust*** – Em prosseguimento, outro importante tipo de *Trust* criado para atividades de investimentos, é o "*investment trust*". Tal figura jurídica, significa uma empresa cotada na bolsa de valores com a atividade exclusiva de realizar investimentos feitos, em geral, em ações de outras empresas. Estes *Trusts* não são considerados *Trusts*, pois são entendidos como "*investment company*". Trata-se de pessoa coletiva regida pela Lei das Sociedades em geral[567]. Destaca-se, neste ponto, que as ações de um *investment trust* devem ser alienadas e adquiridas diretamente no mercado mobiliário[568].

Importante mencionar aqui, que é ampla a discricionariedade do gestor em relação aos tipos de investimentos, gerando, por vezes, boas perspectivas de ganhos. Contudo, por serem dotados de maior flexibilidade, seus gestores estão sujeitos a controles menos exigentes do que a maioria dos gestores dos *unit trusts*, pois que, aqui, o ato constitutivo delimita a discricionariedade exercida pelo gestor[569].

[567] *Cfr.* HAYTON, D.J. *The Law of Trusts*. London: Sweet e Maxwell, 1998, p. 61; VAZ TOMÉ, Maria João; CAMPOS, Diogo Leite de. *A Propriedade Fiduciária (Trust), Estudo para a sua Consagração no Direito Português*. Coimbra: Almedina, 1999, p. 185; WARBURTON, A. Joseph. *Trusts Versus Corporations: An Empirical Analysis of British Mutual Funds. Michigan*: Ross School of Business, University of Michigan, 2010. *Vide* MICHAELS, Marnin J.; GIBSONY, Anne H. *Recent US tax and related developments impacting Trusts, foundations, establishments, and trust regs. Trusts* & Trustees, United Kingdom, v. 18, n. 6, p. 478–484, july 2012, p. 479–480; FRASERA, Ian; TARBERTB, Heather; TEE, Kai Hong. *An empirical study of the impact of financial reporting disclosures on UK investment Trusts*. In: Applied Financial Economics, 2005, 15, p. 803.

[568] *Cfr.* HAYTON, D.J. *The Law of Trusts*. London: Sweet e Maxwell, 1998, p. 61; VAZ TOMÉ, Maria João; CAMPOS, Diogo Leite de. *A Propriedade Fiduciária (Trust), Estudo para a sua Consagração no Direito Português*. Coimbra: Almedina, 1999, p. 185. *Vide*: PEARCE, Robert; STEVENS, John; BARR, Warren. *The Law of Trusts and Equitable Obligations*. New York: Oxford University Press, 5 edition, 2010, p. 751.

[569] *Cfr.* HAYTON, D.J. *The Law of Trusts*. London: Sweet e Maxwell, 1998, p. 61; VAZ TOMÉ, Maria João; CAMPOS, Diogo Leite de. *A Propriedade Fiduciária (Trust), Estudo para a sua Consagração no Direito Português*. Coimbra: Almedina, 1999, p. 185. *Vide* GRAZIADEI, Michele; MATTEI, Ugo; SMITH, Lionel. *Commercial Trusts in European private law*. Cambridge: Cambridge University Press, 2005, p. 24-25.

d) *Investment Structures* – REINT *e Royalty Trusts* – Os *Trusts* comumente são utilizados na estruturação de produtos de investimentos[570].

Nesse quadro, os ativos do *Trust* são formados por um ou diversos tipos de investimentos, e os beneficiários são os investidores. Além dos investimentos em títulos ou valores mobiliários, como os vistos acima, investidores podem desejar que seu dinheiro seja investido pelo *trustee* em outros tipos de negócios que podem lhe render maiores dividendos.

Nessa linha, podemos citar o ***Real Estate Investment Trust – Reint***, que é uma forma de investimento coletivo através do *Trust*[571]. Neste caso, o *trustee* investe os ativos do *Trust* no mercado imobiliário, com o objetivo de proporcionar retornos aos seus titulares derivados do aluguel desses imóveis. Acrescente-se, que os recursos obtidos por um **REINT** com a venda de unidades do *trust fund* são utilizados de acordo com os documentos constitutivos do *Trust*, para manter, gerir e adquirir imóveis no seu portfólio[572].

Dessa forma, os investimentos realizados pelo *trustee* são focados em uma carteira de bens de geração de renda "real", tais como: *shopping centers*, escritórios, hotéis, *service apartments* e quaisquer outras propriedades imobiliárias[573].

[570] *Cfr.* MORGAN, Samantha; MUNRO, Philip. *A question of Trusts- purpose trust have come into their own as a flexible legal vehicle, with most centres now embracing them in one form or another.* In: The Lawyer, News, 27 July 2009.

[571] *Vide* em complemento: HOTH, Carsten. *Open-End and Closed-End Funds and Real Estate Investment Trusts.* In: MÜTZE, Michael; SENFF, Thomas; MÖLLER, Jutta C. Real Estate Investments in Germany –Transactions and Development. Berlin: Springer, 2007, p. 295-318; LOPEZ, Jose A. *Empirical analysis of the average asset correlation for real estate investment Trusts.* Quantitative Finance, v. 9, n. 2, march 2009, 217–229; PAYNE, James E.; ZUEHLKE, Thomas W.. *Duration dependence in real estate investment Trusts.* In: Applied Financial Economics, 2006, 16, 413–423; ARUMI, Cristina; IVINSON, Jonathan. *Europe debates real estate investment Trusts.* International Tax Review, v. 16, Issue 3, Mar 2005.

[572] *Vide* Hong Kong. *Securities and Futures Commission. Code on Real Estate Investment Trusts,* August, 2003. *Vide* LANGBEIN. John H. *The Secret Life of the Trust – The Trust as an Instrument of Commerce.* The Yale Law Journal, v. 107, 1997, p. 171.

[573] *Vide* HARRISON, Sophia. *What are Income Trusts?.* In: Ehow-money, 2007. Disponível em: http://www.ehow.com/info_8317377_income-*Trusts*.html. Acesso em: 01.08.2012.

Os REINTs são obrigados a distribuir 90% dos seus rendimentos aos investidores[574].

Nesta mesma linha, também, podemos citar o ***royalty trust,*** onde o *trustee* investe em ***commodities***. Normalmente os investimentos são diversificados, e o *trustee* investe em mais de um tipo de mercadoria, como minerais, metais e petróleo[575].

Nesse caso, os *Trusts* detêm os direitos de propriedade sobre os poços ou minas, e contam com uma empresa externa para a perfuração, ou uma empresa de mineração para extrair os recursos. A empresa externa, então, paga *royalties* para o *royalty trust*, que é redistribuído para os investidores como dividendos, sendo este o principal benefício deste tipo de investimento[576].

Igualmente ao REINTs, o *royalty trust* é legalmente obrigado a distribuir a maior parte de seus lucros, até 90%, de volta aos investidores por meio de dividendos. Esses dividendos podem variar de acordo com o preço de *commodity*, uma vez que estão diretamente ligados à rentabilidade do *trust fund*, e podem ser pagos mensal, trimestral ou anualmente, a critério do *trust instrument*[577].

e) ***Private Trust Company*** – Uma *private trust company* é formada com o propósito expresso de atuar como *trustee* de um grupo específico de *Trusts*, para o benefício de determinada família[578]. São *Trusts* populares

[574] *Vide* HM Revenue & Customs. Guidance on Real Estate Investment *Trusts*. Disponível em: https://www.gov.uk/hmrc-internal-manuals/guidance-real-estate-investment-*Trusts* Acesso em: 01.12.2019; LOPEZ, Jose A. *Empirical analysis of the average asset correlation for real estate investment Trusts*. Quantitative Finance, v. 9, n. 2, march 2009, 217–229.

[575] *Vide* SUN, Leo. *Energy Royalty Trusts*. In: Investidor Guide. Disponível em: http://www.investorguide.com/igu-article-540-alternative-investments-energy-royalty-*Trusts*.html Acesso em: 01.12.2019.

[576] *Vide*: SUN, Leo. *Energy Royalty Trusts*. In: Investidor Guide. Disponível em: http://www.investorguide.com/igu-article-540-alternative-investments-energy-royalty--*Trusts*.html. Acesso em: 01.12.2019.

[577] *Vide* SUN, Leo. *Energy Royalty Trusts*. In: Investidor Guide. Disponível em: http://www.investorguide.com/igu-article-540-alternative-investments-energy-royalty--*Trusts*.html Acesso em: 01.12.2019.

[578] *Cfr.* MORGAN, Samantha; MUNRO, Philip. *A question of Trusts- purpose trust have come into their own as a flexible legal vehicle, with most centres now embracing them in one form or another.* In: The Lawyer, News, 27 July 2009. *Vide* MAURICE, Clare. *The attractions of the trust to*

no planejamento patrimonial de famílias abastadas, que optam pela segurança, flexibilidade e gestão especializada de seu património. Por exemplo, o instituidor possui uma empresa bem-sucedida, e transfere para um *Trust* a maioria das ações da empresa, para fins de planejamento sucessório e fiscal[579].

Dessa forma, a estrutura típica da *Private Trust Company* (PTC), é caracterizada pelo *trust fund* formar-se por ações que são de propriedade do *settlor* e / ou de sua família[580].

Logo, o *trust fund* compreende todas, ou a maioria das ações, de uma Empresa privada familiar. Assim sendo, o *trustee* terá o controlo acionário da empresa privada, e os dividendos das ações serão repassados diretamente ao *Trust*, que administrará o rendimento, destinando, enfim, aos beneficiários[581].

Em regra, a administração desse *Trust* também será exercida por membros da família do instituidor, que normalmente também são beneficiários do *Trust* e, ainda, podem exercer o papel de conselheiros para a família[582]. Nesse caso, é comum então o *settlor* reter poderes de controlo e gerência sobre o *Trust*, logo, mantém o poder de nomeação de destituição do *trustee*, ou confere tais poderes a membros da família[583].

Por fim, como, em regra, uma *Private Trust Company* detém participações em empresas comerciais familiares, é provável que coincidam os diretores do PTC e os diretores dessas empresas[584].

non-domiciled settlors. Trusts & Trustees, United Kingdom, v. 19, n. 3 e 4, p. 290–295, april/may 2013, p. 291; DASH, Jan. *All in the family: ownership and management options for private trust companies. Trusts* & Trustees, United Kingdom, v. 19, n. 6, p. 650–657, july 2013, p. 650.

579 *Vide* MEIKLEJOHN, Steve; SAUNDERS, Alexa. *Trustees' duties in relation to underlying Companies. Trusts* & Trustees, United Kingdom, v. 16, n. 9, p. 782–787, october 2010, p. 782.

580 *Vide* MAURICE, Clare. *The attractions of the trust to non-domiciled settlors. Trusts* & Trustees, United Kingdom, v. 19, n. 3 e 4, p. 290–295, april/may 2013, p. 291.

581 *Cfr. Vide* DASH, Jan. *All in the family: ownership and management options for private trust companies. Trusts* & Trustees, United Kingdom, v. 19, n. 6, p. 650–657, july 2013, p. 650.

582 *Cfr.* WEAVER, Elizabeth. *Private trust companies: a future for derivative claims?. Trusts* & Trustees, United Kingdom, v. 17, n. 3, p. 177–184, april 2011, p. 177.

583 *Vide* MAURICE, Clare. *The attractions of the trust to non-domiciled settlors. Trusts* & Trustees, United Kingdom, v. 19, n. 3 e 4, p. 290–295, april/may 2013, p. 291.

584 *Cfr.* WEAVER, Elizabeth. *Private trust companies: a future for derivative claims?. Trusts* & Trustees, United Kingdom, v. 17, n. 3, p. 177–184, april 2011, p. 177.

f) *Securitisation* – Veículo de Titularização de Créditos – Os *Trusts* são frequentemente utilizados como instrumento para a titularização de créditos (*securitização*)[585]. Nessa linha, nos Estados Unidos da América, os *Trusts* são utilizados primordialmente como *Special Purpose Vehicles* para a *secutitization*. De fato, é possível através do *Trust* diversificar facilmente as carteiras de créditos, quanto ao rendimento, prazo e garantias[586].

A titularização de ativos significa a conversão de créditos que podem gerar fluxos de caixa futuros em valores mobiliários, que são imediatamente negociáveis. Nesse caso, a massa de crédito de uma empresa é adquirida pelo *trustee*, usando fundos obtidos junto aos investidores. Os investidores são os beneficiários, que recebem em troca títulos de participação emitidos pelo *Trust*. Dessa forma, tais créditos são representados por um título ou valor mobiliário facilmente negociável no mercado, ou seja, ocorre a emissão de um novo valor representativo desse conjunto de créditos[587].

g) *Voting Trusts* – Outra importante variação de *Trust* que pode ser instituída é em relação ao controlo de sociedades. São os chamados *voting trusts*.

Nesse ponto, os *trustees* detêm participações dominantes em uma ou mais sociedades, mantendo o direito de voto, para o benefício dos titulares dos certificados de *beneficial interests*. Tais *Trusts* são utilizados para assegurar o controlo dos negócios corporativos[588].

Nesta perspectiva o *Trust* é criado através do acordo entre um grupo de acionistas e o *trustee*, a quem será transferido o direito de voto. Esse acordo normalmente fornece diretrizes ao *trustee* de como deverá exercer

585 *Vide* CAMPOS, Diogo Leite de; SAAVEDRA PINTO, Cláudia. *Créditos Futuros, Titularização e Regime Fiscal*. Coimbra: Almedina, 2007, p. 16.

586 *Cfr.* VAZ TOMÉ, Maria João; CAMPOS, Diogo Leite de. *A Propriedade Fiduciária (Trust), Estudo para a sua Consagração no Direito Português*. Coimbra: Almedina, 1999, p. 311. *Vide* HAYTON, David. *The Uses of Trusts in the Commercial Context*. In: KAPLAN, Alon. *Trusts in Prime Jurisdictions*. London: Globe Law and Business, 2010, p. 628-629.

587 *Cfr.* CAMPOS, Diogo Leite de; MONTEIRO, Manuel. *Titularização de Créditos – Anotações ao Decreto-Lei nº 453/99, de 5 de Novembro*. Coimbra: Almedina, 2001, p. 13; VAZ TOMÉ, Maria João; CAMPOS, Diogo Leite de. *A Propriedade Fiduciária (Trust), Estudo para a sua Consagração no Direito Português*. Coimbra: Almedina, 1999, p. 309.

588 *Cfr.* DAY, Sally E. *Creative Ways of Achieving Grantor Trust Status*. In: The Tax Adviser, USA, p. 593 –595, september 2009, p. 593.

o seu voto[589]. Consequentemente, o *trustee* não possui nenhum poder discricionário.

É fundamental, pois, que as ações sejam transferidas ao *trustee*, que além de legitimação para o exercício do direito de voto, possui a propriedade legal das ações, evitando, assim, a interferência de terceiros no mecanismo deliberativo[590]. Tal *Trust* pode ser considerado como uma forma de proteção contra *takeovers* (tomada de controlo).

h) *Debenture Trustees* – Aqui, a função primordial do *trustee* será a de administrar um *trust fund* formado basicamente por debêntures de companhias. Possui, como fundamental dever assegurar a liquidez dessa carteira para seus beneficiários[591]. Normalmente é feito um *trust deed* entre o *trustee* e os titulares da debênture.

Devemos acrescentar, que as debêntures formam o *Trust Fund*, como um único fundo e, portanto, não são debêntures individualizadas.

Em termos práticos, encontramos várias vantagens para a nomeação de um *trustee* para administrar as debêntures. Primeiramente, em relação ao acompanhamento dessas debêntures, é vantajoso confiar tal monitoramento a profissionais familiarizados com este tipo de negócio, e com a necessária habilidade para a obtenção de êxito no recebimento das mesmas[592]. Além disso, a perícia no acompanhamento da própria companhia emissora.

[589] *Cfr.* GILES, John Warren. *Is the Voting Trust Agreement a Dangerous Instrumentality.* Catholic University Law Review, Washington DC, v. 81, 1953, p. 81.

[590] *Cfr. Corporate Laws Committee. Model Business Corporation Act Annotated.* American Bar Association, 2007, p. 229 LUPOI, Maurizio. *Trusts.* Milano: Giuffrè Editore, 2001, p. 240.

[591] *Vide* KHAN, M. Y. *Financial Services.* New Delhi: Tata McGraw-Hill, 2010, p. 13; HAYTON, David. *Economic and Financial Analysis of Commercial and Private Trusts in the United Kingdom.* In: *Trusts* and their Commercial Counterparts in Continental Europe – The Hayton Report- A Report for the Association of Corporate Trustees. January 2002. Disponível em: http://trustees.org.uk/ Acesso em: 10.12.2019. *Vide* HAYTON, David. *The Uses of Trusts in the Commercial Context.* In: KAPLAN, Alon. *Trusts in Prime Jurisdictions.* London: Globe Law and Business, 2010, p. 628.

[592] *Cfr.* COUNSELL, Lynne. *Debenture trustees.* UK: The Association of Corporate Trustees (TACT), Issue Nº 18 – January 2002. *Vide* HAYTON, David. *Economic and Financial Analysis of Commercial and Private Trusts in the United Kingdom.* In: *Trusts* and their Commercial Counterparts in Continental Europe A Report for the Association of Corporate Trustees. January 2002. Disponível em: http://trustees.org.uk/ Acesso em: 10.12.2019.

De fato, o *Trust* confere ao *trustee* a titularidade de tais debêntures, que perante a companhia emissora será o único titular, e por isso é capaz de obter todas as informações desejadas. Consequentemente, pode assegurar que a companhia está cumprindo com suas obrigações mais facilmente do que um debenturista individual[593].

Acrescenta-se, que o *trustee* no cumprimento de seus deveres fiduciários de proteção da *trust property*, é investido de *enforcement powers*, ou seja, de todos os poderes necessários para obrigar o adimplemento das obrigações pela companhia emissora das debêntures.

Logo, o *trustee* como uma única entidade, vai agir em nome de todos os debenturistas. Além de evitar uma série de ações diferentes por debenturistas distintos, é uma vantagem para os titulares individuais, pois, que, garante uma ação organizada e paridade de tratamento, ao passo que, normalmente, o *trust deed* prevê que todos os beneficiários devem ser pagos proporcionalmente[594].

i) *Pension Trust* e *Employee Trust* – O *Trust* pode ser constituído com a finalidade de proteção dos empregados de uma empresa, aferindo a eles segurança na ocorrência de eventualidades, através de benefícios atribuídos por um *Trust*[595].

Inicialmente, podemos apontar que o *Private Pension Trusts* tem um papel extremamente importante no Reino Unido[596]. Na verdade, a aposentadoria é uma preocupação real para diversas pessoas, no mundo todo, e o *Trust* é uma ferramenta muito adequada para essa finalidade.

Em suma, o *pension trust* surge em consequência da existência de uma relação de emprego, onde empregador e empregado realizam um acordo

[593] *Cfr.* COUNSELL, Lynne. *Debenture trustees.* UK: The Association of Corporate Trustees (TACT), Issue Nº 18 – January 2002.

[594] *Cfr.* COUNSELL, Lynne. *Debenture Trustees.* UK: The Association of Corporate Trustees (TACT), Issue Nº 18 – January 2002.

Disponível em: http://www.trustees.org.uk/review-index/Debenture-*Trusts*-Debenture-trustees.php Acesso em: 30.07.2012.

[595] *Vide*: HAYTON, David. *The Uses of Trusts in the Commercial Context.* In: KAPLAN, Alon. *Trusts in Prime Jurisdictions.* London: Globe Law and Business, 2010, p. 626.

[596] *Cfr.* FOX, David. *Defined Benefit Pension Trusts: Asset Partitioning and the Residual Interest.* University of Cambridge Faculty of Law Legal Studies Research Paper Series-Paper n. 10/03, 2010, p. 1..

em que parte do salário do empregado é investida em um *Trust*. Os empregados podem realizar aportes periódicos e o *trustee* fica responsável em tornar rentável esse fundo, investido de forma cuidadosa, e depois, por distribuir os rendimentos do fundo ao trabalhador e à sua família em forma de aposentadoria, invalidez, enfermidade ou pensão por morte[597].

Logo, o *trustee* possui o poder limitado em tornar o fundo produtivo, aumentando os benefícios para os beneficiários. Traduz-se, pois, em uma segurança aos trabalhadores e em um consequente benefício ao Estado[598]. Por esta razão, pode lhe ser conferido benefícios fiscais e, normalmente, pode ser perpétuo[599].

Por sua vez, um *employee* é um *Trust* criado pelo empregador em nome de seus empregados. Com efeito, aqui a empresa, pessoa jurídica, é o *settlor* e seus funcionários são os beneficiários[600]. As formas mais comuns são "*employee share ownership plans (ESOP)*" e planos de pensão dos funcionários.

Com um ESOP, a empresa contribui para um *Trust* e o *trustee* compra ações da própria companhia em nome dos empregados/ beneficiários, que passam a ter direitos efetivos sobre a participação nos lucros da empresa.

Por sua vez, os planos de pensões são contribuições realizadas pelo empregador a um *Trust* reservado para as mesmas finalidades do *Pension Trust*. São diferentes porque aqui é a empresa quem contribui com o fundo do *Trust*. Acrescente-se, também, que além de poder investir o dinheiro

597 *Cfr.* HAYTON, D.J. *The Law of Trusts*. London: Sweet e Maxwell, 1998, p. 61; UK. *Pensions Act 2011*. Disponível em: http://www.legislation.gov.uk/ukpga/2011/19/contents/enacted .Acesso em: 06.12.2019. *Vide*: LUPOI, Maurizio. *Trusts*. Milano: Giuffrè Editore, 2001, p. 238. *Vide*: PETTIT, Philip H. *Equity and the Law of Trusts*. Oxford: Oxford University Press, 2006, p. 19; HAYTON, David. *Economic and Financial Analysis of Commercial and Private Trusts in the United Kingdom*. In: *Trusts* and their Commercial Counterparts in Continental Europe – A Report for the Association of Corporate Trustees. January 2002. Disponível em: http://trustees.org.uk/ Acesso em: 10.12.2019; HAYTON, David. *The Uses of Trusts in the Commercial Context*. In: KAPLAN, Alon. *Trusts in Prime Jurisdictions*. London: Globe Law and Business, 2010, p. 626.

598 *Cfr.* MATTHEWS, Paul. *The place of the trust in English law and in English life*. *Trusts* & Trustees, United Kingdom, v. 19, n. 3 e 4, p. 242–254, april/may 2013, p. 250.

599 *Cfr.* BEILFUSS, Cristina González. *El Trust- La Instituición Anglo-Americana y el Derecho Internacional Privado Español*. Barcelona: Bosch, 1997, p. 48

600 *Cfr.* LUPOI, Maurizio. *Trusts*. Milano: Giuffrè Editore, 2001, p. 238; HAYTON, D.J. *The Law of Trusts*. London: Sweet e Maxwell, 1998, p. 57. *Vide*: PETTIT, Philip H. *Equity and the Law of Trusts*. Oxford: Oxford University Press, 2006, p. 20.

do *pension fund* comprando ações da companhia, os *trustees* também podem investir, por exemplo, emprestando dinheiro para a empresa, ou ainda, através do *leasing*, ou seja, na compra de instalações para posterior locação para a própria empresa[601].

Por fim, destaca-se, que em ambos os casos o empregado é o beneficiário.

f) ***Bankruptcy Trustee*** – O *Trust* pode surgir em razão da "*Bankruptcy*" (falência, concordata ou insolvência de uma Empresa). Nesse caso, as funções do *trustee* são as de administrar a massa falida e à realização do ativo da empresa falida em benefício dos credores. Com efeito, o *trustee* deve satisfazer as reivindicações dos credores da melhor maneira possível, embora, em virtude de previsão legal, ele possa ter que conceder certos privilégios sobre algum crédito fiscais e trabalhistas, por exemplo[602].

No Direito norte-americano o *bankruptcy trustee* pode ser investido pelo *United States Department of Justice*[603] ou pelos credores envolvidos em um caso de falência. Nesse quadro, o Departamento de Justiça dos Estados Unidos instituiu o "*U.S. Trustee Program*". Tal programa é parte do Departamento de Justiça, e é responsável por supervisionar a administração dos processos de falência e os *private trustees* que atuam na administração da falência[604]. Nessa linha, no Direito norte-americano, o *Bankruptcy Code* estipula as normas que conduzem o *Bankruptcy Trustee*[605].

Por sua vez, no Reino Unido, a *Insolvency Act 2000* rege as normas referentes ao *bankruptcy trustee*. O *Insolvency Act 2000* estipula que a massa

[601] *Cfr.* HAYTON, D.J. *The Law of Trusts*. London: Sweet e Maxwell, 1998, p. 57.

[602] Nesse sentido, destaca-se *in verbis*: "*A bankruptcy trustee is often appointed when it may serve the bankruptcy estate's best interest, or when company executives are suspected of wrongdoing*". *Cfr. CORRECTED-US govt seeks bankruptcy trustee for Dynegy Holdings*. In: Reuters U.S. Disponível em: http://www.reuters.com/article/2012/03/12/dynegyholdings-idUSL4E8EC54J20120312. Acesso em: 12/05/2012. *Vide* ainda: HAYTON, D.J. *The Law of Trusts*. London: Sweet e Maxwell, 1998, p. 39.

[603] *Cfr. USA. Bankruptcy Code. Disponível em: https://uscode.house.gov/browse/prelim@title11&edition=prelim* Acesso em: 06.12.2019.

[604] *Cfr.* USA. *Department of Justice*. U.S. *Trustee Program*. Disponível em: https://www.justice.gov/ust Acesso em: 06/12/2019.

[605] *Cfr.* USA. *Bankruptcy Code*. Disponível em: https://uscode.house.gov/browse/prelim@title11&edition=prelim Acesso em: 06.12.2019.

falida automaticamente é atribuída ao *trustee* da falência, como receptor oficial, ou poderá ser atribuída a outra pessoa apontada pela lei[606].

Por fim, perceba-se, que a opção pelo *trustee* no gerenciamento da falência, ou da recuperação da empresa, confere além da garantia de uma administração especializada, a agilidade na tomada das decisões administrativas (tendo em vista que o *trustee* é titular da *legal property*), seguida da responsabilidade fiduciária inerente ao cargo que ele exerce.

g) *Quistclose Trust* – Aqui, o *Trust* possui como principal finalidade a constituição de garantias. Quando um ativo é conferido a alguém para uma finalidade específica e esse alguém, por qualquer motivo, desvia-se dessa finalidade, o cedente poderá receber de volta seu ativo, através do "*quistclose trust*"[607].

Em outras palavras, o "devedor" se compromete, em harmonia com as normas que regem o *Trust*, a segregar os ativos emprestados, separando estes dos seus ativos particulares. Além disso, ele se obriga a utilizar o empréstimo (trust property) de uma forma particular e previamente combinada[608].

O motivo fulcral da opção pelo uso do *Trust* é acrescer a segurança de que o credor poderá recuperar o dinheiro não utilizado pela outra

[606] *Cfr.* HAYTON, D.J. *The Law of Trusts*. London: Sweet e Maxwell, 1998, p. 39. UK. *Insolvency Act 2000*. http://www.legislation.gov.uk/ukpga/2000/39/pdfs/ukpga_20000039_en.pdf Acesso em: 07.03.2012. Nesse sentido *vide:* POIDEVIN, Nicholas Le. *Going bust: insolvency and Trusts*. *Trusts* & Trustees, United Kingdom, v. 16, n. 5, p. 299–309, june 2010. Em complemento podemos exemplificar a nomeação de Mr. James W. Giddens, *trustee* apontado pela corte britânica para administrar a liquidação *da MF Global's British subsidiary*. Disponível em: http://dealbook.nytimes.com/2012/04/12/trustee-may-sue-mf-global-officials/ Acesso em: 12/05/2012. Para outro exemplo *vide*: *Hungary's Malev Cedes Spending Control to Bankruptcy Trustee*. In: Bloomberg News. Disponível em: http://www.bloomberg.com/news/2012-02-02/hungary-s-malev-cedes-spending-control-to-bankruptcy-trustee-1-.html?cmpid=yhoo Acesso em: 12.05.2012.

[607] *Vide* HUDSON, Alastair. *Equity & Trusts*. Australia: Cavendish publishing, 2010, p. 963; MOFFAT, GRAHAM. *Trusts Law-Text and Materials*. New York: Cambridge University Press, 2005, p. 771.

[608] *Vide* NATHAN, Barrie Lawrence. *In Defence of The Primary Trust: Quistclose Revisited*. *Trusts* & Trustees, United Kingdom, v. 18, n. 2, february 2012, p. 126; MOLYANSKY, Michael. *Reining in the Quistclose Trust: a Response to Twinsectra v Yardley*. *Trusts* & Trustees, United Kingdom, v. 16, n. 7, p. 558–568, august 2010.

parte, se ela se tornar insolvente. Assim, se o devedor for insolvente, o dinheiro do credor é reembolsável e não disponível para pagar outros credores do devedor[609].

Nesse contexto, por fim, se o *Trust* falhar porque o objetivo do *Trust* não pode ser cumprido, surgirá um *resulting trust*, e os ativos reverterão para a pessoa que, originalmente, adiantou o crédito, e a pessoa que mantém os ativos será tratada como *trustee*.

h) *Offshore Trust* – O *trust offshore* é o *Trust* constituído em uma jurisdição *offshore*, geralmente com o intuito de pagarem-se menos impostos do que no país de origem dos seus instituidores[610].

Além do planejamento tributário em mente, seu instituidor visa o sigilo que a estrutura dos *Trusts* permite. De fato, somente o nome do *trustee* será conhecido, mantendo-se segredo sobre o nome do *settlor* e dos beneficiários do *Trust*[611].

Na constituição do *Trust*, o *settlor* normalmente transfere seus ativos para uma conta bancária onde a instituição financeira receptora assume a função de *trustee* e, portanto, administra os ativos em prol dos beneficiários.

Neste ponto, devemos trazer à baila que o *protector*, já mencionado anteriormente, originou-se dos *trusts offshore*[612]. Explica PENNER (2010) que no caso do *trust offshore*, normalmente o *trustee* está distante, sendo

[609] *Vide* HAYTON, David. *Economic and Financial Analysis of Commercial and Private Trusts in the United Kingdom*, p. 02. In: *Trusts* and their Commercial Counterparts in Continental Europe – A Report for the Association of Corporate Trustees. January 2002. Disponível em: http://trustees.org.uk/ Acesso em: 10.12.2019.

[610] *Vide* PENNER, J. E. *The Law of Trusts*. Seventh Edition. Londres: Oxford University Press, 2010, p. 62; ABBIN, Byrle M. *Income Taxation of Fiduciaries and Beneficiaries*. Volume 2. Chicago: Wolter Kluwer Business, 2008, Capítulo 22, p. 5; HUNTER, Robert. *The fraudulent use of Trusts*. *Trusts* & Trustees, United Kingdom, v. 19, n. 3 e 4, p. 312–318, april 2013; MAURICE, Clare. *The attractions of the trust to non-domiciled settlors*. *Trusts* & Trustees, United Kingdom, v. 19, n. 3 e 4, p. 290–295, april/may 2013, p. 294–295.

[611] HERBERT, Mark. *Reality and perception in tax avoidance and mitigation*. *Trusts* & Trustees, United Kingdom, v. 19, n. 3 e 4, p. 356–363, april/may 2013.

[612] PRYKE, Stuart. *Of protectors and enforcers*. *Trusts* & Trustees, United Kingdom, v. 16, n. 2, p. 64–72, march 2010, p. 64; JR BOVE, Alexander A. *The growing use of trust protectors: are we over-protected?*. *Trusts* & Trustees, United Kingdom, v. 11, Issue 9, p. 17-19, september 2005, p. 18; LANGBEIN, John H. *Mandatory Rules in The Law of Trusts*. Northwestern University Law Review, USA, v. 98, n. 3, p. 1105-1128, 2004, p. 1123.

confortável para o *settlor* garantir a figura do *Protector*, conferindo a si mesmo, a alguém de sua confiança ou, ainda, a uma empresa especializada em *trust business*, poderes suficientes para fiscalizar o *trustee* e assegurar que ele age em consonância com a intenção do *settlor*[613].

Muitas jurisdições *offshore* têm reconhecido os chamados *purpose trusts*, contrariando a máxima de que o *Trust* deve ser criado para o benefício de pessoas e não para a realização de propósitos específicos, com exceção do *charitable trust*, onde isso é, em regra, permitido[614]. Nesse quadro, MORGAN e MUNRO, explicam que os *Purpose Trusts* permitem a criação, por exemplo, do *Quasi-Charitable Trust*, onde *settlors* podem constituir *Trusts* com propósitos filantrópicos, que em sua jurisdição originária, não seria legalmente permitido, por não considerar determinada finalidade como *charitable*[615].

2. Finalidades dos *Trusts* nos Interesses da Família

a) *Fixed e Discretionary Trust* –Vimos que os *Trusts* se diferenciam entre *Fixed* e *Discretionary Trusts* com relação aos poderes conferidos ao *trustee*. Tal dicotomia atinge diretamente os direitos conferidos aos beneficiários do *Trust*.

Sob tal perspectiva, dois aspectos são levados em consideração pelo *settlor* ao constituir o *Trust*: pode o *settlor* estabelecer no seu ato constitutivo benefícios e beneficiários previamente fixados, ou ele pode estabelecer que tais decisões serão assumidas à discricionariedade do *trustee*.

Logo, de acordo com as necessidades do *settlor* e de seus beneficiários, ele pode ou não estabelecer, previamente, quem são os beneficiários, quais serão os seus benefícios, e qual a periodicidade desses benefícios. Pode lhe ser conveniente permitir que o *trustee* decida sobre tais aspectos, ao passo que mais facilmente o *trustee* pode observar e considerar, as

[613] HODSON, Peter. *The trust protector: friend or foe?*. *Trusts* & Trustees, United Kingdom, p. 8-12, may 2006, p. 8. No mesmo sentido *vide* HUDSON, Alastair. *Equity & Trusts*. Australia: Cavendish publishing, 2010, p. 953.

[614] MORGAN, Samantha; MUNRO, Philip. *A question of Trusts- purpose trust have come into their own as a flexible legal vehicle, with most centres now embracing them in one form or another*. In: The Lawyer, News, 27 July 2009; LUPOI, Maurizio. *Trusts*. Milano: Giuffrè Editore, 2001, p. 206.

[615] *Cfr.* MORGAN, Samantha; MUNRO, Philip. *A question of Trusts- purpose trust have come into their own as a flexible legal vehicle, with most centres now embracing them in one form or another*. In: The Lawyer, News, 27 July 2009.

circunstâncias do momento e, assim, realizar a escolha do beneficiário e as distribuições, de acordo com os fatos que se apresentarem a ele[616].

Com efeito, vimos que no *Trust* discricionário o administrador é livre de regras ou condições pré-estabelecidas a respeito do valor distribuído ao beneficiário, igualmente, sobre o momento em que a distribuição é feita, a frequência das distribuições, e mesmo se haverá uma distribuição[617].

Por tais razões, o *Trust* discricionário garante a *trust property* contra a execução de credores do beneficiário, fato que torna esse tipo de *Trust* altamente atrativo.

Isso ocorre em razão do beneficiário ser dono de apenas uma expectativa de direito, podendo ou não vir a possuir um ativo no futuro. O delicado direito do beneficiário gera a impossibilidade de seus eventuais credores executarem seus benefícios advindos do *Trust* – sejam eles concernentes a renda ou ao património em *Trust* – para a satisfação de seus créditos[618].

Efetivamente, pois, se um membro de uma classe de beneficiários do *Trust* discricionário vier a falir, o administrador da falência não pode arrecadar os bens ou direitos relacionados ao *Trust*. Neste ponto, porém, poderá o administrador da falência alcançar toda a renda distribuída pelo *trustee* ao beneficiário, no que exceder o necessário para seu sustento[619].

[616] Lembramos que em um *Trust* Discricionário os *trustees* têm um poder quanto à maneira pela qual o rendimento do *Trust* deve ser distribuído. Igualmente, pode decidir se a renda deve ser totalmente distribuída ou acumulada, acrescentando o capital do *Trust*. *Cfr.* LUPOI, Maurizio. *Trusts*. Milano: Giuffrè Editore, 2001, p. 216. *Vide* ainda: PENNER, J. E. *The Law of Trusts*. Seventh Edition. Londres: Oxford University Press, 2010, p. 50; HARDY, Amanda. *United Kingdom – Trusts, Topical Analyses*. Amsterdam: IBFD, 2010, section 1.4.1.3; MENNEL, L. Robert. *Wills and Trusts in a Nutshell*. Second Edition, Minnesota: West Group, 2004, p. 253.

[617] Entretanto, perceba-se, que essa liberdade de disposição sobre os bens ou Direitos constituídos em *Trust* está sujeita às restrições impostas pelo dever fiduciário do *trustee*. *Cfr.* KOZUSKO, Donald, VETTER, Stephen. *United States – Trusts, Topical Analyses*. Amsterdam: IBFD, 2011, section 1.2.3. *Vide*: PETTIT, Philip H. *Equity and the Law of Trusts*. Oxford: Oxford University Press, 2006, p. 16.

[618] *Cfr.* REUTLINGER, Mark. *Wills, Trusts, and Estates, Essential Terms and Concepts*. Second Edition, New York: Aspen Publishers, 1998, p. 163. *Vide* ainda: GRAHAM, Toby; POOLE, Joanna. *'Switching assets from one shadowy hand to another': piercing the veil of company and trust*. *Trusts* & Trustees, United Kingdom, v. 16, n. 9, p. 705–726, october 2010, p. 714.

[619] *Cfr.* MARTIN, Jill E. *Modern Equity*. Fifteenth Edition. London: Sweet & Maxwell, 1997, p. *Vide*: POIDEVIN, Nicholas Le. *Going bust: insolvency and Trusts*. *Trusts* & Trustees, United Kingdom, v. 16, n. 5, p. 299–309, june 2010.

Entretanto, pode o *trustee* realizar o pagamento das despesas dos beneficiários diretamente a terceiros e, neste caso, o administrador da falência não terá alcance a tais rendimentos. Por exemplo, pode pagar diretamente aos lojistas e hotéis utilizados pelo beneficiário insolvente[620].

Posto tudo isso, resta indicar que, em oposto ao *Discricionary Trust*, o *Fixed Trust,* em razão do beneficiário possuir efetivamente um interesse fixo na propriedade, pode eventualmente ser alcançado pelos credores pessoais deste[621].

b) *Spendthrift Trust* – No que mais se destaca, o *spendthrift trust* contêm restrições expressas no *trust instrument* sobre a alienação voluntária ou involuntária do título equitativo do beneficiário. Em realidade, seus eventuais bens ou direitos ficam *blindados* contra eventual execução por parte de seus credores[622].

Trata-se de um *Trust* que é resultado do desenvolvimento jurisprudencial norte-americano, especificamente, a partir do Séc. XVIII[623]. Por tal razão, praticamente todos os estados norte-americanos permitem sua constituição. Em contrapartida, nas jurisdições onde ele não é admitido, o isolamento de um interesse benéfico pode ser alcançado utilizado outros tipos de *Trusts* constituídos para esse fim, como, por exemplo, o *Trust* discricionário mencionado a pouco e, ainda, o *support trust* e o *protective trust,* que serão observados seguidamente[624].

620 *Cfr.* MARTIN, Jill E. *Modern Equity.* Fifteenth Edition. London: Sweet & Maxwell, 1997, p. 196. *Vide*: HOLLEY, Caroline. *Access all areas: Trusts and divorce – The Court of Appeal decision in Whaley v Whaley. Trusts* & Trustees, United Kingdom, v. 17, n. 9, p. 893–895, october 2011; POIDEVIN, Nicholas Le. *Going bust: insolvency and Trusts. Trusts* & Trustees, United Kingdom, v. 16, n. 5, p. 299–309, june 2010.

621 *Cfr.* PENNER, J. E. *The Law of Trusts.* Fifth Edition, Londres: Oxford University Press, 2006, p. 52; HARDY, Amanda. United Kingdom – *Trusts, Topical Analyses.* Amsterdam: IBFD, 2010, section 1.4.1.3

622 *Vide*: REUTLINGER, Mark. *Wills, Trusts, and Estates, Essential Terms and Concepts.* Second Edition, New York: Aspen Publishers, 1998, p. 162; PETTIT, Philip H. *Equity and the Law of Trusts.* Oxford: Oxford University Press, 2006, p. 16.

623 *Vide* WELLS, Thomas O. *Domestic Asset Protection Trusts – A Viable Estate and Wealth Preservation Alternative.* Florida: The Florida Bar Journal- Real Property, Probate and Trust Law, 2003, p. 45.

624 *Cfr.* REUTLINGER, Mark. *Wills, Trusts, and Estates, Essential Terms and Concepts.* Second Edition, New York: Aspen Publishers, 1998, p. 163.

Especificamente, o *settlor* ambiciona, aqui, proteger o beneficiário de sua própria extravagância. Nesse sentido, ele confere ao *trustee* poderes discricionários para que a renda seja conferida ao beneficiário conforme sua necessidade, observando-se a circunstância apresentada ao *trustee* no momento da distribuição. Logo, mantém o *trustee* o controle sobre os gastos deste beneficiário[625].

Normalmente o pai (*settlor*) constitui esse tipo de *Trust* para a proteção financeira de seus filhos, diante da eventualidade de sua prole desperdiçar a fortuna ineptamente ou, ainda, incorrer em grandes dívidas por apresentarem, por exemplo, um temperamento pródigo ou imprudente[626].

De fato, esse tipo de *Trust* é eficaz para proteger grandes fortunas contra credores resultantes da prodigalidade de seus beneficiários, impedindo que executem seus interesses benéficos antes de serem distribuídos aos beneficiários devedores[627].

c) *Protective Trust* – A semelhança do *spendthrift trust* do Direito norte-americano, no Direito Inglês é normal a constituição de um *protective trust*[628].

No *protective trust*, é conferido, a princípio, um direito fixo ao beneficiário. Contudo, se durante a vigência do *Trust*, ocorrer qualquer tentativa por parte do beneficiário de alienar o seu interesse, o interesse do beneficiário transforma-se, automaticamente, em simples expectativa de direito, com submissão ao uso da discricionariedade do *trustee*. Igualmente, isso ocorre quando os credores do beneficiário visarem apreender o seu *beneficial title*. Logo, nessas situações, de um direito absoluto sobre um

625 *Cfr.* KOZUSKO, Donald, VETTER, Stephen. *United States – Trusts, Topical Analyses.* Amsterdam: IBFD, 2011, section 1.2.3.

626 *Cfr.* REUTLINGER, Mark. *Wills, Trusts, and Estates, Essential Terms and Concepts.* Second Edition, New York: Aspen Publishers, 1998, p. 162.

627 *Cfr.* KOZUSKO, Donald, VETTER, Stephen. *United States – Trusts, Topical Analyses.* Amsterdam: IBFD, 2011, section 1.1; REUTLINGER, Mark. *Wills, Trusts, and Estates, Essential Terms and Concepts.* Second Edition, New York: Aspen Publishers, 1998, p. 162.

628 *Cfr.* REUTLINGER, Mark. *Wills, Trusts, and Estates, Essential Terms and Concepts.* Second Edition, New York: Aspen Publishers, 1998, p. 165.

rendimento, o beneficiário passa a ter um direito discricionário sobre a renda, protegendo, dessa forma, seu património[629].

Perceba-se, então, que o *protective trust* confere a possibilidade de combinar um *trust fixed* com um *trust* discricionário. Assim, em um primeiro momento, é conferido um benefício atual e fixo sobre os ativos do *Trust*. Em um segundo momento, de acordo com as circunstâncias, torna-se uma expectativa de direito, de forma a proteger tais ativos na eventual falência do beneficiário[630]. Com efeito, o *settlor* ao constituir um *Trust*, tendenciosamente, limita a alienabilidade do *equitable interest* do beneficiário, e que, por isso, os bens ou direitos em *Trust* não podem ser transferidos ou empenhados.

d) *Totten Trust* – Por sua vez, um *totten trust* surge quando o *settlor* deposita dinheiro em uma conta bancária em seu nome, como *trustee* de um terceiro beneficiário. Dessa forma, o *settlor*, normalmente, mantém o controle completo sobre essa conta durante a sua vida, consequentemente, conserva os poderes de revogação e de modificação. Contudo, todo o dinheiro existente na conta passará aos seus beneficiários após o falecimento do depositante[631].

Nessa linha, os *Totten Trusts* são também designados de "*tentative trusts*" devido à sua incerteza referente a sua criação. Com efeito, embora o depositante elabore uma declaração que fica arquivada no banco, onde ele se declara *trustee* para o benefício de outra pessoa, ele mantém o

[629] *Cfr.* KOZUSKO, Donald, VETTER, Stephen. *United States – Trusts, Topical Analyses.* Amsterdam: IBFD, 2011, section 1.2.3; VAZ TOMÉ, Maria João; CAMPOS, Diogo Leite de. *A Propriedade Fiduciária (Trust), Estudo para a sua Consagração no Direito Português.* Coimbra: Almedina, 1999, p. 71; PENNER, J. E. *The Law of Trusts.* Fifth Edition, Londres: Oxford University Press, 2006, p. 50. *Vide* SINCLAIR, Paul. *When should the creditor of a beneficiary under a trust be entitled to obtain disclosure of trust documents?. Trusts* & Trustees, United Kingdom, v. 18, n. 9, p. 896–903, october 2012.

[630] *Cfr.* PENNER, J. E. *The Law of Trusts.* Fifth Edition, Londres: Oxford University Press, 2006, p. 77. *Vide*: PETTIT, Philip H. *Equity and the Law of Trusts.* Oxford: Oxford University Press, 2006, p. 16.

[631] *Cfr.* KOZUSKO, Donald, VETTER, Stephen. *United States – Trusts, Topical Analyses.* Amsterdam: IBFD, 2011, section 1.1.; *Vide* KAPP, Joe; BURKHOLDER, Nicholas. *Totten Trusts.* In: Advocate, Issue 982, 2007, p. 12.

"passbook", inexistindo, em regra, outros atos que indiquem a intenção do *Trust*[632].

Perceba-se, que esse tipo de *Trust* visa escapar do direito sucessório, ao passo que além do Banco, que guardará um documento elaborado pelo *settlor*, apenas o beneficiário saberá da existência da conta, podendo realizar as movimentações livremente[633].

e) ***Support Trust*** – Nota-se que, no geral, os *support trusts* produzem efeitos semelhantes ao *spendthrift trust*. Entretanto, ele é utilizado de forma alternativa nas jurisdições em que seu uso não é permitido.

No *support trust* os *trustees* transferem benefícios que se destinam à satisfação alimentar do beneficiário[634]. Além disso, o *support trusts* abrange outros fins vinculados à manutenção do beneficiário, tal como a educação[635].

Por igual ao *spendthrift trust*, existe a proteção dos ativos do *Trust*, ao passo que os beneficiários não podem ceder seus benefícios a terceiros. Da mesma forma, seus benefícios não podem ser alcançados por eventual execução judicial de seus credores particulares. Excetuam-se aqui, porém, os casos onde o débito do beneficiário e o crédito do credor referirem-se à própria manutenção do beneficiário, como, por exemplo, dívidas com os fornecedores de alimentos, aluguel, mensalidades escolares entre outros.

632 *Cfr.* MENNEL, L. Robert. *Wills and Trusts in a Nutshell.* Second Edition, Minnesota: West Group, 2004, p. 258.

633 *Cfr.* VAZ TOMÉ, Maria João; CAMPOS, Diogo Leite de. *A Propriedade Fiduciária (Trust), Estudo para a sua Consagração no Direito Português.* Coimbra: Almedina, 1999, p. 89.

634 Importante aqui realçar, que o *Support Trust* é vinculado a um propósito. Dessa forma, embora o *settlor* determine que toda a renda seja paga ao beneficiário ou determine uma quantia fixa a ser paga ao beneficiário pelo *trustee*, mesmo que tal renda destine-se totalmente ao seu sustento, isso não significa que seja um *Support Trust. Cfr.* REUTLINGER, Mark. *Wills, Trusts, and Estates, Essential Terms and Concepts.* Second Edition, New York: Aspen Publishers, 1998, p. 165. *Vide*: MASLINSKI, Michael. *The family office: adapting to modern needs in a changing world. Trusts* & Trustees, United Kingdom, v. 12, may 2006, p. 29.

635 *Cfr.* REUTLINGER, Mark. *Wills, Trusts, and Estates, Essential Terms and Concepts.* Second Edition, New York: Aspen Publishers, 1998, p. 165. Os Tribunais têm entendido que o beneficiário pode solicitar um apoio maior que o previsto, obrigando o *trustee* a uma distribuição com base na demonstração de sua necessidade. *Vide*: WOLFE, Jonathan W. *The Treatment of Trusts in Divorce.* New York: Aspen Publishers- Kluwer Law & Business – American Journal of Family Law, v. 22, n. 4, 2009, p. 173.

Outra exceção ocorre quando o beneficiário do *Trust* for também o *settlor*, caso em que os bens ou direitos em *Trust* são suscetíveis de serem alcançados por seus credores[636].

f) ***Living* e *Testamentary Trust*** – Neste breve tópico, vêm a lume a constituição do *Trust inter vivos* ou *mortis causa*, enfocando a sua utilização no planejamento familiar, e nas possíveis consequências do ponto de vista econômico em relação à preservação da riqueza familiar[637].

O *Trust* se revela como instrumento extremamente favorável na preservação de heranças[638]. Através do *Trust testamentary* é possível projetar a distribuição de riquezas, conferindo, sobremaneira, segurança àqueles que temem pela inexperiência de seus filhos na administração do patrimônio familiar. Igualmente, a estrutura dos *Trusts* garante ao testador que seus bens ou direitos terão o destino desejado por ele, inclusive se almejar destiná-los a filantropia.

Para alcançar os fins para o qual foi constituído, o Instrumento do *Trust* deve conter todos os detalhes e instruções ao *trustee*, principalmente de como o *settlor* deseja que sua propriedade seja tratada após a sua morte. Nesse contexto, por exemplo, pode o *settlor* pretender deixar sua propriedade ao cônjuge durante a vida deste, e após a sua morte, transferir para outro parente, e na morte deste para uma instituição de caridade[639].

Em outro exemplo, o *settlor* pode constituir um *Trust* em favor de um membro da família, que seja física ou mentalmente incapaz. Em razão disso, e por sua finalidade, são conhecidos por *Trust for Mentally or*

[636] *Cfr.* REUTLINGER, Mark. *Wills, Trusts, and Estates, Essential Terms and Concepts.* Second Edition, New York: Aspen Publishers, 1998, p. 165. *Vide* em complemento: HOLLEY, Caroline. *Access all areas: Trusts and divorce – The Court of Appeal decision in Whaley v Whaley. Trusts* & Trustees, United Kingdom, v. 17, n. 9, p. 893–895, october 2011; WELLS, Thomas O. *Domestic Asset Protection Trusts – A Viable Estate and Wealth Preservation Alternative.* Florida: The Florida Bar Journal- Real Property, Probate and Trust Law, 2003, p. 44.

[637] *Vide*: GOODWIN, Iris J. How The Rich Stay Rich: *Using A Family Trust Company To Secure A Family Fortune.* University of Tennessee Legal Studies Research Paper Nº 61, 2009, p. 2.

[638] *Cfr.* SANTISTEBAN, Sonia Martín. *La figura del trust en los Estados Unidos de América – Sus aplicaciones en el derecho de familia.* Barcelona: Revista para análisis del derecho, 2008, p. 12.

[639] *Cfr.* MARTIN, Jill E. *Modern Equity.* Fifteenth Edition. London: Sweet & Maxwell, 1997, p. 40. *Vide*: GOODWIN, Iris J. *How The Rich Stay Rich: Using A Family Trust Company To Secure A Family Fortune.* University of Tennessee Legal Studies Research Paper Nº 61, 2009, p. 2; PETTIT, Philip H. *Equity and the Law of Trusts.* Oxford: Oxford University Press, 2006, p. 16.

Physically Disabled[640]. Normalmente, neste caso, o *settlor* é o pai ou a mãe de tal beneficiário, e tem como objetivo a garantia, que em sua ausência o beneficiário estará protegido, garantindo seu futuro.

Devemos acrescentar também, que se permite ao *settlor,* designar por beneficiários, nascituros e concepturos. Por exemplo, ele pode indicar como beneficiário do *Trust* um neto que futuramente possa ter. Naturalmente, ele estabelece no *Trust instrument* cláusula alternativa caso o neto nunca venha a nascer[641].

Igualmente, pode o testador organizar sua riqueza separando entre o seu património familiar e o empresarial. Aqui, ele deseja dar continuidade aos seus negócios e, para tanto, designa a administração a equipes especializadas, capazes de continuar o seu legado (as *private trust companies* mencionadas a pouco)[642].

Deve ser notado, que na ausência do chefe da família, que é quem muitas vezes está à frente dos negócios, é muito vantajosa a permanência do património do *de cujus* sob uma administração especializada. Mantê-lo no controle de pessoas físicas, muitas vezes despreparadas causam, frequentemente, a dilapidação do património familiar[643].

Ainda, a opção pelo planejamento tributário através do *Trust,* pode, em determinadas jurisdições, resultar na diminuição do custo da sucessão

[640] *Cfr.* HAYTON, D.J. *The Law of Trusts.* London: Sweet e Maxwell, 1998, p. 51. *Vide* BARLOW, Francis. *The flexibility of family Trusts. Trusts* & Trustees, United Kingdom, v. 19, n. 3 e 4, p. 255–258, april/may 2013; COTTON, Wilson. *The self-protective trust. Trusts* & Trustees, United Kingdom, v. 19, n. 3 e 4, p. 259–266, april/may 2013, p. 263–264.

[641] *Cfr.* BEILFUSS, Cristina González. *El Trust- La Instituición Anglo-Americana y el Derecho Internacional Privado Español.* Barcelona: Bosch, 1997; VAZ TOMÉ, Maria João; CAMPOS, Diogo Leite de. *A Propriedade Fiduciária (Trust), Estudo para a sua Consagração no Direito Português.* Coimbra: Almedina, 1999.

[642] *Cfr.* MASLINSKI, Michael. *The family office: adapting to modern needs in a changing world. Trusts* & Trustees, United Kingdom, v. 12, may 2006, p. 28; SANTISTEBAN, Sonia Martín. *La figura del trust en los Estados Unidos de América –Sus aplicaciones en el derecho de família.* Barcelona: Revista para análisis del derecho, 2008, p. 13. *Vide* complementarmente: VILLALONGA, Belen; AMIT, Raphael H. *How are U.S. Family Firms Controlled?*. Working Paper Series Harvard Business School and The Wharton School University of Pennsylvania, July 2007, p. 1-63; DASH, Jan. *All in the family: ownership and management options for private trust companies. Trusts* & Trustees, United Kingdom, v. 19, n. 6, p. 650–657, july 2013.

[643] *Cfr.* MASLINSKI, Michael. *The family office: adapting to modern needs in a changing world. Trusts* & Trustees, United Kingdom, v. 12, may 2006, p. 28.

em relação a carga tributária incidente sobre a herança e, por igual, em relação aos custos processuais que recaem na realização do inventário e da partilha[644].

Dito isso, entendemos que o principal objetivo do *settlor* ao constituir um *testamentary trust* é a possibilidade de realizar um planejamento sucessório adequado.

O *living trust* será normalmente revogável e com vasta liberdade de modificação de seus termos. Aqui, o *settlor* transfere gradualmente sua propriedade ao *Trust*, para que, até o momento de sua morte, pouco, ou até mesmo nada mais remanesça em seu património pessoal[645].

Com efeito, a estrutura fornecida pelo *living trust* permite ao *settlor* criar um fundo patrimonial separado de seus bens pessoais. Essencialmente, o *settlor* transfere para o *trust fund* sua casa, terrenos, emprêsas, contas bancárias, joias, e quaisquer outros bens. Logo, ocorre a segregação desse património, sem a necessidade da constituição de uma pessoa jurídica.

Como vimos, a titularidade desses bens ou direitos é transferida a quem exercerá a atividade de *trustee*[646]. Ainda, admite-se que o próprio *settlor* administre seu *Trust*, individualmente, ou conjuntamente com um *trustee* profissional[647].

644 *Cfr.* SANTISTEBAN, Sonia Martín. *La figura del trust en los Estados Unidos de América – Sus aplicaciones en el derecho de família*. Barcelona: Revista para análisis del derecho, 2008, p. 6. *Vide*: MATTEI, Ugo; HANSMANN, Henry. *The functions of trust law: a comparative legal and economic*. New York University Law Review, p. 434-479, 1998, p. 446; KESSLER, James. *The quest for fair inheritance taxation of Trusts. Trusts* & Trustees, United Kingdom, v. 19, n. 3 e 4, p. 364–368, april/may 2013.

645 *Cfr.* LUPOI, Maurizio. *Trusts*. Milano: Giuffrè Editore, 2001, p. 180. *Vide* no mesmo sentido: SANTISTEBAN, Sonia Martín. *La figura del trust en los Estados Unidos de América –Sus aplicaciones en el derecho de família*. Barcelona: Revista para análisis del derecho, 2008, p. 13. *Vide*: WATERS, Donovan. *Settlor control – what kind of a problem is it?*. *Trusts* & Trustees, United Kingdom, v. 15, n. 1, p. 12-17, march 2009.

646 *Cfr.* SANTISTEBAN, Sonia Martín. *La figura del trust en los Estados Unidos de América – Sus aplicaciones en el derecho de família*. Barcelona: Revista para análisis del derecho, 2008, p. 13.

647 *Cfr.* MASLINSKI, Michael. *The family office: adapting to modern needs in a changing world. Trusts* & Trustees, United Kingdom, v. 12, may 2006, p. 28; SANTISTEBAN, Sonia Martín. *La figura del trust en los Estados Unidos de América –Sus aplicaciones en el derecho de família*. Barcelona: Revista para análisis del derecho, 2008, p. 13.*Vide* também: LE LESLIE, Melanie B. *Common Law, Common Sense: Fiduciary Law and Trustee Identity*. Cardozo Law Review, New York, v. 27, 2006, p. 3.

Por fim, dois caminhos podem ser adotados após a morte do *settlor* de um *living trust*. Poderá o *settlor* desejar que após a sua morte o *Trust* seja extinto, competindo ao *trustee* a correta destinação final dos bens ou direitos, conforme previamente indicado no *trust instrument*[648]. Por outro lado, o *settlor* pode optar pela continuação do *Trust*, nomeando um *trustee* familiar (um filho ou um amigo), ou um *trustee* profissional. Contudo, o *settlor* designa previamente no instrumento do *Trust* os beneficiários e os respectivos benefícios, bem como as diretrizes administrativas de seu património[649].

3. *Public Trusts*

a) *Statutory Trusts* – Os *statutory trusts* têm sua origem em uma previsão legal específica, e sua criação pode ocorrer *ex lege* ou por decisão judicial[650].

Não visando esgotar, aqui, todas as razões existentes para o surgimento de um *statutory trust*, podemos sintetizar afirmando que tais *Trusts* são adaptáveis às mais diversas finalidades no interesse do cumprimento da Justiça.

Em exemplo, podemos citar o *statutory trust* que surge sobre o património hereditário em caso de sucessão *ab intestato* ou *Intestacy*, ou seja, quando o "*de cujus*" não deixou um testamento, ou caso seu testamento seja considerado inválido. Nesse cenário, em razão de previsão legal existente, o juiz designa um *trustee*, que deverá repartir a propriedade entre os herdeiros necessários, uma vez satisfeitas as eventuais dívidas da herança.

Também são exemplos, os *Trusts* criados judicialmente sobre bens ou direitos de pessoas que se tornaram absolutamente incapazes, exercendo o *trustee* a função semelhante à curatela[651]. Ou ainda, *Trusts* criados para assegurar o cumprimento da execução de uma decisão judicial.

[648] HAUSER, Barbara R. *Trusts in the United States*. In: KAPLAN, Alon. *Trusts in Prime Jurisdictions*. London: Globe Law and Business, 2010, p. 406.

[649] *Cfr.* SANTISTEBAN, Sonia Martín. *La figura del trust en los Estados Unidos de América – Sus aplicaciones en el derecho de família*. Barcelona: Revista para análisis del derecho, 2008, p. 13.

[650] *Cfr.* SANTISTEBAN, Sonia Martín. *El instituto del trust em los sistemas legales continentales y su compatibilidad com los principios de civil law*. Navarra: Editora Aranzadi, 2005, p. 51.

[651] *Cfr.* SANTISTEBAN, Sonia Martín. *El instituto del trust em los sistemas legales continentales y su compatibilidad com los principios de civil law*. Navarra: Editora Aranzadi, 2005, p. 51.

b) *Charitable Trusts* – Enquanto mecanismo de destinação do património à realização de interesses de ordem pública, o *Trust* constitui, tanto na Inglaterra como nos Estados Unidos da América, uma alternativa à fundação e a *Charitable Corporation*[652].

Em síntese, e conforme já indicado, os *trusts charitable* estão isentos da *rule against perpetuities,* e podem durar indefinidamente. Além disso, é possível a aplicação da doutrina *cy-près* que gera efeitos quando o *Trust* não pode mais ser cumprido, substituindo o objetivo do *Trust* por novos ou mais apropriados fins *charitable.* Por fim, vimos que possuem benefícios tributários[653].

Neste quadro, e após termos discorrido anteriormente, em sede de classificação dos *Trusts,* sobre as noções gerais do *charitable trust,* passaremos agora a averiguar suas principais finalidades.

Como vimos, ao contrário do *Private Trust,* um *charitable trust* é constituído para fins filantrópicos, como a educação ou o auxílio da pobreza[654].

Nessa linha, normalmente, as finalidades *Charitable* pertencem a quatro categorias principais, sendo elas, a mitigação da pobreza, o incentivo da religião, o estímulo à educação, e quaisquer outros propósitos que visem o benefício da comunidade[655].

[652] Em relação ao *charitable trust* nos Estados Unidos da América, indicamos a leitura de: JR BOVE, Alexander A. *Should Your Client Have a non-charitable Foundation? For some, it might work better than a trust – even though it must be established in a foreign jurisdiction.* New York: *Trusts* & Estates, November 2009, p. 47; BRODY, Evelyn. *Charity Governance: What's Trust Law Got To Do With It?.* Chicago: Chicago-Kent Law Review, V. 80, 2005, p. 646; HAYTON, D.J. *Foundations and Trusts contrasted. Trusts* & Trustees, United Kingdom, v. 17, n. 6, p. 462–469, july 2011, p. 462–469.

[653] *Cfr.* FREIRE E ALMEIDA, Verônica Scriptore. *A Tributação dos Trusts.* Coimbra: Almedina, 2009. *Vide* MATTHEWS, Paul. *The place of the trust in English law and in English life. Trusts* & Trustees, United Kingdom, v. 19, n. 3 e 4, p. 242–254, april/may 2013, p. 64.

[654] *Cfr.* VAZ TOMÉ, Maria João; CAMPOS, Diogo Leite de. *A Propriedade Fiduciária (Trust), Estudo para a sua Consagração no Direito Português.* Coimbra: Almedina, 1999, p. 54; MATTHEWS, Paul. *The place of the trust in English law and in English life. Trusts* & Trustees, United Kingdom, v. 19, n. 3 e 4, p. 242–254, april/may 2013, p. 251; KLICK, Jonathan; SITKOFF, Robert H. *Agency costs, charitable Trusts, and corporate control: evidence from Hershey's kiss-off.* Columbia Law Review, v. 108, n. 4, 2008, p. 780.

[655] *Cfr.* MARTIN, Jill E. *Modern Equity.* Fifteenth Edition. London: Sweet & Maxwell, 1997, p. 347. No mesmo sentido *vide*: HAYTON, D.J. *The Law of Trusts.* London: Sweet e Maxwell, 1998, p. 113.

Adicionalmente, REUTLINGUER menciona a promoção da saúde e outros propósitos governamentais, e explana que a categoria mais abrangente é a que menciona um "*benefício para a comunidade*"[656]. Aliás, muito bem exprime a ideia HAYTON ao mencionar que dentro dessa categoria heterogênea, incluem-se auxílios aos idosos, aos enfermos, a promoção da saúde, as instalações recreativas, aos serviços públicos, a reabilitação social, a calamidade resultante de desastres, aos Direitos Humanos e a vida humana, a alguma nação e no estabelecimento de sua estrutura, a alguma localidade, e ainda, por fim, aos animais[657].

Por igual, MENNEL (2004), indica tais áreas como sendo os principais pontos de referência dos propósitos *charitable*, porém, ele explica, *in verbis*: "*The idea of what is charitable may change from time to time and from place to place*"[658].

Em exemplo, por fim, o *Amazon Charitable Trust*, criado em janeiro de 2009 com a missão de proteger a floresta amazônica. Tal *Trust* trabalha com comunidades locais tradicionais e indígenas, apoiando os seus projetos e protegendo os recursos naturais à sua volta[659].

[656] REUTLINGER, Mark. *Wills, Trusts, and Estates, Essential Terms and Concepts*. Second Edition, New York: Aspen Publishers, 1998, p. 214..

[657] *Cfr.* HAYTON, D.J. *The Law of Trusts*. London: Sweet e Maxwell, 1998, p. 115.

[658] *Cfr.* CLARK, Elias. *"Charitable Trusts, the Fourteenth Amendment and the Will of Stephen Girard" (1957)*. Cambridge: The Cambridge Law Journal, Volume 66, 1957, p. 997.

[659] *Vide: Amazon Charitable Trust*. Disponível em: http://www.amazoncharitabletrust.org/en/index.asp . Acesso em: 05.03.2019.

Capítulo IV
O Direito dos *Trusts* na Perspectiva Internacional

Secção I
A Convenção da Haia sobre o Direito Aplicável aos *Trusts*

1. A Convenção da Haia sobre o Direito Aplicável aos *Trusts* e o seu Reconhecimento

Para iniciarmos as considerações acerca da Convenção da Haia sobre o Direito Aplicável aos *Trusts* e o seu Reconhecimento, podemos mencionar que o desejo da Convenção foi o de promover uma aproximação entre os Países que já possuem os *Trusts* em seu ordenamento jurídico e aqueles que não os consagram.

Com efeito, o *Trust* é um conceito oriundo do Direito Inglês, que se alastrou nas jurisdições da *common law*. Logo, os *Trusts* anglo-americanos encontravam enormes dificuldades nos países que não reconheciam o *Trust*[660].

Devemos acrescentar, que em consonância com LUPOI, o propósito original da 15 ª Sessão da Conferência da Haia de Direito Internacional Privado, que elaborou a Convenção sobre a Lei Aplicável aos *Trusts* e ao

[660] *Cfr.* GAILLARD, Emmanuel, TRAUTMAN, Donald T. *Trusts in Non-Trust Countries: Conflict of Laws and the Hague Convention on Trusts.* The American Journal of Comparative Law, v. 35, n. 2, p. 307-340, spring, 1987, p. 307.

seu reconhecimento, era decididamente lidar com uma questão prática voltada para "as pessoas móveis"[661].

De fato, um inglês iria passar alguns anos de sua vida trabalhando na França e depois executar um testamento deixando sua propriedade, algumas das quais, localizadas na França, para um *trustee* na Inglaterra, em benefício de sua esposa e filhos. Ou, um alemão iria trabalhar nos Estados Unidos, e após conhecer o *Trust*, instituiria um, cobrindo sua propriedade alemã, assim como seus recém-adquiridos ativos americanos[662].

Nesse quadro HAYTON (2013) esclarece, *in verbis*: "*In Europe there were a lot of foreign trusts and other local ring-fenced fund concepts developing in the area of commercial securities in the financial area, and then more and more wealthy persons were actually dying possessed of homes and villas in civil law countries*"[663].

Foi, pois, sob tal perspectiva, que o tema dos *Trusts* foi incluído nas discussões da Conferência da Haia de Direito Internacional Privado no ano de 1980. Após três anos de intensos trabalhos, a Comissão especial designada para elaborar um texto preliminar de tratado, apresentou seus resultados que, em 1984, foram adotados e assinados. Em 1º de Janeiro de 1992, entrou em vigor o texto da Convenção da Haia sobre o Direito aplicável aos *Trusts* e o seu reconhecimento.

A tarefa da Convenção dos *Trusts* seria a de servir como uma ponte entre o Direito dos países anglo-saxões e os países continentais.

Com razão, o primeiro grupo, o que reconhece o Direito dos *Trusts* em seu ordenamento jurídico, pleiteava a extensão deste novo instituto aos ordenamentos que não conheciam o *Trust*[664]. Por sua vez, o segundo grupo de Estados-membros, almejavam instruir os seus sistemas jurídicos com as ferramentas necessárias para lidar com o inovador regime[665].

[661] *Cfr.* LUPOI, Maurizio. *Effects of the Hague Convention in a Civil Law Country. Trusts* & Trustees, United Kingdom, p. 15–28, 1998, p. 15.

[662] *Cfr.* LUPOI, Maurizio. *Effects of the Hague Convention in a Civil Law Country. Trusts* & Trustees, United Kingdom, p. 15–28, 1998, p. 15.

[663] *Cfr.* HAYTON, David. *The Foreign Element. Trusts* & Trustees, United Kingdom, v. 19, n. 3 e 4, p. 280–282, april/may 2013, p. 280.

[664] *Vide* GAILLARD, Emmanuel, TRAUTMAN, Donald T. *Trusts in Non-Trust Countries: Conflict of Laws and the Hague Convention on Trusts.* The American Journal of Comparative Law, v. 35, n. 2, p. 307-340, spring, 1987, p. 316.

[665] *Cfr.* VON OVERBECK, Alfred E. *Explanatory Report on the 1985 Hague Trusts Convention.* HAIA: HCCH, 1985, p. 370.

Dessa forma, uma das justificativas para a introdução dos *Trusts* nos novos países se dava pelos constantes conflitos internacionais na utilização do Direito dos *Trusts* em outras jurisdições. Em complemento, os *Trusts* adentravam na resolução de diversos meandros da vida das pessoas e das empresas, o que dava praticidade à Convenção que, por ora, se negociava[666].

Nesse quadro, a Convenção da Haia sobre o Direito Aplicável aos *Trusts* e o seu Reconhecimento estabelece princípios comuns entre os países sobre a Lei que rege os *Trusts*, e fornece orientações gerais para o seu reconhecimento.

2. O Texto da Convenção da Haia sobre o Direito Aplicável aos *Trusts* e o seu Reconhecimento

O texto da Convenção é dividido em 5 partes, principiando pela delimitação dos objetivos do tratado, quais sejam, o Direito dos *Trusts* e o seu reconhecimento[667].

Neste ponto, deve ser recordada, a já citada definição de *Trust* atribuída pelo artigo 2º da Convenção, nestes termos:

"For the purposes of this Convention, the term "trust" refers to the legal relationships created – inter vivos or on death – by a person, the settlor, when assets have been placed under the control of a trustee for the benefit of a beneficiary or for a specified purpose"[668].

Certamente, podemos vislumbrar a partir de seu conceito, que os negociadores destacaram a transferência dos ativos para o *trustee*, elemento estrutural fundamental dos *Trusts* na Inglaterra e nos Estados Unidos da América e, portanto, essencial a qualquer *Trust*.

Outra questão que merece destaque, é que a definição conferida pela Convenção abriga somente o *express trust*, criado *inter vivos* ou *causa mortis*.

[666] *Cfr.* FREIRE E ALMEIDA, Verônica Scriptore. *A Tributação dos Trusts*. Coimbra: Almedina, 2009, p. 124.

[667] *Vide* GARRIGUES, Abelardo Delgado Pacheco. *Las Entidades en Atribuición de Rentas y el Régimen Fiscal de Partnerships y Trust en España*. Manual de Fiscalidad Internacional, Madri, 2004, p. 374.

[668] *Cfr.* HCCH. *Convention on the Law Applicable to Trusts and on their Recognition*. Disponível em: http://hcch.e-vision.nl/index_en.php?act=conventions.text&cid=59. Acesso em 15.01. 2019.

Tal acolhimento, é confirmado pelo artigo 3º da Convenção, que dispõe, *in verbis*: *"The Convention applies only to trusts created voluntarily and evidenced in writing"*.

Entretanto, interessante aludir aqui, que o artigo 20º da Convenção autoriza qualquer Estado signatário a declarar que as disposições da Convenção em questão serão extensivas a um *Trust* criado por decisão judicial. Para tal, o país declarante deverá notificar por escrito o Ministério das Relações Exteriores da Holanda, país depositário da Convenção.

Por fim, a definição oferecida pela Convenção da Haia, esclarece os principais aspectos estruturais do *Trust*. Assim sendo, o documento indica a divisão de propriedade como resultado de uma relação triangular simples, na qual: um proprietário formal (o *trustee*) atua em interesse de um terceiro (o beneficiário), de acordo com as instruções e desejos do constituinte inicial do *Trust* (o *settlor*)[669].

Nesse passo, ainda em relação ao artigo 2º da Convenção de Haia, destaca-se que suas alíneas conferem ao *Trust* suas fulcrais características, a seguir elencadas[670]:

a) Os bens do *Trust* constituem um fundo separado e não formam parte do património do *trustee*.

Consideramos, neste ponto, que tal característica atribui proteção aos ativos do *Trust*, sugerindo que a insolvência ou falência do *trustee*, não comprometem o *trust fund* administrado por ele.

b) O título sobre os bens do *Trust* é estabelecido em nome do *trustee* ou de outra pessoa por conta do *trustee*.

Nesse sentido, eis então outra fundamental peculiaridade do *Trust*: a transferência da propriedade dos bens ou direitos ao *trustee*, que conservará a propriedade do *Trust* em seu nome.

669 *Cfr.* GARRIGUES, Abelardo Delgado Pacheco. *Las Entidades en Atribuición de Rentas y el Régimen Fiscal de Partnerships y Trust en España*. Manual de Fiscalidad Internacional, Madri, 2004, p. 374. *Vide*. FREIRE E ALMEIDA, Verônica Scriptore. *A Tributação dos Trusts*. Coimbra: Almedina, 2009, p. 128.

670 *Cfr.* LUZZATTO, Ricardo. *Legge Applicabile e Riconoscimento Di Trusts Secondo La Convenzione Dell'Aja del 1 º Luglio 1985*. Rivista di Diritto Internazionale Privato e Processuale, Padova, v. 35, 1999, p. 08.

c) O *trustee* tem a faculdade e a obrigação de prestar contas, de administrar, negociar ou dispor dos bens segundo as condições do *Trust* e das obrigações particulares que a lei imponha.

Nesta última alínea, ganham destaque os deveres basilares do *trustee*, alertando que embora o *trustee* seja o titular dos ativos em *Trust*, ele possui uma propriedade limitada.

Com efeito, se por um lado ele possui um poder de disposição sobre os bens ou direitos, como regra da titularidade ou propriedade legal sobre aquilo que ostenta, ele deve agir sempre segundo o organizado pelo *settlor* no *trust instrument* e na forma da lei, que lhe são aplicáveis.

Deve ser notado, ainda, que a parte final do artigo em análise, admite a válida reserva pelo *settlor* de certos direitos e poderes, e também permite que o *trustee* tenha direitos como beneficiário do *Trust*.

Em prosseguimento, merece evidência o artigo 4º, que destaca a não aplicação da Convenção nas questões preliminares relativas à validade dos testamentos. Igualmente, não é aplicável às questões atinentes a atos jurídicos eventualmente incidentes nas transferências dos bens ou diretos ao *trustee*.

Com efeito, a Convenção se aplica ao efetivo estabelecimento dos *Trusts*, propriamente ditos, e não na validação dos atos que o antecedem como, por exemplo, a *forma* exigida às transferências de bens[671].

Em prosseguimento, o Capítulo seguinte da Convenção versa sobre a lei aplicável aos *Trusts*. Nessa linha, o artigo 6º determina que o *Trust* será regulado pela lei escolhida pelo *settlor*, em consonância ao princípio da autonomia. A eleição deverá ser expressa, ou resultar das disposições do instrumento no qual se criou o *Trust*.

Destaque-se, no particular, que quando a lei eleita pelo *settlor* não reconhecer a instituição do *Trust*, ou a categoria de que se trate o *Trust*, essa eleição não surtirá efeito e será aplicável a lei referida pelo artigo 7º da Convenção.

Neste diapasão, segundo o artigo 7º, o *Trust* se regulará pela lei que está mais estreitamente vinculado. Logo, na determinação da lei, deve ser levado em consideração: a) o lugar da administração do *Trust* designado pelo constituinte (*settlor*); b) o lugar onde se encontrem os bens do *Trust*;

[671] *Cfr.* FREIRE E ALMEIDA, Verônica Scriptore. *A Tributação dos Trusts*. Coimbra: Almedina, 2009, p. 129.

c) o lugar onde o *trustee* resida ou exerça suas actividades; d) os objetivos do *Trust* e os lugares onde se devam cumprir[672].

Por conseguinte, importante destacar aqui, que o artigo 8º da Convenção, dispõe que a lei escolhida pelo *settlor* no artigo 6º, ou a lei determinada no caso do artigo 7º, deverá reger a validade do *Trust*, sua interpretação e seus efeitos, bem como a sua administração.

Nessa linha, o artigo 8º confere um rol, não exaustivo, dos muitos aspectos do *Trust* que devem ser determinados pela lei escolhida pelo *settlor*.

Entre todos, destacamos os vários aspectos concernentes a administração do *Trust*, tais como: os direitos, deveres e obrigações do *trustee*, seus poderes de administração e de investimento, as suas relações com os beneficiários e, por fim, as suas responsabilidades perante a administração do *Trust*. Igualmente, a lei deve prever sobre os poderes do *trustee* para acumular a renda no *Trust*. Ainda, a lei deve regular sobre as formas de alteração e extinção do *Trust*, e sobre eventuais restrições em relação ao tempo de duração do *Trust*.

Em seguida, o Capítulo III se concentra no reconhecimento do *Trust* criado em conformidade com o Capítulo anterior, acima percorrido. Logo, o reconhecimento do *Trust* implica, sobretudo, que: a *trust property* forma um fundo separado; o *trustee* pode processar e ser processado em sua capacidade como *trustee*; por fim, que ele pode se apresentar ou agir com essa capacidade perante um notário ou qualquer outra pessoa que operar sob capacidade oficial.

Em alinhamento, os artigos 11º e 12º da Convenção, versam os fundamentais aspectos concernentes a divisão da propriedade e da recuperação dos bens do *Trust*. Destaca-se, pois, que o artigo 11º deixa bem claro que os bens ou direitos do *Trust* não são parte do património do *trustee*.

Dessa forma, segundo as alíneas do artigo em análise: a) os credores do *trustee* não têm ação nenhuma sobre a *trust property;* b) os ativos do *Trust* não fazem parte dos bens do *trustee* sobre a sua insolvência ou falência; c) os ativos do *Trust* não fazem parte do regime matrimonial do *trustee*

[672] Indicamos, neste ponto, a leitura de HAYTON, David. *Jurisdiction over trust disputes under Article 5(6). Trusts* & Trustees, United Kingdom, v. 14, n. 6, p. 284-291, july 2008.

ou do seu cônjuge, nem parte do espólio do *trustee* após a sua morte[673]; d) que os ativos do *Trust* podem ser recuperados quando o *trustee*, violando o *Trust*, misturar os ativos do *Trust* com sua propriedade particular ou alienar os bens do *Trust*. Por outro lado, os direitos e obrigações de qualquer terceiro titular dos ativos continuarão sujeitos à lei escolhida pelo *settlor*.

Em sequência, importante mencionar, que pelos termos do artigo 12º, o *trustee* estará facultado a solicitar a inscrição, na sua qualidade de *trustee*, sempre que desejar registar um bem móvel ou imóvel, ou um título relativo ao mesmo, desde que, ele não esteja proibido pela lei do país. Neste caso, deve ele se alinhar aos requisitos legais do país em questão, a fim de efetuar os referidos registos com o intuito de explicitar a relação em *Trust*.

De seu turno, o artigo 13º da Convenção estipula que nenhum Estado está obrigado a reconhecer o *Trust* cujos elementos significativos (salvo a eleição da lei aplicável, o lugar da administração e a residência habitual do *trustee*), estão vinculados mais estreitamente com Estados que desconhecem a instituição do *Trust* ou a classe do *Trust* de que se trate.

Apesar disso, para facilitar o reconhecimento do instituto, a Convenção autoriza, no seu artigo 14º, a aplicação de normas mais favoráveis ao reconhecimento dos *Trusts*, nestes termos: *"The Convention shall not prevent the application of rules of law more favourable to the recognition of trusts"*[674].

Por sua vez, o Capítulo IV reúne as cláusulas gerais da Convenção, ora em análise.

O artigo 15º da Convenção trata de salvaguardar na aplicação da Convenção dos *Trusts*, as normas públicas dos países participantes que possam afetar a proteção de menores ou incapazes, o direito matrimonial, legítimas, proteção de credores e terceiros de boa-fé. Entretanto, caso a aplicação desta norma dificulte o reconhecimento do instituto do *Trust*, os Tribunais devem procurar outros meios para aprovisionar efeitos ao *Trust*.

Afinal, especial ponto deste Capítulo disciplina o artigo 19º, que dispõe que nada na Convenção deverá prejudicar os poderes dos países nas matérias fiscais, de modo que esta matéria se regulará pela lei de cada Estado.

[673] *Vide* GAILLARD, Emmanuel, TRAUTMAN, Donald T. *Trusts in Non-Trust Countries: Conflict of Laws and the Hague Convention on Trusts*. The American Journal of Comparative Law, v. 35, n. 2, p. 307-340, spring, 1987, p. 317.

[674] HCCH. *Convention on the Law Applicable to Trusts and on their Recognition*. Disponível em: http://hcch.e-vision.nl/index_en.php?act=conventions.text&cid=59. Acesso em: 15.01.2013.

3. Panorama Jurídico dos Países Signatários

Em um conjunto diversificado de sistemas legais, dos Estados Unidos ao Reino Unido, de Malta à China, da Holanda à Itália, os *Trusts* são vistos, cada vez mais, como uma alternativa potencialmente complementar e inovadora para os sistemas jurídicos tradicionais.

Em seu histórico construtivo, a Convenção sobre o Direito dos *Trusts* recebeu diplomatas e outros representantes de dezenas de países, entre eles, de diversos países europeus como Áustria, Bélgica, Chipre, Checoslováquia (antes da separação), Dinamarca, Finlândia, França, Alemanha, Grécia, Irlanda, Itália, Luxemburgo, Noruega, Holanda, Polónia, Portugal, Espanha, Suécia, Suíça, Jugoslávia, Turquia e Reino Unido.

Portanto, quase a totalidade dos países, da atual União Europeia, tiveram papel fundamental na construção da referida Convenção, com esforços integrados aos dos representantes dos Estados Unidos da América, Argentina, Austrália, Canadá, Egito, Israel, Japão, Suriname, Uruguai, Venezuela e Panamá.

Neste passo, atualmente, a Convenção está em vigor para doze (12) países signatários, de acordo com a relação a seguir:

- *Austrália, desde 1 de Janeiro de 1992.*
- *Canadá, desde 1 de Janeiro de 1993.*
- *China, desde 1 de Janeiro de 1992.*
- *Itália, desde 1 de Janeiro de 1992.*
- *Luxemburgo, desde 1 de Janeiro de 2004.*
- *Malta, desde 1 de Março de 1996.*
- *Mônaco, desde 1 de Setembro de 2008.*
- *Holanda, desde 1 Fevereiro de 1996.*
- *Reino Unido, desde 1 de Janeiro de 1992.*
- *Liechtenstein, desde 1 de Abril de 2006.*
- *San Marino, a partir de 1 de Agosto de 2006.*
- *Suíça, a partir de 1 de Julho de 2007.*

Entre os países signatários, são aguardados para ratificação, o Chipre, a França e os Estados Unidos da América.

Cabe ressaltar que, segundo muito bem comentam GRAZIADEI, MATTEI e SMITH, a entrada em vigor da Convenção em países de *civil law*, tal como a Itália e a Holanda, mostrou que os *Trusts* não são considerados *per si* contrários aos princípios legais de algumas das principais jurisdições de *civil law*[675].

Sob outra óptica, destaca THÉVENOZ, *in verbis*: "*I do believe that trusts exist because there is a fundamental need in every jurisdiction to be able to split the control over certain assets from the benefit of those assets*"[676].

No mesmo sentido MATTHEWS, *in verbis*: "(...) *there are a large number of cases where parties may wish deliberately to create a trust separating management and enjoyment for a commercial purpose*"[677].

Por último, não menos importante é o fato de que em países como a Bélgica, a França, a Itália, Luxemburgo e a Suíça, a Convenção criou a possibilidade de se estabelecerem discussões jurisprudenciais e acadêmicas sobre os *Trusts*, além de resultar no contínuo aperfeiçoamento de suas leis internas (com raízes na fidúcia e/ou fideicomisso) com o objetivo fulcral de tornar as instituições locais mais sensíveis às necessidades que são atendidas pelos *Trusts*[678].

Secção II
A Internacionalização do Instituto dos *Trusts*

O objetivo da presente Secção, é o de examinar o papel desempenhado pelos *Trusts* e as técnicas de implementação do instituto em diferentes jurisdições, *common law* e *civil law*.

[675] *Cfr.* GRAZIADEI, Michele; MATTEI, Ugo; SMITH, Lionel. *Commercial Trusts in European private law*. Cambridge: Cambridge University Press, 2005, p. 14. *Vide* MCAULEY, Michael. *The Worlds of the Trust*. *Trusts* & Estates, Penton Business Med, New York, Volume 152, Issue 2, Feb 2013, 1-17.

[676] *Cfr.* THÉVENOZ, Luc. *A Swiss Perspective*. *Trusts* & Trustees, United Kingdom, v. 19, n. 3 e 4, p. 296-301, april/may 2013, p. 296.

[677] *Cfr.* MATTHEWS, Paul. *The place of the trust in English law and in English life*. *Trusts* & Trustees, United Kingdom, v. 19, n. 3 e 4, p. 242–254, april/may 2013, p. 249.

[678] *Cfr.* GRAZIADEI, Michele; MATTEI, Ugo; SMITH, Lionel. *Commercial Trusts in European private law*. Cambridge : Cambridge University Press, 2005, p. 15. *Vide* JETEL, Amy P. *Fideicomisos: Clarity at Last?*. *Trusts* & Estates, Penton Business Med, New York, Volume 151, Issue 11, Nov 2012.

1. Estados Unidos da América

Os Estados Unidos foi um participante importante na conferência internacional que levou à elaboração e aprovação da Convenção da Haia sobre o Direito Aplicável aos *Trusts* e o seu Reconhecimento, e é um signatário da Convenção. Entretanto, conforme já vimos, os Estados Unidos não ratificaram a Convenção, o que significa que os Estados Unidos ainda não é oficialmente parte do Tratado[679].

Por outro lado, nos Estados Unidos, assim como no Reino Unido, comumente as transferências das propriedades ocorrem para a formação de variados tipos de *Trusts*[680].

Vale mencionar, que constituindo os Estados Unidos uma união de 50 estados autónomos, as regras que regem os Direitos de Propriedade são de competência estadual. Assim sendo, embora os estados considerem a promulgação de Leis Uniformes (*uniform laws*) sobre vários temas, tais como *Uniform Trust Code*, cada estado que aprova a Lei Uniforme geralmente a altera de alguma forma.

a) Aspectos gerais dos *Trusts* nos Estados Unidos da América – O *Trust* nos Estados Unidos, por razões históricas, é muito semelhante aos *Trusts* ingleses. De fato, o *Trust* foi passado dos ingleses aos norte-americanos assim como sua cultura jurídica e social.

Dessa forma, o *Trust* constituído nos Estados Unidos da América igualmente proporciona a separação do título legal do título equitativo da *trust property*. Além disso, o detentor do título da propriedade é o *trustee* e o possuidor do título equitativo é o beneficiário.

Nos Estados Unidos, o *settlor*, por vezes, também é chamado de "*grantor*", ou "*testador*" para as relações de *Trusts* testamentários. O *Trust* pode ser criado por um ato *inter vivos* – chamado de *inter vivos* ou "*living*" *Trust*- ou como resultado de um testamento válido elaborado pelo *settlor*, o

[679] *Cfr.* GALLIGAN, Michael W. *United States Trust Law and the Hague Conventionon Trusts.* In: NYSBA *Trusts* and Estates Law Section Newsletter, v. 33, n. 3, p. 37-41, Fall 2000, p. 37.

[680] *Cfr.* KOZUSKO, Donald, VETTER, Stephen. *United States – Trusts, Topical Analyses.* Amsterdam: IBFD, 2011, section 1.1. *Vide* HAUSER, Barbara R. *Trusts in the United States.* In: KAPLAN, Alon. *Trusts in Prime Jurisdictions.* London: Globe Law and Business, 2010, p. 405-422. *Vide* REISMAN, Suzanne M. *Comparing jurisdictions – answers to common problems – United States of America. Trusts* & Trustees, United Kingdom, v. 16, n. 8, p. 672–681, september 2010; MICHAELS, Marnin J.

testamentary trust. Nos Estados Unidos a constituição do *Trust* é, em geral, formalizada através de um documento testemunhado e escrito, ao passo que, normalmente, não se permite a criação do *Trust* oralmente (ou seja, sem documento)[681].

Dessa forma, assim como no Direito Inglês, tradicionalmente, a legislação americana confere grande peso às intenções proclamadas expressamente pelo *settlor*. Logo, perceba-se, que, em geral, as determinações feitas por ele no âmbito do *trust instrument* podem substituir muitas regras indicadas pelas leis *(trust law)* dos estados norte-americanos, desde que o documento seja realizado de forma bastante clara.

Deve-se atentar também, neste ponto, que a promessa de eventual *settlor* de criar um *Trust* no futuro não é exigível nos Estados Unidos, a menos que essa promessa esteja apoiada em uma adequada contrapartida financeira[682].

Em outros aspectos, pois, a intenção do *settlor* também é privilegiada nos Estados Unidos: o *Trust* em geral, não pode ser rescindido ou alterado, mesmo com o consentimento do *trustee* e de todos os beneficiários, se essa ação violar um objetivo material do *settlor* na constituição do *Trust*. Em determinados casos, entretanto, podem ser consideradas algumas exceções, geralmente na ocorrência de circunstâncias especiais. Por exemplo, a demonstração pelos interessados de que o *Trust* se tornou antieconómico ou, a ocorrência da alteração de uma situação não prevista pelo *settlor* no momento da constituição do *Trust*[683].

Neste ponto, é mister salientar, que concordamos com a ênfase conferida à intenção do instituidor do *Trust*. Resta claro que os beneficiários não podem ter o direito de interferir na vontade do *settlor*, que planeou os termos do *trust instrument* de acordo com suas convicções e, é lógico, para justamente atingir determinados objetivos.

[681] *Cfr.* KOZUSKO, Donald, VETTER, Stephen. *United States – Trusts, Topical Analyses*. Amsterdam: IBFD, 2011, section 1.2.1. *Vide* REISMAN, Suzanne M. *Comparing jurisdictions – answers to common problems – United States of America. Trusts* & Trustees, United Kingdom, v. 16, n. 8, p. 672-681, september 2010, p. 675.

[682] *Cfr.* MATTEI, Ugo; HANSMANN, Henry. *The functions of trust law: a comparative legal and economic*. New York University Law Review, p. 434-479, 1998.

[683] *Cfr.* MCAULEY, Michael. *The Worlds of the Trust. Trusts* & Estates, Penton Business Med, New York, Volume 152, Issue 2, Feb 2013, p. 1-17.

Em sequência, cabe advertir, que a função de *trustee* também pode ser exercida nos Estados Unidos por uma ou por múltiplas pessoas ou instituições (*co-trustees*). Além disso, as leis de alguns estados permitem que o *trust instrument* reparta a função de *trustee* entre um ou mais fiduciários, com separadas e exclusivas atribuições, sobre os investimentos, por exemplo[684].

Perceba-se, que também nos Estados Unidos, o *trustee* é responsável pela violação de seus deveres fiduciários, e os beneficiários podem interpor ação judicial contra o *trustee* faltoso.

No que diz respeito à preservação da propriedade fiduciária para os beneficiários, o *trustee* deve atender um padrão de investimento prudente. Sendo assim, muitos estados norte-americanos têm promulgado alguma versão do *Uniform Trust Code* ou *Uniform Prudent Investor Act (UPIA)*. Trata-se de uma lei modelo estatutária que permite aos *trustees* empregarem modernos "*portfolio theory*" para orientar suas decisões sobre investimentos, de modo que, se o *trustee* agir dentro das recomendações, a estratégia do *trustee* passa a ser julgada como "prudente"[685].

Em prosseguimento, insta aludir, que se o *settlor* nomeou um *trustee* por testamento e tal *trustee* não aceitar a função, ou for considerado incompetente pelo Tribunal para atuar como *trustee*, o *Trust* em si permanecerá, e o Tribunal nomeará um novo *trustee*.

Se o *trustee* morrer ou deixa de servir o *Trust* antes do seu término e o *trust instrument* não prever um *trustee* sucessor, a maioria dos estados norte-americanos determina que a autoridade legal sobre a *trust property* pode ser exercida pelo Tribunal estadual local, ou o *Trust* será suspenso até que um novo *trustee* (sucessor) seja nomeado. Geralmente, isso sobrevirá em conformidade com as disposições do *trust instrument*, ou se nenhuma, pela ordem do Tribunal local.

Nesse contexto, importa ainda referir, que um *trustee* pode ser removido, por ordem do Tribunal local, em razão de determinados motivos

[684] *Cfr.* KOZUSKO, Donald, VETTER, Stephen. *United States – Trusts, Topical Analyses.* Amsterdam: IBFD, 2011, section 1.2.1. *Vide* LESLIE, Melanie B. *Common Law, Common Sense: Fiduciary Law and Trustee Identity.* Cardozo Law Review, New York, v. 27, 2006, p. 3-6.

[685] *Cfr.* KOZUSKO, Donald, VETTER, Stephen. *United States – Trusts, Topical Analyses.* Amsterdam: IBFD, 2011, section 1.2.1. *Vide* REISMAN, Suzanne M. *Comparing jurisdictions – answers to common problems – United States of America. Trusts* & Trustees, United Kingdom, v. 16, n. 8, p. 672–681, september 2010, p. 678–679.

limitados, *in exemplis*, a má conduta. Entretanto, assim como no Direito Inglês, nos Estados Unidos normalmente o *trust instrument* fornece autorização expressa de remoção e sucessão extrajudicial do *trustee*.

Em relação agora aos beneficiários, primeiramente importa destacar que, nos estados norte-americanos, os beneficiários, em geral, devem ser informados da existência do *Trust* pelo *trustee* logo após a sua criação. Quando o *Trust* foi criado por testamento ou for um *Trust* revogável, tal informação pode ser fornecida ao beneficiário somente quando o *Trust* se tornar irrevogável.

Ressalta-se, aqui, que a legislação de alguns estados norte-americanos permite que os direitos do beneficiário de fiscalizar a contabilidade e de obter informações do *Trust* sejam limitados pelo *settlor* no âmbito do *trust instrument*[686].

Quanto a capacidade jurídica do beneficiário, em regra, ele conserva o *equitable title* sem nenhuma restrição. Até mesmo menores, incompetentes e nascituros têm a adequada capacidade. Exige-se, contudo, a definição exata de todos os beneficiários[687].

Vale indicar, nesse passo, sobre a "*rule against perpetuities*", que vários estados norte-americanos alteraram suas regras a fim de eliminar tal restrição, totalmente ou a critério do *settlor*, conforme estabelecido no *trust instrument*. Entretanto, o *Trust* ainda assim deve ter pelo menos um beneficiário identificável ligado a toda *trust property*[688].

686 Lembramos, por propício, que o beneficiário tem o Direito de fiscalizar o *Trust*, bem como de exigir a prestação de contas, regulares e periódicas dos ativos do *Trust*. Com efeito, além de obter as informações das receitas e das despesas, ele deve ser informado de eventos especiais que afetam o seu interesse. *Cfr.* KOZUSKO, Donald, VETTER, Stephen. *United States – Trusts, Topical Analyses.* Amsterdam: IBFD, 2011, section 1.2.1. Em complemento, explica REISMAN (2010), que *settlors* de *Trusts* revogáveis não são obrigados a divulgar qualquer informação aos beneficiários (independentemente da idade), enquanto o *settlor* for capaz de exercer o poder de revogação. *Cfr.* REISMAN, Suzanne M. *Comparing jurisdictions – answers to common problems – United States of America. Trusts* & Trustees, United Kingdom, v. 16, n. 8, p. 672–681, september 2010, p. 681.

687 *Cfr.* KOZUSKO, Donald, VETTER, Stephen. *United States – Trusts, Topical Analyses.* Amsterdam: IBFD, 2011, section 1.2.1.

688 *Cfr.* HAUSER, Barbara R. *Trusts in the United States.* In: KAPLAN, Alon. *Trusts in Prime Jurisdictions.* London: Globe Law and Business, 2010, p. 408; GALLANIS, Thomas P. *The New Direction of American Trust Law.* Iowa Law Review, v. 97, n. 1, 2011, p. 229-234.

Conforme vimos, os *Trusts* da *common law* não tem personalidade jurídica independente[689]. Assim sendo, não são permitidos os já destacados *non-charitable trusts*, geralmente criados para a concretização de negócios ou para fins meramente comerciais.

Nesse quadro, alguns estados norte-americanos desenvolveram *Trusts* especificamente para fins comerciais, admitindo a sua constituição para finalidades não caritativas, os chamados *Purpose Trusts*. Todavia, a duração desses fundos não pode exceder um determinado número de anos[690].

Podemos citar aqui, por exemplo, o *Massachusetts Business Trust* (MBT) ou a *Unincorporated Business Organization (UBO)*, desenvolvidos em resposta às regras que restringem que a *real property* seja mantida por corporações, e têm sido aproveitados para estruturas empresariais com vantagens fiscais. Acrescente-se, que tais *business trusts* são agora amplamente utilizados. Com efeito, embora as empresas nos Estados Unidos da América ainda se utilizem as demais estruturas societárias ou *partnerships*, a estrutura do *Trust*, enquanto empresa, se destaca como melhor alternativa na estruturação de fundos de investimentos[691].

Por igual ao *Trust* inglês, o *Trust inter vivos* pode ser revogável ou irrevogável. Em regra, o *Trust* norte-americano é convertido em irrevogável após a morte ou incapacidade do *settlor*, ou se ele renunciar ao seu poder de revogabilidade. Nesse quadro, destaca-se, que as leis estaduais diferem na questão de saber se o direito de revogar é presumido caso o *trust instrument* não contenha cláusula a respeito[692]. Lembramos, aqui, que o *Trust* inglês criado *inter vivos* é sempre avaliado irrevogável, a menos que o *settlor* insira uma cláusula de revogabilidade no *trust instrument*.

[689] *Cfr.* WALSH, Gregory C.; MICHAELS, Marnin J..*The state of statutory business Trusts in the United States. Trusts* & Trustees, United Kingdom, v. 19, n. 6, p. 681–687, july 2013, p. 681.

[690] *Cfr.* KOZUSKO, Donald, VETTER, Stephen. *United States – Trusts, Topical Analyses.* Amsterdam: IBFD, 2011, section 1.2.1.; REISMAN, Suzanne M. *Comparing jurisdictions – answers to common problems – United States of America. Trusts* & Trustees, United Kingdom, v. 16, n. 8, p. 672–681, september 2010, p. 673..

[691] *Cfr.* WALSH, Gregory C.; MICHAELS, Marnin J. *The state of statutory business Trusts in the United States. Trusts* & Trustees, United Kingdom, v. 19, n. 6, p. 681–687, july 2013, p. 681.

[692] *Cfr.* KOZUSKO, Donald, VETTER, Stephen. *United States – Trusts, Topical Analyses.* Amsterdam: IBFD, 2011, section 1.2.1. *Vide* SANTISTEBAN, Sonia Martín. *Trusts in American law and some of their substitutes in Spanish law: Introduction and Part I. Trusts* & Trustees, United Kingdom, v. 13, n. 6, p. 210-220, 2007.

Por sua vez, um *testamentary trust* norte-americano é criado sob um testamento validamente elaborado pelo *settlor*, e entra em vigor após a averiguação da validade do mesmo após a morte do testador ("admitidos às sucessões"). Conforme já indicado, os requisitos formais para a criação do *testamentary trust* são os mesmos que os exigidos para a execução de um testamento. Estes incluem a competência do testador e a adequada elaboração formal sob as leis do estado aplicáveis[693].

Em seguida, essencialmente, destaca-se, que ao constituir um *Trust* irrevogável, poderá o *settlor* adjudicar a alguém (normalmente, um dos beneficiários) um poder/permissão de alteração dos termos do *Trust*. Tal poder deve ser atribuído formalmente, através de uma cláusula inserida no *trust instrument*.

Ao seu turno, os Tribunais americanos têm permitido a rescisão de *Trusts* ou, em alguns casos, de disposições específicas do *trust instrument*, onde um erro foi feito com relação aos propósitos para os quais o *Trust* foi criado. Isto inclui circunstâncias, por exemplo, em que as consequências fiscais ligadas ao *Trust* não foram levadas em consideração no momento de sua constituição[694].

Além disso, nos Estados Unidos da América, o *situs* de um *Trust* existente pode ser alterado ou deslocado de uma jurisdição para outra, geralmente mudando-se o *trustee*, às vezes, no exercício de um poder de nomeação. Tal mudança pode ser de um estado para outro, ou para outro país[695].

Em alguns estados norte-americanos, as disposições do *trust instrument* podem ser modificadas, ou *Trusts* podem ser encerrados em favor dos beneficiários, devido a mudanças circunstanciais, necessidade financeira ou motivos semelhantes, geralmente através de uma ação movida em um Tribunal, e com o consentimento de todos ou alguns dos beneficiários[696].

693 *Cfr.* HORTON, David. *The Federal Arbitration Act and Testamentary Instruments.* North Carolina Law Review, v. 90, p. 101-159, april 2012, p. 101-159.

694 *Cfr.* KOZUSKO, Donald, VETTER, Stephen. *United States – Trusts, Topical Analyses.* Amsterdam: IBFD, 2011, section 1.2.1. *Vide* MCAULEY, Michael. *The Worlds of the Trust.* *Trusts* & Estates, Penton Business Med, New York, Volume 152, Issue 2, Feb 2013, p. 1-17.

695 *Cfr.* KOZUSKO, Donald, VETTER, Stephen. *United States – Trusts, Topical Analyses.* Amsterdam: IBFD, 2011, section 1.2.1.

696 *Cfr.* KOZUSKO, Donald, VETTER, Stephen. *United States – Trusts, Topical Analyses.* Amsterdam: IBFD, 2011, section 1.2.1.

Em arremate importante, urge trazer-se a contexto breve abordagem sobre a arbitragem no caso de conflitos em matéria de *Trust*.

Cada estado norte-americano que aprovou a *Uniform Trust Code*, geralmente, a alterou de alguma forma. Logo, os *Trusts* nos Estados Unidos são, em regra, geridos por leis Estaduais.

Com efeito, segundo explica STRONG, 24 estados norte-americanos adotaram o *Uniform Trust Code*, no todo ou em parte[697].

Não há exigência de que os vários Estados norte-americanos harmonizem as questões decorrentes das leis estaduais, o que significa que diferentes estados dos EUA podem e adoptam diferentes abordagens à arbitragem nos *Trusts*[698].

Embora os princípios do federalismo permitam que os estados atuem de forma independente em matérias reservadas a eles, os legisladores locais estão conscientes dos benefícios da uniformização de regras em matéria de *Trust Law*.

Em alinhamento, esclarece STRONG, que grupos de trabalhos formados por especialistas no assunto, promulgaram diversas leis modelo sobre *Trusts*, enquanto os juízes, tradicionalmente, consideram a jurisprudência de outras jurisdições dos EUA como um importante precedente persuasivo em suas decisões, principalmente quando se confrontam com uma questão nova[699]. Neste ponto, a maioria dos estados norte-americanos permite que os *trustees* celebrem acordos de arbitragem relativos a uma variedade de conflitos de *Trusts* internos ou externos[700].

[697] *Cfr.* STRONG, S. I. *Trust arbitration in the United States: recent developments show increasing diversity as a matter of statutory and common law. Trusts* & Trustees, United Kingdom, v. 18, n. 7, p. 659-679, august 2012, p. 660. *Vide* LESLIE, Melanie B. *Common Law, Common Sense: Fiduciary Law and Trustee Identity.* Cardozo Law Review, New York, v. 27, 2006, p. 37-38.

[698] *Cfr.* HORTON, David. *The Federal Arbitration Act and Testamentary Instruments.* North Carolina Law Review, v. 90, p. 101-159, april 2012, p. 103.

[699] STRONG, S. I. *Trust arbitration in the United States: recent developments show increasing diversity as a matter of statutory and common law. Trusts* & Trustees, United Kingdom, v. 18, n. 7, p. 659-679, august 2012, p. 660; USA. Code. USC: Title 9 – ARBITRATION. Disponível em: http://www.law.cornell.edu/uscode/text/9 . Acesso em: 09.03.2013. *Vide* também:

[700] *Cfr.* STRONG, S. I. *Trust arbitration in the United States: recent developments show increasing diversity as a matter of statutory and common law. Trusts* & Trustees, United Kingdom, v. 18, n. 7, p. 659-679, august 2012, p. 660.

A Flórida, por sua vez, foi o primeiro estado norte-americano a promulgar em 2007 uma regra obrigatória sobre a arbitragem nos casos de conflitos em *Trust*. Tal norma, indica, basicamente, que a arbitragem pode decidir sobre os litígios referentes a validade do testamento ou dos termos do *Trust*; sobre as lides entre beneficiários, herdeiros e fiduciários; ou qualquer combinação entre tais pessoas e outras entidades envolvidas, determinando a sua força executória. Ainda, determina que salvo disposição em contrário, no testamento ou no *trust instrument*, a cláusula arbitral é presumida[701].

No mesmo sentido, o Arizona promulgou uma lei para tratar do assunto em 2008, sendo, pois, o segundo estado a abordar esta questão legislativamente. Basicamente, estabelece, *in verbis*: "*A trust instrument may provide mandatory, exclusive and reasonable procedures to resolve issues between the trustee and interested persons or among interested persons with regard to the administration or distribution of the trust*"[702].

De fato, o tema vem atingindo proporções internacionais, sendo possível constatar outras jurisdições interessadas na propositura de arbitragem nas relações de *Trusts*[703].

Um estudo realizado pelo TRUST LAW COMMITTEE sobre as vantagens da arbitragem nos *Trusts* – e sua implementação na Inglaterra e Wales – destaca a arbitragem como sendo um recurso alternativo valioso, e aponta as principais características responsáveis por tal estimação. Entre elas, a confidencialidade, elemento imprescindível quando se trata de *Trusts* familiares; além disso, o estudo adverte que através da arbitragem as partes podem escolher um árbitro devidamente qualificado e experiente, ou um painel de árbitros; outra vantagem muito significativa indicada é o *timing*, sendo que o calendário de arbitragens é uma questão que compete às partes, aos seus representantes e ao árbitro. Atrasos gerais em demandas judiciais tornam-se, pois, irrelevantes. Logo o processo pode

[701] *Cfr.* USA. *The 2012 Florida Statutes. 731.401 –Arbitration of disputes.* Disponível em: http://www.leg.state.fl.us . Acesso em: 09.03.2013. *Vide* também: FREEMAN, Nancy S.. *Trust Me: Practical Advice for Drafting Florida Trusts.* The Florida Bar Journal, v. 83, n. 5, may, p. 20-29, 2009.

[702] *Cfr.* USA. *Arizona Statatutes. (n 12) s 14-10205 – Alternative dispute resolution.* Disponível em: http://www.azleg.gov/ Acesso em: 09.03.2013.

[703] Nesse sentido *vide*: POIDEVIN, Nicholas Le. *Arbitration and Trusts: can it be done?. Trusts* & Trustees, United Kingdom, v. 18, n. 4, p. 307–315, may 2012.

ser normalmente concluído em um tempo relativamente curto; outra vantagem é em relação aos recursos, sendo que através da arbitragem a conclusão final da disputa pode ser mais rápida; Por fim, os custos dispendidos podem ser menores[704].

b) Tipos Principais de *Trusts* Privados Constituídos nos Estados Unidos da América – É por demais oportuno, inicialmente, destacarmos a apreciação de MCAULEY (2013), *in verbis*: *"The U.S. experience teaches that different kinds of trusts can co-exist and, if properly regulated and defined, can coherently embrace different legal realities: administration for self, on the one hand, and administration for the benefit of others, on the other hand"*[705].

Importante mencionar, por conseguinte, que na cultura legal anglo-americana, a *trust law* deve ser considerada tradicionalmente como um ramo do direito de transmissões gratuitas[706].

No entanto, podemos dizer que hodiernamente a razão comercial tem se tornado a principal causa pela qual os ativos são mantidos em *Trust* nos Estados Unidos da América[707].

A corroborar com esse raciocínio, segundo STRONG mais 90% (noventa por cento) do dinheiro transferido aos *Trusts* nos Estados Unidos da América nos últimos anos, foram realizados à *commercial trust* e não à *personal trusts*[708].

Aliás, já esclareciam MATTEI e HANSMANN que embora o *private trust,* como sendo um dispositivo para transferências de riqueza intrafamiliares, ainda seja um componente curricular nas universidade americanas, seu papel passou a ser relativamente trivial. Muito mais importante é o

[704] *Cfr.* TRUST LAW COMMITTEE. *Arbitration of trust disputes. Trusts* & Trustees, United Kingdom, v. 18, n. 4, p. 298–299, may 2012.

[705] *Cfr.* MCAULEY, Michael. *The Worlds of the Trust. Trusts* & Estates, Penton Business Med, New York, Volume 152, Issue 2, Feb 2013, p. 4.

[706] *Vide* GALLANIS, Thomas P. *The New Direction of American Trust Law.* Iowa Law Review, v. 97, n. 1, 2011, p. 217.

[707] *Vide* WALSH, Gregory C.; MICHAELS, Marnin J..*The state of statutory business Trusts in the United States. Trusts* & Trustees, United Kingdom, v. 19, n. 6, p. 681–687, july 2013, p. 681–687.

[708] *Cfr.* STRONG, S. I. *Trust arbitration in the United States: recent developments show increasing diversity as a matter of statutory and common law. Trusts* & Trustees, United Kingdom, v. 18, n. 7, p. 659-679, august 2012, p. 670. *Vide.*

enorme papel que os *private trusts* têm vindo a desempenhar no mercado de capitais norte-americanos[709].

No mesmo sentido, refere STRONG (2012) *in verbis*: "*the role of trusts in intrafamily wealth transfers is today 'relatively trivial', particularly when compared to the 'enormously important' role of trusts in the business context*"[710].

O *Commercial Trust* é a estrutura escolhida pelos norte-americanos às transações empresariais e financeiras, em razão da adequada organização dos direitos e deveres dos envolvidos, bem como pelo correspondente delineamento das obrigações das partes. Vale ressaltar que, a eficácia alcançada pelo *Trust* em tais pontos, é difícil de ser alcançada através de outros meios contratuais, em razão dos exagerados custos de transação[711].

Acrescente-se, ainda, por necessário, que entre as principais características do *Trust* americano, encontra-se a segregação dos ativos para os propósitos específicos, separados da riqueza do *trustee*, e de qualquer outro património envolvido (do *settlor* ou do beneficiário), determinando um maior alívio nas transações empresariais e financeiras[712]. De fato, tal característica marca a moderna utilização comercial dos *Trusts* nos Estados Unidos, mais notadamente, nos fundos de pensão, fundos mútuos, e securitização.

Seguidamente, podemos citar a grande utilização dos *Family Trusts*. Com efeito, habitualmente, quando especialistas norte-americanos são procurados por clientes para assessorar no planeamento de seu património, eles indicam os *Trusts*. Basicamente, o *family trust* é um *Trust constituído inter vivos*, ou seja, com o objetivo de gerar efeitos ainda durante a vida

[709] *Cfr.* MATTEI, Ugo; HANSMANN, Henry. *The functions of trust law: a comparative legal and economic*. New York University Law Review, p. 434-479, 1998, p.2.

[710] *Cfr.* STRONG, S. I. *Trust arbitration in the United States: recent developments show increasing diversity as a matter of statutory and common law*. *Trusts* & Trustees, United Kingdom, v. 18, n. 7, p. 659-679, august 2012, p. 671.

[711] *Cfr.* FORTI, Valerio. *Comparing American Trust And French Fiducie*. USA: The Columbia Journal of European Law. 17 Colum. J. Eur. L. F. 28 (2011), p. 29.

[712] *Cfr.* FORTI, Valerio. *Comparing American Trust And French Fiducie*. USA: The Columbia Journal of European Law. 17 Colum. J. Eur. L. F. 28 (2011), p. 29. *Vide* MERRIC, Mark. *Domestic Asset Protection Trusts*. *Trusts* & Estates, Penton Business, Med New York, Volume 152, Issue 1, Jan 2013.

do *settlor*. Por tal razão, é comum que ele constitua um *Trust* revogável, para que desta forma, mantenha o controlo sobre seus bens ou direitos[713].

Entretanto, tal escolha, pode ocasionar ao *settlor* desvantagens tributárias[714]. A esse respeito, em substância, segundo as regras do *United States Income Tax*, ao conservar a possibilidade de recuperar a propriedade dos bens, o *settlor* seguirá sendo considerado como proprietário para todos os efeitos tributários. Dessa forma, toda a renda gerada pelos ativos do *Trust* será atribuída ao *settlor*, mesmo ele não sendo um dos beneficiários do *Trust*.

Nos Estados Unidos, é comum a constituição de *trusts inter vivos* revogáveis, conhecidos por *"revocable living trust"*. Neste caso, o *Trust* se torna irrevogável após a morte do *settlor*, transformando-se, então, em um eficaz instrumento de planejamento sucessório[715].

É oportuno destacar, aqui, ainda, sobre o chamado A/B *Trust*. Trata-se de um *Trust* que, inicialmente constituído na forma de *revocable living trust*, após a morte do *grantor* divide-se em dois tipos, um revogável e outro irrevogável[716].

Propositadamente, nestes casos, os constituintes (*settlors*) do *Trust* são cônjuges, sendo interessante que após a morte de um deles, o *Trust* se transforme em dois, considerando que o irrevogável possui uma forma de tributação mais favorável que o *Trust* revogável.

De fato, este tipo de *Trust*, também conhecido por *QTIP (Qualified Terminable Interest Property)*, é geralmente utilizado para reduzir o impacto tributário dos impostos incidentes sobre a sucessão. É nesse passo, e então, que deve-se enfatizar que, normalmente, o *settlor* de um *family trust* americano é um dos beneficiários do *Trust*, reservando-se o direito

[713] *Cfr.* SANTISTEBAN, Sonia Martín. *La figura del trust en los Estados Unidos de América – Sus aplicaciones en el derecho de família*. Barcelona: Revista para análisis del derecho, 2008, p. 8; GALLANIS, Thomas P. *The New Direction of American Trust Law*. Iowa Law Review, v. 97, n. 1, 2011, p. 217-218. *Vide* também MERRIC, Mark. *Domestic Asset Protection Trusts. Trusts* & Estates, Penton Business, Med New York, Volume 152, Issue 1, Jan 2013.

[714] *Vide* STEVENS, Clay R. *The Reverse Defective Grantor Trust*. New York: Penton Business Med – *Trusts* & Estates 151.10 (Oct 2012): n/a.

[715] *Cfr.* SANTISTEBAN, Sonia Martín. *La figura del trust en los Estados Unidos de América – Sus aplicaciones en el derecho de família*. Barcelona: Revista para análisis del derecho, 2008, p. 9.

[716] *Cfr.* SANTISTEBAN, Sonia Martín. *La figura del trust en los Estados Unidos de América – Sus aplicaciones en el derecho de família*. Barcelona: Revista para análisis del derecho, 2008, p. 9.

ao recebimento de uma renda durante a sua vida. Não sendo, entretanto, o destinatário final dos ativos em *Trust*, ao passo que o objetivo fulcral aqui é o planeamento sucessório em prol de sua família[717].

As motivações que levam o norte-americano a constituir este tipo de *Trust*, buscando o planeamento patrimonial, são normalmente de cunho económico e assistencial.

Economicamente, podemos dizer, que se incluem aqui, além da adequada gestão dos bens ou direitos após morte do indivíduo, o desvio dos procedimentos comuns sucessórios e de seus consequentes altos custos (*probate*), a busca da redução da carga fiscal e, enfim, a proteção dos bens ou direitos de seus futuros credores. Por outro lado, almeja o *settlor* o amparo financeiro de sua família após a sua morte. Com efeito, ao transferir seu património à gestão especializada de um *trustee*, vislumbra o *settlor* assegurar o bem-estar económico de seus familiares dependentes, além de distribuir a sucessão hereditária diligentemente.

Em prosseguimento a este ponto em análise, interessante mencionar aqui os chamados *Grantor Trusts*. Conforme já antes sinalizado, o *settlor* que também designa-se beneficiário é chamado nos Estados Unidos de *grantor*[718]. Nesta matéria, consideramos interessante aproveitarmos a classificação conferida aos *Grantor Trusts* pelo *Internal Revenue Service* – órgão do governo dos EUA responsável pela cobrança de impostos e aplicação da legislação fiscal[719]- seguidamente explanada:

Primeiramente, o *Personal Residence Trust* envolve a transferência de uma residência pessoal do *grantor* para um *Trust*, que mantém o direito de viver na residência por um determinado período fixo. Após a ocorrência da sua morte, ou o término do prazo (o que vier antes), o título

717 *Cfr.* SANTISTEBAN, Sonia Martín. *La figura del trust en los Estados Unidos de América – Sus aplicaciones en el derecho de família*. Barcelona: Revista para análisis del derecho, 2008, p. 9. *Vide* GALLANIS, Thomas P. *The New Direction of American Trust Law*. Iowa Law Review, v. 97, n. 1, 2011, p. 218; STEVENS, Clay R. *The Reverse Defective Grantor Trust*. New York: Penton Business Med – *Trusts* & Estates 151.10 (Oct 2012): n/a.

718 *Vide* STEVENS, Clay R. *The Reverse Defective Grantor Trust*. New York: Penton Business Med – *Trusts* & Estates 151.10 (Oct 2012): n/a.

719 *Cfr.* USA. *Internal Revenue Service*. Disponível: http://www.irs.gov/Businesses/Small-Businesses-&-Self-Employed/Abusive-Trust-Tax-Evasion-Schemes---Special-Types-of-*Trusts* Acesso em: 04.10.2012..

da residência passa aos beneficiários do *Trust*. Trata-se de um *Trust* irrevogável com implicações fiscais atinentes a doação[720].

Em sequência, designa-se de *Qualified Personal Residence Trust* (QPRT) a transferência de uma residência pessoal para um *Trust* onde o *grantor* mantém um interesse na *trust property* (renda) durante um prazo estipulado por ele. Se o *grantor* morrer antes do término do prazo, o valor da residência inclui-se na sua herança. Entretanto, se o grantor sobrevive até o final do termo estipulado, a residência passa diretamente aos beneficiários do *Trust*.

No *Grantor Retained Income Trust* o *grantor* cria um *Trust* irrevogável e retém o direito de todos os rendimentos do *Trust* durante um período específico, ou até a sua morte. Se o outorgante sobrevive ao prazo especificado nos termos do *trust instrument*, o *Trust* principal passa para os demais beneficiários de acordo com os termos e disposições do *trust instrument*.

Já no *Grantor Retained Annuity Trust*, o *grantor* cria um *Trust* irrevogável e retém o direito de receber, por um período determinado, uma anuidade com base em um valor específico ou percentagem fixa sobre o *Trust Fund*[721].

De maneira semelhante, em um *Grantor Retained Unitrust* o *grantor* cria um *Trust* irrevogável e mantém, por um período determinado, um direito anual para receber uma porcentagem fixa do valor de mercado líquido dos ativos do *Trust* (*fair market value*)[722].

O *Life Insurance Trust*, geralmente, um *Trust* irrevogável, é formado com o prêmio de um seguro de vida do *grantor* ou do *grantor* e de sua esposa[723].

Por sua vez, o *Funeral Trust* é um acordo realizado entre o *grantor* e o *funeral home / cemetery* para permitir o pagamento das despesas de funeral.

Ainda, interessante destacarmos o chamado *Rabbi Trust*, que é um *irrevocable trust*, que funciona como um tipo de plano de aposentadoria ou *deferring employee*. Normalmente, tais planos são oferecidos por empresários

[720] *Vide* HAUSER, Barbara R. *Trusts in the United States*. In: KAPLAN, Alon. *Trusts in Prime Jurisdictions*. London: Globe Law and Business, 2010, p. 414.

[721] *Cfr.* Section 2702(a)(2)(B) e 2702(b) do *Internal Revenue Code*. *Vide* HAUSER, Barbara R. *Trusts in the United States*. In: KAPLAN, Alon. *Trusts in Prime Jurisdictions*. London: Globe Law and Business, 2010, p. 414.

[722] *Vide Treasury Regulation Section* 25.2702-(c)(1).

[723] *Vide complementarmente: American Bar Association*. Disponível em: http://www.americanbar.org/publications/gp_solo/2011/september/ten_essential_tax_rulings_estate_planners.html. Acesso em: 04.10.2012.

aos seus funcionários como uma forma de benefício. Na mesma linha de ideias um *Deferring Employee* visa o complemento dos benefícios da aposentadoria. Contudo, neste caso, existe um acordo entre o empregador e o empregado, onde a compensação/remuneração por serviços atuais é adiada para uma data futura, ou é vinculada a ocorrência de um evento futuro.

Em Illinois e em cinco outros estados americanos, leis foram promulgadas estabelecendo um tipo especial de *Trust* comumente referido como: *"Illinois Land Trust"*. Tais *Trusts* são projetados para abrigar *ativos imobiliários* dentro de um *grantor trust*, limitando o acesso de terceiros às informações sobre o *grantor* ou sobre o beneficiário, contidas no *trust instrument*.

Nesta escolha, a constituição do *Trust* torna sigiloso todos os ajustes posteriormente realizados sobre a propriedade a ele transferida, dificultando o rastreamento dessas transações. Com efeito, a Lei estadual que rege esse tipo de *Trust*, adjudica ao *trustee* o direito de não revelar o verdadeiro proprietário do imóvel em *Trust*, bem como o nome de seus beneficiários.

No *Delaware Business Trust ou Alaska Business Trust*, o *trustee* pode investir a *trust property* com maior flexibilidade do que o permitido pela maioria dos *Trusts*[724].

Nesse passo, também é interessante incluirmos, aqui o chamado *Unincorporated Business Organization (UBO)*. Trata-se de um tipo de estrutura empresarial, onde os *trustees* mantém o título dos ativos (o capital social), e possui como principal objetivo a realização de investimentos em prol dos beneficiários do *Trust*. Igualmente é conhecida pelo termo *"Massachusetts Business Trust"*.

Para fins tributários federais, pode-se criar um *Qualified Subchapter S Trust (QSST)*. Neste caso, permite-se que a *trust property* seja parcialmente composta por ativos oriundos de uma estrutura empresarial chamada de *"S Corporation"*. Tal estrutura, em geral, é isenta do imposto de renda federal[725].

[724] Tais *Trusts* foram criados por leis promulgadas em dois Estados norte-americanos: Delaware e Alaska.

[725] Aqui, os resultados económicos são diretamente repassados aos acionistas. Cada acionista é encarregado de relatar, o lucro ou o prejuízo, em sua declaração individual do imposto

À derradeira, deve-se enfatizar que, para fins do imposto de renda federal (Internal Revenue Service), todos os *Trusts* são classificados como *Complex Trusts* ou *Simple Trusts.* Essa classificação leva em consideração apenas a forma como o *trustee* distribui a renda para os beneficiários do *Trust.* Basicamente, no *simple trust*, também conhecido por *bare trust*, após a morte do *settlor* toda a *trust property* é distribuída aos beneficiários do *Trust* em consonância com as disposições do *trust instrument.*

O *Internal Revenue Service* ainda tipifica os *Grantor Trusts* com propósitos *Charitable* que, em suma, se classificam em: *Charitable Lead Trust, Charitable Lead Annuity, Charitable Lead Unitrust, Charitable Remainder Trust* e o *Pooled Income Fund Trust.*

Em arremate importante, urge trazer-se a contexto breve abordagem sobre as fundações americanas e o *Trust.*

Nos EUA considerando-se o costume e a prática, as fundações formadas na forma de corporações, sem fins lucrativos, juntamente com *Charitable Trusts*, são os veículos preferidos para gestão de ativos atribuídos para fins de caridade por um determinado indivíduo, ou para posterior contribuição de terceiros[726].

Uma vez que estas organizações são normalmente isentas do imposto de renda, e oferecem benefícios fiscais para os seus colaboradores, as regras fiscais dos EUA regulam as atividades permitidas de uma fundação (o efeito pode ser amplo, como "*educational*", mas as operações devem cumprir suas finalidades), e tais entidades não podem ser usadas para beneficiar indivíduos particulares. Dessa forma, é vedado o favorecimento dos seus principais contribuintes. Igualmente, veda-se a utilização da estrutura para a transferência de riquezas de uma geração para outra[727].

de renda. *Cfr.* USA. *Internal Revenue Service.* Disponível: http://www.irs.gov/Businesses/Small-Businesses-&-Self-Employed/S-Corporations. Acesso em: 04.10.2012. *Vide* PEEBLES, Laura H. *Charitable Lead Trusts: Old Tool, New Thoughts. Trusts* & Estates, Penton Business Med, New York, Jun 2013; NEVIUS, Alistair M. *Trusts as S Corporation Shareholders.* Journal of Accountancy, September 2009, p. 80.

[726] *Cfr.* KOZUSKO, Donald, VETTER, Stephen. *United States – Trusts, Topical Analyses.* Amsterdam: IBFD, 2011, section 1.2.2.

[727] *Cfr.* KOZUSKO, Donald, VETTER, Stephen. *United States – Trusts, Topical Analyses.* Amsterdam: IBFD, 2011, section 1.2.2.

2. Reino Unido

Neste plano, uma vez que já superada a compreensão mínima a respeito dos *Trusts* no Direito Inglês no início deste livro, neste momento indicaremos alguns especícios tipos de trusts classificados por razões tributárias. Assim como *o Internal Revenue Service*, nos Estados Unidos da América, tipifica alguns tipos de *Trusts*, supramencionados, no Reino Unido, tal classificação é fornecida pela *HM Revenue & Customs* (HMRC)[728].

Nesse quadro, no Reino Unido, o *Express Trust* pode ser dividido em quatro categorias gerais principais: *bare trust, trust with an interest in possession, discretionary trust* e *privileged trust*[729].

a) ***Bare Trust*** – No *Bare Trust* os bens ou direitos são transferidos ao *trustee* que terá como a principal função a custódia da *trust property*. Neste caso, a *trust property* pertence a um ou mais beneficiários, que têm direito tanto a renda quanto ao capital do *Trust*[730]. Logo, o *trustee* possui deveres fixos e deve passar todo rendimento adquirido no *Trust* aos beneficiários. Do mesmo modo, deverá no momento indicado pelo *settlor* no *trust instrument*, transferir a propriedade para o beneficiário intitulado para ela[731].

No *Bare Trust*, em razão da sua principal função ser a custódia da *trust property*, os poderes do *trustee* são bem limitados, inclusive, ele não pode negociar a *trust property* sem a autorização dos beneficiários[732]. Em complemento, destaca-se, que para os efeitos fiscais, os bens são tratados

[728] *Cfr.* UK. *HM Revenue & Customs (HMRC)- Types of trust and tax implications.* Disponível em: http://www.hmrc.gov.uk/*Trusts*/types/index.htm . Acesso em: 25.02.2013; *Vide*: HERBERT, Mark. *Reality and perception in tax avoidance and mitigation. Trusts* & Trustees, United Kingdom, v. 19, n. 3 e 4, p. 356–363, april/may 2013.

[729] *Cfr.* HARDY, Amanda. *United Kingdom – Trusts, Topical Analyses.* Amsterdam: IBFD, 2010, section 1.4.1. *Vide* GOWAR, Martyn. *Trusts in England and Wales* (153-269). In: KAPLAN, Alon. *Trusts in Prime Jurisdictions.* London: Globe Law and Business, 2010, p. 295. *Vide* DEW, Richard. Private Client: Capital Punishment. In: Legal Week November 30, 2006.

[730] *Cfr.* HARDY, Amanda. *United Kingdom – Trusts, Topical Analyses.* Amsterdam: IBFD, 2010, section 1.4.1.1. *Vide* HAYTON, D.J., *The Law of Trusts.* London: Sweet e Maxwell, 1998, p. 45.

[731] *Cfr.* FREIRE E ALMEIDA, Verônica Scriptore. *A Tributação dos Trusts.* Coimbra: Almedina, 2009, p. 140. *Vide* COTTON, Wilson. *The self-protective trust. Trusts* & Trustees, United Kingdom, v. 19, n. 3 e 4, p. 259–266, april/may 2013, p. 263.

[732] *Cfr.* FREIRE E ALMEIDA, Verônica Scriptore. *A Tributação dos Trusts.* Coimbra: Almedina, 2009, p. 140. *Vide* MATTHEWS, Paul. *The place of the trust in English law and in English life. Trusts* & Trustees, United Kingdom, v. 19, n. 3 e 4, p. 242–254, april/may 2013, p. 251.

como sendo bens do beneficiário, sendo ignorada a presença e propriedade do *trustee*[733].

b) ***Interest in Possession Trust*** – O *Interest in Possession Trust* confere ao beneficiário um direito fixo sobre os frutos gerados no *Trust*. Logo, um beneficiário pode receber toda a renda angariada na administração da *trust property*. Entretanto, caso a *trust property* seja insusceptível de ser investida, pode ser conferido a ele o direito de, por exemplo, morar em uma casa que é parte do património transferido em *Trust* e, assim, gozar de tal bem[734].

Será atribuído ao beneficiário somente o rendimento líquido da *trust property*, após a dedução de tributos e demais despesas realizadas pelo *trustee* no exercício de sua gerência[735]. Importante mencionar que, em regra, neste tipo de *Trust* os beneficiários do rendimento não são os mesmos beneficiários que receberão o capital em um momento futuro, quando ocorrer a extinção do *Trust*. Em outras palavras, diferenciam-se, aqui, basicamente, entre os beneficiários do rendimento e os beneficiários do capital. Dessa forma, durante o período de existência do *Trust* o primeiro beneficiário tem direito a todo o rendimento levantado na administração do capital em *Trust*. Os direitos dos beneficiários do capital apenas nascem em um momento determinado no futuro[736]. Tal momento pode ser verificado através da estipulação expressa no *trust instrument* de uma data pré-fixada, ou após determinado evento futuro.

c) ***Discretionary Trust*** – O *Discretionary Trust* é aquele em que ao *trustee* é conferido amplos poderes de administração. É de se lembrar nesse

733 *Vide* FREIRE E ALMEIDA, Verônica Scriptore. *A Tributação dos Trusts*. Coimbra: Almedina, 2009, p. 140.

734 *Vide* FREIRE E ALMEIDA, Verônica Scriptore. *A Tributação dos Trusts*. Coimbra: Almedina, 2009, p. 140; HARDY, Amanda. *United Kingdom – Trusts, Topical Analyses*. Amsterdam: IBFD, 2010, section 1.2.1.; GOWAR, Martyn. *Trusts in England and Wales* (153-269). In: KAPLAN, Alon. *Trusts in Prime Jurisdictions*. London: Globe Law and Business, 2010; DEW, Richard. *Private Client: Capital Punishment*. In: Legal Week November 30, 2006.

735 *Cfr.* HAYTON, D.J., *The Law of Trusts*. London: Sweet e Maxwell, 1998, p. 46. HARDY, Amanda. *United Kingdom – Trusts, Topical Analyses*. Amsterdam: IBFD, 2010, section 1.2.1.

736 *Vide* FREIRE E ALMEIDA, Verônica Scriptore. *A Tributação dos Trusts*. Coimbra: Almedina, 2009, p. 140.

ponto, que o *trustee* tem um poder discricionário quanto à maneira pela qual o rendimento do *Trust* deve ser distribuído ou, se deve ser distribuído no todo ou acumulado e acrescentado ao capital do *trust fund*[737].

Note-se, então, que os beneficiários de um *Trust* discricionário possuem apenas uma expectativa de direito, sob a discrição do *trustee*. Em outras palavras, o beneficiário não possui um direito fixo e determinado à renda do *trust fund*.

Deve-se destacar, que tais *Trusts* são, por vezes, criados para reservar o capital a uma necessidade futura, que não pode ser conhecida no momento da constituição do *Trust*[738]. Normalmente é constituído para a proteção de beneficiários incapazes ou beneficiários que não são responsáveis o suficiente para lidar com o dinheiro por si.

d) *Privileged Trusts* – Incluem-se, aqui, o *Accumulation and Maintenance Trust*, *Charitable Trust*, *Trust* for the *Disabled*, *Employee Trust*, *Newspaper Trust*, *Maintenance Fund*, *Trust* for *Conditionally Exempt Property* and *Pension Trust*[739].

São *Trusts* fiscalmente privilegiados em razão de suas finalidades[740]. Na prática Inglesa, dentre os *Privileged Trust*, o *Acumulation and Maintenance* era o mais frequentemente encontrado, pois possuía muitos privilégios em relação ao *inheritance tax*. Contudo, tal *Trust* não pode mais ser criado no Reino Unido desde 22 de março de 2006[741].

737 *Cfr.* HARDY, Amanda. *United Kingdom – Trusts, Topical Analyses*. Amsterdam: IBFD, 2010, section 1.4.1.3. HM REVENUE & CUSTOMS. *Trusts An introduction*. Disponível em: http://www.hmrc.gov.uk/*Trusts*/types/discretionary-accum.htm#1 . Acesso em 27.09.2019.

738 *Vide* HM REVENUE & CUSTOMS. *Trusts An introduction*. Disponível em: http://www.hmrc.gov.uk/*Trusts*/types/discretionary-accum.htm#1 .Acesso em 27.09.2012.

739 *Cfr.* HARDY, Amanda. *United Kingdom – Trusts, Topical Analyses*. Amsterdam: IBFD, 2010, section 1.4.1.4. *Vide* BARLOW, Francis. *The flexibility of family Trusts*. *Trusts* & Trustees, United Kingdom, v. 19, n. 3 e 4, p. 255–258, april/may 2013.

740 *Cfr.* HARDY, Amanda. *United Kingdom – Trusts, Topical Analyses*. Amsterdam: IBFD, 2010, section 1.4.1.4.

741 Em síntese, o referido *Trust* era constituído quando o *settlor* considerava indesejável conferir a beneficiários menores de 25 anos um Direito imediato sobre a renda do *Trust*. Nesse passo, os beneficiários serão intitulados ao capital, ou ao menos receberão os rendimentos do *Trust* ao atingirem determinada idade, contudo, não mais do que 25 anos de idade. Portanto, o *trustee* poderia acumular a renda ou utilizá-la apenas para a manutenção de um beneficiário, até que ele complete certa idade, ou até determinada data, a partir da

3. China

Neste plano, ganham destaque os *Trusts* constituídos na China em dois cenários: na República Popular da China e na Região Administrativa Especial de Hong Kong[742]. Assim, desde logo, cabe destacar, que a China não é parte da Convenção de Haia sobre os *Trusts*. Entretanto, a Convenção de Haia se aplica em Hong Kong, região administrativa especial da República Popular da China[743].

O foco do presente tópico será, então, em um primeiro momento a *Trust Law* chinesa (*Trust Law of the People's Republic of China – Order of the President Nº 50*)[744]. Seguidamente, passaremos a análise dos *Trusts* constituídos em Hong Kong.

3.1. China Continental e os *Trusts*

Antes de ingressarmos na análise do *Trust* em Hong Kong, interessante mencionarmos que a China, assim como muitas outras jurisdições de *civil law*, acolheu o *Trust* em razão da crescente utilização e amplo reconhecimento internacional do instrumento, promulgando, em 1º de outubro de 2001, a *Trust Law of the People's Republic of China*[745].

qual o beneficiário receberá a titularidade da propriedade ou passará a levantar rendas do *Trust*. *Cfr.* HAYTON, D.J. *The Law of Trusts*. London: Sweet e Maxwell, 1998, p. 49.

[742] Também em Taiwan, uma *Trust Act Taiwan* ("TA") foi aprovada em 1995 e promulgada em 26 de janeiro de 1996. *Vide* mais sobre: FONG, Yvonne. *Trust Law In Taiwan*. In: Manivest Asia Limited, fev/2005.

[743] *Cfr.* GRAHAM, Toby; STEENY, Peter. *The Chinese trust. Trusts* & Trustees, United Kingdom, v. 18, n. 1, p. 36–42, january 2012, p. 36.

[744] *Vide* HO, Lusina; LEE, Rebecca. *Reception of the trust in Asia: an historical perspective*, p. 10-26. *In:* HO, Lusina; LEE, Rebecca. *Trust Law in Asian Civil Law Jurisdictions – A Comparative Analysis*. Cambridge: Cambridge University Press, 2013.

[745] *Vide* GRAHAM, Toby; STEENY, Peter. *The Chinese trust. Trusts* & Trustees, United Kingdom, v. 18, n. 1, p. 36–42, january 2012, p. 36; REID, Kenneth G.C. *Conceptualizing the Chinese Trust: Some Thoughts From Europe*. In: CHEN, Lei; RHEE, Van. *Towards a Chinese Civil Code: Comparative and Historical Perspectives Chinese and Comparative Law Series*. The Netherlands: Martinus Nijhoff Publishers, 2012, p. 210, p. 210; HO, Lusina; LEE, Rebecca; JINPING, Jin. *Trust law in China: a critical evaluation of its conceptual foundation*. In: HO, Lusina; LEE, Rebecca. *Trust Law in Asian Civil Law Jurisdictions – A Comparative Analysis*. Cambridge: Cambridge University Press, 2013, p. 80-99; LEE, Rebecca. *Convergence and divergence in The Worlds of the Trust: duties and liabilities of trustees under the Chinese trust*. In: SMITH, Lionel. *The Worlds of the Trust*. Cambridge: Cambridge University Press, 2013, p. 406.

Nesse sentido, esclarece RWOOD, *in verbis*: "*In 2001, China introduced a law of trusts which is effectively a codification of the English law of trusts. In fact much of their private law, their company law, their commercial law and their bankruptcy law, is a codification of English law, although not intentionally of course*"[746].

Em alinhamento, afirma LEE (2013), *in verbis*: "*Despite these conceptual difficulties china embraced the trust enacting a trust law in 2001 in an attempt to regulate its emerging financial trusts services industry*"[747].

Desta forma, o uso e o conceito de *Trust* é praticamente novo na República Popular da China. Destaca-se, outrossim, que o principal objetivo da legislação foi o de fornecer uma base legal para a regulação das atividades económicas conexas com os *Trusts* já fortemente presentes no país, com vistas a responder à crescente demanda na utilização dos *Trusts* na gestão de ativos, no planejamento financeiro, e em atividades caritativas[748].

Nesse passo, explica POHRIB, *in verbis*: "*The initial decision by the National People's Congress to draft a trust law seems to have been based on the broad understanding that the trust is a suitable tool to achieve economic freedom and efficiency, which was absolutely necessary to transform China from a planned economy into a market economy*"[749].

No mesmo sentido esclarece HO (2010), *in verbis*: "*Since its reception into China, the trust vehicle has been used primarily in the financial arena, in securities investment funds, capital trusts, enterprise annuities funds (occupational pension schemes) and asset securitization*[750].

[746] RWOOD, Philip. *Commercial Trusts in an international context. Trusts* & Trustees, United Kingdom, v. 19, n. 3 e 4, p. 267-274, april/may 2013, p. 271.

[747] *Cfr.* LEE, Rebecca. *Convergence and divergence in The Worlds of the Trust: duties and liabilities of trustees under the Chinese trust.* In: SMITH, Lionel. *The Worlds of the Trust.* Cambridge: Cambridge University Press, 2013, p. 406.

[748] *Cfr.* ZIMMERMAN. James M. *China Law Deskbook: A Legal Guide for Foreign-invested Enterprises.* Volume 1. EUA: American Bar Association, 2010, p. 504.

[749] *Cfr.* POHRIB, Aurelia Marina. *China's 2001 Import of the Classic Anglo-American Concept of Trust.* In: Albany Law School, Chinese Law Paper Series, Government Law Center, 2011, p. 1. *Vide* também: LEE, Rebecca. *Conceptualizing the Chinese Trust.* Cambridge University Press, International and Comparative Law Quarterly, v. 58, Issue 03, p. 655-669, july 2009, p. 655; HO, Lusina. *Trust law in China.* Malaysia: Sweet & Maxell Asia, 2003, p. 16 e 109.

[750] *Cfr.* HO, Lusina. *China: trust law and practice since 2001. Trusts* & Trustees, United Kingdom, v. 16, n. 3, p. 124–127, april 2010, p. 124. Nesse ponto, explica XUEREB (2005), *in verbis:*

Em síntese, a *Trust Law of the People's Republic of China (Order of the President Nº 50)*, possui um total de 74 artigos e está dividida em sete Capítulos, a saber: disposições gerais, criação dos *trusts*, *trust property*, as partes do *trust*, alteração e rescisão dos *trusts*, *charitable trusts* e, enfim, as disposições complementares[751].

Ao *People's Bank of China* (PBC) foi confiada a tarefa de desenvolver regulamentações sobre as atividades das *Trusts Companies*. Assim sendo, adotou um conjunto de normas que regulam as atividades de *Trusts* utilizados para fins comerciais. Especialmente, as referidas normas abordam as instituições financeiras que estão principalmente envolvidas com *Trusts* empresariais estabelecidos de acordo com o Direito de Empresa da República Popular da China, e com as regras designadas de *Administrative Rules on Trust and Investment Companies*[752].

A *China Banking Regulatory Commission ('CBRC')*, órgão regulador das *trust companies* e *business*, também produziu um projeto que contém medidas internas aplicáveis aos fundos de investimento imobiliário[753].

Nesse quadro, e em breve síntese, o termo *Trust* é definido no artigo 2º da *Trust Law*, *in verbis*: "*For purposes of this Law, trust refers to that the settler,*

"(...) the enactment of the Trust Law of the People's Republic of China (the "Trust Law")1 in 2001 has opened up the possibilities for securitisation structures. The Trust Law introduced the concept of special purpose Trusts ("SPTs"), which also can be used for securitisation deals". Cfr. XUEREB, Maria. *Securitisation in China. Trusts* & Trustees, United Kingdom, v. 11, Issue 4, p. 11-14, march 2005, p. 12; REID, Kenneth G.C. *Conceptualizing the Chinese Trust: Some Thoughts From Europe.* In: CHEN, Lei; RHEE, Van. *Towards a Chinese Civil Code: Comparative and Historical Perspectives Chinese and Comparative Law Series.* The Netherlands: Martinus Nijhoff Publishers, 2012, p. 210. p. 211.

[751] *Cfr.* CHINA. *Trust Law of the People's Republic of China (Order of the President Nº 50). Chinese Government's Official Web Portal.* Disponível em: http://english.gov.cn/laws/2005-09/12/content_31194.htm. Acesso em: 30.08.2013.

[752] *Vide* CHINA. *People's Bank of China (PBC). Administrative Rules on Trust and Investment Companies.* Disponível em: http://www.pbc.gov.cn/publish/english/964/1955/19559/19559_.html. Acesso: 12.09.2013; *Companies Law of the People's Republic of China.* Disponível em: http://www.china.org.cn/government/laws/2007-06/06/content_1207345.htm. Acesso em: 12.09.2013.

[753] *Cfr.* HO, Lusina. *China: trust law and practice since 2001. Trusts* & Trustees, United Kingdom, v. 16, n. 3, p. 124–127, april 2010, p. 124. *Vide* ZIMMERMAN. James M. *China Law Deskbook: A Legal Guide for Foreign-invested Enterprises.* Volume 1. EUA: American Bar Association, 2010, p. 504.

based on his faith in trustee, entrusts his property rights to the trustee and allows the trustee to, according to the will of the settler and in the name of the trustee, administer or dispose of such property in the interest of a beneficiary or for any intended purposes"[754].

Significativamente, podemos identificar a ausência de uma exigência expressa da transferência da propriedade para o *trustee*, diferente do *Trust* inglês, onde a transferência é requisito essencial de validade do instrumento. Logo, na China, é possível que o *settlor* retenha a posse da propriedade fiduciária, e ainda assim estabeleça uma relação de *Trust*, bastando para tanto a realização do *trust instrument*[755].

Também, merece destaque o fato da *trust law* chinesa adjudicar ao *settlor* a continuação do seu papel no *Trust*, prevendo vários direitos, independentemente de saber se ele é um beneficiário do *Trust*. Estes direitos (previstos nos artigos 20 a 23 da Lei) incluem o direito de obter informações e esclarecimentos em relação ao *Trust*, o direito de pedir ao *trustee* modificações sobre o método de administração do *Trust*, além de conferir legitimidade ativa ao *settlor* em ações judiciais contra o *trustee* que agir em violação do *Trust*. No mesmo sentido, também é concedido ao *settlor* o poder de mudar os direitos dos beneficiários após a vigência do *Trust*[756].

Igualmente ao *Trust* da *common law*, é admissível que o *settlor* se reserve de poderes específicos no *trust instrument*. Nestas situações, a *trust property* é considerada como pertencente ao *settlor* e é passível de ação de execução de seus credores particulares[757].

754 *Vide Trust Law of the People's Republic of China (Order of the President Nº 50).*

755 *Vide* HO, Lusina. *China: trust law and practice since 2001. Trusts* & Trustees, United Kingdom, v. 16, n. 3, p. 124–127, april 2010, p. 125.

756 *Vide* artigos 19 a 23 da *Trust Law of the People's Republic of China (Order of the President Nº. 50)*; GRAHAM, Toby; STEENY, Peter. *The Chinese trust. Trusts* & Trustees, United Kingdom, v. 18, n. 1, p. 36–42, january 2012, p. 38; POHRIB, Aurelia Marina. *China's 2001 Import of the Classic Anglo-American Concept of Trust.* In: Albany Law School, Chinese Law Paper Series, Government Law Center, 2011, p. 4.

757 *Vide* artigos 20 a 23 da *Trust Law of the People's Republic of China (Order of the President Nº 50)*; GRAHAM, Toby; STEENY, Peter. *The Chinese trust. Trusts* & Trustees, United Kingdom, v. 18, n. 1, p. 36–42, january 2012, p. 38; REID, Kenneth G.C. *Conceptualizing the Chinese Trust: Some Thoughts From Europe.* In: CHEN, Lei; RHEE, Van. *Towards a Chinese Civil Code: Comparative and Historical Perspectives Chinese and Comparative Law Series.* The Netherlands: Martinus Nijhoff Publishers, 2012, p. 210, p. 218-219.

Naturalmente, a *trust law* chinesa também confere direitos aos beneficiários do *Trust*. Destaca-se, que os beneficiários do *Trust* são definidos na lei como *"the person that enjoys the right to benefit from a trust"*[758]. Em alinhamento, o artigo 49 dispõe que o beneficiário pode exercer os mesmos direitos conferidos ao *settlor*, tais como os estipulados nos artigos 20 a 23 acima ressaltados.

Nesse quadro, destaca POHRIB, *in verbis*: *"Settlors and beneficiaries can demand compensation from the trustees in the event of a failure to perform/breach his or her duties"*[759].

Entretanto, não se reconhece na China a natureza real dos direitos benéficos do beneficiário. Em essência, não há divisão entre a propriedade legal e a propriedade benéfica, sendo, pois, mais delicados os direitos dos beneficiários[760].

Em prosseguimento, interessante indicarmos, também, que o Artigo 6 da lei acolhe a sua criação para o benefício de beneficiários, ou para fins específicos[761]. Também estabelece a Lei chinesa que os *Trusts* somente podem ser criados por escrito, admitindo-se a forma contratual, testamentária, ou outras formas escritas estabelecidas em Lei. Em sendo contratual a sua forma, o *Trust* terá início quando o referido contrato é assinado. Por outro lado, se utilizada qualquer outra forma escrita, o *Trust* é considerado criado quando o *trustee* aceitar sua função[762]. Por conseguinte, não se permite a *self declaration trust*, nem se admite a constituição dos *resulting* e dos *constructive trusts*[763].

[758] *Vide* artigo 43 da *Trust Law of the People's Republic of China (Order of the President Nº 50)*.

[759] *Cfr.* POHRIB, Aurelia Marina. *China's 2001 Import of the Classic Anglo-American Concept of Trust*. In: Albany Law School, Chinese Law Paper Series, Government Law Center, 2011, p. 3. *Vide* LEE, Rebecca. *Convergence and divergence in The Worlds of the Trust: duties and liabilities of trustees under the Chinese trust*. In: SMITH, Lionel. *The Worlds of the Trust*. Cambridge: Cambridge University Press, 2013, p. 406-427.

[760] *Cfr.* POHRIB, Aurelia Marina. *China's 2001 Import of the Classic Anglo-American Concept of Trust*. In: Albany Law School, Chinese Law Paper Series, Government Law Center, 2011, p. 4. *Vide* REID, Kenneth G.C. *Conceptualizing the Chinese Trust: Some Thoughts From Europe*. In: CHEN, Lei; RHEE, Van. *Towards a Chinese Civil Code: Comparative and Historical Perspectives Chinese and Comparative Law Series*. The Netherlands: Martinus Nijhoff Publishers, 2012, p. 222.

[761] *Cfr.* CHINA. *Trust Law of the People's Republic of China (Order of the President Nº 50)*.

[762] *Vide* artigo 8º da Lei.

[763] *Cfr.* HO, Lusina. *China: trust law and practice since 2001*. *Trusts* & Trustees, United Kingdom, v. 16, n. 3, p. 124–127, april 2010, p. 124. *Vide* LEE, Rebecca. *Convergence and divergence in The*

Novamente, destaca-se, que a China não é parte da Convenção da Haia sobre a Lei Aplicável aos *Trusts* e ao seu reconhecimento. Além disso, sua *trust law* não contém nenhuma disposição sobre a escolha da lei que regerá o *Trust*, especificando, entretanto, que a *trust law* chinesa é aplicável às atividades de *Trusts* realizadas na China[764].

Uma vez que o componente principal das atividades de um *Trust* é a sua administração, observa-se, pois, que um *Trust* criado por um *settlor* estrangeiro para o benefício de beneficiários estrangeiros, mas administrado por um *trustee* chinês, provavelmente será sujeito a *trust law* chinesa[765].

Acrescente-se, que o *Trust* criado na China precisa ser registrado quando as leis ou regulamentos administrativos estipularem formalidades à sua válida criação. Assim sendo, estabelece a lei que a ausência do registo ocasiona à invalidade do *Trust*, quer em relação às partes do *Trust* (*settlor, trustee* e beneficiário) quer em relação a terceiros[766].

Igualmente ao *Trust* da *common law*, na China a *trust property* é segregada da propriedade particular do *trustee,* e do *settlor.* Dessa forma, a *trust property* é imune às reivindicações de seus herdeiros e credores. Nessa linha, pois, também na China os *Trusts* estabelecidos em prejuízo dos credores do *settlor* podem ser rescindidos, sem, contudo, afetar os benefícios já recebidos pelos beneficiários do *Trust* de boa-fé. Em qualquer caso, existe um prazo prescricional estabelecido de um ano, contado a partir do momento em que o credor se torna consciente da transferência da propriedade para um *Trust*[767].

Worlds of the Trust: duties and liabilities of trustees under the Chinese trust. In: SMITH, Lionel. *The Worlds of the Trust.* Cambridge: Cambridge University Press, 2013, p. 406-427.

764 *Vide* HO, Lusina. *China: trust law and practice since 2001. Trusts* & Trustees, United Kingdom, v. 16, n. 3, p. 124–127, april 2010, p. 125.

765 *Vide* HO, Lusina. *China: trust law and practice since 2001. Trusts* & Trustees, United Kingdom, v. 16, n. 3, p. 124–127, april 2010, p. 125; LEE, Rebecca. *Convergence and divergence in The Worlds of the Trust: duties and liabilities of trustees under the Chinese trust.* In: SMITH, Lionel. *The Worlds of the Trust.* Cambridge: Cambridge University Press, 2013, p. 406-427.

766 *Vide* artigo 10º da Lei. *Cfr.* HO, Lusina. *China: trust law and practice since 2001. Trusts* & Trustees, United Kingdom, v. 16, n. 3, p. 124–127, april 2010, p. 125.

767 *Vide* GRAHAM, Toby; STEENY, Peter. *The Chinese trust. Trusts* & Trustees, United Kingdom, v. 18, n. 1, p. 36–42, january 2012, p. 42; *Vide* artigo 12 da *Trust Law of the People's Republic of China (Order of the President Nº50)*; REID, Kenneth G.C. *Conceptualizing the Chinese Trust: Some Thoughts From Europe.* In: CHEN, Lei; RHEE, Van. *Towards a Chinese Civil Code:*

Quanto aos deveres do *trustee*, também a *trust law* chinesa prevê que estes devem prestar contas de sua administração, manter a confidencialidade, fornecer informações ao *settlor* e aos beneficiários, além dos deveres de honestidade, lealdade, prudência e de eficácia na gestão do *Trust*. A noção de gestão honesta e confiável é geralmente considerada dentro de seus deveres fiduciários[768].

Por fim, os *Trusts* foram recepcionados na China com vistas a suprir finalidades comerciais, e é assim que seu uso vem se disseminando[769]. A aceitação e implementação dos *Trusts* pela China tende a influenciar a sua adoção por outros países, também de origem *civil law*, promovendo o desenvolvimento e o aproveitamento do instrumento dos *Trusts* de uma forma internacionalizada.

3.2. Os *Trusts* em Hong Kong

As leis da Inglaterra foram introduzidas em Hong Kong – Especial Região Administrativa da República Popular da China – ex-colônia do Reino Unido, perante uma fórmula (mais tarde promulgada pela Secção 5 da "*Supreme Court Ordinance 1873*"), que incorporou ambos os estatutos ingleses, antes de 5 de abril de 1843. Com efeito, a *common law* e a *equity* seguiram juntamente com o desenvolvimento do sistema jurídico de Hong Kong[770].

Nem todos os princípios da *equity*, oriundos do Direito inglês são adequados a Hong Kong, tendo em vista que Hong Kong tem suas peculiares

Comparative and Historical Perspectives Chinese and Comparative Law Series. The Netherlands: Martinus Nijhoff Publishers, 2012, p. 210, p. 225-226.

[768] *Vide* GRAHAM, Toby; STEENY, Peter. *The Chinese trust. Trusts* & Trustees, United Kingdom, v. 18, n. 1, p. 36–42, january 2012, p. 39. *Vide* artigo 25 da *Trust Law of the People's Republic of China (Order of the President Nº 50)*.

[769] *Vide* GRAHAM, Toby; STEENY, Peter. *The Chinese trust. Trusts* & Trustees, United Kingdom, v. 18, n. 1, p. 36–42, january 2012, p. 36.

[770] O Capítulo 88 do *"Application Of English Law Ordinance"*, estipulava que os Princípios Jurídicos Ingleses e os Estatutos Imperiais, foram declarados para serem aplicados em Hong Kong a partir de 07 de janeiro de 1966. Porém, tal Capítulo 88 não foi adotado pelas leis em HKSAR (Hong Kong Special Administrative Region) após 30 de junho de 1997. *Cfr.* TSANG, James; LEUNG, Daniel. *Hong Kong – Trusts, Topical Analyses*. Amsterdam: IBFD, 2011, section 1; HK. *Hong Kong Legal Information Institute. Cap 88 Application Of English Law Ordinance*. Disponível em: http://www.hklii.hk/eng/hk/legis/ord/88/ Acesso em: 08.09.2019.

características. Como, por exemplo, a *English Trust Law* não é aplicada ao *Chinese customary trust*[771].

Assim, a aplicabilidade destes princípios de *equity* do Direito Inglês está condicionada a determinadas situações estabelecidas pelos Tribunais de Hong Kong[772].

Após 1 de Julho de 1997, quando a soberania de Hong Kong foi devolvida à República Popular da China, os princípios da *common law* e da *equity* continuaram com sua aplicação sob Hong Kong, com base no art. 8 º da Lei Básica de Hong Kong (Lei Fundamental), que afirma que as leis anteriormente vigentes em Hong Kong, ou seja, a *common law* e as regras da *equity*, as portarias, as legislações subordinadas e o Direito consuetudinário, devem ser mantidos, salvo naquilo que contrariar a Lei Básica e, ainda, sujeitam-se a emendas realizadas pelo Conselho Legislativo de Hong Kong[773].

Assim sendo, a *Trust Law* de Hong Kong foi simplesmente importada dos princípios equitativos desenvolvidos pelos tribunais ingleses desde os tempos medievais. De fato, os Tribunais de Hong Kong, adotaram o conceito da Lei do *Trust* e, ainda, vários princípios nascentes na *common law*[774].

Em tal contexto, vale aqui então enfatizar que, Hong Kong assinou e ratificou a Convenção da Haia sobre a Lei Aplicável aos *Trusts* e seu

[771] *Cfr.* TSANG, James; LEUNG, Daniel. *Hong Kong – Trusts, Topical Analyses.* Amsterdam: IBFD, 2011, section.1. *Vide* HUTTON, Mimi. *Hong Kong. Trusts* & Estates, Penton Business Med, New York, Volume 152, Issue 1, jan 2013.

[772] *Cfr.* TSANG, James; LEUNG, Daniel. *Hong Kong – Trusts, Topical Analyses.* Amsterdam: IBFD, 2011, section 1. *Vide* HUTTON, Mimi. *Hong Kong. Trusts* & Estates, Penton Business Med, New York, Volume 152, Issue 1, jan 2013; LEE, Rebecca. *Overview of the trust law regime in Hong Kong: a time for change. Trusts* & Trustees, United Kingdom, v. 16, n. 3, p. 134–138, april 2010.

[773] Nesse sentido, *in verbis*: *"Article 8 -The laws previously in force in Hong Kong, that is, the common law, rules of equity, ordinances, subordinate legislation and customary law shall be maintained, except for any that contravene this Law, and subject to any amendment by the legislature of the Hong Kong Special Administrative Region"*. *Vide*: HK. *The Basic Law of the Hong Kong Special Administrative Region of the People's Republic of China.* Disponível em: http://www.basiclaw.gov.hk/en/basiclawtext/chapter_1.html . Acesso em: 07.09.2019.

[774] *Cfr.* TSANG, James; LEUNG, Daniel. *Hong Kong – Trusts, Topical Analyses.* Amsterdam: IBFD, 2011, section 1. *Vide* HUTTON, Mimi. *Hong Kong. Trusts* & Estates, Penton Business Med, New York, Volume 152, Issue 1, jan 2013.

Reconhecimento, de 1 de julho de 1985. Contudo, a Convenção somente entrou em vigor em 30 de março de 1990, com o reconhecimento da *Trusts Ordinance (Cap. 76)*, que aprovou a Convenção, adotando-a como uma lei local em Hong Kong[775].

Hodiernamente, em Hong Kong, os *Trusts* se tornam cada vez mais atraentes como veículo de gestão e proteção de ativos. Na verdade, Hong Kong é um importante centro de gestão de ativos da Ásia.

Para os objetivos do presente tópico, de compreensão do uso do instituto do *Trust* em Hong Kong, passaremos agora à averiguação dos principais aspectos característicos dos *Trusts* em Hong Kong. Após, consideraremos os principais itens concernentes a proposta de reforma de sua *Trust Law*, que objetiva fomentar a competitividade de Hong Kong.

a) Aspectos Característicos dos *Trusts* em Hong Kong – Com base no art. 8 º da *"Basic Law of the Hong Kong Special Administrative Region of the People's Republic of China"*, os conceitos do *Trust* instituído no Reino Unido, tais como suas características, história e requisitos formais, são aplicáveis em Hong Kong[776].

Logo, sendo uma das jurisdições da *common law*, o conceito de *Trust* não é estranho à jurisprudência de Hong Kong. Nesta linha, um *Trust* pode ser criado em Hong Kong por qualquer pessoa ou entidade, tal como uma empresa, desde que capazes[777].

Ressalta-se, que o *Trust* pode ser criado através de uma doação ou através da transferência da propriedade para o *trustee*, para a manutenção desta

[775] *Vide* CONAGLEN, Matthew; WEAVER, Elizabeth. *Protectors as fiduciaries: theory and practice. Trusts* & Trustees, United Kingdom, v. 18, n. 1, p. 17–35, january 2012, p. 17.

[776] Segundo o Artigo 8, *in verbis*: *"The laws previously in force in Hong Kong, that is, the common law, rules of equity, ordinances, subordinate legislation and customary law shall be maintained, except for any that contravene this Law, and subject to any amendment by the legislature of the Hong Kong Special Administrative Region"*. *Cfr.* HK. *The Basic Law of the Hong Kong Special Administrative Region of the People's Republic of China.* Disponível em: http://www.basiclaw.gov.hk/en/basiclawtext/chapter_1.html . Acesso em: 08.09.2019.

[777] *Vide* HUTTON, Mimi. *Hong Kong. Trusts* & Estates, Penton Business Med, New York, Volume 152, Issue 1, jan 2013; LEE, Rebecca. *Overview of the trust law regime in Hong Kong: a time for change. Trusts* & Trustees, United Kingdom, v. 16, n. 3, p. 134–138, april 2010, p. 135.

e de outras propriedades, em benefício dos beneficiários[778]. Igualmente, o *Trust* será constituído se o *trustee* declarar que uma propriedade particular, que detém, será conduzida para o benefício dos beneficiários a partir da data da declaração (Declaração de *Trust*)[779].

Deste modo, pode-se dizer, que uma vez o *settlor* transferindo os direitos de propriedade para o *trustee,* o *Trust* tem início.

Deve ser notado que, em Hong Kong, a primeira propriedade transferida para estabelecer o *Trust* é conhecida como "*initial settlement sum*". Perceba-se, que quaisquer outros bens posteriormente transferidos e aceitos pelo *trustee,* com base nos termos do *trust instrument* existente, seriam considerados como adições posteriores ao *Trust*[780].

À semelhança do *Trust* inglês, os tipos de *Trusts* existentes em Hong Kong incluem os *express,* os *resulting* e os *constructive trusts.* Logo, o tipo mais comum de *Trust,* também em Hong Kong, é o *express trust,* aquele que foi deliberadamente estabelecido por escrito (*trust deed*) por parte do instituidor e aceito pelo *trustee.* Os *express trust,* em Hong Kong, são, basicamente, classificados como *inter vivos* ou *testamentary.* Este último também é designado por *will trusts*[781].

Em Hong Kong, normalmente, o *trust instrument* é escrito, e realizado na forma de uma escritura. Em regra, o *Trust* será regido pela Lei local e pelos termos do *trust instrument,* embora o *settlor* possa determinar qual a lei que regerá o *Trust*[782].

Por sua vez, a criação de um "*testamentary trust*" ou "*will trust*", pode ser mais complicada do que a de um *trust inter vivos,* especialmente onde

[778] *Cfr.* TSANG, James; LEUNG, Daniel. *Hong Kong – Trusts, Topical Analyses.* Amsterdam: IBFD, 2011, section 1.1; LEE, Rebecca. *Overview of the trust law regime in Hong Kong: a time for change. Trusts* & Trustees, United Kingdom, v. 16, n. 3, p. 134–138, april 2010, p. 135.

[779] *Cfr.* TSANG, James; LEUNG, Daniel. *Hong Kong – Trusts, Topical Analyses.* Amsterdam: IBFD, 2011, section 1.1.

[780] *Cfr.* TSANG, James; LEUNG, Daniel. *Hong Kong – Trusts, Topical Analyses.* Amsterdam: IBFD, 2011, section 1.1.

[781] *Vide* LEE, Rebecca. *Overview of the trust law regime in Hong Kong: a time for change. Trusts* & Trustees, United Kingdom, v. 16, n. 3, p. 134–138, april 2010, p. 135.

[782] *Cfr.* TSANG, James; LEUNG, Daniel. *Hong Kong – Trusts, Topical Analyses.* Amsterdam: IBFD, 2011, section 1.2.1.; LEE, Rebecca. *Overview of the trust law regime in Hong Kong: a time for change. Trusts* & Trustees, United Kingdom, v. 16, n. 3, p. 134–138, april 2010, p. 135.

múltiplas jurisdições são envolvidas[783]. Insta relembrar, que a criação de um *testamentary trust* deve seguir as mesmas formalidades exigidas à elaboração de um testamento, que em Hong Kong significa obedecer às formalidades prescritas *Wills Ordinance*[784].

Igualmente ao Reino Unido, em Hong Kong o *de cujus* pode considerar o benefício, em determinados casos, de prever a transferência da propriedade residual da herança, ou certos ativos, a um *trust inter vivos* já constituído[785]. No entanto, a transferência de bens residuais para um *Trust inter vivos* não deverá afetar: os direitos à provisão financeira razoável de certos membros da família e seus dependentes no âmbito das disposições referentes à *Inheritance Ordinance (Provision For Family And Dependents)*[786]; o *joint tenancy interest* na *real property*, ou por fim, certos direitos a pagamentos periódicos no âmbito do *Matrimonial Proceedings e Property Ordinance*[787].

Em relação aos *trustees*, destaca-se, que eles são nomeados no momento da constituição do *Trust*, sendo-lhes conferidos amplos poderes, na medida em que eles não entrem em conflito com os termos do *trust instrument* e da *Trustee Ordinance Act*. Entretanto, não existe ainda, em Hong Kong, um dever legal de cuidado à semelhança do que existe no Reino Unido e em Singapura. Com efeito, o dever de cuidado da *common law* é mais abrangente e mais rigoroso[788].

783 *Cfr.* TSANG, James; LEUNG, Daniel. *Hong Kong – Trusts, Topical Analyses*. Amsterdam: IBFD, 2011, section 1.1.; LEE, Rebecca. *Overview of the trust law regime in Hong Kong: a time for change. Trusts* & Trustees, United Kingdom, v. 16, n. 3, p. 134–138, april 2010, p. 135.

784 A elaboração de um testamento válido em Hong Kong, deve ser por escrito, assinado pelo testador e, por fim, atestado por pelo menos duas testemunhas. *Vide* Cap. 30 das Leis de Hong Kong. *Cfr.* HK. Hong Kong Legal Information Institute. *Wills Ordinance*. Disponível em: http://www.hklii.hk/eng/hk/legis/ord/30/ Acesso em: 07.09.2019.

785 *Cfr.* TSANG, James; LEUNG, Daniel. *Hong Kong – Trusts, Topical Analyses*. Amsterdam: IBFD, 2011, section 1.1.

786 *Cfr.* HK. Hong Kong Legal Information Institute. *Cap 481 – Inheritance (Provision For Family And Dependants) Ordinance*. Disponível em: http://www.hklii.hk/eng/hk/legis/ord/481/ Acesso em: 07.09.2019.

787 *Cfr.* HK. Hong Kong Legal Information Institute. *Cap 192 Matrimonial Proceedings And Property Ordinance*. Disponível em: http://www.hklii.hk/eng/hk/legis/ord/192/. Acesso em: 07.09.2019.

788 *Cfr.* LEE, Rebecca. *Overview of the trust law regime in Hong Kong: a time for change. Trusts* & Trustees, United Kingdom, v. 16, n. 3, p. 134–138, april 2010, p. 136.

Contudo, veremos mais à frente, que existe previsão de atualização dessa regra. Esse dever haverá de ser, em Hong Kong, proporcional às circunstâncias de cada tipo de *Trust*, separando um pequeno *family trust* de grandes *business trusts;* devendo também levar em consideração o profissionalismo do *trustee*, ou seja, se o *trustee* é individual e leigo, ou se é um *trustee* corporativo[789].

Em prosseguimento, ressalta-se, que não há nenhuma lei em Hong Kong que proíba um indivíduo estrangeiro de criar um *Trust* em Hong Kong, através da transferência de propriedades nacionais ou estrangeiras para o *trustee* e designando como beneficiário residente ou não residente em Hong Kong no ato constitutivo do *Trust*[790].

Ainda, destaca-se, que em consonância com a secção 37, do Capítulo 29 (*Power of appointing new or additional trustees)*[791], quando um *trustee* morre, torna-se incapaz de agir, não está disposto a agir, ou permanece fora de Hong Kong há mais de 12 meses, o instituidor, ou a pessoa assim habilitada no instrumento de *Trust,* pode nomear um novo *trustee* no lugar do *trustee* existente. Ainda, um Tribunal de Hong Kong também tem o poder de substituir o *trustee* por uma pessoa que considere mais adequada para a função[792].

Com relação aos direitos conjugais e os direitos das crianças, desde já, pois, devemos mencionar, que em Hong Kong não existe um regime de comunhão de bens estabelecido em seu regime jurídico. Em razão disso, e visando a proteção de uma pessoa ser deixada sem recursos financeiros após a morte de seu cônjuge (ou pai), o capítulo 481 da Lei Ordinária, que trata do *Inheritance Ordinance – Provision for Family and Dependants,* prevê que o cônjuge e os filhos do falecido tem o direito de solicitar ao

[789] *Cfr.* LEE, Rebecca. *Overview of the trust law regime in Hong Kong: a time for change. Trusts* & Trustees, United Kingdom, v. 16, n. 3, p. 134–138, april 2010, p. 136.

[790] *Cfr.* TSANG, James; LEUNG, Daniel. *Hong Kong – Trusts, Topical Analyses.* Amsterdam: IBFD, 2011, section 1.1.

[791] *Cfr.* HK. Hong Kong Legal Information Institute. *Cap 29 Trustee Ordinance- Cap 29 s 37 Power of appointing new or additional trustees.* Disponível em: http://www.hklii.hk/eng/hk/legis/ord/29/s37.html Acesso em: 07.09.2019.

[792] *Cfr.* HK. Hong Kong Legal Information Institute. *Cap 29 Trustee Ordinance- Cap 29 s 37 Power of appointing new or additional trustees. Vide* HUTTON, Mimi. *Hong Kong. Trusts* & Estates, Penton Business Med, New York, Volume 152, Issue 1, jan 2013.

Tribunal de Hong Kong uma prestação financeira razoável sobre os bens do falecido, desde que certas condições sejam cumpridas[793].

Após a recepção do pedido, um Tribunal de Hong Kong tem amplos poderes para fazer qualquer ordem de pagamento, em um montante fixo ou por pagamentos periódicos, e até mesmo para uma transferência de parte da propriedade ao requerente[794].

Em certas circunstâncias, o Tribunal pode ordenar que o *trustee* de um *Trust inter vivos*, onde o falecido havia transferido seus bens dentro de seis anos antes da data de sua morte, aprovisione com uma prestação financeira necessária os requerentes[795].

Por uma questão de nomenclatura, os *Trusts* em Hong Kong podem ser divididos nas seguintes categorias: *express, resulting* e *constructive trusts*, que possuem as mesmas características de tais *Trusts* no Reino Unido[796].

Em sequência, insta fazer menção sobre a duração e extinção do *Trust* em Hong Kong.

Antes da promulgação da *Perpetuities and Accumulations Ordinance* (Cap. 257), a *rule against perpetuities* aplicada em Hong Kong era a da *common law*, do Reino Unido[797].

Entretanto, após a propositura da *Perpetuities and Accumulations Ordinance (Cap. 257) em 13 de março de 1970*, Hong Kong modificou o período de perpetuidade, adotando novas regras[798]. Nesse quadro, pois,

[793] Tais condições incluem: que o falecido tenha morrido domiciliado em Hong Kong ou, que habitualmente tenha sido residente em Hong Kong, a qualquer momento no prazo de 3 anos que precederam sua morte. Ainda, o pedido deve ser feito no prazo de 6 meses a partir da data em que uma concessão de representação para o falecido é estabelecida. *Cfr.* HK. Hong Kong Legal Information Institute. *Cap 481 – Inheritance (Provision For Family And Dependants) Ordinance.* Disponível em: http://www.hklii.hk/eng/hk/legis/ord/481/ Acesso em: 07.09.2019.

[794] *Cfr.* TSANG, James; LEUNG, Daniel. *Hong Kong – Trusts, Topical Analyses.* Amsterdam: IBFD, 2011, section 1.1.

[795] *Cfr.* TSANG, James; LEUNG, Daniel. *Hong Kong – Trusts, Topical Analyses.* Amsterdam: IBFD, 2011, section 1.1.

[796] *Cfr.* TSANG, James; LEUNG, Daniel. *Hong Kong – Trusts, Topical Analyses.* Amsterdam: IBFD, 2011, section 1.2.1.

[797] *Cfr.* HK. Hong Kong Legal Information Institute. *Cap 257 Perpetuities And Accumulations Ordinance.* Disponível em: http://www.hklii.hk/eng/hk/legis/ord/257/. Acesso em: 08.09.2019.

[798] *Cfr.* TSANG, James; LEUNG, Daniel. *Hong Kong – Trusts, Topical Analyses.* Amsterdam: IBFD, 2011, section 1.2.3.

segundo as novas regras, a duração do *Trust* em Hong Kong pode ser especificada pelo *settlor* no instrumento constitutivo, mas não pode exceder 80 anos[799].

Quando um período fixo não for estipulado no *trust instrument*, a regra prevê que o período de perpetuidade será mensurado com referência à vida de certas pessoas específicas e determináveis no início do *período de perpetuidade*[800].

Segundo TSANG e LEUNG as regras sobre a duração de um *Trust* em Hong Kong (*rule against perpetuities*) têm sido criticadas, por serem de complexa aplicação. Assim sendo, os autores são favoráveis à abolição das regras ou, até mesmo, à introdução de um período de perpetuidade fixo de 100 anos[801].

Em prosseguimento, no exame do presente tópico, devemos indicar que, as formas de *extinção do Trust* em Hong Kong, são muito semelhantes às do Reino Unido, dispensando, então, maiores detalhes no presente tópico.

Em arremate pertinente, interessante destacarmos os principais tipos de *Trusts* que podem ser validamente constituídos em Hong Kong.

À semelhança do *Trust* da *common law*, em Hong Kong, um *Trust* pode ser *fixed ou discretionary trust*. Afora no caso de um *Will Trust*, um *fixed trust* não é comumente usado em Hong Kong. Logo, a opção pelo *discretionary trusts* é habitual.

Elucida LEE, que não é permitido em Hong Kong que o *settlor* reserve para si excessivos poderes de controle sobre a *trust property*, sob pena do *Trust* ser considerado nulo. No entanto, lembra a autora que as jurisdições *offshore*, tais como Ilhas Cayman e Jersey, permitem que *settlors* reservem certos poderes para si mesmos, sem que isso afete a validade do *Trust*. Ainda, esclarece que o grande concorrente regional de Hong Kong, Singapura, também permite a reserva de poderes de controle do *Trust*

[799] HK. *Hong Kong Legal Information Institute. Cap 257 s 6 Power to specify perpetuity period – Cap 257 Perpetuities And Accumulations Ordinance.* Disponível em: http://www.hklii.hk/eng/hk/legis/ord/257/ Acesso em: 08.09.2019. *Vide* também: HUTTON, Mimi. *Hong Kong. Trusts* & Estates, Penton Business Med, New York, Volume 152, Issue 1, jan 2013.

[800] *Vide* HUTTON, Mimi. Hong Kong. *Trusts* & Estates, Penton Business Med, New York, Volume 152, Issue 1, jan 2013.

[801] *Cfr.* TSANG, James; LEUNG, Daniel. *Hong Kong – Trusts, Topical Analyses.* Amsterdam: IBFD, 2011, section 1.2.3.

pelo *settlor*, nomeadamente sobre as decisões de investimento relativas aos ativos do *Trust*[802].

Nesse quadro, pois, é intento também do Governo de Hong Kong ponderar sobre tais pontos, sendo de grande interesse a validação de *Trusts* constituídos com reservas de poderes do *settlor*, tais como os poderes usualmente permitidos nas jurisdições de *common law*, de nomear e destituir *trustees* e beneficiários, exercer poderes de investimento, entre outros[803].

Os *Bare Trusts* são usados em transações comerciais, ou por razões de confidencialidade. Devemos mencionar, que em razão de suas características (manutenção e não administração de bens ou direitos), em Hong Kong, tecnicamente, o *bare trust* não é considerado um *Trust*.

Já em relação ao *Unit Trust*, TSANG e LEUNG explicam que este tipo de *Trust* era muito popular para os propósitos de planejamento familiar e sucessório em Hong Kong. Contudo, sua utilização tem diminuído nos últimos anos, após a abolição do *Estate Duty* (Imposto sobre a propriedade)[804].

É interessante ressaltar, também, os chamados *Chinese Customary Trusts*. Conforme já mencionamos no início do presente tópico, nem todos os princípios da *equity*, oriundos do Direito Inglês são adequados a Hong Kong, tendo em vista que esta localidade tem suas peculiares características. Por tais razões, os princípios e regras oriundos da *English Trust Law* não são aplicados aos *Chinese customary trusts*[805].

Nesse quadro, a *Chinese customary law* governa a *Inheritance of land* nos Novos Territórios de Hong Kong.

Segundo a Secção 15, do Capítulo 97 (*New Territories Ordinance*), os *customary trusts* sobre a terra, ou seja, o T'so (祖) e o T'ong (堂), foram preservados[806].

[802] *Cfr.* LEE, Rebecca. *Overview of the trust law regime in Hong Kong: a time for change. Trusts* & Trustees, United Kingdom, v. 16, n. 3, p. 134–138, april 2010, p. 136.

[803] *Cfr.* LEE, Rebecca. *Overview of the trust law regime in Hong Kong: a time for change. Trusts* & Trustees, United Kingdom, v. 16, n. 3, p. 134–138, april 2010, p. 136.

[804] *Cfr.* TSANG, James; LEUNG, Daniel. *Hong Kong – Trusts, Topical Analyses.* Amsterdam: IBFD, 2011, section 1.2.1.

[805] *Cfr.* TSANG, James; LEUNG, Daniel. *Hong Kong – Trusts, Topical Analyses.* Amsterdam: IBFD, 2011, section.1.

[806] HK. *Hong Kong Legal Information Institute, Cap 97 Secção 15, Registration of manager of "T'ong", etc. Cap 97, New Territories Ordinance.* Disponível em: http://www.hklii.hk/eng/hk/legis/ord/97/. Acesso em: 08.09.2012.

O T'so refere-se a uma instituição chinesa "*ancestral land-holding*" dirigida por gestores cadastrados, em que a terra proveniente de um ancestral comum é usufruída por seus descendentes do sexo masculino, durante suas vidas e, de geração em geração por tempo indeterminado[807].

O T'so é conduzido por gestores cadastrados, na acepção do *Trustee Ordinance* (Cap. 29), e os membros da T'so são os beneficiários[808].

A principal diferença entre um T'so e um T'ong é que um T'so é um *Trust* onde a terra é mantida para o benefício do clã ou linhagem, e é criado postumamente pelos herdeiros do falecido proprietário do terreno, para vários propósitos e, particularmente, para o culto ancestral. Por sua vez o T'ong é considerado como tendo sido criado pelos latifundiários, *inter vivos,* e com a intenção de garantir que a terra será mantida pelo clã em perpetuidade, para fins diversos, incluindo fins comerciais, educacionais e sociais[809].

É de se destacar, por fim, o *Quistclose Trust* que, na verdade, não é considerado como sendo realmente um *Trust* tradicional em Hong Kong. Com efeito, o *Quistclose Trust* é uma forma de realização de empréstimos garantidos, comumente utilizado em transações comerciais[810].

b) A Reforma da *Trust Law* de Hong Kong – O *Trust Ordinance,* sofreu importantes alterações em 2013, com vistas à modernização de sua *trust law.*

Entre as principais alterações estão:

A inclusão do Capítulo (3A) – Statutory duty of care. Propõe deveres razoáveis de cuidado e habilidade do *trustee* no exercício de sua função, tendo em conta qualquer conhecimento ou experiência especial e profissional que ele demonstrou ter no momento de sua nomeação.

Na *Section 41 W (Part 4C) – Exemption from Liability – Statutory control on a trustee's disclaimer from its responsibility to beneficiaries.* Trata-se de

[807] *Cfr.* TSANG, James; LEUNG, Daniel. *Hong Kong – Trusts, Topical Analyses.* Amsterdam: IBFD, 2011, section 1.2.1.

[808] HK. *Hong Kong Legal Information Institute. Cap 29 Trustee Ordinance.* Disponível em: http://www.hklii.hk/eng/hk/legis/ord/29/. Acesso em: 08.09.2012.

[809] *Cfr.* TSANG, James; LEUNG, Daniel. *Hong Kong – Trusts, Topical Analyses.* Amsterdam: IBFD, 2011, section 1.2.1.

[810] *Cfr.* TSANG, James; LEUNG, Daniel. *Hong Kong – Trusts, Topical Analyses.* Amsterdam: IBFD, 2011, section 1.2.1.

limitar o alcance de eventual cláusula de isenção de responsabilidade do *trustee.*

Na *Section 41 B* (Part 4A) – *Power to employ agents, nominees and custodians.* Consente ao *trustee* a hipótese de ele nomear agentes, representantes e custodiantes, no desempenho de suas funções. Porém, excetua a nomeação para o exercício de certas funções essenciais, como, por exemplo: a distribuição da *trust property*, a tomada de decisões sobre se os pagamentos devem ser feitos a partir da renda ou do capital e, com respeito a imóveis situados fora de Hong Kong. Os *trustees* são sujeitos ao *statutory of care* e ao dever de acompanhar a nomeação realizada.

Na *Section 21* – *Power to insure.* Propõe-se a permissão para que *trustees* assegurem a *trust property* contra riscos de perda ou dano de qualquer evento, e pagar o prêmio ao *trust fund*, sujeito a qualquer intenção expressa em contrário no *trust instrument.*

Na *Section 41 R* – *Professional trustee's entitlement to receive remuneration. Trustees* profissionais terão o direito de receber uma remuneração por seus serviços, sujeitos, porém, a qualquer intenção contrária expressa no *trust instrument.*

Na *Section 41 X* – *Reserved powers of settlors.* A reserva de poderes pelo *settlor* de investimento ou de funções relacionadas a gestão de ativos, não invalidará o *Trust.* Entretanto, ficará isento de responsabilidade o *trustee* que agir de acordo com os poderes que o instituidor tem reservados.

4. Alemanha

Como jurisdição tipicamente de *civil law*, a propriedade é na Alemanha um direito real absoluto. Dessa forma, não existe a distinção entre *legal* e *equitable ownership.* Essa característica, típica dos países civilistas, foi um argumento utilizado pela Alemanha para não ratificar a Convenção de Haia sobre os *Trusts.* Com efeito, em seu comentário sobre a referida Convenção, a Alemanha se posicionou alegando que a "dualidade de propriedade no *Trust*", seria incompatível com as regras basilares que regem os direitos reais na Alemanha, e conflitante com as normas de proteção de terceiros[811].

[811] *Cfr.* OFFERHAUS, Tom. *Germany – Trusts, Topical Analyses.* Amsterdam: IBFD, 2011, section 1.2.1; WIENBRACKE, Mike. *Wolff, Josef, Trust, Fiducia und fiduziarische Treuhand*

Na mesma linha de ideias, a BGH (Bundesgerichtshof - Federal High Court of Justice), considerou que o *Trust* da *common law* não pode ser trazido ao Direito alemão em harmonia com os seus conceitos doutrinários[812]. De fato, esclarecem REHAHN e GRIMM, que em 1984, o Tribunal Federal de Justiça (Bundesgerichtshof), declarou o conceito jurídico de *Trusts*, tal como é conhecido na *common law*, incompatível com a estrutura doutrinária do Direito alemão[813].

Por outro lado, a Alemanha acolhe um importante instrumento designado de *Treuhand*, que conquanto trabalhe de forma diferente dos *Trusts*, pode produzir resultados similares. Este tópico consiste, pois, nos principais conceitos jurídicos em relação à *P*

Dessa forma, então, o intrumento utilizado na Alemanha que mais sugere alguma semelhança com o *Trust* da *common law*, é denominado de *Treuhand*.

Nessa linha REHAHN e GRIMM apontam a *Treuhand* como sendo o principal exemplo de uma relação fiduciária, no direito alemão[814].

Em sua forma básica, a *Treuhand* é uma relação jurídica estabelecida entre o *Treugeber (settlor)* e o *Treuhänder (trustee)*. Para sua validade, exige-se a transferência de direitos reais para o *Treuhänder*, e a elaboração de um contrato fiduciário (*Treuhandvertrag*)[815].

Dessa forma, mediante o primeiro requisito, a propriedade é transferida do *Treugeber (settlor)* ao *Treuhänder (trustee)*. Por meio do último, o *Treuhänder*

(zugl. Diss. Universität Salzburg), Peter Lang Verlag, Frankfurt am Main 2005, S.387. Netherlands: European Review of Private Law, 2, p. 365-369, 2008, p. 365.

[812] *Cfr.* OFFERHAUS, Tom. *Germany – Trusts, Topical Analyses.* Amsterdam: IBFD, 2011, section 1.2.1.

[813] *Cfr.* REHAHN, Johannes; GRIMM, Alexander. *Country Report: Germany.* In: GALLANIS, Thomas P. *The Trust in Continental Europe: A Brief Comment From a U.S. Observer.* The Columbia Journal of European Law Online, v. 18, 2012, p. 97.

[814] *Cfr* REHAHN, Johannes; GRIMM, Alexander. *Country Report: Germany.* In: GALLANIS, Thomas P. *The Trust in Continental Europe: A Brief Comment From a U.S. Observer.* The Columbia Journal of European Law Online, v. 18, 2012, p. 105. *Vide* também: GRUNDMANN, Stefan. *Trust and Treuhand at the End of the 20th Century. Key Problems and Shift of Interests.* The American Journal of Comparative Law, Vol. 47, n. 3, p. 401-428, Summer 1999.

[815] *Cfr.* OFFERHAUS, Tom. *Germany – Trusts, Topical Analyses.* Amsterdam: IBFD, 2011, section 1.2.3. *Vide* WIENBRACKE, Mike. *Wolff, Josef, Trust, Fiducia und fiduziarische Treuhand (zugl. Diss. Universität Salzburg), Peter Lang Verlag, Frankfurt am Main 2005, S.387.* Netherlands: European Review of Private Law, 2, p. 365-369, 2008, p. 368.

(trustee) é obrigado a gerir e aplicar o ativo (*Treugut*) de uma determinada maneira, estipulada no contrato fiduciário (*Treuhandvertrag*)[816].

Embora os direitos decorrentes do contrato fiduciário possam ser perfeitamente criados para o benefício de terceiros, eles permanecem apenas como sendo direitos pessoais (em oposição aos direitos reais)[817].

Explicam REHAHN e GRIMM que se trata de uma construção jurídica pela qual uma pessoa transfere a propriedade plena a outra pessoa, que fica obrigada, por um contrato, a lidar com os ativos de uma maneira específica. Isso significa que o *Treuhänder (trustee)* como o proprietário legal dos bens, pode transferir validamente seu título legal para uma terceira pessoa, restando ao *settlor* apenas ações de indenização contra o *trustee*, caso ele viole as obrigações contratuais[818].

Destaca-se, que o *Treugeber* pode realizar um contrato fiduciário (*Treuhand*) com o *Treuhänder*, em proveito próprio, ou para benefício de terceiros (Vertrag zugunsten dritter)[819]. Assim sendo, dependendo dos termos do contrato fiduciário, o *Treugeber (settlor)* ou o terceiro

[816] *Cfr.* OFFERHAUS, Tom. *Germany – Trusts, Topical Analyses.* Amsterdam: IBFD, 2011, section 1.2.3; As cláusulas fiduciárias são tidas aqui, como tendo mera eficácia obrigacional, a semelhança da fidúcia latina. *Vide*: MENEZES CORDEIRO, António. *Tratado de Direito Civil Português. Parte Geral – Tomo – II.* Coimbra: Almedina, 2010, p. 259. *Vide* LIMA, Otto de Souza. *Negócio Fiduciário.* Faculdade de Direito da Universidade de São Paulo, 1959, p. 134-135.

[817] *Cfr.* OFFERHAUS, Tom. *Germany – Trusts, Topical Analyses.* Amsterdam: IBFD, 2011, section 1.2.3. *Vide* KÖTZ, Hein. *Trust und Treuhand.* United Kingdom: The Modern Law Review, v. 28, n. 1, p. 125-127, jan 1965, p. 127. *Vide* WIENBRACKE, Mike. *Wolff, Josef, Trust, Fiducia und fiduziarische Treuhand (zugl. Diss. Universität Salzburg), Peter Lang Verlag, Frankfurt am Main 2005, S.387.* Netherlands: European Review of Private Law, 2, p. 365-369, 2008, p. 368.

[818] *Cfr.* REHAHN, Johannes; GRIMM, Alexander. *Country Report: Germany.* In: GALLANIS, Thomas P. *The Trust in Continental Europe: A Brief Comment From a U.S. Observer.* The Columbia Journal of European Law Online, v. 18, 2012, p. 105; WIENBRACKE, Mike. *Vide Wolff, Josef. Trust, Fiducia und fiduziarische Treuhand (zugl. Diss. Universität Salzburg), Peter Lang Verlag, Frankfurt am Main 2005, S.387.* Wolff, Josef, Trust, Fiducia und fiduziarische Treuhand (zugl. Diss. Universität Salzburg), Peter Lang Verlag, Frankfurt am Main 2005, S.387. Netherlands: European Review of Private Law, 2, p. 365-369, 2008, p. 368; GRUNDMANN, Stefan. *Trust and Treuhand at the End of the 20th Century. Key Problems and Shift of Interests.* The American Journal of Comparative Law, Vol. 47, n. 3, p. 401-428, Summer 1999, p. 410-411.

[819] *Vide* parágrafo 328 do Código Civil. GERMANY. Bürgerliches Gesetzbuch (*Civil Code*). Bundesministerium der Justiz. Disponível em: http://www.gesetze-im-internet.de/englisch_bgb/ ou http://www.gesetze-im-internet.de/bgb/. Acesso em: 04.09.2012.

(beneficiário) pode fazer valer judicialmente os direitos decorrentes do contrato fiduciário firmado[820].

Objetivando a limitação dos poderes do *Treuhänder* (*trustee*) é possível o instituidor (*Treugeber*) se valer-se de outra ferramenta, designada de *Ermächtigungstreuhand*. Trata-se de uma autorização fiduciária, onde o instituidor não transfere o pleno direito *in rem* para o administrador de seus bens, mas, apenas autoriza a administração pelo mesmo, ou até mesmo a alienação dos ativos de uma maneira específica. Logo, aqui, se o administrador extrapolar os poderes conferidos a ele na autorização, a alienação dos ativos não será válida, salvo em relação à terceiro de boa-fé[821].

Outra medida para reduzir o poder do *Treuhänder (trustee)* é transferir a propriedade sob uma condição resolutiva. Nessa linha, no âmbito deste acordo, se o *Treuhänder* violar seus deveres, a propriedade retorna ao *settlor*, frustrando-se, assim, o seu propósito originário.

Ante o até aqui examinado, um dos principais exemplos de uma *fiduziarische Treuhand* é o *Sicherungseigentum* ou *collateral ownership*. Isto significa que uma pessoa, que normalmente fica na posse do bem, transfere o título legal para seu credor, a fim de garantir o crédito. Assim, o proprietário legal (*trustee*) detém o título para o seu próprio interesse. É portanto uma *eigennützige Treuhand*[822].

Em relação à proteção jurídica conferida à propriedade transferida ao *Treuhänder*, os Tribunais, em regra, concedem ao instituidor (*treugeber*) um direito de intervenção nos casos onde credores do administrador (*treuhänder*) tentarem apreender os bens transferidos a ele[823]. Além disso, também lhe é conferido o direito de exigir a separação de "sua"

[820] *Cfr.* OFFERHAUS, Tom. *Germany – Trusts, Topical Analyses*. Amsterdam: IBFD, 2011, section 1.2.3.

[821] *Cfr.* REHAHN, Johannes; GRIMM, Alexander. *Country Report: Germany*. In: GALLANIS, Thomas P. *The Trust in Continental Europe: A Brief Comment From a U.S. Observer*. The Columbia Journal of European Law Online, v. 18, 2012, p. 106.

[822] *Cfr.* REHAHN, Johannes; GRIMM, Alexander. *Country Report: Germany*. In: GALLANIS, Thomas P. *The Trust in Continental Europe: A Brief Comment From a U.S. Observer*. The Columbia Journal of European Law Online, v. 18, 2012, p. 106.

[823] Designado por *Drittwiderspruchsklage*, previsto no parágrafo 771 do Zivilprozessordnung-ZPO – Código de Processo Civil. *Cfr.* GERMANY. Zivilprozessordnung (Processo Civil). Disponível em: http://dejure.org/gesetze/ZPO . Acesso em: 06.09.2012.

propriedade (em *Treuhand*), da propriedade "privada" do *Treuhänder,* no caso de sua falência[824].

Além desses direitos acima mencionados, o Direito alemão espelhou-se, ainda, em outras características peculiares do *Trust*, como por exemplo, o "*tracing*"[825]. Particularmente, a sub-rogação real é explicitamente regulada no Código Civil, embora esteja disponível apenas em circunstâncias extraordinárias[826].

Em regra, pois, o *Treugeber* (instituidor) não possui um direito real (*right in rem*) em relação aos ativos (*treugut*) transferidos a um terceiro em violação do contrato fiduciário[827]. Ainda, o *Treugeber* (instituidor) parece também ter apenas um direito pessoal, ou seja, um *right in personam*, nos casos de confusão patrimonial (a mistura pelo *treuhänder (administrador)* do *treugut (ativos)* com seu patrimônio pessoal)[828].

[824] *Cfr.* OFFERHAUS, Tom. *Germany – Trusts, Topical Analyses.* Amsterdam: IBFD, 2011, section 1.2.3. No mesmo sentido: REHAHN, Johannes; GRIMM, Alexander. *Country Report: Germany.* In: GALLANIS, Thomas P. *The Trust in Continental Europe: A Brief Comment From a U.S. Observer.* The Columbia Journal of European Law Online, v. 18, 2012, p. 106-107. *Vide* também: KÖTZ, Hein. *The Hague Convention on the Law Applicable to Trust and their Recognition.* In: KAPLAN, Alon. *Trusts in Prime Jurisdictions.* Third Edition. Londres: Globe Law and Business, 2010, p. 17; KÖTZ, Hein. Trust und Treuhand. United Kingdom: The Modern Law Review, v. 28, n. 1, p. 125-127, jan 1965, p. 127; WIENBRACKE, Mike. *Wolff, Josef, Trust, Fiducia und fiduziarische Treuhand (zugl. Diss. Universität Salzburg), Peter Lang Verlag, Frankfurt am Main 2005, S.387.* Netherlands: European Review of Private Law, 2, p. 365-369, 2008, p. 369.

[825] *Cfr.* OFFERHAUS, Tom. *Germany – Trusts, Topical Analyses.* Amsterdam: IBFD, 2011, section 1.2.3. *Vide* GRUNDMANN, Stefan. *Trust and Treuhand at the End of the 20th Century. Key Problems and Shift of Interests.* The American Journal of Comparative Law, v. 47, n. 3, p. 401-428, Summer 1999.

[826] *Vide* os artigos 2041 e 2111 do Bürgerliches Gesetzbuch (*Civil Code*).

[827] *Cfr.* OFFERHAUS, Tom. *Germany – Trusts, Topical Analyses.* Amsterdam: IBFD, 2011, section 1.2.3. *Vide* GRUNDMANN, Stefan. *Trust and Treuhand at the End of the 20th Century. Key Problems and Shift of Interests.* The American Journal of Comparative Law, v. 47, n. 3, p. 401-428, Summer 1999.

[828] *Vide* os artigos 2100 e seguintes do Bürgerliches Gesetzbuch (*Civil Code*); VAZ TOMÉ, Maria João; CAMPOS, Diogo Leite de. *A Propriedade Fiduciária (Trust), Estudo para a sua Consagração no Direito Português.* Coimbra: Almedina, 1999, p. 202; MENEZES CORDEIRO, António. *Tratado de Direito Civil Português. Parte Geral – Tomo – II. Coimbra*: Almedina, 2010, p. 259; WIENBRACKE, Mike. *Wolff, Josef, Trust, Fiducia und fiduziarische Treuhand (zugl. Diss. Universität Salzburg), Peter Lang Verlag, Frankfurt am Main 2005, S.387.* Netherlands: European Review of Private Law, 2, p. 365-369, 2008, p. 369.

A partir do exposto, devemos indicar, aqui, que o *Treuhand* não atinge a eficácia conferida pelos *Trusts,* nomeadamente em relação à proteção dos ativos contra credores, quando o beneficiário e o *settlor* são pessoas diferentes. Com efeito, em sendo o beneficiário da *Treuhand* terceira pessoa, ele apenas possui um direito de natureza obrigacional[829]. Além disso, ao contrário do *Trust* da *common law,* a proteção dos ativos refere-se apenas a propriedade inicialmente transferida a *Treuhand,* não ocorrendo aqui a sub-rogação real[830].

Com efeito, enfim, visto que a legislação alemã admite apenas um tipo de propriedade, sem distinção entre a propriedade legal e a equitativa, o *Trust* da *common law* não pode ser exatamente considerado comparável. Tal fato reflete, nomeadamente, nos direitos conferidos aos beneficiários de um *Treuhand,* que somente possuem uma ação de natureza obrigacional no caso de violação dos seus direitos. Por fim, no Direito alemão não existe um conceito jurídico coeso com o de um *Trust.*

5. Portugal

Na legislação portuguesa, o *Trust* foi recebido no âmbito do Centro Internacional de Negócios da Madeira, através do Decreto-Lei nº 352-A/ 88 de 3 de Outubro, que disciplina a constituição e funcionamento de sociedades ou sucursais de *trust off-shore* na Zona Franca da Madeira[831].

Até o momento, persiste a expectativa de ser legalmente permitida a constituição de *Trusts* fora da Região Autónoma da Madeira, através promulgação de uma lei nacional que trate do assunto.

Nesse quadro, um importante, inovador, basilar e esclarecedor estudo realizado por VAZ TOMÉ e CAMPOS (1999) intitulado de *"A Propriedade Fiduciária (Trust), Estudo para a sua Consagração no Direito Português",*

[829] *Vide* LORIO, Kathryn Venturatos. *Louisiana Trusts: The Experience of a Civil Law Jurisdiction with the Trust.* In: Louisiana Law Review, v. 42, n. 5, 1982, p. 1723. *Vide* KÖTZ, Hein. *Trust und Treuhand.* United Kingdom: The Modern Law Review, v. 28, n. 1, p. 125-127, jan 1965, p. 126.

[830] *Vide* LORIO, Kathryn Venturatos. *Louisiana Trusts: The Experience of a Civil Law Jurisdiction with the Trust.* In: Louisiana Law Review, v. 42, n. 5, 1982, p. 1723.

[831] *Vide* também: Decretos-Lei n.ºs 264/90, de 31 de Agosto e 323/2001 de 17 de Dezembro; Decreto-Lei n.º 149/94, de 25 de Maio Regulamenta o registo dos instrumentos de gestão fiduciária (*Trusts*) e Decreto-Lei n.º 323/2001 de 17 de Dezembro; COSTA ANDRADE, Margarida. *A Propriedade Fiduciária. Separata de II Seminário Luso-Brasileiro de Direito Registral.* Coimbra: Coimbra Editora, 2009, p. 62.

demonstrou as vantagens do uso do instituto no domínio financeiro e, nomeadamente, ressaltou a sua grande importância em matéria de titularização de créditos, bem como na gestão de carteiras de valores imobiliários[832].

Indubitavelmente, com impressionante riqueza de detalhes e informações pertinentes, tal estudo tornou a consagração dos *Trusts* em Portugal como admissível, e corroborou as vantagens da aproximação ao instituto nos planos jurídico e económico. Do ponto de vista jurídico, por exemplo, a introdução dos *Trusts* proveria o país do conhecimento necessário para a plena utilização da figura em Portugal, ampliando as possibilidades de integração com os vários sistemas que admitem este novo quadro, muitos no âmbito da União Europeia a qual Portugal é parte integrante.

De fato, a proximidade do instituto que hoje se vislumbra nos países europeus é notória. De maneira especial, observa-se a transposição dos obstáculos oriundos da dicotomia de seus sistemas jurídicos de *civil* ou de *common law*, demonstrando que as necessidades económicas de caráter pragmático impulsionam a superação de barreiras jurídicas dogmáticas.

Com efeito, atualmente nos ordenamentos jurídicos continentais assiste-se a renovadas e constantes discussões doutrinárias acerca da modernização de seus instrumentos fiduciários, com vistas a torná-los mais flexíveis e eficazes, acrescentando competitividade frente aos países que possuem os *Trusts*[833].

Sob tal prisma, em Portugal já existe a possibilidade da formação de um património autónomo no âmbito da titularização de créditos, não sendo, portanto, um conceito totalmente desconhecido do Direito português[834].

Aqui, cabe indicar, complementarmente, que permite-se no Direito português, a substituição fideicomissária, ou fideicomisso, que nos termos do artigo 2286 do Código Civil português, "*é a disposição pela qual o*

[832] *Vide* a nota prévia do Livro. *Cfr.* VAZ TOMÉ, Maria João; CAMPOS, Diogo Leite de. *A Propriedade Fiduciária (Trust), Estudo para a sua Consagração no Direito Português.* Coimbra: Almedina, 1999.

[833] *Vide* nesse sentido: CHALHUB, Melhim Namem. *Negócio Fiduciário.* São Paulo: Renovar, 2009, p. 59.

[834] *Vide* Decreto nº 453/1999 alterado e consolidado pelo Decreto-lei nº 82/2002, que disciplina a formação de um património autónomo, afetado à satisfação dos créditos vinculados à emissão dos títulos e das despesas desse património.

testador impõe ao herdeiro instituído o encargo de conservar a herança, para que ela reverta, por sua morte, a favor de outrem; o herdeiro gravado com o encargo chama-se fiduciário, e fideicomissário o beneficiário da substituição"[835].

Em conformidade com o artigo 2292 do mesmo texto legal, "*Os credores pessoais do fiduciário não têm o direito de se pagar pelos bens sujeitos ao fideicomisso, mas tão-somente pelos seus frutos*". Perceba-se, então, o isolamento dos bens fideicomitidos, formando uma massa patrimonial separada dos demais bens do fiduciário[836]. Por outro lado, os frutos gerados por esses bens pertencem ao fiduciário e, portanto, estão sujeitos a execução por parte de seus credores, diferente do que ocorre nos *Trusts*, onde a renda gerada pela *trust property* faz parte do fundo do *Trust*.

Logo, trata-se de uma forma de planejamento que se assemelha ao que é realizada pelo *Trust*, embora de uma forma bem mais limitada e rígida aos fins aos quais se destina.

Sob outro ângulo, VAZ TOMÉ E CAMPOS apontam os obstáculos à implementação do *Trust* no ordenamento jurídico português, e abordam a superação de tais obstáculos com singular naturalidade.

Nesse sentido, pois, são assinalados como desafios à introdução dos *Trusts* em Portugal a unidade e a publicidade dos direitos reais, o princípio do *numerus clausus* e o direito das sucessões. Adicionalmente, advertem a existência no Direito português de outros instrumentos que podem ser apontados como sendo alternativos ao *Trust*. Neste ponto, mencionam sobre o mandato, a fundação (somente com interesse social, artigo 188 CC), o contrato a favor de terceiro, o património autónomo, a substituição fideicomissária e, por fim, a tutela e a curatela. Entretanto, muito bem concluem que tais institutos não representam um sucedâneo idôneo e

[835] PORTUGAL. Código Civil Português, Decreto-Lei Nº 47.344 de 25 de Novembro de 1966. Disponível em: https://dre.pt/web/guest/legislacao-consolidada/-/lc/123928118/201912111150/73749891/diploma/indice Acesso em: 11.12.2019. *Vide* em complemento: COSTA ANDRADE, Margarida. *A Propriedade Fiduciária. Separata de II Seminário Luso-Brasileiro de Direito Registral.* Coimbra: Coimbra Editora, 2009, p. 65; ASCENSÃO, José de Oliveira. *Direito Civil – Sucessões.* 4ª Edição. Coimbra: Coimbra Editora, 1989, p. 247-256.

[836] *Vide* FIGUEIREDO, André. *O Negócio Fiduciário perante Terceiros, com aplicação especial na gestão de valores mobiliários.* Faculdade de Direito da Universidade Nova de Lisboa. Novembro de 2011, p. 219-220.

cabal do *Trust*, ao passo que não solucionam todos os problemas resolvidos pelo *Trust* de forma tão eficaz e simples[837].

Por igual, na opinião de PAIS DE VASCONCELOS a utilidade do "*Trust*" é patente quando se compara o seu funcionamento com o dos institutos equivalentes do Direito continental[838]. Argumenta, para tanto, por exemplo, que no campo sucessório é muito mais prático e eficiente instituir um *trustee* que proceda à liquidação e a distribuição da herança, do que nomear um testamenteiro. No mesmo sentido é a opinião do autor em relação a proteção dos incapazes, sobre a qual destacamos o seguinte trecho, *in verbis:* "*(...) a instituição do Trust é mais prática, mais eficiente, menos infamante e muito mais frequente do que a tutela ou a curatela*". Enfim, em elogioso desfecho o autor ressalta o uso disseminado dos *Trusts* no campo dos valores mobiliários, onde destaca que os "*unit trusts*" já foram importados e adaptados ao Direito continental em fundos de investimento[839].

A esse propósito, SILVA considera que o Direito dos *Trusts* tem desempenhado uma função de complementariedade relativamente ao Direito dos Contratos, dada a incapacidade deste de apresentar soluções satisfatórias a todos os problemas jurídicos[840].

Em alinhamento, MENEZES CORDEIRO sugere os *Trusts* como sendo uma das criações mais originais da Ciência Jurídica britânica, assumindo hoje importância em diversos países[841].

[837] *Cfr.* VAZ TOMÉ, Maria João; CAMPOS, Diogo Leite de. *A Propriedade Fiduciária (Trust), Estudo para a sua Consagração no Direito Português.* Coimbra: Almedina, 1999, p. 299. No mesmo sentido *vide* PAIS DE VASCONCELOS, Pedro. *Contratos Atípicos.* Coimbra: Almedina, 2009, p. 276.

[838] *Cfr.* PAIS DE VASCONCELOS, Pedro. *Contratos Atípicos.* Coimbra: Almedina, 2009, p. 276. *Vide* também: SILVA, Marta Lívia dos Santos. *O Trust no quadro comum de referência para o Direito privado europeu e as suas raízes históricas no Direito romano.* Coimbra: Coimbra Editora, Boletim da Faculdade de Direito da Universidade de Lisboa, Edição especial, p. 803-823, 2010, p. 804.

[839] *Cfr.* PAIS DE VASCONCELOS, Pedro. *Contratos Atípicos.* Coimbra: Almedina, 2009, p. 276.

[840] *Cfr.* SILVA, Marta Lívia dos Santos. *O Trust no quadro comum de referência para o Direito privado europeu e as suas raízes históricas no Direito romano.* Coimbra: Coimbra Editora, Boletim da Faculdade de Direito da Universidade de Lisboa, Edição especial, p. 803-823, 2010, p. 804.

[841] *Cfr.* MENEZES CORDEIRO. *Tratado de Direito Civil Português II, Direito das Obrigações TOMO II, Contratos Negócios Unilaterais.* Coimbra: Almedina, 2010, p. 257.

Da mesma forma, nas palavras de VAZ TOMÉ *in verbis*: "*o trust será, provavelmente, o contributo mais relevante da tradição da common law para o sistema europeu de direito privado*"[842].

A esse respeito, também de merecida consideração é a indicação de COSTA ANDRADE (2009) ao dizer que é de conhecimento geral que o *Trust* desempenha uma multiplicidade de funções, em constante mutação e renovação[843]. Além disso, ressalta a autora, *in verbis*: "*Olhando para aquilo que tem acontecido recentemente nos sistemas jurídicos congénere ao nosso, a propriedade fiduciária, quer com fins garantísticos, quer com fins administrativos, é uma figura não legalmente admitida, mas crescentemente exigida pelos operadores económicos*"[844].

Nesse quadro, vislumbra-se um consenso harmonioso de que a atenção ao tema é oportuna e decisiva. Logo, a ponderação sobre os conceitos da *common law* e da *civil law*, e a composição deles em relação aos *Trusts* tem ocorrido de forma gradual e natural, em razão da crescente integração das economias[845].

Na opinião de PAIS DE VASCONCELOS a utilização integral do instituto do "*Trust*" no sistema jurídico continental é dificultada pelo princípio da tipicidade dos direitos reais e pelos obstáculos à separação dos bens "*in trust*", na execução e na falência. Entretanto, muito bem ressalta o autor, *in verbis*: "*A maleabilização do regime, reconhecidamente demasiado rígido,*

[842] *Cfr.* VAZ TOMÉ, Maria João Romão Carreiro. *Sobre o Contrato de Mandato sem Representação e o Trust.* Revista da Ordem dos Advogados, Lisboa, v. III, Dezembro 2007, p. 3.

[843] *Cfr.* COSTA ANDRADE, Margarida. *A Propriedade Fiduciária. Separata de II Seminário Luso-Brasileiro de Direito Registral.* Coimbra: Coimbra Editora, 2009, p. 60.

[844] *Cfr.* COSTA ANDRADE, Margarida. *A Propriedade Fiduciária. Separata de II Seminário Luso-Brasileiro de Direito Registral.* Coimbra: Coimbra Editora, 2009, p. 79-80.

[845] *Vide* GRENON, Aline. *Reflections on the Civil Law and Common Law Concepts of Ownership, in the Context of Harmonization and of Integrated Economies.* In: *The Harmonization of Federal Legislation with Quebec Civil Law and Canadian Bijuralism, Second Collection of Studies in Tax Law* (2005), A.P.F.F. / Department of Justice Canada, 2005, doc. 1.; COSTA ANDRADE, Margarida. *A Propriedade Fiduciária. Separata de II Seminário Luso-Brasileiro de Direito Registral.* Coimbra: Coimbra Editora, 2009, p. 63-64; SILVA, Marta Lívia dos Santos. *O Trust no quadro comum de referência para o Direito privado europeu e as suas raízes históricas no Direito romano.* Coimbra: Coimbra Editora, Boletim da Faculdade de Direito da Universidade de Lisboa, Edição especial, p. 803-823, 2010, p. 820.

do estabelecimento de responsabilidade limitada, resolveria facilmente as dificuldades apontadas"[846].

De apartar é, a este propósito, que na apreciação da introdução dos *Trusts* no Direito português, VAZ TOMÉ E CAMPOS contemplaram adequadamente os desafios de caráter teórico-dogmático e os de caráter prático, ressaltando o necessário alinhamento de Portugal com a prática jurídica da União Europeia e do mundo[847]. E sob tal prisma muito bem argumentam os autores, ganhando destaque os seguintes trechos, *in verbis:*

"Haverá que abandonar as técnicas e métodos em uso sempre que a tecnologia estrangeira seja mais eficaz"[848].

"(...) o que não for feito pelo legislador português, sê-lo-á pelo legislador comunitário. E também pela prática comercial"[849].

Nesta mesma perspectiva, para PAIS DE VASCONCELOS, *in verbis: "O instituto jurídico do "trust", que tão bons resultados têm dado nos países da "Common Law", pode ser adaptado e utilizado no sistema continental"*[850]. Conclui o autor, *in verbis: "(...) é desejável que os juristas continentais deixem de ver o "trust" como uma curiosidade exótica do direito anglo-saxónico insusceptível de ser utilizado no seu sistema, e lancem mão dos instrumentos jurídicos à sua disposição para abrir alternativas que a prática demonstra que são necessárias e desejáveis"*[851].

Perceba-se, pois, que a previsão legal no Direito português do património autónomo, bem como da substituição fideicomissária, ainda que com capacidade de uso limitada e restrita aos fins autorizados pelas leis que os preveem, sugere que o conceito e características elementares dos *Trusts* já são, de certa forma, reconhecidas no Direito português.

[846] *Cfr.* PAIS DE VASCONCELOS, Pedro. *Contratos Atípicos.* Coimbra: Almedina, 2009, p. 277.

[847] *Cfr.* VAZ TOMÉ, Maria João; CAMPOS, Diogo Leite de. *A Propriedade Fiduciária (Trust), Estudo para a sua Consagração no Direito Português.* Coimbra: Almedina, 1999, p. 319.

[848] *Cfr.* VAZ TOMÉ, Maria João; CAMPOS, Diogo Leite de. *A Propriedade Fiduciária (Trust), Estudo para a sua Consagração no Direito Português.* Coimbra: Almedina, 1999, p. 318.

[849] *Cfr.* VAZ TOMÉ, Maria João; CAMPOS, Diogo Leite de. *A Propriedade Fiduciária (Trust), Estudo para a sua Consagração no Direito Português.* Coimbra: Almedina, 1999, p. 319.

[850] *Cfr.* PAIS DE VASCONCELOS, Pedro. *Contratos Atípicos.* Coimbra: Almedina, 2009, p. 275. n. 8 – agosto, 2000, p. 4. Nota-se, contudo, que outras potencias atuais já inseriram os *Trusts* pelas qualidades intrínsecas ao instrumento, como o Japão e a China.

[851] *Cfr.* PAIS DE VASCONCELOS, Pedro. *Contratos Atípicos.* Coimbra: Almedina, 2009, p. 276. *Vide* também: COSTA ANDRADE, Margarida. *A Propriedade Fiduciária.* Separata de II Seminário Luso-Brasileiro de Direito Registral. Coimbra: Coimbra Editora, 2009, p. 63.

Ademais, concordamos com VAZ TOMÉ e CAMPOS que o primeiro passo à introdução dos *Trusts* em Portugal já foi dado, através da implementação dos *Trusts* no âmbito da zona franca da Madeira. Consideramos, especialmente, que o estudo realizado pelos autores é de grande contribuição doutrinária aos juristas de países continentais diversos que almejam a implementação dos *Trusts*, como é o caso brasileiro.

Em prosseguimento, então, por necessário, faremos algumas considerações relacionadas à formação de um *património autónomo* sob a égide do Direito português, permitida através da titularização de créditos. Ao final, passaremos à análise do *Trust* na legislação portuguesa, previsto no Decreto-Lei nº 352-A/88 de 3 de Outubro, que disciplina a constituição e funcionamento de sociedades ou sucursais de *trust off-shore* na Zona Franca da Madeira.

5.1. O Património Autónomo

Neste breve tópico, vêm a lume breve consideração acerca do património autónomo disciplinado pelo Decreto-Lei n.º 82/2002 de 5 de Abril, para fins de titularização de créditos.

Como já vimos, a formação de uma património autónomo é uma das características peculiares do instituto dos *Trusts*. Em razão das várias vantagens que podem ser alcançadas com essa segregação patrimonial, veremos no decorrer do presente Capítulo que muitas jurisdições de *civil law* têm consentido tal segregação para o cumprimento de finalidades específicas[852]. Logo, visando proteger um número seleto de credores, protege-se determinados bens ou direitos, que apenas respondem pelas suas próprias obrigações, garantindo-se o fim para o qual foram segregados.

Em geral, isso provoca contestações em relação a regra geral de que o devedor responde por seus débitos com todos os seus bens e, por isso, permite-se a criação do património segregado apenas sob a égide de previsão legislativa específica.

[852] Por exemplo, a Espanha através da Ley 19/1992, de 7 de julio, sobre o *Régimen de Sociedades y Fondos de Inversión Inmobiliaria y sobre Fondos de Titulización Hipotecaria* e do Decreto Real 926/1998, de 14 de mayo, *por el que se regulan los fondos de titulización de activos y las Sociedades gestoras de fondos de titulización*. Também a França dispõe sobre a segregação patrimonial da Lei nº 211, de 19 de fevereiro de 2007, que institui o regime geral da fidúcia.

Explica, COSTA ANDRADE que não se admite, por regra, uma pluralidade de patrimónios numa mesma pessoa, por forma a tutelar a garantia dos credores na medida em que a totalidade dos bens e direitos de um determinado sujeito responde pelas suas dívidas[853].

No Direito português tal previsão é tratada no artigo 601 do Código Civil, nestes termos: "*Pelo cumprimento da obrigação respondem todos os bens do devedor susceptíveis de penhora, sem prejuízo dos regimes especialmente estabelecidos em consequência da separação de patrimónios*".

Para assegurar a proteção de determinados interesses, a regra de que o devedor responde com todos os seus bens tem sido flexibilizada, permitindo-se a criação de massas especiais para cumprimento de finalidades específicas, vinculando bens ou direitos para isso segregados[854].

É sob tal prisma que, no Direito português, permite-se a formação de um *património autónomo* nos moldes do Artigo 62º do Decreto-Lei n.º 453/99 de 5 de Novembro, com a finalidade de segregar os créditos em uma operação de titularização. Dispõe o citado artigo, sobre o Princípio da Segregação, assim estabelecido, *in verbis:*

"*1 – Os créditos afectos ao reembolso de uma emissão de obrigações titularizadas, bem como o produto do reembolso daqueles e os respectivos rendimentos, constituem um* ***património autónomo****, não respondendo por quaisquer dívidas da sociedade de titularização de créditos até ao pagamento integral dos montantes devidos aos titulares das obrigações titularizadas que constituem aquela emissão e das despesas e encargos com esta relacionados*". (grifo nosso)

Assim como acontece sob os *Trusts*, segundo o disposto no nº 2, do Artigo 62, a contabilidade do património segregado deve ser realizada separadamente, e os créditos integrantes deste devem ser identificados, nestes termos: "*Os bens que em cada momento integrem o património autónomo afecto à respectiva emissão devem ser* ***adequadamente descritos em contas segregadas da sociedade*** *e* ***identificados sob forma codificada nos documentos da***

[853] *Cfr.* COSTA ANDRADE, Margarida. *A Propriedade Fiduciária. Separata de II Seminário Luso-Brasileiro de Direito Registral.* Coimbra: Coimbra Editora, 2009, p. 78. *Vide* adicionalmente sobre esse assunto em: CAMPOS, Diogo Leite de. *Da Responsabilidade do Credor na Fase de Incumprimento.* Revista da Ordem dos Advogados, Lisboa, Ano 52/III, 1992, p. 860.

[854] *Cfr.* COSTA ANDRADE, Margarida. *A Propriedade Fiduciária. Separata de II Seminário Luso-Brasileiro de Direito Registral.* Coimbra: Coimbra Editora, 2009, p. 78; VAZ TOMÉ, Maria João Romão Carreiro. *Sobre o Contrato de Mandato sem Representação e o Trust.* Revista da Ordem dos Advogados, Lisboa, v. III, Dezembro 2007, p. 02.

***emissão**, salvo quando se trate de créditos tributários, em que a forma de descrição e identificação daqueles bens é definida de modo a garantir a confidencialidade dos dados pessoais relativos aos contribuintes, mediante portaria conjunta do Ministro das Finanças e do ministro competente em função da titularidade dos créditos objecto de cessão para efeitos de titularização".* (grifo nosso)

Já o nº 3, do mesmo artigo, estabelece que na falta de disposição legal, ou convenção em contrário incluída em contrato respeitante à operação de titularização de créditos correspondente, a sociedade de titularização de créditos tem direito ao remanescente do património autónomo afecto ao pagamento de cada emissão de obrigações titularizadas, após o pagamento integral dos montantes devidos aos titulares das obrigações titularizadas que constituem aquela emissão e das despesas e encargos com esta relacionados.

Em consonância com o disposto no nº 4, na execução movida contra a sociedade de titularização de créditos, o credor apenas pode solicitar a penhora do remanescente de cada património separado se provar a insuficiência dos restantes bens da sociedade.

Em breve comparação, veremos mais à frente, que semelhante a lei portuguesa para os efeitos da securitização de créditos, encontramos no direito brasileiro a separação patrimonial na Lei de Securitização de Créditos Imobiliários (Lei nº 9.514/1997). Entretanto, a afetação é uma faculdade conferida à companhia securitizadora sendo, a nosso ver, mais adequada a legislação portuguesa, que diferentemente trata a afetação patrimonial como sendo um requisito legal[855].

Por fim, percebeu-se, que não estamos perante algo que seja completamente estranho ao Direito português, ainda que adicionalmente ao património separado aqui observado, pode-se citar outros exemplos no Direito lusitano onde o património igualmente é separado, tal como no Estabelecimento Individual de Responsabilidade Limitada (E.I.R.L.)[856], a massa insolvente[857] ou a Sociedade Unipessoal por Quota. Nas palavras

[855] *Cfr.* BRASIL. LEI Nº 9.514, DE 20 DE NOVEMBRO DE 1997. Dispõe sobre o Sistema de Financiamento Imobiliário, institui a alienação fiduciária de coisa imóvel e dá outras providências (Artigos 9º a 16).

[856] *Vide* PORTUGAL. DL n.º 248/86, de 25 de Agosto. *Estabelecimento Mercantil Individual de Responsabilidade Limitada*, artigos 10 e 11 do referido diploma legal.

[857] Explica COSTA E SILVA (2005), que a noção de massa insolvente surge no art. 46 do CIRE (Código de Insolvência e da Recuperação de Empresas, Dec.-Lei n.º 53/2004, de 18

de COSTA ANDRADE, *in verbis*: "*e porque não juntar-lhes a propriedade fiduciária, consagrada em termos mais genéricos do que o trust off shore ou a fideicomisso, também eles constituindo patrimónios separados?*"[858].

5.2. Zona Franca da Madeira

Nesse ponto, ganha destaque, o estudo sobre o *Trust* instituido em Portugal, mas precisamente na Zona Franca da Madeira (ZFM), existente desde 1980[859].

Desde já, pois, deve ser indicado, que a Zona Franca da Madeira é uma ferramenta fundamental da política de desenvolvimento da Região Autónoma da Madeira. Com efeito, objetivou-se com sua criação, a concepção de um instrumento de desenvolvimento económico, capaz de atrair investimento estrangeiro, de diversificar a economia regional e de criar novas condições de competitividade em escala internacional[860].

Em suma a respeito, para gerir a ZFM foi criada a Sociedade para o Desenvolvimento da Madeira (SDM). Trata-se de uma Sociedade Anónima, responsável na qualidade de concessionária, pela gestão, administração e promoção do Centro Internacional de Negócios da Madeira (CINM).

Nesse quadro, a legislação que criou a Zona Franca da Madeira autorizou, no seu âmbito institucional, o exercício de atividades industriais, comerciais e financeiras por parte das entidades que venham a ser licenciadas para aí operar, nos termos regulamentados[861].

de Março). Argumenta para tanto, *in verbis*: "*Segundo o n.º 1 desta disposição legal, a massa insolvente abrange todo o património do devedor à data (e hora) da declaração de insolvência, bem como os bens e Direitos que ele adquira na pendência do processo. Que esta massa é um património de afectação resulta do próprio art. 46/1 uma vez que aí se refere que este se destina à satisfação dos interesses dos credores da insolvência*". *Cfr.* COSTA E SILVA, Paula. *A liquidação da massa insolvente.* Revista da Ordem dos Advogados, Lisboa, Setembro de 2005.

[858] COSTA ANDRADE, Margarida. *A Propriedade Fiduciária. Separata de II Seminário Luso-Brasileiro de Direito Registral.* Coimbra: Coimbra Editora, 2009, p. 81.

[859] *Cfr.* PORTUGAL. Decreto-Lei n.º 500/80 de 20 de Outubro. Disponível em: http://www.igf.min-financas.pt/inflegal/bd_igf/bd_legis_geral/leg_geral_docs/DL_500_80.htm. Acesso em: 10.01.2013.

[860] *Cfr.* FERNANDES DINIS, Edmundo Pedro. *O Centro Internacional de Negócios da Madeira: Comparação do seu Regime com o dos Paraísos Fiscais.* Lisboa: Universidade Técnica de Lisboa, Instituto Superior de Economia e Gestão, 2011, p. 11.

[861] *Vide* Decreto-Lei n.º 352-A/88 de 3 de Outubro.

Tais entidades podem operar dentro das seguintes áreas de atividade: Zona Franca Industrial, Centro de Serviços Financeiros, Centro de Serviços Internacionais e Registo Internacional de Navios.

Com o intuito de acolher entidades das mais diversas, também oriundas de ordenamentos jurídicos distintos do sistema português, designadamente dos países de *common law*, introduziu-se o *Trust*.

Com efeito, por seus atributos peculiares, a implementação do *Trust* foi fundamental à atração de investimento estrangeiro e ao aumento da competitividade nos mercados internacionais, ambicionado pela Zona Franca da Madeira, ao passo que o *Trust* estava disponível em outros centros *off-shore*.

A instituição do *Trust*, ainda que somente na Zona Franca da Madeira, constituiu uma inovação no ordenamento jurídico português.

A esse respeito, em substância, de merecido destaque é a opinião de VAZ TOMÉ e CAMPOS (1999), ao esclarecer que o *Trust* já é uma figura aceite pelo Direito português, embora apenas no âmbito da Zona Franca da Madeira[862].

Em prosseguimento, destaca-se, pois, que o Decreto-Lei n.º 352-A/88 de 3 de Outubro autorizou a constituição de *Trust* na zona franca da Madeira para fins industriais, comerciais e financeiros, apenas destinados a atividades *off-shore* e para operar nos termos regulamentados.

Ante o até aqui examinado, perceba-se, que o principal objetivo do Decreto-Lei seria o de atrair investimentos estrangeiros e tornar a Zona Franca da Madeira competitiva e atraente nos mercados internacionais, colocando para isso, instrumentos e meios jurídicos hábeis, como a permissão da constituição do "atraente *Trust off-shore*"[863].

Permite-se o *Trust* na Zona Franca da Madeira de duas formas: instituído no estrangeiro, sob a égide de alguma legislação que o permita; ou constituído na Zona Franca da Madeira, observando, porém, para a sua validade, as regras previstas na legislação local[864].

[862] *Cfr.* VAZ TOMÉ, Maria João; CAMPOS, Diogo Leite de. *A Propriedade Fiduciária (Trust), Estudo para a sua Consagração no Direito Português*. Coimbra: Almedina, 1999, p. 320.

[863] *Cfr.* FREIRE E ALMEIDA, Verônica Scriptore. *A Tributação dos Trusts*. Coimbra: Almedina, 2009, p. 275.

[864] *Vide* o Artigo 3º do Decreto-Lei n.º 352-A/88 de 3 de Outubro. Disponível em: https://www.ibc-madeira.com/images/pdf_PT/pt-06-DL_352_A_88.pdf. Acesso em: 31.05.2019.

Tais noções podem ser complementadas através da definição conferida pela letra "e" do artigo 1º, do Decreto-Lei, *in verbis*: "e) *Trust off-shore – trust constituído segundo a lei designada pelo instituidor que admita tal instituto, sendo o instituidor e o beneficiário não residentes em território português e o trustee uma pessoa colectiva autorizada a operar, enquanto tal, no âmbito institucional da Zona Franca da Madeira*".

Do mencionado acima, destaca-se, pois, que o *Trust* será regido pela lei estrangeira indicada pelo *settlor*. Poderá haver uma sociedade ou sucursal do *Trust off-shore*, que é a entidade autorizada, através de licenciamento prévio, a exercer a atividade de *Trust off-shore*[865].

Com efeito, e nesta linha, a lei aplicável ao *Trust* será a que for escolhida pelo seu instituidor no ato da sua constituição. A lei indicada regulamentará, designadamente, as questões relativas à validade, interpretação, efeitos e administração do *Trust*[866].

Um ponto interessante é que o Decreto-Lei permite em seu artigo 5º (2), que o *settlor* faça a reserva no instrumento do *Trust*, do poder de proceder a substituição da lei aplicável ao *Trust* por outra lei de jurisdição diferente[867].

Para a validade do *Trust* existem cláusulas obrigatórias que devem ser inseridas em seu instrumento constitutivo, independentemente do exigido pela Lei Estrangeira que o regerá. Tais cláusulas constam nas várias alíneas do artigo 7º do Decreto-Lei, e são semelhantes àquelas encontradas nos demais *trusts deeds* da *common law*[868].

Primordial, indicarmos, que o *Trust* constituído na Zona Franca da Madeira terá como base critérios de extraterritorialidade e, dessa forma, não terá qualquer interferência no ordenamento jurídico interno.

Nesse passo, devemos fazer, assim, algumas observações a este propósito.

Cfr. FREIRE E ALMEIDA, Verônica Scriptore. *A Tributação dos Trusts*. Coimbra: Almedina, 2009, p. 275.

865 Artigo 1º, "f", do Decreto-Lei n.º 352-A/88 de 3 de Outubro.

866 Entretanto, na falta de nomeação explícita, esta previsto que a comarca do Funchal, funcione como jurisdição supletiva, em consonância com os artigos 5º e 33º, do Decreto-Lei n.º 352-A/88 de 3 de Outubro.

867 Artigo 5º, n.2, do Decreto-Lei n.º 352-A/88 de 3 de Outubro.

868 Artigo 7, alíneas "*a*" a "*q*", do Decreto-Lei n.º 352-A/88 de 3 de Outubro.

Primeiramente, o instituidor (*settlor*) e o beneficiário podem ser Pessoa Singular ou Coletiva, porém, não residente em território português. Podem, todavia, ser entidades *off-shore* devidamente licenciadas para operar no âmbito institucional da Zona Franca da Madeira.

Por sua vez o *trustee* deverá ser uma sociedade ou sucursal autorizada a operar, enquanto tal, no âmbito institucional da Zona Franca da Madeira.

Outro ponto de destaque é que os rendimentos oriundos do *Trust* não podem derivar de fontes locais (com excepção dos depósitos "*offshore*"). Além disso, não poderão fazer parte da *trust property*, qualquer propriedade imóvel localizada em território português.

Deve se atentar, também, que o *settlor* deve prever expressamente no ato constitutivo o prazo de duração do *Trust*.

Em consonância com o artigo 6º do Decreto-Lei em destaque, o ato da constituição do *Trust* está sujeito à forma escrita e deve ser assinado pelo instituidor ou, em sua representação, pelo *trustee*. A assinatura deve ser reconhecida notarialmente.

Além disso, os atos de constituição, modificação ou extinção do *Trust* estão sujeitos a registo[869], que será obrigatório desde que o período de duração do *Trust* seja superior a um ano[870].

É mister salientar, que os nomes do *settlor* e dos beneficiários só podem ser revelados na sequência de uma decisão judicial. Aplica-se, aqui, as penas previstas para violação do segredo bancário. Tais determinações são extraíveis do artigo 11 do Decreto-Lei n.º 149/94.

Em prosseguimento, é fundamental destacar, que a autorização de funcionamento das sociedades "*trusts off-shore*" é concedida pelo Governo Regional da Madeira. Essas sociedades poderão ser constituídas por instituições já existentes, cujo objeto seja a gestão fiduciária[871].

Nessa linha, no caso de serem constituídas na Zona Franca, estas instituições deverão obrigatoriamente tomar a forma de sociedades

[869] O Decreto-Lei n.º 149/94, de 25 de Maio regulamenta o registo dos instrumentos de gestão fiduciária (*trust*).

[870] É o que dispõe o Artigo 8º do Decreto-Lei n.º 352-A/88 de 3 de Outubro. Por sua vez, o artigo 10º esclarece que o registo do *Trust* efetua-se tendo por base: a) O nome e identificação do *trust*, com indicação do seu objecto; b) A data da sua criação; c) O período de duração do *trust*; d) A denominação e sede do *trustee*; e) A data e natureza dos factos modificativos e extintivos do *trust*.

[871] Artigos 13º, 14º e 15º do Decreto-Lei n.º 352-A/88 de 3 de Outubro.

anónimas. O Capital Social da Sociedade constituída deve ser composto por no mínimo 51% de ações nominativas[872]. Destaca-se, também, que é obrigatória a autorização do Governo Regional da Madeira sempre que as mesmas forem alienadas numa percentagem de 5% ou mais do seu capital[873].

O regime fiscal aplicável regula-se pela legislação relativa à Zona Franca da Madeira[874].

Por fim, importante mencionar, que de acordo com o artigo 32º, salvo disposição em contrário na lei designada pelo instituidor (*settlor*) para regular o *Trust*, o instrumento que o formalizar poderá consignar o recurso à arbitragem, como forma de composição e resolução das questões suscitadas entre o instituidor, o *trustee* e os beneficiários ou entre o *trustee* e terceiros[875]. Na falta de convenção sobre a arbitragem será competente o foro da comarca do Funchal.

6. França

Na condição de signatária da Convenção da Haia sobre o Direito Aplicável aos *Trusts* e o seu Reconhecimento, a França procura desde então, a transposição do *Trust* ao Direito interno Francês, de uma forma, porém, gradual[876].

[872] Artigo 21º do Decreto-Lei n.º 352-A/88 de 3 de Outubro.

[873] Artigo 22º do Decreto-Lei n.º 352-A/88 de 3 de Outubro.

[874] Artigo 31º do Decreto-Lei n.º 352-A/88 de 3 de Outubro. Neste ponto, indicamos a leitura de: FREIRE E ALMEIDA, Verônica Scriptore. *A Tributação dos Trusts*. Coimbra: Almedina, 2009.

[875] *Vide* CAMPOS, Diogo Leite de. *A arbitragem voluntária, jurisdição típica do estado – dos – Direitos e dos – cidadãos*. In: LEITE DE CAMPOS, Diogo; MENDES, Gilmar Ferreira; MARTINS, Ives Gandra da Silva. *A Evolução do Direito no Século XXI – Estudos em Homenagem ao Professor Arnoldo Wald*. Coimbra: Almedina, 2007.

[876] Para THÉVENOZ (2013), *in verbis*: *"France, the monarchic Republic, recently created its own fiducie, a youngling without many teeth, and ignored the need to better recognise foreign trust by adhering to that same Convention"*. *Cfr.* THÉVENOZ, Luc. *A Swiss Perspective. Trusts* & Trustees, United Kingdom, v. 19, n. 3 e 4, p. 296-301, april/may 2013, p. 296. *Vide* BOESCH, Bruno W. *The ICC initiative. Trusts* & Trustees, United Kingdom, v. 18, n. 4, p. 316-323, may 2012, p. 316; BIBAUT, Laurent. *La fiducie face au trust*. Journal Le Petit Juriste. Dans Droit international privé, 22 juin 2011; HONORÉ, Tony. *On Fitting Trusts into Civil Law Jurisdictions*. In: Oxford Legal Studies Research Paper Nº 27/2008, September 2008, p. 9; PAOLO, Panico. *Three countries on the Bummel: tax developments for Trusts in Italy, Switzerland and France. Trusts* & Trustees, United Kingdom, v. 14, n. 3, p. 158-162, april 2008.

Inicialmente, o conceito típico da *civil law* sobre a unidade dos direitos reais era, de certa forma, conflitante com a divisão da propriedade, característica fundamental do *Trust*. Além disso, a desconfiança motivada pelo total desconhecimento do *Trust* determinava a prevenção, nomeadamente em relação à sua tributação[877].

Por tais motivos, embora signatária da Convenção da Haia de 1985, foi considerada pelo país, a possibilidade de não ratificar a Convenção enquanto o sistema legal Francês não tivesse implementado um instrumento equivalente aos *Trusts*.

Pouco a pouco, então, os legisladores franceses buscam a implementação dos *Trusts* em seu ordenamento jurídico interno, com vistas a prover condições de concorrência aos seus *"executivos das finanças"*.

A corroborar com esse raciocínio, FORTI adverte que a introdução do *Trust* no Direito Francês apresenta insubstituíveis vantagens jurídicas e económicas, compreendendo suas finalidades nas áreas financeira e comercial, sobretudo em relação aos fundos de pensão, fundos mútuos, e securitização[878].

Nesse quadro e em complemento esclarece TIRARD que o *Trust* estrangeiro tem sido reconhecido por muitos anos pela jurisprudência francesa, e em numerosas ocasiões. Logo, os Tribunais franceses, em regra, validam os efeitos dos *Trusts* estrangeiros em França. Enfim, o autor opina, *in verbis*: *"One of the most common misconceptions about the French legal system is that it does not recognize trusts"*[879].

[877] *Cfr.* FREIRE E ALMEIDA, Verônica Scriptore. *A Tributação dos Trusts*. Coimbra: Almedina, 2009, p. 201. Explica, nesse sentido, TIRARD (2010) que a ausência do adequado conhecimento sobre sua estrutura e finalidades, pode levar a falsa e superficial percepção de que o *Trust* é um mecanismo usado, supostamente, como ferramenta para evasão tributária e lavagem de dinheiro. *Cfr* TIRARD, Jean-Marc. *France – Trusts – Topical Analyses*. Amsterdam: IBFD, 2010, section 1.7.; FORTI, Valerio. *Comparing American Trust And French Fiducie*. The Columbia Journal of European Law, USA, v. 17, p. 28-33, 2011, p. 31-32.

[878] *Vide* FORTI, Valerio. *Comparing American Trust And French Fiducie*. The Columbia Journal of European Law, USA, v. 17, p. 28-33, 2011, p. 30. No mesmo sentido: BIBAUT, Laurent. *La fiducie face au trust*. Journal Le Petit Juriste. Dans Droit international privé, 22 juin 2011.

[879] *Cfr.* TIRARD, Jean-Marc. *Taxation of offshore Trusts: France*. *Trusts* & Trustees, United Kingdom, v. 14, n. 8, p. 552-558, october 2008, p. 552. No mesmo sentido *vide*: CHAMBAZ, Laurent. *Is France adopting Trusts wholesale? The answer is no, but...* *Trusts* & Trustees, United Kingdom, v. 13, n. 7, p. 225-261, 2007.

Perceba-se, então, que também em França o *Trust* estrangeiro gera efeitos, em razão da constante conexão de seus elementos formadores (*settlor, trustee, beneficiário ou trust property*) entre países da *civil* e da *common law*. A hipótese de se constituírem *Trusts* em outras jurisdições que não a francesa, e do consequente reconhecimento de seus efeitos, induz a natural reflexão académica e jurisprudencial sobre o instrumento estrangeiro[880].

Neste quadro, a ideia de competitividade levou os legisladores a repensarem as formas de colocar a França no cenário internacional, em nível jurídico compatível com os demais países.

Com efeito, os debates sobre a reforma do Direito Comercial Francês, cujo funcionamento constituía um obstáculo de "*compétitivité*" para a França, revelava que o país não queria permanecer à margem do desenvolvimento proporcionado por novas ferramentas, entre as quais se inclui o *Trust*[881].

Portanto, o sentimento francês era de oportunidade, e que revela-nos como bom exemplo a ser adotado e adaptado, o quanto antes, por outros sistemas jurídicos da *Civil Law*, como o brasileiro.

Por consequência, foram apresentados em França três projetos de lei visando introduzir algumas funções do *Trust*, através da figura jurídica denominada por *fiducie*, sob a forma de administração fiduciária. Tais projetos apresentados, respectivamente, nos anos de 1989, 1992 e 1994, não chegaram a ser debatido no parlamento[882].

Entretanto, em 8 de fevereiro de 2005, o senador *Philippe Marini*[883] apresentou um novo projeto de lei para introduzir a fidúcia no sistema legal francês. A nova proposta foi submetida à Comissão Legal em 11 de

[880] *Vide* CHAMBAZ, Laurent. *Is France adopting Trusts wholesale? The answer is no, but... Trusts* & Trustees, United Kingdom, v. 13, n. 7, p. 225-261, 2007.

[881] *Cfr.* FREIRE E ALMEIDA, Verônica Scriptore. *A Tributação dos Trusts*. Coimbra: Almedina, 2009, p. 201.

[882] *Vide* ADELLE, Jean-François. *First Steps Towards the Introduction of a Fiduciary Regime*. International Law Office. Publicado em 27 de outubro de 2006. Disponível em: http://www.internationallawoffice.com/newsletters/Detail.aspx?g=726a66d3-fc3c-db11-859c-00065bfd3168&redir=1. Acesso em: 30.08.2012; *Vide*: LAPUENTE, Sergio Cámara. *Trust a la francesa*. Barcelona: Revista para el Análisis del Derecho, 2005, p. 3-4.

[883] *Cfr.* FRANÇA. *Assemblee Nationale*. Disponível em: http://www.assemblee-nationale.fr/12/dossiers/institution_fiducie.asp. Acesso em: 03.09.2012.

outubro de 2006 e, finalmente, aprovada pelo Parlamento em 7 de fevereiro de 2007[884].

Enfim, a Lei nº 2007-211 emenda o Código Civil Francês e implementa a *fiducie* no ordenamento jurídico francês, além de determinar específicas medidas tributárias com relação ao novo instrumento[885].

Embora a inspiração para a *fiducie* em 2007 tenha sido o *Trust* da *common law*, a *fiducie* ainda é vista com certas limitações em comparação com as finalidades obtidas pela utilização do *Trust* da *common law*[886].

6.1. *La Fiducie*

A *fiducie* francesa foi aprovada em 19 de Fevereiro de 2007, com alterações em 30 de janeiro de 2009[887].

O conceito de *fiducie* pode ser encontrado no artigo 2011 do Código Civil, *in verbis*: *"Art. 2011. – La fiducie est l'opération par laquelle un ou plusieurs constituants transfèrent des biens, des droits ou des sûretés, ou un ensemble de biens, de droits ou de sûretés, présents ou futurs, à un ou plusieurs fiduciaires qui, les tenant séparés de leur patrimoine propre, agissent dans un but déterminé au profit d'un ou plusieurs bénéficiaires"*[888].

[884] A Lei Nº 2007-211 de 19 de Fevereiro de 2007, que introduziu o conceito de *fiducie* na Lei Francesa, foi publicada no Jornal Oficial Nº 44 de 21 de Fevereiro de 2007. FRANÇA. *Assemblee Nationale*. Disponível em: http://www.assemblee-nationale.fr/12/dossiers/institution_fiducie.asp. Acesso em: 03.09.2012. *Vide*: LAPUENTE, Sergio Cámara. *Trust a la francesa*. Barcelona: Revista para el Análisis del Derecho, 2005, p. 3; CHAMBAZ, Laurent. *Is France adopting Trusts wholesale? The answer is no, but... Trusts* & Trustees, United Kingdom, v. 13, n. 7, p. 225-261, 2007; BIBAUT, Laurent. *La fiducie face au trust*. Journal Le Petit Juriste. Dans Droit international privé, 22 juin 2011.

[885] *Cfr.* MCAULEY, Michael. *The Worlds of the Trust. Trusts* & Estates, Penton Business Med, New York, Volume 152, Issue 2, Feb 2013, p. 6; FREIRE E ALMEIDA, Verônica Scriptore. *A Tributação dos Trusts*. Coimbra: Almedina, 2009, p. 202.

[886] *Cfr.* REED, Edward. *Trends and developments: France. Trusts* & Trustees, United Kingdom, v. 13, n. 4, p. 110-111, 2007.

[887] *Vide* TIRARD, Jean-Marc. *France – Trusts – Topical Analyses*. Amsterdam: IBFD, 2010, section 1.6.; EMERICH, Yaëll. *The civil law trust: a modality of ownership or an interlude in ownership*. In: SMITH, Lionel. *The Worlds of the Trust*. Cambridge: Cambridge University Press, 2013, p. 26-27.

[888] *Cfr.* FRANÇA. *Code Civil*. Disponível em: https://www.legifrance.gouv.fr/. Acesso em: 11.12.2019.

Devemos acrescentar, que os bens ou direitos transferidos ao fiduciário formam um património de afetação, que possui uma contabilidade individualizada, por igual ao *Trust* da *common law*[889].

Não obstante algumas semelhanças com o *Trust,* TIRARD considera a *fiducie* uma instituição diferente tanto na substância quanto na forma[890]. Com razão, a primeira grande diferença é que segundo o artigo 2012 do Código Civil, a *fiducie* é estabelecida expressamente, por lei ou por contrato, enquanto o *Trust,* como vimos, é um ato unilateral de vontade do *settlor* e nem sempre depende de formalidades para sua válida constituição[891]. Outro ponto divergente é que além da exigência da forma escrita, o contrato de *fiducie* deve ser registrado. Em consonância com o artigo 2019, sob pena de nulidade, o contrato de *fiducie* (e suas alterações), deve ser registado dentro de um mês da sua assinatura, nos serviços de impostos local *(fiduciaire local tax office),* ou no serviços de impostos de não residentes (*service des impôts des non-résidents*), se o *fiduciaire* não for domiciliado na França. Ainda, a designação de um beneficiário ulterior ao contrato de *fiducie,* deve ser feita por escrito e registado[892].

Adicionalmente, será exigido um registo nacional – *registre national des fiducies* – estabelecido em consonância com os decretos do *Conseil d'Etat*[893]. Portanto, ao contrário do *Trust,* os contratos de *fiducie* serão públicos, igualmente àquelas informações empresariais que devem ser necessariamente publicadas.

O "*constituant*" de um *fiducie* pode ser uma empresa, que está sujeita ao imposto de renda coletivo, ou ao imposto de renda individual, se for uma pessoa singular[894].

[889] *Cfr.* Artigo 2011 do Código Civil francês.

[890] *Cfr.* TIRARD, Jean-Marc. *France – Trusts – Topical Analyses.* Amsterdam: IBFD, 2010, section 1.6; FORTI, Valerio. *Comparing American Trust and French Fiducie.* The Columbia Journal of European Law, USA, v. 17, p. 28-33, 2011, p. 33.

[891] *Vide* Artigo 2012 do Código Civil francês.

[892] Nesse sentido, a Lei 2007-211 de 19 de Fevereiro de 2007, inseriu o n. 8º no artigo 635 do *Code General Des Impots,* nestes termos: artigo 635 *"Doivent être enregistrés dans le délai d'un mois à compter de leur date: 8º Les actes constatant la formation, la modification ou l'extinction d'un contrat de fiducie, et le transfert de biens ou droits supplémentaires au fiduciaire dans les conditions prévues par l'article 2019 du code civil". Cfr.* FRANÇA. *Code General Des Impôts.*

[893] *Vide* Artigo 2020 do Código Civil.

[894] *Vide* TIRARD, Jean-Marc. *France – Trusts – Topical Analyses.* Amsterdam: IBFD, 2010, section 1.6.

Ainda, é importante mencionar, que a *fiducie* não pode ser utilizada para o planejamento sucessório de um indivíduo em prol de sua família. Não alcança, portanto, uma das basilares finalidades do *Trust* da *common law*[895]. Além disso, ao contrário do *Trust*, a *fiducie* também não pode ser constituída para apreender finalidades caritativas[896].

Nesse panorama, estabelece o artigo 2013 que o contrato de *fiducie* é nulo se decorrer de uma intenção de liberalidade em proveito do beneficiário, sendo essa nulidade de ordem pública. Além da nulidade do ato constitutivo, a constituição de uma *fiducie* com a intenção de doação, resulta em graves consequências fiscais[897].

Em regra, a *fiducie* pode ser "de fato" utilizada apenas como um mecanismo de gestão (*fiducie-gestion*) de ativos ou como instrumento de garantia (*fiducie-sûreté*)[898].

A *fiducie-gestion* é constituída para propósitos de administração. Aqui, o *constituant* transfere os seus bens ou direitos a um *fiduciary* para que este os administre nos interesses do próprio *constituant* ou no interesse de terceiros.

Por sua vez, a *fiducie-sûreté* é formada para garantir uma dívida, estabelecendo uma segurança para o credor. Aqui, o *settlor* (*fiduciant*) é normalmente o devedor do *trustee* (*fiduciary*); os ativos transmitidos em confiança ao *trustee* (*fiduciary*) retornarão ao *settlor* (*fiduciant*) se o último pagar seu débito, ou, reverterão para a propriedade pessoal do *trustee* (*fiduciary*), no caso de não pagamento[899].

[895] *Vide* TIRARD, Jean-Marc. *France – Trusts – Topical Analyses.* Amsterdam: IBFD, 2010, section 1.6. *Vide* artigo 2013 do Código Civil francês.

[896] *Vide* TIRARD, Jean-Marc. *France – Trusts – Topical Analyses.* Amsterdam: IBFD, 2010, section 1.6.; EMERICH, Yaëll. *The civil law trust: a modality of ownership or an interlude in ownership.* In: SMITH, Lionel. *The Worlds of the Trust.* Cambridge: Cambridge University Press, 2013, p. 26-39.

[897] *Vide* TIRARD, Jean-Marc. *France – Trusts – Topical Analyses.* Amsterdam: IBFD, 2010, section 1.6; TROY, Dominique. *France might adopt a law on fiducie. Trusts* & Trustees, United Kingdom, p. 18-19, november 2005. *Vide* ainda o artigo 2013 do Código Civil francês.

[898] Ambos tipos de *fiducie* são regidos pelos artigos 2011 e seguintes do Código Civil francês. *Vide* também: TIRARD, Jean-Marc. *France – Trusts – Topical Analyses.* Amsterdam: IBFD, 2010, section 1.6; LAPUENTE, Sergio Cámara. *Trust a la francesa.* Barcelona: Revista para el Análisis del Derecho, 2005, p. 10.

[899] *Cfr.* PRIGENT, Stéphane. *Droit Des Affaires, L'ouverture De La Fiducie Aux Personnes Physiques.* Revue Française de Comptabilité, n. 420, 14. Avril 2009; ADELLE, Jean-François. *First Steps*

Com caráter limitativo, a função de *fiduciaire* somente pode ser exercida por instituições de crédito (mencionadas no artigo L. 511-1 do Código Monetário e Financeiro), algumas instituições e serviços (enumerados ao artigo L. 518-1 do mesmo Código), certas empresas de investimento (mencionadas no artigo L. 531-4 do mesmo Código) bem como as empresas de seguro (governadas pelo artigo L. 310-1 do Código dos seguros)[900].

Uma inovação legislativa – *LOI nº 2008-776 du 4 août 2008 de modernisation de l'économie* 2008 – estendeu o direito ao exercício da profissão de *fiduciaire* aos advogados franceses[901].

Em prosseguimento, destaca-se, que o *constituant* ou o *fiduciaire* podem também ser beneficiários do contrato de *fiducie*[902].

Nesse passo, merece enfoque o artigo 2017 do mesmo diploma legal, que ao determinar que, salvo estipulação em contrário no contrato de *fiducie*, o *contituant* pode, a qualquer momento, designar um terceiro que ficará responsável por garantir e preservar a boa execução do contrato de *fiducie*, com os mesmos poderes conferidos por lei ao *constituant* (a semelhança de um *protector*). De outro lado, se o *constituant* for uma pessoa física, a indicação do terceiro é obrigatória[903].

Em conformidade com o artigo 2018 o contrato de *fiducie* deve necessariamente conter, sob pena de nulidade: a propriedade, os direitos ou os títulos transferidos, e, se eles forem futuros, devem ser determináveis; a duração da *fiducie*, que não pode ultrapassar 99 (noventa e nove) anos após a assinatura do contrato; a identidade dos *constituants*, dos *fiduciaires*, dos

Towards the Introduction of a Fiduciary Regime. International Law Office. Publicado em 27 de outubro de 2006. Disponível em: http://www.internationallawoffice.com/Newsletters/Detail.aspx?r=13068. Acesso em: 20.05.2007. *Vide* BARRIÈRE, François. *The security fiducie in french law*. In: SMITH, Lionel. *The Worlds of the Trust*. Cambridge: Cambridge University Press, 2013, p. 101-139.

900 *Vide* TIRARD, Jean-Marc. *France – Trusts – Topical Analyses*. Amsterdam: IBFD, 2010, section 1.6.; Artigo 2015 do Código Civil francês; MALLET-BRICOUT, Blandine. *The Trustee: mainspring, or only a cog, in the French fiducie?*. In: SMITH, Lionel. *The Worlds of the Trust*. Cambridge: Cambridge University Press, 2013, p. 141-167.

901 *Vide* TIRARD, Jean-Marc. *France – Trusts – Topical Analyses*. Amsterdam: IBFD, 2010, section 1.6.; Artigo 2015 do Código Civil francês.

902 *Vide* artigo 2016 do Código Civil francês; MALLET-BRICOUT, Blandine. *The Trustee: mainspring, or only a cog, in the French fiducie?*. In: SMITH, Lionel. *The Worlds of the Trust*. Cambridge: Cambridge University Press, 2013, p. 152.

903 *Vide* artigo 2017 do Código Civil francês.

beneficiários ou, na sua falta, as regras para a sua designação; por fim, os objetivos da *fiducie* e os deveres e poderes dos *fiduciaires*[904].

Sempre que o *fiduciaire* agir em nome da *fiducie* essa condição deve ser mencionada expressamente. Ainda, destaca a lei que, à semelhança do *Trust*, o património de afetação não será atingido por eventuais credores do *fiduciaire*[905].

Em regra, o património de afetação somente pode ser apreendido por credores titulares de créditos decorrentes da conservação e gestão desse património. Contudo, a lei excetua os casos de fraude a credores do *constituant* e assegura os direitos dos credores do *constituant* titulares de um direito de sequela em razão de garantia real anteriormente constituída[906].

Perceba-se, porém, que no caso de insuficiência do património fiduciário, o património do constituinte é a garantia comum dos credores, salvo disposição em contrário no contrato de *fiducie*, colocando toda ou parte da responsabilidade a cargo do *fiduciaire*[907].

Ainda, o contrato de *fiducie* pode limitar o passivo apenas ao património fiduciário, desde que exista cláusula informativa aos credores que expressamente aceitarem tal limitação[908].

Acrescente-se, que o *fiduciaire* será responsável pessoalmente e com seu património pessoal por atos ilícitos cometidos no exercício de sua função[909].

Além disso, insta mencionar que a lei prevê em seu artigo 2.027 a hipótese de substituição judicial do *fiduciaire*, na ausência de disposições contratuais que prevejam as condições para a sua substituição[910].

Dessa forma, se o *fiduciaire* não cumprir as suas obrigações ou prejudicar os interesses que lhe foram confiados, o *constituant*, o beneficiário ou o terceiro designado (*protector*) podem solicitar ao Tribunal a nomeação de um *fiduciaire*. A decisão do Tribunal em relação ao deferimento

[904] *Vide* artigo 2018 do Código Civil francês.
[905] *Vide* artigo 2021 e 2024 do Código Civil francês.
[906] *Vide* artigo 2025 do Código Civil francês.
[907] *Vide* artigo 2025 do Código Civil francês.
[908] *Vide* artigo 2025 do Código Civil francês.
[909] *Vide* artigo 2026 do Código Civil francês.
[910] *Vide* artigo 2027 do Código Civil francês.

do pedido implica na imediata substituição do *fiduciaire* original e na consecutiva transferência da propriedade em *fiducie* ao seu substituto[911].

Ainda, o contrato de *fiducie* pode ser revogado pelo *constituant* a qualquer momento antes da aceitação do beneficiário. Após a aceitação do beneficiário, a *fiducie* somente poderá ser revogada com a concordância de tal beneficiário ou através de decisão judicial[912].

Assim, diferentemente do *Trust* inglês, a revogabilidade é inerente ao acordo de *fiducie* até a aceitação do beneficiário. Por outro lado, após a aceitação, independente de cláusula de revogabilidade, a *fiducie* não pode ser revogada através de ato unilateral do seu instituidor. Logo, observa-se aqui, outro caráter que limita a flexibilidade da *fiducie* frente ao *Trust*.

Neste ponto, muito bem ressalta MALLET-BRICOUT, que na *fiducie* francesa a posição do beneficiário é relativamente secundária e pouco clara em comparação com os *Trusts* da *common law*[913].

Resta mencionar, que a *fiducie* se extingue com a morte do *constituent,* se ele for pessoa física, ou pela ocorrência do termo, ou pela realização de um propósito quando esse ocorrer antes do prazo estipulado pelas partes[914].

Ainda, quando todos os beneficiários da *fiducie* renunciam, ela será automaticamente cancelada, salvo estipulação em contrário no contrato de *fiducie* que especifique as condições de sua continuação[915].

Igualmente, termina o contrato de *fiducie*, quando o *fiduciaire* está sujeito a falência ou quando o património em *fiducie* desaparece como resultado de cessão ou exercício de um direito de sequela, ou ainda, caso seja o *fiduciairie* um advogado, pela interdição temporária ou anulação de sua licença profissional[916].

Extinto o contrato de *fiducie*, na ausência de beneficiários, os bens, direitos e interesses que formam o património da *fiducie*, retornam para o *constituant*. Destaca-se, que quando extinto a *fiducie* com a morte do

[911] *Vide* artigo 2027 do Código Civil francês.

[912] *Vide* artigo 2028 do Código Civil francês.

[913] *Cfr.* MALLET-BRICOUT, Blandine. *The Trustee: mainspring, or only a cog, in the French fiducie?*. In: SMITH, Lionel. *The Worlds of the Trust*. Cambridge: Cambridge University Press, 2013, p. 152.

[914] *Vide* artigo 2029 do Código Civil francês.

[915] *Vide* artigo 2029 do Código Civil francês.

[916] *Vide* artigo 2029 do Código Civil francês.

constituant, o património *fiduciaire* será atribuído segundo as regras legais da sucessão[917].

Por fim, para a validade da *fiducie*, o *constituant* e o *fiduciaire* devem ser residentes na União Europeia ou em um país no qual a França tenha concluído um acordo de assistência contra fraude tributária e elisão fiscal[918].

Sob o pretexto de neutralidade fiscal, o tratamento fiscal da *fiducie* não deixa lugar para o planeamento fiscal[919]. Com efeito, os bens e direitos transferidos para o *fiducie* são considerados, para efeitos fiscais, propriedade do *constituant*[920]. Consequentemente, a receita gerada pelos bens e direitos transferidos sob a *fiducie* estão sujeitos ao imposto de renda coletivo ou individual nas mãos do *constituant*[921].

7. Suíça

Por primeiro, revela-se de todo coerente destacarmos que entre os 10 maiores centros financeiros globais (incluindo China, Japão, Korea, Estados Unidos, Canadá e Inglaterra), a Suíça é o único país sem uma legislação própria sobre os *Trusts*[922].

[917] *Vide* artigo 2030 do Código Civil francês.

[918] Nesse sentido, *vide* o artigo 13 da Lei 2007-211 de 19 de Fevereiro de 2007. *Cfr.* FRANÇA. *Loi nº 2007-211 du 19 février 2007.* Disponível em: http://www.legifrance.gouv.fr. Acesso em: 29.08.2012; TIRARD, Jean-Marc. *France – Trusts – Topical Analyses.* Amsterdam: IBFD, 2010, section 1.6; GUICHARD, Anne. *France. Trusts* & Estates, Penton Business Med, New York, Volume 152, Issue 1, p. 46 – 52, Jan 2013.

[919] *Cfr.* TIRARD, Jean-Marc. *France – Trusts – Topical Analyses.* Amsterdam: IBFD, 2010, section 1.6. *Vide* GUICHARD, Anne. *France. Trusts* & Estates, Penton Business Med, New York, Volume 152, Issue 1, p. 46 – 52, Jan 2013. Adicionalmente *vide*: FREIRE E ALMEIDA, Verônica Scriptore. *A Tributação dos Trusts.* Coimbra: Almedina, 2009.

[920] *Cfr.* TIRARD, Jean-Marc. *France – Trusts – Topical Analyses.* Amsterdam: IBFD, 2010, section 1.6. *Vide* GUICHARD, Anne. *France. Trusts* & Estates, Penton Business Med, New York, Volume 152, Issue 1, p. 46 – 52, Jan 2013.

[921] *Cfr.* TIRARD, Jean-Marc. *France – Trusts – Topical Analyses.* Amsterdam: IBFD, 2010, section 1.6.

[922] Segundo pesquisa realizada peloZ/Yen Group, destacam-se London, New York, Hong Kong, Singapore, Tokyo, Zurich, Chicago, Shanghai, Seoul, Toronto. *Cfr.* Z/Yen Group. *The Global Financial Centres* (MARCH 2012). Disponível em: http://www.longfinance.net/Publications/GFCI%2011.pdf. Acesso em: 10.10.2012. *Vide* WILSON, David Wallace; NAGAI, Caroline López. *Country Report: Switzerland.* In. GALLANIS, Thomas P. *The Trust in Continental Europe: A Brief Comment from a U.S. Observer.* The Columbia Journal of European Law Online, v. 18, 2012, p. 34.

Contudo, veremos na presente parte que a Suíça avança, hodiernamente, no melhor caminho para a introdução do *Trust* anglo-saxão na sua legislação interna, tipicamente de *civil law*.

Em 2007 a Suíça ratificou a Convenção de Haia sobre a lei aplicável ao *Trust* e ao seu reconhecimento de 1 de julho de 1985[923].

Nessa linha, segundo MAYER, *Federal Office of Justice*, embora antes da ratificação da Convenção, os *Trusts* já fossem amplamente reconhecidos, a situação jurídica permanecia sobrecarregada de consideráveis incertezas[924].

Para THÉVENOZ, a ratificação pela Suíça da Convenção foi um passo decisivo por duas razões, *in verbis*: "*First, ratification was authorized by an act of Parliament and supplemented by a few statutory amendments. Even though one still cannot settle a trust under Swiss law, because there is no such thing as a Swiss law of trusts, there is no more doubt that the effects of trusts are not repugnant to Swiss legal principles and that they must be recognised by Swiss courts. Second, and not least, the framework for this recognition is laid down in treaty provisions that are self-executing. We, lawyers of the civil law tradition, will always be more comfortable when our arguments can build upon statutory (or statutory--like) provisions. We know how to read them and construe them, even when (at it should be) we disagree on their exact meaning. And so do courts. From an alien whose legitimacy and recognition was still disputed, the trust institution became a feature of the legal landscape, something that must be recognised and given effects, at least most of the time*"[925].

Dessa forma, em geral, a ratificação da Convenção dos *Trusts* passou a conferir uma base legal mais sólida e uma maior segurança jurídica para todos os interessados em constituir relações de *Trusts* na Suíça[926].

[923] *Cfr.* HCCH – *Hague Conference on Private International Law- Convention of 1 July 1985 on the Law Applicable to Trusts and on their Recognition.* Disponível em: http://www.hcch.net/index_en.php?act=conventions.status&cid=59. Acesso em: 10.10.2019.

[924] *Cfr.* MAYER, Thomas. *Greater legal protection for the trust business Hague Trust Convention enters into force on 1 July 2007.* Press Release, Federal Department of Justice and Police, 04.04.2007.

[925] *Cfr.* THÉVENOZ, Luc. *A Swiss Perspective. Trusts* & Trustees, United Kingdom, v. 19, n. 3 e 4, p. 296-301, april/may 2013, p. 298. *Vide* KESSLER, Delphine Pannatier. *The recognition of tracing under the Hague Trusts Convention: an analysis of article 11 para 3 lit d from the perspective of Swiss law. Trusts* & Trustees, United Kingdom, v. 18, n. 2, p. 149–158, february 2012.

[926] *Cfr.* MAYER, Thomas. *Greater legal protection for the trust business Hague Trust Convention enters into force on 1 July 2007.* Press Release, Federal Department of Justice and Police,

Foi nesse quadro que a Convenção de Haia sobre a lei aplicável ao *Trust* e ao seu reconhecimento entrou em vigor na Suíça em 1 de julho de 2007, permitindo o reconhecimento de *Trusts* estrangeiros, com base em normas internacionalmente reconhecidas[927].

Todavia, até o presente momento, o *Trust* somente pode ser estabelecido na Suíça de acordo com uma Lei estrangeira, ou seja, a lei escolhida pelo *settlor* no *trust instrument*, regerá a relação em *Trust*[928].

Interessante mencionar que a fidúcia é amplamente utilizada na Suíça, em particular no domínio bancário[929]. Saliente-se, que na Suíça o instituto da Fidúcia é derivado da fidúcia romana *cum amico*, bem como a partir da *fiducia cum creditore*. Basicamente, a duração de uma relação fiduciária não é limitada no tempo pelo Direito suíço[930].

De certa maneira, a fidúcia pode ser analisada como sendo um mandato com representação indireta, geralmente associado a uma transferência de propriedade do fiduciante para o fiduciário[931]. Sobretudo, a fidúcia é baseada em um contrato[932].

04.04.2007. *Vide* O'HAGAN, Patrick. *Trusts in Switzerland (a tale of two conventions). Trusts* & Trustees, United Kingdom, v. 18, n. 8, p. 732–745, september 2012, p. 732.

927 *Vide* O'HAGAN, Patrick. *Trusts in Switzerland (a tale of two conventions). Trusts* & Trustees, United Kingdom, v. 18, n. 8, p. 732–745, september 2012, p. 732.

928 *Cfr.* WILSON, David Wallace; NAGAI, Caroline López. *Country Report: Switzerland.* In. GALLANIS, Thomas P. *The Trust in Continental Europe: A Brief Comment from a U.S. Observer.* The Columbia Journal of European Law Online, v. 18, 2012, p. 26. *Vide* O'HAGAN, Patrick. *Trusts in Switzerland (a tale of two conventions). Trusts* & Trustees, United Kingdom, v. 18, n. 8, p. 732–745, september 2012, p. 732.

929 *Cfr.* BAUER-BALMELLI, Maja; WIDMER, Oliver; HARBEKE, Nils. *Switzerland – Trusts, Topical Analyses.* Amsterdam: IBFD, 2011, section 1.2.1. *Vide* The STEP Journal, *Trusts* in switzerland's, april 2008, p. 36-39.

930 *Cfr.* BAUER-BALMELLI, Maja; WIDMER, Oliver; HARBEKE, Nils. *Switzerland – Trusts, Topical Analyses.* Amsterdam: IBFD, 2011, section 1.2.1.

931 A Fidúcia é baseada em uma relação contratual (um mandato em conformidade com o art. 394 e seguintes da *Loi fédérale complétant le Code civil suisse.*
Cfr. BAUER-BALMELLI, Maja; WIDMER, Oliver; HARBEKE, Nils. *Switzerland – Trusts, Topical Analyses.* Amsterdam: IBFD, 2011, section 1.2.1.

932 *Cfr.* MAYER, Thomas. *Switzerland's new regime on Trusts.* The STEP Journal, *Trusts* in switzerland's, april 2008, p. 36.

7.1. A Introdução dos *Trusts* no Direito Suíço

Os *Trusts* foram criados pela primeira vez na Suíça *por e para* cidadãos estrangeiros, visitantes ou expatriados afortunados, oriundos da Inglaterra, dos EUA e de outras jurisdições da *common law*, que apreciavam a Suíça. Desejando lá viver, trouxeram com eles as suas necessidades, seus hábitos e suas formas de fazer negócios. Explica o autor, que embora tais *Trusts* não fossem geralmente administrados na Suíça, eles tiveram relações com os bancos suíços, e contatos ocasionais com tribunais suíços ou autoridades fiscais. Finaliza o autor, *in verbis*: *"At some point in time, during the last quarter of the 20th century, the **trust idea caught up and spread internationally**"* (grifo nosso)[933].

A experiência suíça com *Trusts* é notável ao longo das duas últimas décadas do século XX, em razão do acatamento do instrumento como uma instituição legal com todas as suas características, sem pretender criar um instrumento equivalente, nos termos da lei suíça[934].

Além disso, conforme já destacado, a Suíça ratificou a Convenção de Haia sobre a lei aplicável ao *Trust* e seu reconhecimento, com efeitos a partir de 1 de Julho de 2007, nos termos *da Swiss Federal Council's Bill of 20th of December 2006*[935].

No mesmo sentido promulgou novas disposições no *Bundesgesetz über das Internationale Privatrecht Swiss* (IRPG) ou *Loi fédérale sur le droit international privé* (LDIP) e na *Bundesgesetz über Schuldbetreibung und Konkurs* (SchKG) ou *Loi fédérale sur la poursuite pour dettes et la faillite* (LP)[936].

[933] *Cfr.* THÉVENOZ, Luc. *A Swiss Perspective. Trusts* & Trustees, United Kingdom, v. 19, n. 3 e 4, p. 296-301, april/may 2013, p. 297–298. *Vide* também: O'HAGAN, Patrick. *Trusts in Switzerland (a tale of two conventions). Trusts* & Trustees, United Kingdom, v. 18, n. 8, p. 732–745, september 2012.

[934] *Cfr.* THÉVENOZ, Luc. *A Swiss Perspective. Trusts* & Trustees, United Kingdom, v. 19, n. 3 e 4, p. 296-301, april/may 2013, p. 296. *Vide* PEYROT, Aude. *How to Square the circle? The Challenge met by Swiss insolvency law in dealing with common law Trusts.* In: SMITH, Lionel. *The Worlds of the Trust.* Cambridge: Cambridge University Press, 2013, p. 41-42.

[935] *Cfr.* WILSON, David Wallace; NAGAI, Caroline López. *Country Report: Switzerland.* In. GALLANIS, Thomas P. *The Trust in Continental Europe: A Brief Comment From a U.S. Observer.* The Columbia Journal of European Law Online, v. 18, 2012, p. 27.

[936] Em inglês, *Swiss Private International Law Act (SPILA) e Collection and Bankruptcy Act (SDCBA). Cfr.* SWISS. IRPG – *Bundesgesetz über das Internationale Privatrecht Swiss* (Federal Code on Private International Law). Disponível em: http://www.admin.ch/ch/d/sr/291/index.html. Acesso em: 07.10.2012; SWISS. *Bundesgesetz über Schuldbetreibung und Konkurs*

Em consonância com as novas disposições do IPRG sobre os *Trusts*, pode-se constituir um *Trust* na Suíça sob qualquer lei estrangeira que preveja os *Trusts*[937].

Dessa forma, o *settlor* é livre para escolher a lei que regerá o *Trust* constituído, em harmonia com o Art. 6 da Convenção de Haia. Lembramos, aqui, que segundo a Convenção, a escolha do *settlor* deve ser expressa ou implícita nos termos do *trust instrument*[938].

Ainda, a Convenção previne que onde nenhuma lei aplicável é escolhida, ou se a lei escolhida não prevê *Trusts* em seu ordenamento jurídico interno, o *Trust* será governado pela lei na qual estiver mais proximamente conectado[939].

Nessa linha, os critérios determinantes da lei aplicável são apontados pelo art. 7º, § 2º da Convenção da Haia, sendo eles, *in verbis*: "*(i) the place of administration of the trust designated by the settlor; (ii) the situs of the assets of*

(Federal Debt Enforcement and Bankruptcy Act). Disponível em: http://www.admin.ch/ch/d/sr/281_1/index.html. Acesso em: 07.10.2012; WILSON, David Wallace; NAGAI, Caroline López. *Country Report: Switzerland.* In. GALLANIS, Thomas P. *The Trust in Continental Europe: A Brief Comment from a U.S. Observer.* The Columbia Journal of European Law Online, v. 18, 2012, p. 27; MAYER, Thomas. *Switzerland's new regime on Trusts.* The STEP Journal, *Trusts* in switzerland's, p. 36-39, april 2008; PALTZER, Edgar H.; SCHMUTZ, Patrich. *Trusts in Switzerland* (377-392). In: KAPLAN, Alon. *Trusts in Prime Jurisdictions.* London: Globe Law and Business, 2010, p. 377; PAOLO, Panico. *Three countries on the Bummel: tax developments for Trusts in Italy, Switzerland and France. Trusts* & Trustees, United Kingdom, v. 14, n. 3, p. 158-162, april 2008, p. 160.

937 *Cfr.* SWISS. Artigos 21 e 149 e seguintes do IRPG, *Bundesgesetz über das Internationale Privatrecht Swiss (Federal Code on Private International Law).* Disponível em: http://www.admin.ch/ch/d/sr/291/index.html. Acesso em: 07.10.2012. *Vide* PALTZER, Edgar H.; SCHMUTZ, Patrich. *Trusts in Switzerland* (377-392). In: KAPLAN, Alon. *Trusts in Prime Jurisdictions.* London: Globe Law and Business, 2010, p. 377-378.

938 Segundo o artigo 6º da Convenção, *in verbis*: "*A trust shall be governed by the law chosen by the settlor. The choice must be express or be implied in the terms of the instrument creating or the writing evidencing the trust, interpreted, if necessary, in the light of the circumstances of the case*". *Cfr. HCCH – Hague Conference on Private International Law- Convention of 1 July 1985 on the Law Applicable to Trusts and on their Recognition*.

939 A segunda parte do artigo 6º da Convenção estabelece, *in verbis*: "*Where the law chosen under the previous paragraph does not provide for Trusts or the category of trust involved, the choice shall not be effective and the law specified in Article 7 shall apply*". *Cfr.* HCCH – *Hague Conference on Private International Law- Convention of 1 July 1985 on the Law Applicable to Trusts and on their Recognition*.

the trust; (iii) the place of residence or business of the trustee; and (iv) the objects of the trust and the places where they are to be fulfilled"[940].

Em relação à *Prorogation of jurisdiction*, as disposições do IPRG (Lei Suíça de Direito Internacional Privado) estabelecem que a jurisdição em matéria de *Trust* é determinada pelas disposições do *trust deed*, e a determinação da jurisdição deve ser estabelecida por escrito[941].

Nesse sentido, o órgão jurisdicional pode ser verificado no *trust deed* ou pode ser determinado posteriormente pelo *settlor* ou por qualquer outra pessoa, tal como um *protector*, no uso de um poder conferido no âmbito do *trust deed*[942].

Dessa forma, desde que cumpridos determinados requisitos formais, é livre a determinação da jurisdição em consonância com a escolha do *settlor* bem como das formas alternativas de resolução de conflitos.

Destaca-se, que o Tribunal escolhido tem competência exclusiva, salvo disposição em contrário nas disposições do *trust deed* ou se a escolha da jurisdição privar uma das partes, abusivamente, em relação à jurisdição prevista na lei suíça[943].

Nos termos do art. 149b, 3 do IPRG (Lei Suíça de Direito Internacional Privado), na falta de uma escolha válida do foro, ou se o Tribunal designado não tem competência exclusiva, os tribunais suíços têm competência em matéria do *Trust* em um dos fóruns alternativos seguintes: (i) no local de

[940] *Cfr. HCCH – Hague Conference on Private International Law- Convention of 1 July 1985 on the Law Applicable to Trusts and on their Recognition*. Disponível em: http://www.hcch.net/index_en.php?act=conventions.status&cid=59. Acesso em: 10.10.2012.

[941] *Cfr.* BAUER-BALMELLI, Maja; WIDMER, Oliver; HARBEKE, Nils. *Switzerland – Trusts, Topical Analyses.* Amsterdam: IBFD, 2011, section 1.2.1. *Vide* PALTZER, Edgar H.; SCHMUTZ, Patrich. *Trusts in Switzerland* (377-392). In: KAPLAN, Alon. *Trusts in Prime Jurisdictions.* London: Globe Law and Business, 2010; O'HAGAN, Patrick. *Trusts in Switzerland (a tale of two conventions). Trusts* & Trustees, United Kingdom, v. 18, n. 8, p. 732–745, september 2012; The STEP Journal, *Trusts* in switzerland's, april 2008, p. 38-39.

[942] *Cfr.* BAUER-BALMELLI, Maja; WIDMER, Oliver; HARBEKE, Nils. *Switzerland – Trusts, Topical Analyses.* Amsterdam: IBFD, 2011, section 1.2.1.

[943] *Cfr.* BAUER-BALMELLI, Maja; WIDMER, Oliver; HARBEKE, Nils. *Switzerland – Trusts, Topical Analyses.* Amsterdam: IBFD, 2011, section 1.2.1. *Vide* O'HAGAN, Patrick. *Trusts in Switzerland (a tale of two conventions). Trusts* & Trustees, United Kingdom, v. 18, n. 8, p. 732–745, september 2012; SIGG, Olivier. *Dog leg claim: what does Swiss law think about the 'animal'?. Trusts* & Trustees, United Kingdom, v. 19, n. 7, p. 738–743, september 2013.

residência ou a morada habitual do requerido, (ii) na sede do *Trust* ou (iii) a criação de um *Trust* com créditos decorrentes da operação de um estabelecimento suíço[944].

Em relação ao reconhecimento de decisões estrangeiras em matéria de *Trusts* suíços, devemos indicar que tais decisões são reconhecidas na Suíça, se são proferidas: por um Tribunal que foi validamente escolhido nos termos do art. 149b, 1 do IPRG (Lei Suíça de Direito Internacional Privado); no país de domicílio do réu, residência habitual ou estabelecimento; no país em que o *Trust* tem a sua sede, ou no país cuja lei regula o *Trust*, ou, se eles não são reconhecidos no país, onde o *Trust* tem a sua sede, desde que o réu não seja domiciliado na Suíça[945].

Também cabe destacar-se, aqui, importantes previsões legais, constantes na Lei Suíça de Direito Internacional Privado (IRPG), agora em relação à execução de dívidas dos credores do *Trust* em relação ao *trustee* e ao *trust fund*.

Nesse quadro, prevê a Lei que o processo de apreensão de bens do *Trust* em relação a dívidas do *Trust* deve ser dirigido contra o *trustee*. Além disso, ao credor do *Trust* com os ativos na Suíça é permitido vincular esses ativos para o pagamento de seus créditos, ainda que nem a sede, nem o local exato de gestão da *Trust* esteja localizado na Suíça[946]. Para tanto, o credor deve determinar e comprovar a localização dos bens a serem vinculados à execução, e a existência do seu crédito[947].

Por outro lado, a execução de dívidas pessoais do *trustee* por seus credores, não atinge a *trust property*. Com efeito, destacam-se os ativos do

944 *Cfr.* SWISS. IRPG – *Bundesgesetz über das Internationale Privatrecht Swiss* (Federal Code on Private International Law). Disponível em: http://www.admin.ch/ch/d/sr/291/a149b.html . Acesso em: 13.10.2012.

945 *Cfr.* BAUER-BALMELLI, Maja; WIDMER, Oliver; HARBEKE, Nils. *Switzerland – Trusts, Topical Analyses.* Amsterdam: IBFD, 2011, section 1.2.1.

946 *Cfr.* BAUER-BALMELLI, Maja; WIDMER, Oliver; HARBEKE, Nils. *Switzerland – Trusts, Topical Analyses.* Amsterdam: IBFD, 2011, section 1.2.1.. *Vide* LEON, Soizic Mendes de. *The Swiss court's approach to beneficial ownership. Trusts* & Trustees, United Kingdom, v. 18, n. 3, p. 232-240, March 2012; SIGG, Olivier. *Dog leg claim: what does Swiss law think about the 'animal'?. Trusts* & Trustees, United Kingdom, v. 19, n. 7, p. 738-743, september 2013.

947 *Cfr.* BAUER-BALMELLI, Maja; WIDMER, Oliver; HARBEKE, Nils. *Switzerland – Trusts, Topical Analyses.* Amsterdam: IBFD, 2011, section 1.2.1.

Trust dos ativos pessoais do *trustee*, ou seja, a *trust property* forma um fundo separado e independente do património próprio do *trustee*[948].

Nesse sentido, temos sob o prisma legal, o artigo 284b da *Loi fédérale sur la poursuite pour dettes et la faillite*, que prevê, *in verbis*: "*Dans la faillite d'un trustee, le patrimoine du trust est distrait de la masse en faillite après déduction des créances du trustee contre ce patrimoine.*"[949]

Logo, no caso de um processo de falência contra o *trustee*, a *trust property* deve ser separada da massa falida pessoal do *trustee*.

Conforme já mencionado, a Suíça prevê regras *forced heirship*. É hora agora de mencionarmos os efeitos de tais regras em relação ao *Trust* constituído na Suíça[950].

A previsão legal, fundada nos artigos 470-480 do Código Civil, determina a extensão dos direitos dos parentes próximos em relação às partes indisponíveis (*indefeasible shares*) do espólio do testador e, por igual, institui a parte da herança que o testador pode dispor livremente[951].

As disposições *forced heirship* são obrigatórias, mas não têm um caráter de ordem pública na Suíça – isto é, não são regras de aplicação imediata[952].

Por conseguinte, o efeito destas regras sob os *Trusts* é determinado pela Art. 15 da Convenção de Haia, e não pelo art. 16, que trata das leis de aplicação imediata. Desta forma, se um *Trust* existente tem efeitos que são incompatíveis com a lei obrigatória designada pelo IPRG, então

948 *Vide* WILSON, David Wallace; NAGAI, Caroline López. *Country Report: Switzerland*. In. GALLANIS, Thomas P. *The Trust in Continental Europe: A Brief Comment from a U.S. Observer*. The Columbia Journal of European Law Online, v. 18, 2012, p. 27; PALTZER, Edgar H.; SCHMUTZ, Patrich. *Trusts in Switzerland* (377-392). In: KAPLAN, Alon. *Trusts in Prime Jurisdictions*. London: Globe Law and Business, 2010, p. 386.

949 *Cfr.* SWISS. *Bundesgesetz über Schuldbetreibung und Konkurs (Federal Debt Enforcement and Bankruptcy Act)*. Disponível em: http://www.admin.ch/ch/d/sr/281_1/index.html. Acesso em: 13.10.2012.

950 *Vide* PALTZER, Edgar H.; SCHMUTZ, Patrich. *Trusts in Switzerland* (377-392). In: KAPLAN, Alon. *Trusts in Prime Jurisdictions*. London: Globe Law and Business, 2010, p. 394.

951 *Cfr.* BAUER-BALMELLI, Maja; WIDMER, Oliver; HARBEKE, Nils. *Switzerland – Trusts, Topical Analyses*. Amsterdam: IBFD, 2011, section 1.2.1.

952 *Vide* PEASE, Richard. *The development of trust practice in overseas jurisdictions*. United Kingdom, *Trusts* & Trustees, v. 19, n. 3 e 4, p. 283-389, april/may 2013, p. 286.

a Convenção de Haia não substitui disposições obrigatórias, tais como os direitos de sucessão e, em particular, *forced heirship*[953].

Independentemente da lei aplicável ao *Trust* prever disposições *forced heirship* ou mesmo conter disposições *anti-forced heirship*, as disposições *forced heirship* da lei designada pelo IPRG será aplicada. Estas disposições *forced heirship* são determinadas pela lei que rege a propriedade nos termos do art. 92 da IPRG[954].

Revela-se, assim, que a ratificação da Convenção, juntamente com as novas disposições, viabilizou a constituição de *Trusts* por *settlors* sob qualquer lei de sua escolha que preveja os *Trusts*. Em outras palavras, *settlors* podem determinar no *trust instrument*, livremente, a lei que regerá os conflitos atinentes ao *Trust* constituído[955].

Na prática, a Suíça distingue entre três tipos de *Trusts*: "*revocable trust*", *irrevocable "fixed interest trusts"* e *irrevocable "discretionary trusts"*[956]. As características básicas dos três tipos de *Trusts* são as mesmas já conhecidas dos *Trusts* da *common law*. Outrossim, também é possível a instituição de *Charitable Trusts*, como alternativa à Fundação[957].

953 *Cfr.* BAUER-BALMELLI, Maja; WIDMER, Oliver; HARBEKE, Nils. *Switzerland – Trusts, Topical Analyses.* Amsterdam: IBFD, 2011, section 1.2.1. *Vide* PALTZER, Edgar H.; SCHMUTZ, Patrich. *Trusts in Switzerland* (377-392). In: KAPLAN, Alon. *Trusts in Prime Jurisdictions.* London: Globe Law and Business, 2010, p. 394-395.

954 *Cfr.* SWISS. IRPG – *Bundesgesetz über das Internationale Privatrecht Swiss* (Federal Code on Private International Law). Disponível em: http://www.admin.ch/ch/d/sr/291/a92.html. Acesso em: 07.10.2012.

955 *Cfr.* BAUER-BALMELLI, Maja; WIDMER, Oliver; HARBEKE, Nils. *Switzerland – Trusts, Topical Analyses.* Amsterdam: IBFD, 2011, section 1.2.1.

956 *Cfr.* SWISS. *Swiss Association of Trust Companies.* Disponível em: http://www.satc.ch/Images/SATC%20Trust%20Glossary%20-%20English.pdf. Acesso em 14.10.2012; BAUER-BALMELLI, Maja; WIDMER, Oliver; HARBEKE, Nils. *Switzerland – Trusts, Topical Analyses.* Amsterdam: IBFD, 2011, section 1.4.3; SWISS. *Taxation of Trusts, Circular Letter 30 of 22 August 2007 (KS 30).* Society of Trust and Estate Practitioners (STEP). Disponível em: http://www.step-ch-fl.com/pinboard/_rcs/common/attachments/p_filename_519.pdf. Acesso em: 15.10.2012; LEON, Soizic Mendes de. *The Swiss court's approach to beneficial ownership. Trusts* & Trustees, United Kingdom, v. 18, n. 3, p. 232–240, March 2012.

957 *Vide* PALTZER, Edgar H.; SCHMUTZ, Patrick. *Switzerland: are charitable Trusts an alternative to charitable foundations?. Trusts* & Trustees, United Kingdom, v. 14, n. 5, p. 357-368, june 2008; VOGT, Nedim Peter; WÜSTEMANN, Tina; SCHMID, Christoph Oliver. *Switzerland: charitable giving and taxation of charities. Trusts* & Trustees, United Kingdom, v. 15, n. 5, p. 421-436, july 2009.

Destacamos, aqui, que é usual na Suíça o *settlor* apontar a si mesmo como *trustee* ou como beneficiários do *Trust*[958].

Também, ressalta-se, que um *Trust* que foi estabelecido como sendo um *Trust discricionário*, pode ser qualificado como um *fixed interest* no Direito suíço se verificar-se que o *trustee* não faz uso do seu poder discricionário. Tal conclusão pode ser extraída, por exemplo, se os *trustees* distribuem uma cota estável da renda do *Trust* e a participação de cada beneficiário no rendimento do *Trust* permanece fixa a cada repartição realizada[959].

Por todo esse contexto, embora ainda seja impossível o estabelecimento de um típico "*trust suíço*", uma definição dos *Trusts* foi introduzida através da Convenção de Haia, fornecendo as autoridades suíças e aos seus tribunais uma ferramenta útil para lidar com *Trusts* estrangeiros[960]. Lembramos, porém, que a Convenção de Haia sobre os *Trusts* não trata da tributação do instituto[961].

Observa-se, nesse contexto, que não houve qualquer alteração do Código Civil Suíço e no Código das Obrigações. Notavelmente, quaisquer

[958] *Cfr.* BAUER-BALMELLI, Maja; WIDMER, Oliver; HARBEKE, Nils. *Switzerland – Trusts, Topical Analyses.* Amsterdam: IBFD, 2011, section 1.4.3.

[959] *Cfr.* SWISS. *Swiss Association of Trust Companies.* Disponível em: http://www.satc.ch/Images/SATC%20Trust%20Glossary%20-%20English.pdf. Acesso em 14.10.2012; BAUER-BALMELLI, Maja; WIDMER, Oliver; HARBEKE, Nils. *Switzerland – Trusts, Topical Analyses.* Amsterdam: IBFD, 2011, section 1.4.3. *Vide* LEON, Soizic Mendes de. *The Swiss court's approach to beneficial ownership. Trusts* & Trustees, United Kingdom, v. 18, n. 3, p. 232–240, March 2012, p. 238–239.

[960] Segundo artigo 2º da Convenção, *in verbis*: " *(...) the term "trust" refers to the legal relationships created – inter vivos or on death – by a person, the settlor, when assets have been placed under the control of a trustee for the benefit of a beneficiary or for a specified purpose". Cfr.* HCCH – *Hague Conference on Private International Law- Convention of 1 July 1985 on the Law Applicable to Trusts and on their Recognition. Vide* THÉVENOZ, Luc. *A Swiss Perspective. Trusts* & Trustees, United Kingdom, v. 19, n. 3 e 4, p. 296-301, april/may 2013, p. 299.

[961] Segundo o Artigo 19 da Convenção, *in verbis*: "*Nothing in the Convention shall prejudice the powers of States in fiscal matters". Cfr.* HCCH – Hague Conference on Private International Law- Convention of 1 July 1985 on the Law Applicable to *Trusts* and on their Recognition. Disponível em: http://www.hcch.net/index_en.php?act=conventions.status&cid=59. Acesso em: 13.10.2012; WILSON, David Wallace; NAGAI, Caroline López. *Country Report: Switzerland.* In. GALLANIS, Thomas P. *The Trust in Continental Europe: A Brief Comment from a U.S. Observer.* The Columbia Journal of European Law Online, v. 18, 2012, p. 27.

disposições substanciais destinadas aos *Trusts* foram introduzidas[962]. Além disso, não existe nenhuma obrigação para os *trustees* profissionais de se inscreverem em uma *specific supervisory authority* para operar na Suíça[963].

Nesse quadro, destacam WILSON e NAGAI que o setor privado se moveu rapidamente para estabelecer um quadro regulamentar adequado para o *Trust*[964].

Em ponteamento final a respeito, a semelhança da Itália e da Holanda (conforme veremos), ainda existe a necessidade da implementação de um *Swiss Trust Act* na Suíça. Sobre esse ponto, THÉVENOZ não acredita que um *Swiss Trust Act* seria a primeira escolha de *settlors* internacionais. No entanto, acredita que sua implementação traria uma série de benefícios, nestes termos: "*A Swiss statute would also promote the idea and understanding of trusts in a broader circle of lawyers, public notaries, and civil courts than is now the case. Adopting a Trust Act would not contribute to internationally enhancing Switzerland as a good place to manage trusts and invest trust assets, but I believe it would contribute to the expansion and vulgarisation of the trust idea*"[965].

Por fim, muito bem arremata o autor, *in verbis*: "*In a conservative and prudent country such as Switzerland,* ***good ideas often come long before their political time.*** *This is not a reason to refrain from giving them form and substance*" (grifo nosso)[966].

Swiss Association of Trust Companies – Em 2007, algumas das principais *Swiss Trust Companies* fundaram a *Swiss Association of Trust Companies* ("SATC"), cujo objetivo foi o de promover e desenvolver as atividades de

[962] *Cfr.* WILSON, David Wallace; NAGAI, Caroline López. *Country Report: Switzerland.* In. GALLANIS, Thomas P. *The Trust in Continental Europe: A Brief Comment from a U.S. Observer.* The Columbia Journal of European Law Online, v. 18, 2012, p. 27.

[963] *Cfr.* WILSON, David Wallace; NAGAI, Caroline López. Country Report: Switzerland. In. GALLANIS, Thomas P. *The Trust in Continental Europe: A Brief Comment from a U.S. Observer.* The Columbia Journal of European Law Online, v. 18, 2012, p. 27.

[964] *Cfr.* WILSON, David Wallace; NAGAI, Caroline López. Country Report: Switzerland. In. GALLANIS, Thomas P. *The Trust in Continental Europe: A Brief Comment from a U.S. Observer.* The Columbia Journal of European Law Online, v. 18, 2012, p. 27.

[965] *Cfr.* THÉVENOZ, Luc. *A Swiss Perspective. Trusts* & Trustees, United Kingdom, v. 19, n. 3 e 4, p. 296-301, april/may 2013, p. 299.

[966] *Cfr.* THÉVENOZ, Luc. *A Swiss Perspective. Trusts* & Trustees, United Kingdom, v. 19, n. 3 e 4, p. 296-301, april/may 2013, p. 299.

trustees na Suíça. Igualmente, estabeleceu-se certos padrões profissionais e éticos aos *trustees*[967].

Nesse quadro, pois, a SATC publicou normas mínimas de credenciamento de profissionais e um código de ética para fornecer segurança aos clientes e garantir a continuidade da Suíça como sendo uma jurisdição altamente profissional no campo dos *trusts business*[968].

Além de tais padrões éticos estabelecidos pelo setor privado, a Suíça implementou diversos regulamentos financeiros que também são aplicáveis aos *Trusts*, nomeadamente as "*trusteeships*" que se inscreveram no respectivo âmbito de aplicação jurisdicional[969].

Federal Act on Anti-Money Laundering **("AMLA")** – Dado que a Suíça não tem interesse em servir como um refúgio para os produtos (rendimentos) criminosos, ela promulgou uma legislação abrangente para a prevenir que recursos indesejados entrem no sistema financeiro suíço, nomeadamente, a *Federal Act on Anti-Money Laundering* ("AMLA")[970].

Neste quadro, e para o que nos interessa na presente análise, desde 1998 as disposições AMLA também se aplicam aos *trustees* residentes na Suíça, caso se qualifiquem como *intermediários financeiros*[971]. Para tais efeitos, são considerados intermediários financeiros todas as pessoas,

[967] *Cfr.* SWISS. *Swiss Association of Trust Companies. Introduction d'une licence obligatoire pour les trustees en Suisse: La Swiss Association of Trust Companies SATC adopte un document de position avec des propositions de réglementation.* Disponível em: http://satc.ch/Images/20120614_Media%20Release%20SATC%20F.pdf. Acesso em: 15.10.2012; WILSON, David Wallace; NAGAI, Caroline López. *Country Report: Switzerland.* In. GALLANIS, Thomas P. *The Trust in Continental Europe: A Brief Comment from a U.S. Observer.* The Columbia Journal of European Law Online, v. 18, 2012, p. 27. *Vide* PALTZER, Edgar H.; SCHMUTZ, Patrich. *Trusts in Switzerland* (377-392). In: KAPLAN, Alon. *Trusts in Prime Jurisdictions.* London: Globe Law and Business, 2010, p. 377; THÉVENOZ, Luc. *A Swiss Perspective. Trusts* & Trustees, United Kingdom, v. 19, n. 3 e 4, p. 296-301, april/may 2013, p. 299.

[968] *Vide* SWISS. *Swiss Association of Trust Companies.* Disponível em: http://www.satc.ch/#. Acesso em 10.10.2012; WILSON, David Wallace; NAGAI, Caroline López. *Country Report: Switzerland.* In. GALLANIS, Thomas P. *The Trust in Continental Europe: A Brief Comment from a U.S. Observer.* The Columbia Journal of European Law Online, v. 18, 2012, p. 27.

[969] *Cfr.* WILSON, David Wallace; NAGAI, Caroline López. *Country Report: Switzerland.* In. GALLANIS, Thomas P. *The Trust in Continental Europe: A Brief Comment from a U.S. Observer.* The Columbia Journal of European Law Online, v. 18, 2012, p. 27.

[970] *Cfr.* SWISS. *Federal Act on Anti-Money Laundering ("AMLA").*

[971] *Cfr.* SWISS. *Federal Act on Anti-Money Laundering ("AMLA");*

independentemente de serem pessoas físicas ou jurídicas, que, a título profissional aceitar, manter em depósito ou ajudar a investir ou transferir bens pertencentes a terceiros[972].

Sob tal prisma, o *Swiss Financial Market Supervisory Authority* ("FINMA") estabelece que, na prática, os *trustees* são considerados intermediários financeiros, porque os bens do *Trust* são separados de seu património pessoal.

Interessante mencionar, aqui, que ao serem os *trustees* abrangidos no âmbito da AMLA[973], entre outros deveres, eles precisam cumprir com os deveres de diligência estabelecidos na *Section 1* do *Chapter 2*, tais como: a verificação da identidade do cliente, em consonância com um documento válido se for pessoa física; se pessoa coletiva, deve identificar as pessoas físicas, constituintes da pessoa jurídica; deve-se estabelecer a identidade do cliente e do beneficiário efectivo[974]; ainda, o *trustee* deve esclarecer o contexto económico e finalidade de qualquer transação, *prima facie*, incomum, mantendo o controlo de cada transação[975].

Estes deveres de diligência são ainda completados por normas mínimas estabelecidas pelo *Swiss Banking Association*, os chamados *Swiss Bank's Code of Conducts*, que obriga os bancos suíços a identificarem os clientes e beneficiários[976].

Especificamente, no caso dos *Trusts*, os bancos suíços devem obter uma declaração por escrito, específica do *trustee*, que varia de acordo com a natureza do *Trust* considerado[977].

Em caso de *trusts* revogáveis, o *trustee* deve identificar a pessoa que possui o direito de revogar (*not nominee*) como sendo o beneficiário efetivo;

972 *Cfr.* SWISS. *Federal Act on Anti-Money Laundering ("AMLA").*

973 *Cfr.* SWISS. *Anti-Money Laundering Act, AMLA.*

974 Artigo 5º da AMLA – *Repetition of the verification of the identity of the customer or the establishment of the identity of the beneficial owner. Cfr.* SWISS. Anti-Money Laundering Act, AMLA.

975 Artigo 6º da AMLA – *Duty to clarify. Cfr.* SWISS. *Anti-Money Laundering* Act, AMLA.

976 *Vide* SWISS. *Agreement on the Swiss banks' code of conduct with regard to the exercise of due diligence (CDB 08).* Disponível em: http://www.swissbanking.org/en/20080410-vsb-cwe.pdf Acesso em: 14.10.2019.

977 *Cfr.* SWISS. *Anti-Money Laundering Act, AMLA*; WILSON, David Wallace; NAGAI, Caroline López. *Country Report: Switzerland.* In. GALLANIS, Thomas P. *The Trust in Continental Europe: A Brief Comment From a U.S. Observer.* The Columbia Journal of European Law Online, v. 18, 2012, p. 28.

para *irrevogáveis trusts discricionários*, ele deve fornecer uma declaração por escrito, identificando o *settlor* eficaz (*not nominee*), listando as pessoas que têm direito a dar instruções ao *trustee*, as pessoas susceptíveis de serem beneficiários por categorias, assim como qualquer curador ou *protector*[978].

Por fim, a AMLA ainda impõe sobre os *trustees* deveres de relatórios: se a evidência circunstancial dá origem a uma suspeita de que os ativos financeiros que seguram resultam de crime, os *trustees* devem informar a autoridade competente; eles também devem esclarecer os antecedentes e propósitos de uma transação, *prima facie*, suspeitas e, em caso de dúvidas, eles precisam informar imediatamente o *Swiss Money Laundering Reporting Office* e congelar os bens suspeitos até cinco dias úteis, sem informar o cliente[979].

Destaca-se, que o *protector* também pode cair sob o âmbito de aplicação da AMLA, se forem consideradas intermediários financeiros. Isso depende, contudo, da extensão de seus poderes sob o *Trust*. Nesse contexto, o *protector* não se sujeita aos deveres de diligência, se a sua única função é a de nomear e demitir o *trustee*. Se, no entanto, tiver o direito de tomar decisões financeiras, por si só ou em conjunto com o *trustee*, eles são considerados intermediários financeiros e devem, portanto, respeitar as funções acima mencionadas[980].

Ressalta-se, neste ponto, que o poder de distribuir bens do *trust fund* para os beneficiários e o poder de selecionar os beneficiários são considerados poderes vinculados a decisões financeiras.

[978] *Cfr.* SWISS. *Anti-Money Laundering Act, AMLA*; WILSON, David Wallace; NAGAI, Caroline López. *Country Report: Switzerland.* In. GALLANIS, Thomas P. *The Trust in Continental Europe: A Brief Comment From a U.S. Observer.* The Columbia Journal of European Law Online, v. 18, 2012, p. 28.

[979] *Cfr.* SWISS. *Anti-Money Laundering Act, AMLA*; WILSON, David Wallace; NAGAI, Caroline López. *Country Report: Switzerland.* In. GALLANIS, Thomas P. *The Trust in Continental Europe: A Brief Comment from a U.S. Observer.* The Columbia Journal of European Law Online, v. 18, 2012, p. 28.

[980] *Cfr.* WILSON, David Wallace; NAGAI, Caroline López. *Country Report: Switzerland.* In. GALLANIS, Thomas P. *The Trust in Continental Europe: A Brief Comment From a U.S. Observer.* The Columbia Journal of European Law Online, v. 18, 2012, p. 29.

Além da AMLA, os *trustees* podem estar sujeitos à *Swiss Federal Act on Stock Exchange and Securities Trading* ("SESTA")[981].

Na verdade, *trustees* que atuam como corretores, seguradoras ou casas de derivativos e que não estão expressamente isentos desta legislação, são obrigados a obter uma licença de negócio da FINMA e devem cumprir com determinadas obrigações regulamentares[982].

Em ponteamento final a respeito, cabe mencionar que os *trustees*, *protector* e os bancos que operam na Suíça têm o dever geral de manter a privacidade de dados pessoais de um cliente[983].

A privacidade do *settlor* ou cliente é, de fato, protegida pelas disposições gerais do Código Civil suíço, relativas à proteção do indivíduo, bem como pela legislação de proteção de dados, não obstante as disposições mais específicas, como o sigilo bancário ou privilégio advogado-cliente.

8. Itália

Fulcral iniciarmos esse tópico em análise destacando que a Itália, pioneiramente, ratificou a Convenção de Haia sobre o Direito Aplicável aos *Trusts* e seu Reconhecimento em 1989, entrando em vigor em 1992.

Nesse contexto, explica LUPOI que o consenso geral, na época, era que a Convenção em questão destinava-se para *Trusts* estrangeiros, embora nenhum artigo da convenção faça expressa menção a tais *Trusts*. Segue explicando o autor, que a Convenção foi concebida no domínio

981 *Cfr.* SWISS. *Federal Act on Stock Exchanges and Securities Trading (Stock Exchange Act, SESTA)*. Disponível em: http://www.six-exchange-regulation.com/download/admission/regulation/federal_acts/sesta_en.pdf Acesso em: 14.10.2012; WILSON, David Wallace; NAGAI, Caroline López. *Country Report: Switzerland*. In. GALLANIS, Thomas P. *The Trust in Continental Europe: A Brief Comment from a U.S. Observer*. The Columbia Journal of European Law Online, v. 18, 2012, p. 29.

982 *Cfr.* SWISS. *Swiss Financial Market Supervisory Authority* (FINMA)- Rundschreiben 2011/1. *Finanzintermediation nach GwG Ausführungen zur Verordnung über die berufsmässige Ausübung der Finanzintermediation (VBF). (FINMA Circular on Financial Intermediation under the Anti-Money Laundering Act comes into force on 1 January 2011)*. Disponível em: http://www.finma.ch/d/regulierung/Documents/finma-rs-2011-01.pdf ou http://www.kpmg.com/CH/en/Library/Legislative-Texts/Documents/pub_20110823_finma-circular-11-1_EN.pdf. Acesso em: 14.10.2012.

983 *Cfr.* WILSON, David Wallace; NAGAI, Caroline López. *Country Report: Switzerland*. In. GALLANIS, Thomas P. *The Trust in Continental Europe: A Brief Comment From a U.S. Observer*. The Columbia Journal of European Law Online, v. 18, 2012, p. 29.

das convenções de Direito Internacional Privado (Conferência da Haia de Direito Internacional Privado) e faz sentido sustentar que seu objetivo era ter um *Trust* "*reconhecido*" em sistemas jurídicos que não aquele para o qual pertencia[984].

Progressivamente, e em passo acelerado, como resultado da ratificação da Convenção e desde sua entrada em vigor em 1 de janeiro de 1992, a Itália vem desenvolvendo e consolidando suas regras sobre os *Trusts*, pois que seu *uso* por residentes italianos encontra-se cada vez disseminado.

Esta prática, no entanto, ainda é a fonte de muitos problemas para o operador do Direito na Itália, uma vez que não existe uma Lei italiana específica sobre *Trusts*.

Com efeito, para estabelecer um *Trust* na Itália, é necessário recorrer a uma lei estrangeira para o reger o chamado *trust interno*[985]. De fato, embora a ratificação da Convenção da Haia tenha representando para a Itália um passo fundamental para sua integração com o sistema jurídico da *common law*, os *Trusts* ainda não foram diretamente introduzidos no sistema jurídico italiano.

Atualmente, os *Trusts* são constituídos na Itália com todos os seus elementos característicos, subjetivos e objetivos, todavia, são regidos por leis estrangeiras[986]. Efetivamente, após a ratificação, verdadeiros *trusts* internos são constituídos na Itália, ao passo que todos os seus elementos principais, ou seja, o instituidor, os beneficiários e a *trust property*, são conectados com a Itália[987].

[984] *Cfr.* LUPOI, Maurizio. *Country Report: Italy.* In: GALLANIS, Thomas P. *The Trust in Continental Europe: A Brief Comment From a U.S. Observer.* The Columbia Journal of European Law Online, v. 18, 2012, p. 4-11.

[985] *Vide* BRAUN, Alexandra. *Italy: The Trust Interno.* In: *The International Trust*, Third Edition, Jordan Publishing, p. 787-817, 2011.

[986] *Cfr.* LUPOI, Maurizio. *Country Report: Italy.* In: GALLANIS, Thomas P. *The Trust in Continental Europe: A Brief Comment From a U.S. Observer.* The Columbia Journal of European Law Online, v. 18, 2012, p. 6; PERTILE, Erica. *La Nuova Disciplina Degli Atti Di Destinazione L'art. 2645 Ter C.C.* Università Ca'Foscari Venezia, 2010, p. 171.

[987] *Cfr.* MAISTO, Guglielmo; BAVILA, Alessandro. *Italy – Trusts – Topical Analyses.* Amsterdam: IBFD, 2011, section 1.3. *Vide* MCAULEY, Michael. *The Worlds of the Trust. Trusts* & Estates, Penton Business Med, New York, Volume 152, Issue 2, Feb 2013, p. 1-17; PANICO, Paolo. *Italy. Trusts* & Trustees, United Kingdom, v. 13, n. 8, p. 405-413, 2007; GAETA, Paolo. *Trust: le nuove frontiere della fiducia.* In: Il Denaro, sabato 3 maggio 2008, n. 84, p. 21.

Nessa linha, explica LUPOI que o único elemento estrangeiro do *Trust* "interno" é a lei pela qual ele é governado, em razão da ausência de lei interna. A Convenção de Haia, assim, é aplicável a um *Trust* "interno", tal como é aplicável aos *Trusts* "estrangeiros". De fato, considerando, pois, a ausência de regras exaustivas em relação ao *Trust* no Direito interno italiano, tais *Trusts* se orientam das determinações da Convenção da Haia sobre os *Trusts*[988].

Entretanto, segundo MAISTO e BAVILA, muitos estudiosos têm argumentado a favor do reconhecimento dos *trusts* nacionais e a jurisprudência italiana tem sido coesa com essa posição[989].

[988] *Cfr.* LUPOI, Maurizio. *Country Report: Italy.* In: GALLANIS, Thomas P. *The Trust in Continental Europe: A Brief Comment From a U.S. Observer.* The Columbia Journal of European Law Online, v. 18, 2012, p. 6; BERLINGUER, Aldo. *The Italian Road to the Trust.* In: Report presented on 3 May 2006 to the Committee on Legal Affairs of the European Parliament. English translation by Carolina Cigognini. Disponível em: http://www.europarl.europa.eu/comparl/juri/hearings/20060503/berlinguer_en.pdf. Acesso em: 03.04.2007. *Vide* complementarmente: LUPOI, Maurizio. *Riflessioni Comparatistiche sui Trusts.* Europa e diritto privato. Milano, n.2, 1998, p. 437; LUPOI, Maurizio. *Perché I Trust in Italia.* Milano: Il Trust nel Diritto delle Persone e della Famiglia, 2003, p. 18- 24; CARBONE, Sergio Maria. *Autonomia Privata, Scelta Della Legge Regolatrice Del Trust e Riconoscimento Dei Suoi Effetti Nella Convenzione Dell'Aja del 1985.* Padova: Rivista di Diritto Internazionale Privato e Processuale, v. 35, 1999, p. 773-788; CASTRONOVO, Carlo. *Il Trust e 'Sostiene Lupoi'.* Europa e diritto privato, Milano, n. 2, p. 441- 451, 1998; GATT, Lucilla. *Il trust c.d. interno: una questione ancora aperta.* Rivista del Notariato, n. 3, 2011, p. 282-283; FORTUNATO, Giusi. *Il Trust: Comparazione tra la "Proprietà Civile e la Proprietà del trustee".* Milano: Le Fonti, 2008, p. 29-37.

[989] *Cfr.* MAISTO, Guglielmo; BAVILA, Alessandro. *Italy – Trusts – Topical Analyses.* Amsterdam: IBFD, 2011, section 1.3. *Vide* também: MAIMER, Fabrizio. *Le garanzie bancarie "improprie".* Torino: Giappichelli, 2000, p. 116-119. *Vide* LUPOI, Maurizio. *La giurisprudenza italiana sui trust dal 1899 al 2009.* Quaderni della Rivista «*Trusts* e attività fiduciarie», Milano, v. 4, 2009; MOJA, Andrea. *La Recente Giurisprudenza Italiana in Materia di Trusts Interni.* Roma: Asso*Trusts*, 22.06.2005; LUPOI, Maurizio. *Italy: an independent approach to Trusts in a civil law country. Trusts* & Trustees, United Kingdom, v. 9, n. 6, p. 8–10, may 2003; GATT, Lucilla. *Il trust c.d. interno: una questione ancora aperta.* Rivista del Notariato, n. 3, 2011, p. 280 – 293; BANCONE, Vincenzo. *Italy: charitable Trusts and private foundations. Trusts* & Trustees, United Kingdom, v. 15, n. 5, p. 354-358, july 2009; BANCONE, Vincenzo. *Italy: community foundation and trust. Trusts* & Trustees, United Kingdom, v. 17, n. 6, p. 536–541, july 2011; LUPOI, Maurizio. *Osservazioni sui primi interpelli riguardanti trust.* Il Fisco, n. 28, n. 1, p. 4342-4347, 2003; GALLETTI, Danilo. *Trust: Novita' Della Giurisprudenza e Della Prassi Nel Diritto Commerciale, Successorio, Tributario e Internazionale Privato – Sull'utilizzo del Trust nelle Procedure Concorsuali.* In: Assotrust, Piacenza, 2009.

8.1. As Relações Fiduciárias no Direito Italiano

Em prosseguimento, é hora, pois, de serem conhecidas algumas relações fiduciárias de Direito Privado existentes na Itália, para estabelecermos um breve paralelo destas com o instituto dos *Trusts*.

São os contratos fiduciários, realizados por *empresas fiduciárias* (*società fiduciarie*) e os *próprios contratos fiduciários*.

Desde logo, destaca-se, que a "*società fiduciarie*" não pode ser considerada igual a uma *Trust Company*. Igualmente o contrato fiduciário é diferente do *trust instrument*. Com efeito, tais estruturas desempenham basicamente o papel de um fiduciário, sob um acordo fiduciário, e estão sujeitas a supervisão do Estado[990].

As *società fiduciaries* são empresas constituídas e regidas sob as disposições da Lei de 23 de Novembro de 1936. Tais entidades devem deter e gerir os ativos em nome de seus clientes, mas, embora os ativos sejam formalmente investidos nelas, a propriedade legal dos mesmos permanece com o cliente[991]. Logo, os ativos que são transferidos a ela são separados do património da sociedade fiduciária[992].

Em tal forma de disposição, também conhecida por "*fiducia germanica*", a propriedade permanece com o "*cedente*", embora o "*cessionário*" apareça como sendo o verdadeiro proprietário e detenha o título para exercer os direitos a ela correspondentes[993].

Em outras palavras, é ineficaz qualquer forma de utilização da propriedade pela sociedade fiduciária diversa das finalidades estabelecida no *fiduciary agreement*, protegendo-se a propriedade do cedente. Esta separação implica que os ativos pertencentes aos clientes não estão incluídos

[990] *Cfr.* LUPOI, Maurizio. *Country Report: Italy*. In: GALLANIS, Thomas P. *The Trust in Continental Europe: A Brief Comment From a U.S. Observer*. The Columbia Journal of European Law Online, v. 18, 2012, p. 7.

[991] *Cfr.* MAISTO, Guglielmo; BAVILA, Alessandro. *Italy – Trusts – Topical Analyses*. Amsterdam: IBFD, 2011, section 1.2.4.

[992] *Cfr.* LUPOI, Maurizio. *Country Report: Italy*, p. 4-11. In. GALLANIS, Thomas P. *The Trust in Continental Europe: A Brief Comment From a U.S. Observer*. The Columbia Journal of European Law Online, v. 18, 2012, p. 7.

[993] *Cfr.* MAISTO, Guglielmo; BAVILA, Alessandro. *Italy – Trusts – Topical Analyses*. Amsterdam: IBFD, 2011, section 1.2.4.; LUPOI, Maurizio. *Country Report: Italy*. In: GALLANIS, Thomas P. *The Trust in Continental Europe: A Brief Comment From a U.S. Observer*. The Columbia Journal of European Law Online, v. 18, 2012, p. 7.

nos ativos da companhia fiduciária em caso de falência (processo de liquidação forçada) do último[994].

Por fim, o papel da *società fiduciarie* é muito semelhante ao papel de um representante (*mandatário*). A este respeito, prevê expressamente a lei que regula a *società fiduciarie*, que há uma separação total dos bens pertencentes à empresa fiduciária e os bens registados em nome da empresa fiduciária, mas pertencentes a clientes[995].

Por sua vez o contrato fiduciário (*negozio fiduciário*), representa um acordo contratual que não é codificado pelo Código Civil italiano, mas que tem sido desenvolvido principalmente por estudiosos e jurisprudência[996]. Podemos comparar com os contratos atípicos.

No contrato fiduciário uma parte (o cedente, chamado fiduciante) transfere a propriedade de um ativo para outra parte (chamada fiduciário), que assume a obrigação de gerenciar o ativo, de acordo com as indicações do cedente e, após determinado prazo ou condição, ou a seu pedido (cedente), retransferir o mesmo ativo ao cedente, ou transferi-lo para um terceiro designado pelo cedente[997].

Acrescente-se, que os ativos devem ser gerenciados pelo fiduciário conforme previsto no contrato fiduciário. Nessa linha, considerando que terceiros não estão vinculados neste acordo, tais ativos são apreciados como

[994] *Cfr.* MAISTO, Guglielmo; BAVILA, Alessandro. *Italy – Trusts – Topical Analyses*. Amsterdam: IBFD, 2011, section 1.2.4; SANTORO, Laura. *Il trust in Italia*. Milano: Giuffrè Editore, 2009, p. 172.

[995] *Cfr.* MAISTO, Guglielmo; BAVILA, Alessandro. *Italy – Trusts – Topical Analyses*. Amsterdam: IBFD, 2011, section 1.2.4. *Vide* LUPOI, Maurizio. *La giurisprudenza italiana sui trust dal 1899 al 2009*. Quaderni della Rivista "*Trusts* e attività fiduciarie", Milano, v. 4, 2009, p. 177-178; SANTORO, Laura. *Il trust in Italia*. Milano: Giuffrè Editore, 2009, p. 184-185; BANCONE, Vincenzo. *Il trust dalla Convenzione de L'Aja al Draft Common Frame of Reference*. Napoli: Univ. degli Studi di Camerino, Nr. Volume 120, Settembre 2012, p.242-244; PETRULLI, Mario; RUBINO; Francesco. *Il trust: nozione giuridica ed operatività del sistema Italiano*. Itália: Halley Editrice, 2006, p. 50.

[996] *Cfr.* MAISTO, Guglielmo; BAVILA, Alessandro. *Italy – Trusts – Topical Analyses*. Amsterdam: IBFD, 2011, section 1.2.4. *Vide* PETRULLI, Mario; RUBINO; Francesco. *Il trust: nozione giuridica ed operatività del sistema Italiano*. Itália: Halley Editrice, 2006, p. 21-22.

[997] *Cfr.* MAISTO, Guglielmo; BAVILA, Alessandro. *Italy – Trusts – Topical Analyses*. Amsterdam: IBFD, 2011, section 1.2.4. *Vide* SANTORO, Laura. *Il trust in Italia*. Milano: Giuffrè Editore, 2009, p. 206-208; PETRULLI, Mario; RUBINO; Francesco. *Il trust: nozione giuridica ed operatività del sistema Italiano*. Itália: Halley Editrice, 2006, p. 21-22.

sendo propriedade do fiduciário e estão disponíveis para seus credores particulares, o que o diferencia substancialmente dos *Trusts*.

Nesse quadro, LUPOI considera que a vantagem de realizar um contrato fiduciário com uma *empresa fiduciária* é que os ativos que elas recebem são considerados como ativos do cedente, e, portanto, livres de execução patrimonial por parte de credores da empresa fiduciária[998].

Em sequência, destaca-se que o fiduciário tem obrigações somente com a parte que o nomeou, não com os beneficiários propriamente ditos. Dessa forma, nessa relação pode simplesmente não existir a figura do terceiro beneficiário, e, se existir, eles podem, no máximo, serem vistos como os destinatários de um contrato a favor de terceiros. Com efeito, não há nenhuma obrigação fiduciária entre o terceiro beneficiário e o fiduciário[999].

Logo, é fundamental, pois, considerar, que apesar de compartilhar algumas semelhanças, o *Trust* não pode ser equiparado ao *contrato fiduciário* descrito acima.

Como mencionamos, nos termos do *contrato fiduciário*, aquele que transfere retém o poder de instruir o fiduciário, que deverá sempre buscar o seu consentimento antes de agir. Tal poder de instruir o fiduciário constitui uma diferença relevante em relação ao *Trust*, em que o *trustee* é, em princípio, independente das diretivas do *settlor*[1000].

Neste sentido, o *mandato fiduciário* prevê a transferência da propriedade que permanece sob controlo do cedente, enquanto no *Trust* o controlo da propriedade (segregada) é transmitida ao *trustee*[1001]. Além disso, diferentemente dos *Trusts*, aqui não há nenhuma obrigação fiduciária entre

998 *Cfr.* LUPOI, Maurizio. *Country Report: Italy*. In: GALLANIS, Thomas P. *The Trust in Continental Europe: A Brief Comment From a U.S. Observer*. The Columbia Journal of European Law Online, v. 18, 2012, p. 7. *Vide* em complemento: PETRULLI, Mario; RUBINO; Francesco. *Il trust: nozione giuridica ed operatività del sistema Italiano*. Itália: Halley Editrice, 2006, p. 21-25.

999 *Cfr.* LUPOI, Maurizio. *Country Report: Italy*. In: GALLANIS, Thomas P. *The Trust in Continental Europe: A Brief Comment From a U.S. Observer*. The Columbia Journal of European Law Online, v. 18, 2012, p. 7.

1000 *Cfr.* MAISTO, Guglielmo; BAVILA, Alessandro. *Italy – Trusts – Topical Analyses*. Amsterdam: IBFD, 2011, section 1.3.

1001 *Cfr.* MAISTO, Guglielmo; BAVILA, Alessandro. *Italy – Trusts – Topical Analyses*. Amsterdam: IBFD, 2011, section 1.3. *Vide* também: MAIMER, Fabrizio. *Le garanzie bancarie "improprie"*. Torino: Giappichelli, 2000, p. 116-119.

o terceiro beneficiário e o fiduciário. Por fim, conforme já destacado, os ativos em um contrato fiduciário são apreciados como sendo propriedade do fiduciário e, por isso, estão disponíveis para seus credores particulares, além de serem incluídos em sua sucessão ou regime matrimonial de bens.

A corroborar com esse raciocínio, muito bem destaca SALVATORE (2006), *in verbis*: "*Il trust è uno strumento estremamente duttile; una tale duttilità ne fa uno strumento potenzialmente in grado di dare adeguata risposta alle istanze di certezza particolarmente avvertite in settori come quello imprenditoriale, le quali non sempre trovano uma congrua soluzione nel nostro ordinamento*"[1002].

8.2. Enquadramento Civilístico dos *Trusts* na Itália

Hodiernamente, observa-se que o sistema jurídico Italiano vivencia uma importante fase consubstanciada na busca da implementação dos *Trusts* em seu ordenamento jurídico.

Nesse ponto, devemos primeiramente fazer alusão ao "*vincolo di destinazione*", introduzido no Código Civil italiano em 2006. Trata-se de uma forma de segregação patrimonial passível de ser comparada com os *Trusts*, e por isso será aqui averiguada.

A *Legge Nº 51* de 2006 em seu artigo Art. *39-novies*, introduziu no Código Civil Italiano o artigo 2645-ter, que entrou em vigor em março do mesmo ano. Em suma, o artigo em questão vem a consentir com a criação de um "*vincolo di destinazione*" com referência a determinados bens[1003].

Acresce, que o objeto do vínculo de destinação pode ser tanto bens imóveis quanto bens móveis escritos em registos públicos, e a sua duração não pode ser superior a 90 anos ou, caso o beneficiário seja pessoa singular, a um período superior a vida dele. Deve se atentar, que para produzir efeitos oponíveis a terceiros, o ato de destinação deve necessariamente ser escrito de forma pública e, ainda, deve ser transcrito nos registos imobiliários[1004].

1002 *Cfr.* SALVATORE, Lorenzo. *L'Utilizzazione Del Trust Al Sevizio Dell'Impresa.* In: Rivista Notariato, 2006, p. 125.

1003 *Cfr.* LUPOI, Maurizio. *Gli "Atti Di Destinazione" Nel Nuovo Art. 2645-Ter C.C. Quale Frammento di Trust.* Rivista del Notariato, n. 2, 2006, p. 467.

1004 *Vide* MOJA, Andréa. *Trust, vincoli di destinazione, e patti di famiglia: comparazione civilística e relativo preliminare inquadramento tributário seguito della recentíssima introduzione dell'imposta sulle successioni e donazioni.* Milano: Asso*Trusts*, Publicado em 16 de Fevereiro de 2007. Disponível em: http://www.asso*Trusts*.it/SLIDES_PIACENZA%20_16.02.07.pdf. Acesso em: 17.09.2012.

Nesse passo, os bens conferidos e os frutos que destes derivam, podem ser empregados exclusivamente para a finalidade ao qual foi instituído. Ainda, o "*vincolo di destinazione*" faz com que estes bens somente possam ser objeto de execução com relação aos débitos contraídos em sua própria gestão[1005].

Tal disposição, à época de sua implementação, chegou a levar alguns estudiosos a considerarem como sendo o pleno reconhecimento jurídico do *Trust* na Itália, ao passo que legitimaria a sua constituição interna[1006].

Entretanto, muitas diferenças se fazem presentes quando da realização de uma simples análise comparativa.

Explica LUPOI *in verbis*: "*Under a recent addition to the Italian civil code (article 2645-ter), one may segregate land or registered personal property for a beneficiary but that is no more than a restriction on how that asset may be disposed of and is not coupled with a management structure, certainly not with a management structure that can go beyond the life of the manager*"[1007].

Em suma, o *Trust* tem como principal objetivo a transferência de bens ou direitos a um *trustee* para que este administre tais bens em prol dos beneficiários. Por sua vez, o *vincolo di destinazione* pode ser constituído somente com a finalidade de segregação de ativos, sem a necessária nomeação e administração de um *trustee*. Com efeito, o elemento central do "*negozio di destinazione*", é a mera "*funzionalizzazione del bene allo scopo*"[1008].

Adicionalmente, destaca-se, que a segregação patrimonial existente no *Trust* é mais eficiente do que a segregação alcançada no *vincolo di destinazione*.

[1005] *Cfr*. ITÁLIA. *Codice Civile*.

[1006] *Cfr*. MAISTO, Guglielmo; BAVILA, Alessandro. *Italy – Trusts – Topical Analyses*. Amsterdam: IBFD, 2011, section 1.2.2. *Vide* SANTORO, Laura. *Il trust in Italia*. Milano: Giuffrè Editore, 2009, p. 279; GATT, Lucilla. *Il trust c.d. interno: una questione ancora aperta*. Rivista del Notariato, n. 3, 2011, p. 288.

[1007] *Cfr*. LUPOI, Maurizio. *Country Report: Italy*. In: GALLANIS, Thomas P. *The Trust in Continental Europe: A Brief Comment From a U.S. Observer*. The Columbia Journal of European Law Online, v. 18, 2012, p. 7. *Vide* GAMBARO, Antonio. *Appunti sulla proprietà nell'interesse altrui*. Quaderni della Rivista "*Trusts* e attività fiduciarie", Milano, p. 169-174, 2007, p. 169-174; PANICO, Paolo. *Italy*. *Trusts* & Trustees, United Kingdom, v. 13, n. 8, p. 405-413, 2007.

[1008] *Cfr*. PERTILE, Erica. *La Nuova Disciplina Degli Atti Di Destinazione L'art. 2645 Ter C.C.* Università Ca'Foscari Venezia, 2010, 171; BALASSO, Romolo, ZEN, Pierfrancesco. *La professione tecnica nella legislazione e nella giurisprudenza*. Santarcangelo di Romagna: Maggioli Editore, 2012, p. 362.

Nesse quadro, conforme mencionamos, o "*vincolo di destinazione*" faz com que estes bens ou direitos somente possam ser objeto de execução com relação aos débitos contraídos em sua própria gestão[1009].

Entretanto, se o património segregado não bastar para a satisfação dos créditos atinentes a ele, permite-se a execução subsidiária do património do cedente, à semelhança da *fiducie* francesa.

Ainda, podemos apontar como diferenças assentes, os atos registais imperativos no "*vincolo di destinazione*", e, também, a ausência de disposição conferindo obrigações fiduciárias ligadas a função do gestor.

Neste contexto, embora o artigo *2645-ter* seja considerado um importante instrumento de segregação de ativos para a realização de determinadas finalidades, não é suficientemente capaz de substituir o *trust interno*, regido por leis estrangeiras que reconhecem o *Trust* em sua plenitude.

A corroborar com essa afirmativa, de merecido destaque é a opinião de LUPOI, *in verbis*: "***l''atto di destinazione' è un frammento di trust***; *tutto ciò che è nell''atto di destinazione' è anche nei trust, ma i trust si presentano con una completezza di regolamentazione e una collocazione nell'area della fiducia che l''atto di destinazione' non presenta. Talvolta questi ulteriori elementi non saranno decisivi e allora converrà ricorrere al diritto interno e all''atto di destinazione' negli altri casi converrà ricorrere ai trust*" (grifo nosso)[1010].

Em prosseguimento, podemos mencionar, ainda, a busca pela implementação dos *Trusts* na Itália através de dois *Disegnos di Legge* e um *Progetto di Legge* (executivo) apresentados no início da Legislatura XVI, em 2008.

Primeiramente, o *Disegno di legge N. 489 – Istituzione del trust di diritto italiano, in applicazione dell'articolo 6 della Convenzione adottata a L'Aja il 1º luglio 1985, ratificata ai sensi della legge 16 ottobre 1989, n. 364*[1011].

1009 *Vide* GAMBARO, Antonio. *Appunti sulla proprietà nell'interesse altrui. Quaderni della Rivista "Trusts e attività fiduciarie"*, Milano, p. 169-174, 2007, p. 169-174; GAZZONI, Francesco. *Il Cammello, Il Leone, Il Fanciullo, e La Transcrizione Del Trust.* Rivista del Notariato, v. 56, n. 5, 2002, p. 1107-1119.

1010 *Cfr.* LUPOI, Maurizio. *Gli "Atti Di Destinazione" Nel Nuovo Art. 2645-Ter C.C. Quale Frammento di Trust.* Rivista del Notariato, n. 2, 2006, p. 467.

1011 *Cfr.* ITALIA. Legislatura 16ª – *Disegno di legge N. 489* –Istituzione del trust di diritto italiano, in applicazione dell'articolo 6 della Convenzione adottata a L'Aja il 1º luglio 1985, ratificata ai sensi della legge 16 ottobre 1989, n. 364. Disponível em: http://www.senato.it/service/PDF/PDFServer/BGT/00302098.pdf. Acesso em: 18.09.2012.

Tal *disegno* objetiva munir o sistema jurídico italiano de uma lei específica de *Trust*, reservando à administração do *Trust* a *società fiduciarie*, ao abrigo da lei de 23 de novembro de 1939, Nº 1966, estabelecendo vários requisitos formais e patrimoniais sob o exercício da função de *trustee*[1012].

Ainda, o mesmo projeto prevê, expressamente, a separação dos ativos do *Trust* em todos os seus aspectos, e regula o conteúdo mínimo que deve ter o *trust instrument* bem como os principais poderes e deveres do *trustee*. Ao Ministério de Desenvolvimento Económico é dada a responsabilidade de gerenciar a lista de *trustees* autorizados e supervisionar o trabalho dos mesmos[1013].

Por sua vez, o *Disegno di legge N. 854*, alude sobre a *"Disciplina tributaria del trust"*. O objetivo desse projeto é recuperar o ganho do Tesouro público, eliminando a desvantagem para os operadores nacionais que têm de recorrer a outras instituições legais para implementar formas de gestão de direitos no interesse de terceiros (*trust*). Com efeito, enquanto inexistir no Direito interno uma lei que regulamente o *Trust*, o *Trust* interno é governado por leis estrangeiras, dificultando a sua tributação[1014].

O texto do projeto apresentado em 2008 é fundamentado na introdução, no âmbito do Título III do Livro IV do Código Civil, de um novo Capítulo IX-bis, que institui o *Trust*, sob a designação de *fiducia*, nos artigos 1.741-bis ao 1741 *duocecies*[1015].

A definição de fidúcia é estabelecida no artigo 1741-bis, nestes termos, *in verbis*: *"La fiducia è il contratto col quale il fiduciante trasferisce beni o*

[1012] *Cfr.* ITÁLIA. Ministero Dello Sviluppo Economico. *Legge 23 novembre 1939, n. 1966 – Disciplina delle società fiduciarie e di revisione.* Disponível em: http://www.mise.gov.it. Acesso em: 18.09.2012.

[1013] *Cfr.* ITÁLIA. *Legislatura 16ª – Disegno di legge N. 489 –Istituzione del trust di diritto italiano, in applicazione dell'articolo 6 della Convenzione adottata a L'Aja il 1º luglio 1985, ratificata ai sensi della legge 16 ottobre 1989, n. 364.* Disponível em: http://www.senato.it/service/PDF/PDFServer/BGT/00302098.pdf. Acesso em: 18.09.2012.

[1014] *Cfr.* ITÁLIA. *Legislatura 16ª – Disegno di legge N. 854- Disciplina tributaria del trust. Vide* PALUMBO, Giovanni. *Trusts in Italian tax treaties with the United Kingdom and the United States of America. Trusts* & Trustees, United Kingdom, v. 3, p. 20-23, december, 1996; SANTORO, Laura. *Il trust in Italia.* Milano: Giuffrè Editore, 2009, p. 327; MOJA, Andrea. *Il nuovo regime tributário del trust: determinazione della base imponibile e nuove aliquote.* Milano: Asso*Trusts*, Giugno 2007.

[1015] *Cfr.* ITÁLIA. Legislatura 16ª – *Disegno di legge N. 854- Disciplina tributaria del trust.*

diritti a un fiduciario che, assicurandone la separata gestione, persegue uno scopo determinato ovvero opera nell'interesse di uno o più beneficiari determinati o determinabili"[1016].

O projeto prevê, além disso, o conteúdo, a duração da *fiducia* e alguns efeitos importantes de sua instituição, tais como: a separação de bens, a sub-rogação real e o direito aplicável aos credores, os deveres, poderes e remuneração do *trustee*, bem como os aspectos concernentes à sua renúncia, revogação e dissolução[1017].

Um ponto de destaque é que o projeto limita o exercício do cargo de *trustee* por bancos, companhias de seguros, sociedade de gestão de ativos e *società fiduciarie*[1018].

Lembramos aqui, que o legislador francês recentemente ampliou o exercício da função dos fiduciários aos advogados franceses, sendo, sob esse aspecto, mais progressista do que o projeto de lei italiano. Acreditamos que a posição francesa seja mais interessante.

Já a Proposta *di Legge n. 1471 "Disciplina dei trust istituiti in favore dei persone portatrici di handicap"*. Em geral, a proposta respeita particularmente ao reconhecimento do *Trust* em benefício de pessoas com deficiência. O projeto de lei, em seus 35 artigos, abrange tanto os aspectos do Direito Civil quanto peculiaridades do Direito Fiscal[1019].

Em prosseguimento, importante mencionar que em 2010 criou-se a expectativa da introdução no Direito italiano de um *contratto di fiducia*, mas uma vez demonstrando o avanço italiano à implementação no Direito interno do Direito dos *Trusts*.

Aliás, nesse sentido, LUPOI (2006) já comentava a importância do que designou de *"contratto di affidamento"* na aproximação com o Direito dos *Trusts*, *in verbis*: "*Qualora dottrina e prassi concorrano a foggiare un contratto di affidamento la distanza rispetto alla pienezza del diritto dei trust tenderà a*

[1016] *Cfr.* ITÁLIA. Legislatura 16ª – *Disegno di legge N. 854- Disciplina tributaria del trust.*

[1017] *Cfr.* ITÁLIA. Legislatura 16ª – *Disegno di legge N. 854- Disciplina tributaria del trust.*

[1018] *Cfr.* ITÁLIA. Legislatura 16ª – *Disegno di legge N. 854- Disciplina tributaria del trust.*

[1019] *Cfr.* ITALIA. Legislatura 16ª – *Proposta di Legge n. 1471 "Disciplina dei trust istituiti in favore dei persone portatrici di handicap"*. Nesse sentido, por igual a Espanha, que como vimos promulgou a Lei 41/2003, de protección patrimonial de las personas con discapacidad, sendo que a Catalunha, promulgou a Ley 25/2010, (ampliando a proteção a pessoas dependentes). *Vide* SANTORO, Laura. *Il trust in Italia.* Milano: Giuffrè Editore, 2009, p. 325.

diminuire e nel tempo si affermerà una disciplina italiana che renderà marginale il ricorso al diritto straniero"[1020].

Com efeito, tal expectativa foi gerada pela "*Disposizioni per l'adempimento di obblighi derivanti dall'appartenenza dell'Italia alle Comunità europee – Legge comunitaria 2010*"[1021].

Quando formada, a *Legge Comunitaria* 2010, estabelecia em seu artigo 12, a delegação do Governo para aprovar e introduzir no Código Civil italiano, no Livro IV (justamente na parte que trata dos contratos, conforme indicava o *Disegno di legge Nº 854*), a regulamentação do chamado "*contratto di fiducia*"[1022].

Nessa linha, segundo o resumo informativo do *Disegno di legge comunitaria 2010* (AS 2322/A), a citada delegação deverá adoptar um ou mais decretos legislativos para regulamentar o *contratto di fidúcia*. Para tanto, tem que considerar os principais modelos de regulação do contrato de fidúcia dos demais países da União Europeia, a legislação comunitária e as convenções internacionais[1023].

Interessante, nessa linha, também destacarmos a definição conferida pelo projeto para o contrato de *fiducie, in verbis*: "*il fiduciante trasferisce diritti, beni o somme di denaro specificamente individuati in forma di patrimonio separato ad un fiduciario che li amministra, secondo uno scopo determinato, anche nell' interesse di uno o più beneficiari determinati o determinabili*"[1024].

Entretanto, foi aprovada pelo Senado em 30 de novembro 2011, a Lei Nº 217, de 15 de Dezembro de 2011, "*Legge comunitaria 2010*", sem

[1020] *Cfr.* LUPOI, Maurizio. *Gli "Atti Di Destinazione" Nel Nuovo Art. 2645-Ter C.C. Quale Frammento di Trust.* Rivista del Notariato, n. 2, 2006, p. 467. *Vide* LUPOI, Maurizio. *Atti istitutivi di trust e contratti di affidamento fiduciario.* Milano: Giuffrè Editore, 2010.

[1021] *Cfr.* ITÁLIA. *Presidenza del Consiglio dei Ministri –Settore Legislativo – Politiche europee. Disegno di legge comunitaria 2010 (AS 2322/A), Scheda riassuntiva,* p. 171. Disponível em: http://www.politicheeuropee.it/normativa/17635/comunitaria-2010-scheda-riassuntiva. Acesso em: 18.09.2012.

[1022] *Cfr.* ITÁLIA. *Presidenza del Consiglio dei Ministri –Settore Legislativo – Politiche europee. Disegno di legge comunitaria 2010 (AS 2322/A), Scheda riassuntiva,* p. 171.

[1023] *Cfr.* ITÁLIA. *Presidenza del Consiglio dei Ministri –Settore Legislativo – Politiche europee. Disegno di legge comunitaria 2010 (AS 2322/A), Scheda riassuntiva,* p. 171.

[1024] *Cfr.* ITÁLIA. *Parlamento Italiano. Camera dei deputati.* Disponível em: http://www.camera.it/_dati/leg16/lavori/stampati/html/testoarticoli%5Carticoli%5C16PDL0045280_Capo_II_Art__12_.html Acesso em: 24.09.2012.

a inclusão do "*contratto di fiducia*", que foi removido pela Câmara dos Deputados[1025].

Nesse sentido, em 15 de julho de 2010 foi enviado, ainda sob a Legislatura 16º – o *Disegno di legge Nº 2284*[1026].

O projeto visa introduzir o *Trust* através de alterações ao Código Civil e ao Código de Consumo, previsto no Decreto Legislativo 06 de setembro de 2005, Nº 206[1027].

Segundo o projeto, a delegação legislativa para a instituição no ordenamento jurídico italiano da *fiducia*, encontra justificativa na necessidade de preencher a lacuna existente – apesar da entrada em vigor da Convenção sobre a lei aplicável ao *Trust* e ao seu reconhecimento, aprovada na Haia em 1 de Julho de 1985, ratificada e implementada pela Lei 16 de outubro de 1989, *Nº 364* – por não conter uma disciplina positiva completa em relação à constituição do *Trust*[1028].

Enfim, observamos que no decurso da Legislatura XVI foram apresentados: uma Proposta de lei (*Nº 1471*), dois Projetos de lei (*Lei Nº 854* e *Nº 489*) e o *Disegno di legge Nº 2284*, para disciplinar a instituição do *Trust* na Itália.

Mais recentemente, em 2019, foi apresentado o Disegno di legge n. 1151, proposta de revisão do Código Civil Italiana. Com o objetivo de "*disciplinare le modalità funzionamento del trust e degli altri contratti di affidamento fiduciario, garantendo un'adeguata tutela dei beneficiari*"[1029].

1025 *Cfr.* ITÁLIA. Legge 15.12.2011 nº 217, G.U. 02.01.2012. G*azzetta* Ufficiale Della Repubblica Italiana. Disposizioni per l'adempimento di obblighi derivanti dall'appartenenza dell'Italia alle Comunità europee – Legge comunitaria 2010.

1026 *Cfr.* ITÁLIA. Parlamento Italiano. *Disegno di legge Nº 2284.*

1027 Ambas regras de aplicação imediata, ou pelo instrumento de delegação legislativa (*delega per la disciplina dell'istituto della fiducia; delega per la disciplina del contratto autonomo di garanzia*). As alterações ao Código Civil e do Código de Consumo visam, por um lado, para ajustar alguns aspectos das regras que regem o Direito das obrigações e dos contratos, e por outro para reforçar a proteção do consumidor nas relações regidas pelo Código de consumo. *Cfr.* ITÁLIA. Parlamento Italiano. *Disegno di legge Nº 2284.*

1028 *Cfr.* ITÁLIA. Parlamento Italiano. *Disegno di legge Nº 2284.*

1029 *Cfr.* ITÁLIA. Parlamento Italiano. Disegno di legge Nº n. 1151. Disponível em: https://www.il-trust-in-italia.it/document.php?docx=4959,vGtrv9QcnU9p85NvB655uI9C Acesso em: 11.12.2019.

Entretanto, o exame de tais atos ainda não se iniciou, e atualmente não há nenhuma legislação que regulamente o *Trust* no ordenamento jurídico interno italiano.

Contudo, por fim, mais uma vez devemos ressaltar que isso não impede que *Trusts* sejam amplamente criados no ordenamento jurídico italiano. Tais *Trusts*, conforme visto, são instituídos ao abrigo da Convenção de Haia sobre o Direito aplicado aos *Trusts* e seu Reconhecimento.

A esse propósito, segundo LUPOI *in verbis*: *"Almost 200 orders or judgments have been handed down by Italian courts (including tax courts) in trust matters over the past 10 years. The sheer number of judicial rulings shows how widespread the use of trusts 'interni' is in Italy"*. Fundamentalmente, acrescenta: *"The fundamental cause is that trusts provide answers to many shortcomings of Italian law"*[1030].

Tais considerações denotam a importância de se implementar o *Trust* com uma lei própria no ordenamento italiano.

9. O *Trust* na America Latina

Embora a Argentina, Brasil, Chile, Equador, México, Panamá, Paraguai, Peru, Uruguai e Venezuela sejam membros da Conferência da Haia de Direito Internacional Privado, nenhum deles, nem qualquer outro país latino-americano, ratificou a Convenção de 1 de julho de 1985, sobre a Lei Aplicável ao *Trust* e ao seu reconhecimento, que entrou em vigor em 1 de Janeiro de 1992[1031].

Não obstante, o conceito de *Trust* está sendo mais amplamente aceito, também, na América Latina.

O México (1932) foi o primeiro país da América Latina a desenvolver um instrumento tal como o *Trust* da *common law*. Explica o autor, que depois da experiência do México, regulamentos específicos sobre o *Trust* foram incorporados na Colômbia (1941), em Honduras (1950), na Venezuela (1956), Costa Rica (1961), Guatemala e El Salvador (1970),

[1030] *Cfr.* LUPOI, Maurizio. *Trusts in Italy as a living comparative law laboratory. Trusts* & Trustees, United Kingdom, v. 19, n. 3 e 4, p. 302–308, april/may 2013, p. 304.

[1031] *Vide* MALUMIAN, Nicolás. *Case law on foreign trust recognition by Latin American countries. Trusts* & Trustees, United Kingdom, v. 16, n. 8, p. 666–671, September 2010, p. 666; CONE, Geoffrey. *Anglo Saxon Trusts: Argentina and the Argentine Civil Code. Trusts* & Trustees, United Kingdom, v. 17, n. 2, p. 94–100, march 2011, p. 95.

Bolívia (1977), Panamá (1984), Equador (1993), Argentina (1995), Peru e Paraguai (1996), Uruguai (2003), e, finalmente, na Nicarágua e na República Dominicana em 2010[1032].

Como sabemos, a grande maioria das jurisdições que compõem a chamada "América Latina" possuem sistemas jurídicos, que são baseados em estritas regras codificadas e em leis, conhecidos como sistema de *'civil law'*. Em geral, as jurisdições de Direito Civil, na ausência de legislação específica, não reconhecem o conceito de *Trust* ao passo que o *Trust,* é um conceito desenvolvido em jurisdições da *"common law"*.

No entanto, algumas jurisdições da América Latina começaram a reconhecer e respeitar o *Trust* como sendo um instrumento útil e necessário. De fato, a influência norte-americana nos negócios e nas finanças da América Latina, resultou no reconhecimento do *Trust* em vários países da América Central e da América do Sul[1033].

O Panamá optou pela introdução do *'fideicomiso'*, através da Lei Nº 9 de 1925, e foi largamente influenciado pela chamada *"missão de Kemmerer"*, que objetivou a expansão do conceito de *Trust* em vários países latino-americanos, como parte de sua política económica e financeira[1034].

Nessa linha, a introdução do *fideicomiso* nos moldes do *Trust* no Panamá se deu por intermédio de Ricardo J. Alfaro (diplomata panamenho e 16º

1032 *Cfr.* MALUMIÁN, Nicolás. *Conceptualization of the Latin American Fideicomiso: is it actually a trust? Trusts* & Trustees, United Kingdom, v. 19, n. 7, p. 720–729, september 2013, p. 721.

1033 *Cfr.* MALUMIAN, Nicolás. *Case law on foreign trust recognition by Latin American countries. Trusts* & Trustees, United Kingdom, v. 16, n. 8, p. 666–671, September 2010, p. 666. *Vide* também: MALUMIAN, Nicolás. *Trusts in Latin America.* New York: Oxford University Press, 2009; RICHARDS, Timothy D. *Trusts in Latin America: Mexico and Colombia. Trusts* & Trustees, United Kingdom, v. 15, n. 6, p. 472-476, august 2009, p. 472.

1034 *Cfr.* PANAMA. *Ley n. 9 de 1925 – Sobre Institucion de Fideicomiso.* Disponível em: http://docs.panama.justia.com/federales/leyes/9-de-1925-jan-29-1925.pdf Acesso em: 07.01.2019. *Vide* ainda: DRAKE, Paul W. The Money Doctor in The Andes: *The Kemmerer Missions, 1923-1933.* USA: Duke University Press, 1989, p. 142 e 143. Em complemento, TRIBALDOS esclarece, *in verbis*: *"Influenced by the so-called Kemmerer's Report of 1921 Dr. Ricardo J. Alfaro developed the first law on Trusts in Panama, which became Law Nº 9 of 1925". Cfr.* TRIBALDOS, Gabriel. *The Trust under Panamanian Law.* In: Morgan & Morgan Group.
Disponível em: http://www.morimor.com/files/Publication/7a6d2534-91c6-41af-ae94-d01f3fe0f649/Preview/PublicationAttachment/0b5c22b4-04aa-41f8-b225-d136019efa79/Trust_UnderPanamanianLaw.pdf. Acesso em: 08.01.2013.

Presidente do Panamá), que por anos pregou que o *Trust* não era contraditório à tradição do Direito Civil[1035]. Seus esforços deram frutos em 1925, quando o legislador se rendeu à sua insistência, e institui a primeira lei sobre o *fideicomiso* (*Trust Law*) do Panamá, elaborada por ele e, enfim, promulgada naquele país. Ele procurou incorporar, em 38 artigos, os basilares princípios do clássico *Trust* anglo-americano, deixando de lado, porém, a menção de quaisquer divisões "*estressantes*" entre propriedade legal e equitativa[1036].

Com a Lei de 1925, o Panamá se tornou o primeiro país da América Latina a adotar o *fiedeicomiso* aos moldes do *Trust anglo-saxão*, buscando a adaptação de seu sistema *civil law*. No entanto, explica PARDINI (2010), que tal lei teve pouca aplicação prática e de valor substancial no mundo dos negócios, sendo substituída pela Lei Nº 17 de 1941[1037].

Entretanto, a Lei Nº 17 de 1941 também não era satisfatória pois que, restrita em sua flexibilidade, não gerou interesse da comunidade financeira internacional e nos negócios. Por exemplo, não permitia a criação de *Trusts* revogáveis e sugeria que o *settlor* não podia ser beneficiário do *Trust*, pois a lei continha a expressão '*(. . .) for the benefit of a third person (...)*'[1038].

Após 43 anos, o *fieicomiso* ou *Trust* panamenho tornou-se regulado pela Lei Nº 1 de 1984. Mais recentemente, uma nova lei passou a regulamentar o *fideicomisso* no Panamá, a *Ley 21 de 10 de mayo de 2017 (Establece las normas para la regulación y supervisión de los fiduciarios y del negocio de fideicomiso y*

[1035] *Cfr.* GALINDO, Gabriel A. *Trusts and private interest foundations under Panama Law. Trusts* & Trustees, United Kingdom, v. 16, n. 3, p. 185–194, april 2010, p. 185; GARAY, Eduardo González. *The Panama trust in international tax planning. Trusts* & Trustees, United Kingdom, v. 17, n. 5, p. 401–405, june 2011, p. 401. *Vide* Banco do Estado de São Paulo S/A. *O Crédito documentado e o "trust", ou fideicomisso, na VIIª Conferência Interamericana de Advogados* (Montevidéu 1951). São Paulo, 1958.

[1036] *Cfr.* GALINDO, Gabriel A. *Trusts and private interest foundations under Panama Law. Trusts* & Trustees, United Kingdom, v. 16, n. 3, p. 185–194, april 2010, p. 185; GARAY, Eduardo González. *The Panama trust in international tax planning. Trusts* & Trustees, United Kingdom, v. 17, n. 5, p. 401–405, june 2011, p. 401.

[1037] *Cfr.* PARDINI, Juan F. *The forgotten trust.* In: The STEP Journal, November 2010; LUPOI, Maurizio. *Trusts: A Comparative Study.* UK: Cambridge University Press, 2000, p. 269.

[1038] *Cfr.* GALINDO, Gabriel A. *Trusts and private interest foundations under Panama Law. Trusts* & Trustees, United Kingdom, v. 16, n. 3, p. 185–194, april 2010, p. 186.

dicta otras disposiciones – Modifica la Ley 1 de 1984 y la Ley 23 de 2015. Deroga el Decreto Ejecutivo 16 de 1984)[1039].

O objetivo da nova Lei é regular e supervisionar os fiduciários com licença para trabalhar no Panamá. Igualmente, dita regras sobre o funcionamento do negócio fiduciário.

Essencialmente, a criação de um *Trust (fideicomisso)* no Panamá ocorre através de um contrato privado estabelecido entre o instituidor e o administrador. Antes da nova Lei de 2017, não havia a necessidade de registro. A lei introduziu a necessária autenticação das assinaturas do fiduciante e do fiduciário, ou de seu agente, para que o *fideicomiso* comece a ter efeito contra terceiros. Nos casos em que a *fideicomiso* tenha sido estabelecido por meio de escritura pública, ele terá efeitos em relação a terceiros a partir do momento da assinatura da escritura. No caso de *fideicomisos imobiliários*, estes serão considerados constituídos a partir da data de registro no Registro Público.

O fiduciário deverá ter uma licença fiduciária para atuar no Panamá (artigo 12, da Lei 21/2017). Podem obter licença os bancos, as pessoas naturais, pessoas jurídicas cujo objeto seja autorizado pela superintendência dos bancos, e pessoas jurídicas que desempenham algumas especificas atividades comerciais estabelecidas em Lei. Exige-se que tais solicitantes de licença tenham um nível adequado de profissionalismo, especialização e capacidade técnica e financeira, jurídica, administrativa para atuar como agente fiduciário (Artigo 13).

Em sequência, o México é outra jurisdição importante da América Latina, que tem se esforçado positivamente para acomodar o conceito de *Trust*[1040].

Um conceito de *Trust* foi desenvolvido inicialmente para resolver os problemas que surgiram em conexão com a proibição de pessoas estrangeiras possuírem imóveis na região costeira mexicana. Claramente, esta

1039 REPÚBLICA DO PANAMA. Ley 21/2017. *Establece las normas para la regulación y supervisión de los fiduciarios y del negocio de fideicomiso y dicta otras disposiciones – Modifica la Ley 1 de 1984 y la Ley 23 de 2015. Deroga el Decreto Ejecutivo 16 de 1984*. Disponível em: https://www.superbancos.gob.pa/superbancos/documentos/fiduciarias/leyes/ley_21.pdf Acesso em: 12.12.2019

1040 *Vide* JETEL, Amy P. *Fideicomisos: Clarity at Last?. Trusts* & Estates, Penton Business Med, New York, Volume 151, Issue 11, Nov 2012; MALUMIAN, Nicolás. *Case law on foreign trust recognition by Latin American countries. Trusts* & Trustees, United Kingdom, v. 16, n. 8, p. 666–671, September 2010, p. 671.

restrição prejudicava o desenvolvimento de *resorts* em Acapulco, onde as cadeias de hotéis dos EUA pretendiam abrigar importantes instalações de lazer para o benefício turístico[1041].

Foi nesse panorama que a lei mexicana (artigos 381 a 394 da Ley General de Títulos y Operaciones de Crédito[1042]) possibilitou, então, o "*fideicomiso*", autorizando que um banco ou outra instituição financeira pudesse atuar como titular de propriedades costeiras em benefício de incorporadoras estrangeiras[1043]. Destaca-se que o conceito de "*fideicomiso*" ainda é amplamente utilizado no México em conexão com propriedades de terras mexicanas por pessoas estrangeiras[1044].

Por fim, neste ponto, vale destacar, o incremento das relações envolvendo empresas dos Estados Unidos da América e do México, levando a um deslocamento intensivo de empresas norte-americanas para o território mexicano. Assim, trata-se de fundamental importância a incorporação

[1041] *Cfr.* RICHARDS, Timothy D. *Trusts in Latin America: Mexico and Colombia. Trusts* & Trustees, United Kingdom, v. 15, n. 6, p. 472-476, august 2009. *Vide* JETEL, Amy P. *Fideicomisos: Clarity at Last?. Trusts* & Estates, Penton Business Med, New York, Volume 151, Issue 11, Nov 2012; BATIZA, Rodolfo. *Tres Estudios sobre el Fideicomiso.* Mexico: Imprenta Universitária, 1954, p. 63-67.

[1042] *Cfr* MEXICO. *Ley General de Títulos y Operaciones de Crédito.* Disponível em: https://mexico.justia.com/federales/leyes/ley-general-de-titulos-y-operaciones-de-credito/titulo--segundo/capitulo-v/seccion-primera/ . Acesso em: 12.12.2019.

[1043] *Cfr.* RICHARDS, Timothy D. *Trusts in Latin America: Mexico and Colombia. Trusts* & Trustees, United Kingdom, v. 15, n. 6, p. 472-476, august 2009, p. 475. *Vide* JETEL, Amy P. *Fideicomisos: Clarity at Last?. Trusts* & Estates, Penton Business Med, New York, Volume 151, Issue 11, Nov 2012; BATIZA, Rodolfo. *Tres Estudios sobre el Fideicomiso.* Mexico: Imprenta Universitária, 1954, p. 63-67; CERVERA, Jorge Eduardo Correa. *Mexican Real Estate Investment Trusts.* In: International Tax Journal, 2006, p. 39.

[1044] Por fim, complementarmente destaca-se, que a legislação tributária mexicana trata dos *Trusts* através do artigo 212 da Ley de *Impuesto Sobre La Renta*. Nos termos da Lei, o *settlor* mexicano não será tributado sobre suas contribuições para um *Trust*, desde que o *Trust Fund* tenha sido previamente tributados no México. Além disso, se o *Trust* é revogável os ativos do *Trust* pode ser retirados pelo *settlor*, isentos de impostos adicionais. Já os beneficiários serão tributados pela renda do *Trust* externo, na medida em que eles têm um direito absoluto ao recebimento durante o ano fiscal. Este imposto é atribuído, independentemente do efetivo recebimento pelos beneficiários. *Cfr.* RICHARDS, Timothy D. *Trusts in Latin America: Mexico and Colombia. Trusts* & Trustees, United Kingdom, v. 15, n. 6, p. 472-476, august 2009, p. 475. *Vide* JETEL, Amy P. *Fideicomisos: Clarity at Last?. Trusts* & Estates, Penton Business Med, New York, Volume 151, Issue 11, Nov 2012.

de instrumentos jurídicos reconhecíveis por ambas as jurisdições. Nesse sentido, o *Trust* apresenta-se como um importante instrumento normalmente utilizado nos Estados Unidos da América, e que passa a ser reconhecido no território mexicano.

Com relação a Argentina, o *fideicomiso* é brevemente mencionado no Código Civil argentino, e possui um mais amplo tratamento, na Lei Nº 24.441 de 1995 – *Financiamiento de la Vivienda y la Construccion*[1045]. No entanto, tais como os demais *fideicomisos* vislumbrados, também o argentino não é o mesmo que um *Trust* anglo-saxónico[1046]. Além disso, essa estrutura é usada somente para *business trusts* como, por exemplo, para construções, vinhas, produção de *commodities*, projetos florestais, entre outros. Ganha destaque o seu uso como veículo de titularização de créditos[1047].

Agora em relação ao Brasil, algumas ferramentas disponíveis no ordenamento jurídico brasileiro, sugere que as finalidades alcançadas pelos *Trusts* nos contextos financeiro, empresarial e na gestão especializada de bens, possam ser parcialmente alcançadas, na ausência dos *Trusts*.

Entre os instrumentos nacionais, destacaremos, neste tópico, os fundos de investimentos, a securitização de créditos imobiliários e a sociedade empresária, por mais se aproximarem da estrutura jurídica dos *Trusts* e por conferirem alguns de seus principais efeitos.

Contudo, desde já, destaca-se, que os instrumentos que serão aqui considerados distinguem-se dos *Trusts* em razão de sua dinâmica, flexibilidade e simplicidade constitutiva. Além disso, em regra, formam um vínculo contratual entre as partes, em oposição a relação estabelecida por meio dos *Trusts*, que tem natureza real.

No Brasil um fundo de investimento possui a sua organização jurídica na forma de um condomínio de investidores, e trata-se de uma pessoa

[1045] *Cfr.* BERETTA, Omar; GODOY, Federico. *Argentina. Trusts, Topical Analyses*. Amsterdam: IBFD, 2011, section 1.3.

[1046] *Cfr.* CONE, Geoffrey. *Anglo Saxon Trusts: Argentina and the Argentine Civil Code. Trusts* & Trustees, United Kingdom, v. 17, n. 2, p. 94–100, march 2011, p. 96. *Vide* AYUSO, Javier Enrique; LIPOVETZKYY, Ezequiel; CONE, Geoffrey. *If resigned to die in Argentina, do as the Romans did? Testamentary Fideicomisa and Trusts. Trusts* & Trustees, United Kingdom, v. 18, n. 1, p. 48–56, january 2012, p. 48.

[1047] *Cfr.* CONE, Geoffrey. *Anglo Saxon Trusts: Argentina and the Argentine Civil Code. Trusts* & Trustees, United Kingdom, v. 17, n. 2, p. 94–100, march 2011, p. 96.

jurídica[1048]. É relevante por promover a aplicação coletiva dos recursos de seus participantes. O gestor da carteira de investimento, será o responsável pela gestão do património do fundo, e pode ser uma pessoa física ou uma pessoa jurídica. Em ambos os casos necessitam de um registo junto a Comissão de Valores Mobiliários (CVM).

O administrador do fundo será o responsável pela representação deste perante os órgãos de fiscalização do governo federal (Comissão de Valores Mobiliários – CVM ou o Banco Central do Brasil) e, necessariamente, deverá ser uma instituição financeira autorizada pelo Banco Central do Brasil.

Ainda, o custodiante, será o responsável pela guarda dos títulos que compõem a carteira de investimento do fundo, e deve ser uma empresa com autorização do Banco Central do Brasil para exercer essa função. Trata-se de um mecanismo de investimento coletivo, organizado com a finalidade de captar e investir recursos no mercado financeiro, com vantagens, sobretudo, para o pequeno investidor individual.

A Lei de Mercado de Capitais brasileira (Lei Nº 4.728/1965), disciplinou em seus artigos 49 e 50 as sociedades e os fundos de investimentos, entretanto, não menciona sobre a formação de um património de afetação em relação ao fundo constituído, aludindo apenas à formação de condomínios. Todos os fundos de investimentos no Brasil são regulados pela Comissão de Valores Mobiliários, e a instrução Nº 409, de 18 de agosto de 2004 regulamenta a constituição, a administração, o funcionamento e a divulgação de informações dos fundos de investimento.

Os fundos de investimento no Brasil são divididos em uma série de tipos e classes, conforme definido nas instruções editadas pela CVM (Comissão de Valores Mobiliários).

[1048] *Vide* em complemento: AFFONSO, Luís Fernando. *A Auto-Regulação de Fundos de Investimento: Histórico e Perspectivas.* Revista de Direito Bancário e do Mercado de Capitais, São Paulo, n. 34, Ano 9, p. 181-194, outubro-dezembro de 2006; DIAS NETA, Vellêda Bivar Soares. *É a Comissão de Valores Mobiliários (CVM) Responsável por Alegados Prejuízos Sofridos por Investidores de Contratos de Investimentos Coletivos (CICS)?.* Revista da Seção Judiciária do Rio de Janeiro, Rio de Janeiro, n. 28, p. 235-239, agosto de 2010; MOREIRA, Ricardo Guimarães. *Poder Regulamentar da Comissão de Valores Mobiliários em face dos Princípios da legalidade e Separação dos Poderes.* Belo Horizonte: Malheiros, Revista de Direito Mercantil, Industrial, Econômico e Financeiro, Ano XLII, n. 131, p. 122-123, julho-setembro 2003.

Ganham destaque, por exemplo, o fundo de investimento em direitos creditórios (FIDC), os fundos de investimento imobiliário (FII), os fundos de investimento em empresas emergentes, e os fundos de investimento vinculados exclusivamente a planos de previdência complementar ou a seguros de vida.

De forma não muito clara, o Artigo 80, da referida instrução da CVM, dispõe que o património dos fundos de investimento não se confunde com o património da instituição administradora, ao estabelecer que o fundo deve ter escrituração contábil própria, devendo as contas e demonstrações contábeis do mesmo, serem segregadas das do administrador.

Adicionalmente, a instrução estabelece em seu Artigo 121 os procedimentos a serem adotados na hipótese de falência do administrador, nestes termos: "*Art. 121. Em caso de decretação de intervenção, administração especial temporária, liquidação extrajudicial, insolvência, ou falência do administrador do fundo, o liquidante, o administrador temporário ou o interventor ficam obrigados a dar cumprimento ao disposto nesta Instrução. Parágrafo único. É facultado ao liquidante, ao administrador temporário ou ao interventor, conforme o caso, solicitar à CVM que nomeie um administrador temporário ou convocar assembléia geral de cotistas para deliberar* ***sobre a transferência da administração do fundo para outra instituição financeira ou credenciada pela CVM ou sobre a sua liquidação.***" (grifo nosso)

Nesse contexto, então, no caso de eventual liquidação financeira ou a falência de um intermediário financeiro – que poderá exercer a atividade de prestador de serviço de administração de carteira – os bens de terceiros continuarão pertencendo aos legítimos proprietários. Entretanto, somente após a intervenção da instituição pelo Banco Central do Brasil, órgão competente na matéria, os clientes da instituição administradora envolvida serão chamados para habilitarem seus créditos, ocasião em que os mesmos deverão demonstrar a propriedade de suas aplicações.

Para CHALHUB, embora a Lei em questão (Lei 4.728/65 – Lei de Mercado de Capitais) não explicite quanto à segregação do património dos fundos, sua dinâmica e estruturação apontam para tal separação[1049].

A corroborar com esse raciocínio, podemos exemplificar o caso do Banco Santos S/A, que teve sua falência decretada em 20/09/2005, e os

[1049] *Cfr.* CHALHUB, Melhim Namem. *Negócio Fiduciário.* São Paulo: Renovar, 2009, p. 363.

fundos por ele administrados foram transferidos para novos administradores, após deliberação de seus cotistas[1050].

Por sua vez, a Lei 8.668/65 que disciplina a constituição de fundos de investimento imobiliário, claramente instituiu em seu artigo 7º, o património de afetação, nos seguintes termos:

> *"Art. 7º Os bens e Direitos integrantes do património do Fundo de Investimento Imobiliário, em especial os bens imóveis mantidos sob a propriedade fiduciária da instituição administradora, bem como seus frutos e rendimentos, não se comunicam com o património desta, observadas, quanto a tais bens e Direitos, as seguintes restrições: I – não integrem o ativo da administradora; II – não respondam direta ou indiretamente por qualquer obrigação da instituição administradora; III – não componham a lista de bens e Direitos da administradora, para efeito de liquidação judicial ou extrajudicial; IV – não possam ser dados em garantia de débito de operação da instituição administradora; V – não sejam passíveis de execução por quaisquer credores da administradora, por mais privilegiados que possam ser; VI – não possam ser constituídos quaisquer ônus reais sobre os imóveis."*

Já para os efeitos da securitização de créditos, podemos encontrar a separação patrimonial na Lei de Securitização de Créditos Imobiliários (Lei nº 9.514/1997).

A securitização de créditos imobiliários constitui a operação por meio da qual uma sociedade emite e coloca no mercado títulos lastreados em créditos imobiliários que possui.

Segundo dispõe o artigo 3º, *in verbis: "Art. 3º As companhias securitizadoras de créditos imobiliários, instituições não financeiras constituídas sob a forma de sociedade por ações, terão por finalidade a aquisição e securitização desses créditos e a emissão e colocação, no mercado financeiro, de Certificados de Recebíveis Imobiliários, podendo emitir outros títulos de crédito, realizar negócios e prestar serviços compatíveis com as suas atividades".*

Neste caso, a securitização limita-se a créditos imobiliários. A sociedade securitizadora que emitiu os títulos neles lastreados, podem constituir património segregado. Para tanto, optam por instituir o regime fiduciário, prerrogativa conferida pelo artigo 10 da citada Lei, nestes termos:

1050 *Vide* Banco Santos – *Massa falida*. Disponível em: http://www.bancosantos.com.br/. Acesso em: 2504.2013.

"Art. 10. O regime fiduciário ***será instituído mediante declaração unilateral da companhia securitizadora*** *no contexto do Termo de Securitização de Créditos, que, além de conter os elementos de que trata o art. 8º, submeter-se-á às seguintes condições: I – a constituição do regime fiduciário sobre os créditos que lastreiem a emissão;II – a constituição de património separado, integrado pela totalidade dos créditos submetidos ao regime fiduciário que lastreiem a emissão; III – a afetação dos créditos como lastro da emissão da respectiva série de títulos; IV – a nomeação do agente fiduciário, com a definição de seus deveres, responsabilidades e remuneração, bem como as hipóteses, condições e forma de sua destituição ou substituição e as demais condições de sua atuação;* V – a forma de liquidação do património separado". (grifo nosso)

Dessa forma, resta clara aqui uma diferença fulcral com os *Trusts*, onde obrigatoriamente formam-se relações fiduciárias, e necessariamente o *trust fund* é segregado.

Nesse caso, o regime fiduciário será discricionariamente instituído, mediante a declaração unilateral da companhia securitizadora no contexto do Termo de Securitização de Créditos.

Em breve analogia aos *Trusts*, aqui também deve ser nomeado um agente fiduciário, com a definição de seus deveres, responsabilidades e remuneração, bem como as hipóteses, condições e forma de sua destituição ou substituição, e as demais condições de sua atuação (Artigo 10, IV da Lei Nº. 9.514/1997).

Em sendo conferido o regime fiduciário, os ativos transferidos à Companhia securitizadora formam, à semelhança dos *Trusts*, um património separado, que não se confunde com o da companhia securitizadora.

Logo, tal património deve ser apartado do património da companhia securitizadora, e somente respondem à liquidação dos títulos a que estiverem afetados, bem como ao pagamento dos respectivos custos de administração e de obrigações fiscais.

Da mesma forma que nos *Trusts*, os ativos mantidos no património separado estão isentos de qualquer ação ou execução pelos credores da companhia securitizadora, e não são passíveis de constituição de garantias ou de execução por quaisquer dos credores da companhia securitizadora, por mais privilegiados que sejam (Artigo 11, V, da Lei). Ressalva a lei, a responsabilidade pelas obrigações inerentes aos títulos a ele afetados.

Acrescente-se, que no termo da securitização de créditos, poderá ser conferido aos beneficiários e demais credores do património separado, se este se tornar insuficiente, o direito de haverem seus créditos contra o património da companhia securitizadora.

Dessa forma, a lei estabelece que a totalidade do património da companhia securitizadora responderá pelos prejuízos que esta causar por descumprimento de disposição legal ou regulamentar, por negligência ou administração temerária ou, ainda, por desvio da finalidade do património separado (Artigo 12, Parágrafo único, da Lei)[1051].

Nesse contexto, lembramos que nos *Trusts* trata-se de direito que é naturalmente conferido aos beneficiários, podendo inclusive se estender ao património pessoal do *trustee*. Em adição, vimos que o beneficiário possui um crédito privilegiado em relação aos credores gerais do *trustee*, em razão de sua *equitable ownership*. O que faz do *Trust* um instrumento privilegiado para tal finalidade[1052].

De fato, pois, o *trustee* possui uma responsabilidade pessoal ilimitada perante os beneficiários, por todo e qualquer incumprimento de seus deveres enquanto *trustee*, assim como, mesmo no caso de ausência de qualquer incumprimento, pelos proveitos que retire da administração da *trust property*[1053].

Por igual aos *Trusts*, protege-se o património separado da eventual insolvência da companhia securitizadora, que não afetará os patrimónios separados que ela tenha constituído.

Nessa sequência, interessante, ainda, aludirmos neste tópico em análise, sobre a já mencionada figura do agente fiduciário dos debenturistas, outro instituto que insinua alguma semelhança com os *Trusts*.

A Lei das Sociedades por Ações (Lei Nº 6.404, de 12 de dezembro de 1976) estabelece que todas as ofertas públicas de debêntures devem ter necessariamente a interferência do agente fiduciário de debenturistas.

[1051] *Vide* adicionalmente: WALD, Arnoldo. *O Investidor Qualificado no Mercado de Capitais Brasileiro*. Revista de Direito Bancário do Mercado de Capitais, Editora Revista dos Tribunais, São Paulo, Ano 9, p. 15-33, abril-junho de 2006; MONTEIRO, Rogério. *Responsabilidade do Administrador de Fundos de Investimento*. Revista de Direito Bancário e do Mercado de Capitais, São Paulo, Nº 30, Ano 8, p. 283-291, outubro-dezembro de 2005.

[1052] *Vide* nesse sentido: GRAZIADEI, Michele; MATTEI, Ugo; SMITH, Lionel. *Commercial Trusts in European private law*. Cambridge: Cambridge University Press, 2005, p. 40.

[1053] *Cfr.* VAZ TOMÉ, Maria João; CAMPOS, Diogo Leite de. *A Propriedade Fiduciária (Trust), Estudo para a sua Consagração no Direito Português*. Coimbra: Almedina, 1999, p. 141.

Trata-se de um indivíduo ou instituição financeira que irá representar os interesses comuns dos debenturistas vis-à-vis a companhia emissora[1054].

Entre outras obrigações estabelecidas em lei, é dever do agente fiduciário proteger os direitos e interesses dos debenturistas, empregando no exercício da função o "*cuidado e a diligência que todo homem ativo e probo costuma empregar na administração de seus próprios bens*" (Lei das Sociedades por Ações, Artigo 68, § 1º).

Sob tal prisma, as sociedades corretoras de títulos e valores mobiliários no Brasil são constituídas sob a forma de sociedade anónima ou por quotas de responsabilidade limitada, e dentre seus principais objetivos está o de exercer funções de agente fiduciário. (Resolução do Conselho Monetário Nacional 1.655, de 1989).

Devemos indicar que o papel dos agentes fiduciários nos mercados de valores e capitais é recente no Brasil, e espera-se um maior desenvolvimento de seu papel.

Em alinhamento, conveniente citarmos aqui, uma importante decisão judicial que tende a reforçar a responsabilidade fiduciária do agente fiduciário dos debenturistas no Brasil, ampliando a segurança jurídica de um mercado tão importante, quanto fundamental, para a economia. Trata-se de uma decisão proferida no Rio de Janeiro, pela juíza Flávia de Almeida Viveiros de Castro, no ano de 2009, em ação de cobrança ajuizada pela debenturista Fundação de Previdência da Companhia de Saneamento do Distrito Federal – Fundiágua, em desfavor do agente fiduciário "*SLW Corretora de Valores e Câmbio Ltda.*" e da prestadora de serviços *Oliveira Trust Servicer Ltda.* ("Oliveira Trust")[1055]. Em suma, a *SLW* e a *Oliveira Trust* atuaram na emissão de debêntures da CEL Participações S.A – Celpar ("Celpar"), que foram adquiridas pela Fundiágua. Segundo dados do relatório da Comissão de Valores Mobiliários (CVM), a empresa Celpar obteve cerca de R$ 10 milhões em valores da época, com a emissão das debêntures, que nunca foram pagas. Todavia, a garantia oferecida pela Celpar, consubstanciada em hipotecas sobre imóveis, não teria sido

[1054] *Cfr.* BRASIL. INSTRUÇAO CVM Nº 28, DE 23 DE NOVEMBRO DE 1983 – Dispõe acerca do exercício da função de Agente Fiduciário dos Debenturistas.

[1055] *Cfr.* BRASIL. *Comissão de Valores Mobiliários.* Sessão de Julgamento – Do Processo Administrativo Sancionador CVM Nº RJ2005/0305; Poder Judiciário do Estado do Rio de Janeiro – Regional da Barra da Tijuca – 6ª Vara Cível –Processo Nº 0004313-18.2004.8.19.0209.

devidamente formalizada, razão pela qual os debenturistas ficaram duplamente prejudicados: pelo não pagamento das debêntures emitidas, e pela ineficácia das garantias. Em sua decisão, a juíza Flávia Almeida Viveiros de Castro, da 6ª Vara Cível da Barra da Tijuca, no Rio de Janeiro, afirmou que o agente fiduciário – a SLW – tinha a responsabilidade de defender os interesses dos debenturistas, e que a *Oliveira Trust* era a responsável pela verificação do cumprimento das obrigações dispostas na escritura – entre elas a de assessorar o agente fiduciário na cobrança de garantias constituídas pelos debenturistas. A juíza também cita a Instrução nº 28 da CVM, que prevê como dever do agente fiduciário proteger os direitos e os interesses dos debenturistas[1056]. As duas empresas recorreram da decisão, porém tiveram o provimento aos recursos negado pelo Tribunal recursal, com a manutenção da sentença de 1º grau[1057]. Por fim, essa sentença evidencia e apoia o papel do agente fiduciário dos debenturistas, bem como as responsabilidades a que estão sujeitos.

Devemos ressaltar a importância da atuação dos Tribunais brasileiros ao proferirem decisões no sentido de resguardar o papel da confiança nos negócios jurídicos. De fato, decisões nesse sentido acarretam mudanças

[1056] *Cfr.* RJ. Poder Judiciário do Estado do Rio de Janeiro – Regional da Barra da Tijuca – 6ª Vara Cível –Processo Nº 0004313-18.2004.8.19.0209.

[1057] *Vide* Processo Nº 0004313-18.2004.8.19.0209 – APELAÇÃO CÍVEL AÇÃO DE COBRANÇA EMISSÃO DE DEBENTURES GARANTIAS AGENTE FIDUCIARIO RESPONSABILIDADE – Ação de Cobrança dos valores nominativos das debêntures emitidas com interveniência do primeiro e segundo réu, cuja responsabilidade é assegurar que o emitente cumpra as cláusulas contratuais. Prescrição afastada. Caracterizada está a cobrança de valor líquido oriundo de contrato, o que leva à aplicação do art. 206 § 5º do Código Civil de 2002. Ademais, o prazo prescricional vintenário do Código Civil de 1916, diante da regra de transição, afasta, também, a alegada prescrição no caso de responsabilidade civil por ato ilícito. Incompetência do Juízo que se afasta, vez que não há discussão societária na relação jurídica objeto deste recurso. Emissão de debêntures cujas garantias não estavam devidamente constituídas, acarretando o inadimplemento da obrigação contratual. Proteção eficiente aos Direitos e interesses dos debenturistas a cargo do agente fiduciário, cabendo-lhe a responsabilidade da administração de bens de terceiros. Falha das intervenientes na administração, o que leva ao dever de indenizar os prejuizos sofridos pela autora. Manutenção da decisão. RECURSOS NÃO PROVIDOS. TJ/RJ – 19/5/2013 15:44 – Segunda Instância –Órgão Julgador: NONA VARA CÍVEL – Relator: DES. MARCO AURELIO DOS SANTOS FROES – Revisor: DES. CARLOS SANTOS DE OLIVEIRA –APTE: SLW CORRETORA DE VALORES E CAMBIO LTDA e outro. APDO: FUNDACAO DE PREVIDENCIA DA COMPANHIA DE SANEAMENTO DO DISTRITO FEDERAL FUNDIAGUA.

de comportamento, fundamentais na formação e atuação desses profissionais no Brasil[1058].

Não se pode negar que o desempenho dos Tribunais brasileiros frente às questões fiduciárias é de extrema relevância, nomeadamente frente aos países que buscam negócios com o Brasil.

Sem dúvida, a eficiente administração sob *Trust*, depende da disposição dos Tribunais da *civil law* em intervir de forma severa na violação dos deveres fiduciários, quando estes são devidos. Fundamental, reforçarmos a tutela da confiança nas relações jurídicas.

Por fim, neste ponto, é fundamental ressaltarmos que o agente fiduciário é a figura que mais se aproxima do *trustee* no Direito brasileiro.

No Brasil, podem ser constituídos fundos de pensão denominados de "*entidades fechadas de previdência complementar*", regulamentados pela Lei Complementar nº 109, de 29 de maio de 2001.

Trata-se de uma ferramenta de extrema importância para o desenvolvimento económico, e por sua introdução no Direito brasileiro, congratulamos o legislador.

Tais entidades são organizadas sob a forma de fundação ou sociedade civil, sem fins lucrativos, e são acessíveis aos empregados de uma empresa ou grupo de empresas, ou aos servidores da União, dos Estados, do Distrito Federal e dos Municípios, entes denominados patrocinadores, ou aos associados ou membros de pessoas jurídicas de caráter profissional, classista ou setorial, denominadas instituidores[1059].

A fiscalização das entidades fechadas de previdência complementar cabe à Superintendência Nacional de Previdência Complementar – Previc, e é regulada pela Secretaria de Políticas de Previdência Complementar (SPPC), do Ministério da Previdência Social do Brasil.

À semelhança dos *Trusts*, os responsáveis pela gestão dos recursos deverão manter segregados e totalmente isolados o seu património dos patrimónios do instituidor e da entidade fechada (§ 3º, Artigo 31, da Lei Complementar nº 109/2001).

Com relação à proteção patrimonial dos recursos frente aos beneficiários do fundo, devemos indicar que as entidades fechadas sujeitam-se

[1058] *Cfr.* BRASIL. *Comissão de Valores Mobiliários.* Sessão de Julgamento – Do Processo Administrativo Sancionador CVM Nº RJ2005/0305.

[1059] *Vide* artigo 31 da Lei Complementar Nº 109, De 29 de Maio de 2001.

apenas à liquidação extrajudicial, que será decretada quando reconhecida a inviabilidade de recuperação da entidade de previdência complementar, ou pela ausência de condição para seu funcionamento (Art. 47 e seguintes da Lei Complementar nº 109/2001)

Neste caso, o liquidante organizará o quadro geral de credores e, neste sentido, os participantes (inclusive os assistidos dos planos de benefícios) ficam dispensados de habilitarem seus respectivos créditos, estejam estes sendo recebidos ou não.

Contudo, diferentemente dos *Trusts*, os participantes e os assistidos dos planos de benefícios terão privilégio especial sobre os ativos garantidores das reservas técnicas e, caso estes não sejam suficientes para a cobertura dos direitos respectivos, um privilégio geral sobre as demais partes não vinculadas ao ativo (Artigo 50 da Lei Complementar nº 109/2001).

Neste ponto, interessante indicar que, no Direito brasileiro, a classificação dos créditos obedece à seguinte ordem: os créditos derivados da legislação do trabalho, limitados a 150 (cento e cinquenta) salários-mínimos por credor, e os decorrentes de acidentes de trabalho; os créditos com garantia real até o limite do valor do bem gravado; créditos tributários, independentemente da sua natureza e tempo de constituição, excetuadas as multas tributárias; os créditos com privilégio especial; créditos com privilégio geral; os créditos quirografários; e por fim, os créditos subordinados[1060].

Lembramos, por necessário, que os beneficiários do *Trust* têm tratamento privilegiado relativamente a terceiros, permitindo-se aos empregados lesados/beneficiário o exercício de uma pretensão de natureza real sobre os bens ou direitos em *Trust*, não tendo os credores gerais do *trustee* o poder de se satisfazerem às expensas daqueles[1061].

Logo, nota-se uma maior proteção dos interesses dos beneficiários de um *Trust*.

Nessa sequência, acrescente-se, que todos os dirigentes, procuradores com poderes de gestão e membros de conselhos estatutários, possuem deveres fiduciários, e responderão civilmente pelos danos ou prejuízos

[1060] *Cfr.* BRASIL. Artigo 83 da Lei Nº 11.101, de 9 de Fevereiro de 2005, que regula a recuperação judicial, a extrajudicial e a falência do empresário e da sociedade empresária.

[1061] *Cfr.* VAZ TOMÉ, Maria João; CAMPOS, Diogo Leite de. *A Propriedade Fiduciária (Trust), Estudo para a sua Consagração no Direito Português.* Coimbra: Almedina, 1999, p. 142.

que causarem, por ação ou omissão, às Entidades Fechadas de Previdência Complementar[1062].

Vale mencionar, ainda, que os administradores dos respectivos patrocinadores serão responsabilizados pelos danos ou prejuízos causados às entidades de previdência complementar, especialmente pela falta de aporte das contribuições a que estavam obrigados (Artigo 58 da Lei Complementar nº 109/2001).

Sendo assim, os administradores, controladores e membros de conselhos estatutários das entidades de previdência complementar sob intervenção, ou em liquidação extrajudicial, ficarão com todos os seus bens indisponíveis, não podendo, por qualquer forma, direta ou indireta, aliená-los ou onerá-los, até a apuração e liquidação final de suas responsabilidades (Artigo 59 da Lei Complementar nº 109/2001).

Nesse quadro, por fim, diferentemente dos *Trusts*, os administradores somente respondem com seu patrimônio pessoal se for apurada e comprovada a sua responsabilidade na quebra do fundo.

10. Tendência de uma Convenção Europeia Uniforme sobre o Direito dos *Trusts*

Neste breve tópico, vamos nos dedicar à algumas noções que recomendam regras basilares e uniformes sobre os *Trusts*, a serem adotadas por jurisdições de *civil law* da Europa.

Após a Convenção da Haia sobre o Direito Aplicável aos *Trusts* e ao seu Reconhecimento (1992), o interesse no estabelecimento de regras sobre os *Trusts* aumentou significativamente na União Europeia[1063].

1062 São também considerados responsáveis os representantes dos patrocinadores e instituidores, atuários, auditores independentes, e outros profissionais que prestem serviços técnicos à Entidade Fechada de Previdência Complementar (EFPC), diretamente ou por intermédio de pessoa jurídica contratada. A norma atribui responsabilidade a todos os dirigentes que participem de alguma forma do gerenciamento da EFPC, respondendo civilmente por suas ações ou omissões, desde que tenham contribuído para o resultado sob exame. *Cfr.* BRASIL. *Guia –Superintendência Nacional de Previdência Complementar* (PREVIC).

1063 *Cfr.* BRAUN, Alexandra. *The Framing of a European law of trust.* In: SMITH, Lionel. *The Worlds of the Trust.* Cambridge: Cambridge University Press, 2013, p. 277. *Vide* em complemento: ALEXEEV, Alexander. *Use of Trusts by Eastern European clients: practical issues. Trusts* & Trustees, United Kingdom, v. 13, n. 10, p. 608-610, 2007; DICKINSON, Andrew. *In the EU, we trust? A new European framework for jurisdiction and judgments. Trusts* & Trustees, United

Conforme observamos ao longo deste Capítulo, enquanto algumas jurisdições têm reformado suas legislações já existentes sobre os *Trusts*, outras aperfeiçoam seus instrumentos semelhantes, objetivando alcançar as mesmas funções desempenhadas pelo instrumento da *common law*[1064]. Com efeito, são alterações que se fazem imperiosas para tornar as ferramentas mais competitivas em termos comerciais e financeiros. Como resultado, a lista de instrumentos fiduciários disponíveis na Europa aumentou expressivamente nos últimos 20 anos[1065].

A esse respeito, em substância, de merecido destaque é a opinião de BRAUN, *in verbis*: "*the complexity of the spectrum of trust law within europe has been seen by some as an obstacle not only to the free movement of capital and services but also to mutual recognition*"[1066].

De fato, uma melhor compreensão dos *Trusts* tem importância prática substancial hoje. Isto é particularmente evidente na Europa a partir do momento em que observamos que um número crescente de países de *civil law* aumentaram seus esforços para promover o reconhecimento dos *Trusts*, conforme pudemos vislumbrar no decorrer do presente capítulo.

Uma razão para isso é o aumento da pressão no interior da União Europeia para reduzir as barreiras entre os sistemas de Direito Privado

Kingdom, v. 17, n. 4, p. 280–289, may 2011; OXFORD, Diana. *Enforcing trust judgments within the European Union: European Enforcement Orders. Trusts* & Trustees, United Kingdom, v. 12, n. 10, p. 29-30, 2006; MICHAELS, Marnin; YATES, Marie-Thérèse; PRICE, Katherine. *The implications for trustees of the possible EU Savings Directive reforms. Trusts* & Trustees, United Kingdom, v. 13, n. 9, p. 558-560, 2007; MATTEI, Hugo. *The European Codification Process: Cut and Paste.* The Netherlands: Kluwer Law International, October 2003, p. 161-178; CAENEGEM, R.C. Van. *Considerações Históricas sobre a Unificação do Direito Europeu.* Boletim da Faculdade de Direito, Coimbra, Vol. LXXXI, p. 189-209, 2005, p. 196.

1064 *Vide* nesse sentido: SILVA, Marta Lívia dos Santos. *O trust no quadro comum de referência para o direito privado europeu e as suas raízes históricas no direito romano.* Coimbra: Coimbra Editora, Boletim da Faculdade de Direito da Universidade de Lisboa, Edição especial, p. 803-823, 2010, p. 813.

1065 *Vide* BRAUN, Alexandra. *The Framing of a European law of Trusts.* In: SMITH, Lionel. *The Worlds of the Trust.* Cambridge: Cambridge University Press, 2013, p. 277; ALEXEEV, Alexander. *Use of Trusts by Eastern European clients: practical issues. Trusts* & Trustees, United Kingdom, v. 13, n. 10, p. 608-610, 2007.

1066 *Cfr* BRAUN, Alexandra. *The Framing of a European law of Trusts.* In: SMITH, Lionel. *The Worlds of the Trust.* Cambridge: Cambridge University Press, 2013, p. 277.

dos Estados membros, e particularmente entre a *common law* e o sistema de Direito Civil. Outra razão é a demanda por formas jurídicas adequadas para a gestão profissional de fundos de investimentos. Com efeito, pode o *Trust* ser visto como sendo uma das maiores e mais importantes contribuições da tradição da *common law* para o sistema europeu de Direito Privado[1067].

Sem dúvida, então, dois estudos qualitativos devem ser derradeiramente considerados no presente Capítulo: os *Principles of European Trust Law*; e sobre a inclusão do *Livro X* no *Draft of a Common Frame of Reference*, este último sugere um conjunto abrangente de regras do modelo que visa dotar a Europa de uma Lei Uniforme sobre *Trusts*.

Em razão do crescente interesse por *Trusts* nos sistemas europeus de *civil law*, e objetivando incentivar o desenvolvimento de um conceito único do *Trust* na Europa, um grupo de trabalho internacional desenvolveu oito princípios, chamados de "*Principles of European Trust Law*", em 1999[1068].

Estes princípios foram o produto de um projeto organizado em 1996 na Universidade de Nijmegen, na Holanda, liderado pelo ilustre Professor

[1067] *Cfr.* MATTEI, Ugo; HANSMANN, Henry. *The functions of trust law: a comparative legal and economic.* New York University Law Review, p. 434-479, 1998, p. 435-436. Foi com esse objetivo que em Abril de 2012, o *Trust Law Committee* realizou a conferência "*The Future of Trusts*". Os artigos oriundos dessa conferência foram reproduzidos em uma edição especial da Revista *Trusts* & Trustees, Issue 3-4 April/May 2013. *Vide* também: ALEXEEV, Alexander. *Use of Trusts by Eastern European clients: practical issues. Trusts* & Trustees, United Kingdom, v. 13, n. 10, p. 608-610, 2007; DICKINSON, Andrew. *In the EU, we trust? A new European framework for jurisdiction and judgments. Trusts* & Trustees, United Kingdom, v. 17, n. 4, p. 280–289, may 2011; MATTHEWS, Paul. *Editorial – Special Issue: The Future of Trusts. Trusts* & Trustees, United Kingdom, v. 19, n. 3 e 4, p. 231-235, april/may 2013.

[1068] Vários especialistas que participaram das negociações em Haia ou mais tarde foram envolvidos no trabalho da Conferência da Haia, também contribuíram para os Princípios, incluindo o Professor AE von Overbeck e os Professores Kötz, Waters, Anderson, Hayton, Borrás e González Beilfuss. *Cfr.* HCCH. *Hague Conference on Private International Law. News & Events –Principles of European Trust Law.* Disponível em: http://www.hcch.net/index_en.php?act=events.details&year=1999&varevent=74. Acesso em: 12.07.2013. *Vide* GRAZIADEI, Michele; MATTEI, Ugo; SMITH, Lionel. *Commercial Trusts in European private law.* Cambridge : Cambridge University Press, 2005, p. 15; BANCONE, Vincenzo. *Il trust dalla Convenzione de L'Aja al Draft Common Frame of Reference.* Napoli: Univ.degli Studi di Camerino, Nr. Volume 120, Settembre 2012, p. 206-212.

David Hayton. Os princípios consistem em oito cláusulas consubstanciadas em princípios básicos, comentários sobre os mesmos, e relatórios por parte dos membros do projeto oriundos da Escócia, Alemanha, Suíça, Itália, França, Espanha, Dinamarca e Holanda[1069].

O Artigo I, caracteriza o *Trust*, e prevê a formação de uma *propriedade segregada* constituída pelos bens ou direitos transferidos ao *trustee*. Além disso, prevê o dever do *trustee* de aplicar tais bens ou direitos em prol do beneficiário, ou em proveito do interesse geral. Por sua vez, o artigo II, trata das formas de criação do *Trust*. Já o artigo III, versa sobre o *trust fund*. O artigo IV permite a criação de *Trusts* organizados em prol de beneficiários específicos, ou para o cumprimento de determinados objetivos. O artigo V trata das atribuições e poderes dos *trustees*. Já o artigo VI revela os remédios contra os *trustees* no caso de violação do *Trust* e o artigo VII, trata das responsabilidades de terceiros. Por fim, o artigo VIII prevê as formas de término do *Trust*.

Esperava-se que tais noções, adicionalmente com a implementação da Convenção de Haia sobre os *Trusts*, aumentaria a flexibilidade das leis das jurisdições de *civil law* na Europa, maximizando as oportunidades para a preservação e geração de riqueza[1070].

Em continuidade a este tópico de análise, como sabemos a União Europeia trabalha no desenvolvimento de sua legislação em diversas áreas do Direito, público e privado. Nesse sentido, existe um estudo que

[1069] *Vide* WATANABE, Hiroyuki. *"Trusts without Equity" and Prospects for the Introduction of Trusts into European Civil Law Systems"*. In: Waseda Institute for Corporation Law and Society, 2010, p. 190; HAYTON, David. KORTMANN, Sebastianus Constantinus Johannes Josephus; VERHAGEN, H. L. E. *Principles of European Trust Law*. Netherlands: Kluwer Law International, 1999; PEASE, Richard. *The development of trust practice in overseas jurisdictions*. United Kingdom, *Trusts* & Trustees, v. 19, n. 3 e 4, p. 283-389, april/may 2013, p. 287.

[1070] *Cfr.* WATANABE, Hiroyuki. *"Trusts without Equity" and Prospects for the Introduction of Tru sts into European Civil Law Systems*. In: Waseda Institute for Corporation Law and Society, 2010, p. 190; HCCH. *Hague Conference on Private International Law. News & Events –Principles of European Trust Law*. Disponível em: http://www.hcch.net/index_en.php?act=events.details&year=1999&varevent=74. Acesso em: 12.07.2013. *Vide* BRAUN, Alexandra. *The Framing of a European law of Trusts*. In: SMITH, Lionel. *The Worlds of the Trust*. Cambridge: Cambridge University Press, 2013, p. 278-279; BANCONE, Vincenzo. *Il trust dalla Convenzione de L'Aja al Draft Common Frame of Reference*. Napoli: Univ.degli Studi di Camerino, Nr. Volume 120, Settembre 2012, p. 191-212.

sugere a criação de uma Lei europeia sobre o Direito dos *Trusts*, consubstanciado no Livro X, do *Draft of a Common Frame of Reference* (DCFR)[1071].

Em 2003, a Comissão Europeia apresentou um "*Plano de Ação*" para a elaboração de um quadro comum de referência (CFR), cujo objetivo era garantir: "*A More Coherent European Contract Law*"[1072]. Em alinhamento, vislumbrou-se que a CFR seria desenvolvida através do financiamento de três anos de pesquisa, que foi realizada por dois grupos de pesquisas internacionais: o *Study Group on a European Civil Code* e o *Research Group on EC Private Law* (Acquis Group), que produziu um esboço do DCFR[1073].

A este respeito, é importante indicar, que um primeiro esboço da DCFR foi publicado em 2008 e versava sobre sete "livros". Já em 2009, um esboço final (revisado) foi publicado e, agora, sim, com a inclusão do Livro X, sobre os "*Trusts*"[1074].

[1071] *Vide* PEASE, Richard. *The development of trust practice in overseas jurisdictions.* United Kingdom, *Trusts* & Trustees, v. 19, n. 3 e 4, p. 283-389, april/may 2013, p. 287; BANCONE, Vincenzo. *Il trust dalla Convenzione de L'Aja al Draft Common Frame of Reference.* Napoli: Univ. degli Studi di Camerino, v. 120, Settembre 2012, p. 191-212; SILVA, Marta Lívia dos Santos. *O Trust no quadro comum de referência para o direito privado europeu e as suas raízes históricas no direito romano.* Coimbra: Coimbra Editora, Boletim da Faculdade de Direito da Universidade de Lisboa, Edição especial, p. 803-823, 2010.

[1072] Segundo o documento, para a elaboração de um quadro comum de referência, várias fontes básicas devem consideradas: "*Advantage should be taken of existing national legal orders in order to find possible common denominators, to develop common principles and, where appropriate, to identify best solutions; It is particularly important to take into account the case law of national courts, especially the highest courts, and established contractual practice; The existing EC acquis and relevant binding international instruments, above all the UN Convention on the International Sale of Goods (CISG), should be analysed*". *Cfr.* COMMISSION OF THE EUROPEAN COMMUNITIES. *Communication from the Commission to the European Parliament and the Council – A More Coherent European Contract Law an Action Plan.* Brussels, 12.2.2003.

[1073] *Vide* VON BAR, Christian; CLIVE, Eric. *Principles, Definitions and Model Rules of European Private Law – Draft Common Frame of Reference (DCFR).* Prepared by the: Study Group on a European Civil Code; Research Group on Ec Private Law (Acquis Group). UK: Oxford University Press, 2010.

[1074] *Vide* BRAUN, Alexandra. *Trusts in the Draft Common Frame of Reference: The 'Best Solution' for Europe?.* Cambridge Law Journal, v. 70, 2011, p. 328; VON BAR, Christian; CLIVE, Eric. *Principles, Definitions and Model Rules of European Private Law – Draft Common Frame of Reference (DCFR).* Prepared by the: Study Group on a European Civil Code; Research Group On Ec Private Law (Acquis Group). UK: Oxford University Press, 2010; PEASE, Richard. *The development of trust practice in overseas jurisdictions.* United Kingdom, *Trusts* & Trustees, v. 19, n. 3 e 4, april/may 2013, p. 287.

Foi neste mesmo contexto que, em julho de 2010, a Comissão Europeia publicou um Livro Verde intitulado de *Direito Europeu dos Contratos, sobre as opções estratégicas para avançar no sentido de um Direito europeu dos contratos para os consumidores e as empresas.* Trata-se da publicação do resultado do trabalho realizado por um grupo de peritos nomeados em abril de 2010[1075].

Até o momento, a Comissão Europeia não expressou suas opiniões definitivas sobre um *Common Framework*[1076]. No entanto, o grupo de peritos vem trabalhando com a hipótese de um instrumento opcional (*soft law*), mas apenas na área do direito contratual[1077].

Não obstante, permanece o Livro X sobre os *Trusts* em sua versão final, que sugere um conjunto abrangente de regras do modelo que visa dotar a Europa de uma lei uniforme sobre *Trusts*[1078]. No modelo indicado, as regras que versam sobre os *Trusts* estão contidas em 116 artigos[1079].

Em semelhança à definição conferida pela Convenção de Haia sobre o Direito Aplicável aos *Trusts*[1080], é o *Trust* no DCFR definido da seguinte maneira (segundo versa a *secção* 2 do Capítulo I):

[1075] *Vide* COMISSÃO EUROPEIA. *Livro Verde da Comissão – sobre as opções estratégicas para avançar no sentido de um Direito europeu dos contratos para os consumidores e as empresas.* Bruxelas, 1.7.2010, p. 2 e 3; COMISSÃO EUROPEIA. *Expert Group on a Common Frame of Reference in European Contract Law Synthesis of the Fourth Meeting,* 1–2 September 2010.

[1076] *Vide* BRAUN, Alexandra. *Trusts in the Draft Common Frame of Reference: The 'Best Solution' for Europe?.* Cambridge Law Journal, v. 70, p. 327-352, 2011, p. 328; COMISSÃO EUROPEIA. *Expert Group on a Common Frame of Reference in European Contract Law Synthesis of the Fourth Meeting,* 1–2 September 2010, p. 1.

[1077] *Vide* SILVA, Marta Lívia dos Santos. *O Trust no quadro comum de referência para o Direito privado europeu e as suas raízes históricas no Direito romano.* Lisboa: Boletim da Faculdade de Direito da Universidade de Lisboa. Edição especial, 803-804.

[1078] *Cfr.* BRAUN, Alexandra. *Trusts in the Draft Common Frame of Reference: The 'Best Solution' for Europe?.* Cambridge Law Journal, v. 70, 2011, p. 351.

[1079] *Vide* VON BAR, Christian; CLIVE, Eric. *Principles, Definitions and Model Rules of European Private Law – Draft Common Frame of Reference (DCFR).* Prepared by the: Study Group on a European Civil Code; Research Group on Ec Private Law (Acquis Group). UK: Oxford University Press, 2010, p. 4.745 – 4.795.

[1080] Segundo a convenção de Haia, em seu artigo 2º, o *Trust* pode ser definido, *in verbis*: *"For the purposes of this Convention, the term "trust" refers to the legal relationships created – inter vivos or on death – by a person, the settlor, when assets have been placed under the control of a trustee for the benefit of a beneficiary or for a specified purpose".*

"A trust is a legal relationship in which a trustee is obliged to administer or dispose of one or more assets (the trust fund) in accordance with the terms governing the relationship (trust terms) to benefit a beneficiary or advance public benefit purposes".

Perceba-se, então, que em ambos os casos o *Trust* é definido como uma *"relação jurídica"*, e também pode ser constituído *inter vivos* ou *causa mortis* (Artigo X-2: 103).

O DCFR reconhece os *Trusts* que surgem por meio de uma transferência do *"truster"* para o *trustee*, mas também o *self-declaration Trust (Chapter 2, Section 1)*[1081]. Assim, segundo o modelo, o *Trust* é visto como um ato unilateral e não como um contrato, à semelhança do modelo inglês[1082].

Também, por igual ao Direito Inglês, o *trustee* possui a titularidade dos bens ou direitos transferidos em *Trust* e, como efeito de sua constituição, prevê que o *trust fund* deve ser considerado como um património distinto do património pessoal do *trustee* e de quaisquer outros patrimónios conferidos ou geridos pelo *trustee* (X.–1:202).

Como decorrência, o mesmo dispositivo legal estabelece a proteção do *trust fund* contra a execução patrimonial por parte dos credores particulares do *trustee,* ou por ocasião de sua insolvência ou falência; que o *trust fund* não é sujeito ao regime matrimonial de bens do *trustee e*; que o *trust fund* não é sujeito a sucessão do *trustee*[1083].

Ainda, perceba-se, que embora constitua um património separado, também não compreende a formação de uma entidade jurídica separada.

[1081] Nota-se que ao tratar das partes do *Trust* (*Chapter 1, Section 2*), o DCFR emprega o termo escocês *"truster"* ao invés de *"settlor"*.

[1082] *Cfr.* BRAUN, Alexandra. *Trusts in the Draft Common Frame of Reference: The 'Best Solution' for Europe?.* Cambridge Law Journal, v. 70, 2011, p. 330. *Vide* BANCONE, Vincenzo. *Il trust dalla Convenzione de L'Aja al Draft Common Frame of Reference.* Napoli: Univ.degli Studi di Camerino, Nr. Volume 120, Settembre 2012, p. 193; SILVA, Marta Lívia dos Santos. *O Trust no quadro comum de referência para o Direito privado europeu e as suas raízes históricas no Direito romano.* Coimbra: Coimbra Editora, Boletim da Faculdade de Direito da Universidade de Lisboa, Edição especial, p. 803-823, 2010.

[1083] *Vide* BANCONE, Vincenzo. *Il trust dalla Convenzione de L'Aja al Draft Common Frame of Reference.* Napoli: Univ.degli Studi di Camerino, Nr. Volume 120, Settembre 2012, p. 197 198; SILVA, Marta Lívia dos Santos. *O Trust no quadro comum de referência para o Direito privado europeu e as suas raízes históricas no Direito romano.* Coimbra: Coimbra Editora, Boletim da Faculdade de Direito da Universidade de Lisboa, Edição especial, p. 803-823, 2010.

Tal como no Direito Inglês, o beneficiário possui o direito de extinguir o *Trust (Artigo X.–9:104: Right of beneficiaries to terminate)*; receber informações (*Artigo X.–6:104: Obligation to inform and reporte*); de transferir o seu direito (Artigo X.–9:301: *Transfer by juridical act of right to benefit); e* fazer cumprir o *Trust* (Artigo. X.–1:205: *Persons entitled to enforce performance of trustee's obligations*)[1084].

Adicionalmente, os beneficiários também têm Direitos que são oponíveis a terceiro (adquirente de um ativo do *Trust*), exceto contra o adquirente que pagou por um preço justo na coisa, e que não tinha o conhecimento da existência do *Trust*[1085]. Contudo, o texto não deixa claro se são Direitos de natureza real ou obrigacional.

Além das partes do *Trust* já conhecidas (*settlor, trustee* e beneficiário) o Artigo X-1: 203 (4) do DCFR prevê a possibilidade do chamado "*trust auxiliary*", que é alguém com o poder de nomear ou destituir um *trustee* ou de consentir a demissão de um *trustee*. Conforme observamos, pois, são poderes mais limitados do que aqueles que podem ser conferidos a um *protector*.

Ainda, destaca-se, que a semelhança do *Trust* inglês, o DCFR não permite a criação dos chamados *private purpose trusts,* mas somente a concepção de *Trusts* para finalidades públicas (Artigo X.–1:205). Entretanto, se ele for constituído, confere a ele determinados efeitos jurídicos (Artigo X – 4:203: *Unenforceable trust purposes*)[1086].

Finalmente, um fato interessante é que o *trust instrument* não precisa ser registado, seja para fins administrativos ou fiscais, o que reforça as raízes inglesas do Livro X do DCFR.

[1084] *Vide* BRAUN, Alexandra. *Trusts in the Draft Common Frame of Reference: The 'Best Solution' for Europe?.* Cambridge Law Journal, v. 70, 2011, p. 331.

[1085] *Vide* BRAUN, Alexandra. *Trusts in the Draft Common Frame of Reference: The 'Best Solution' for Europe?.* Cambridge Law Journal, v. 70, 2011, p. 331; BANCONE, Vincenzo. *Il trust dalla Convenzione de L'Aja al Draft Common Frame of Reference.* Napoli: Univ.degli Studi di Camerino, Nr. Volume 120, Settembre 2012, p. 198; SILVA, Marta Lívia dos Santos. *O Trust no quadro comum de referência para o Direito privado europeu e as suas raízes históricas no Direito romano.* Coimbra: Coimbra Editora, Boletim da Faculdade de Direito da Universidade de Lisboa, Edição especial, p. 803-823, 2010.

[1086] Por sua vez, os *Principles of European Trust Law* estabelecem disposições sobre os *purpose Trusts,* levando em consideração os *trust offshore* e *trust services* (*Vide* Artigo IV [*Trusts for beneficiaries or for enforceable purposes*], o artigo III, (2), o artigo V, (2), o artigo VIII, (4)).

De uma forma geral, então, nota-se que as disposições sobre o *Trust* do DCFR são amplamente semelhantes às regras da tradição da *common law* e, especialmente, da *trust law* inglesa[1087].

Por fim, especial consideração assume a menção feita por SILVA (2010), *in verbis*: "*É previsível alguma resistência à adopção do DCFR; todavia, a propagação de mecanismos fiduciários nos países de tradição continental, sobretudo a partir da segunda metade do séc. XX, indicia que há um espaço de consenso, que pode ser regulamentado e uniformizado*"[1088].

[1087] *Vide* BRAUN, Alexandra. *Trusts in the Draft Common Frame of Reference: The 'Best Solution' for Europe?*. Cambridge Law Journal, v. 70, 2011, p. 334; SILVA, Marta Lívia dos Santos. *O Trust no quadro comum de referência para o Direito privado europeu e as suas raízes históricas no Direito romano*. Coimbra: Coimbra Editora, Boletim da Faculdade de Direito da Universidade de Lisboa, Edição especial, p. 803-823, 2010, p. 813.

[1088] *Cfr.* SILVA, Marta Lívia dos Santos. *O Trust no quadro comum de referência para o Direito privado europeu e as suas raízes históricas no Direito romano*. Coimbra: Coimbra Editora, Boletim da Faculdade de Direito da Universidade de Lisboa, Edição especial, p. 803-823, 2010, p. 820.

Conclusões

O que se desejou através da análise da estrutura dos *Trusts* da *common law*, da identificação de suas finalidades práticas, e da análise Internacional do Direito dos Trusts foi constatar que a prática jurídica internacional apresenta os *Trusts* da *common law* como um instrumento legal necessário e muito desejável por ordenamentos jurídicos distintos.

Em realidade, as ferramentas jurídicas disponíveis na *civil law* são muitas vezes apontadas como insuficientes, ou até mesmo insatisfatórias, em comparação com os *Trusts* da *common law*.

De fato, a flexibilidade dos *Trusts* da *common law* chama atenção em nível global, como ferramenta hábil à satisfação dos mais variados tipos de negócios.

Como detidamente analisado, a sua estrutura simples permite que as mais variadas situações da vida sejam conformadas e amparadas em um único instrumento legal.

Constatamos, que adicionalmente à administração especializada de bens ou direitos por profissionais capacitados, o *Trust* proporciona uma ampla proteção dos ativos a ele transferidos, sendo suscetível de ser utilizado na estruturação dos mais variados tipos de negócios e situações jurídicas.

Não há dúvidas de que a rápida velocidade atual do mercado financeiro demanda por instrumentos hábeis à satisfação das novas exigências, que são voltadas à maior praticidade, segurança, economia e agilidade nos negócios.

Claramente, a hodierna perspectiva global pela atração de capitais estrangeiros, exige um maior comprometimento na criação/transposição/modernização de instrumentos negociais, tornando-os aptos à proteção dos ativos investidos, afora a necessária harmonização das regras de Direito envolvidas.

De fato, vimos, no decorrer de nosso trabalho, a implementação por vários países, de ferramentas fiduciárias, para suprir essa demanda do mundo contemporâneo.

Contudo, pudemos constatar que o *Trust* reúne todas as características básicas capazes de prover tais necessidades hodiernas, complementando as antigas técnicas jurídicas da *civil law*, no cenário local ou internacional.

Embora os *Trusts* modernos ganhem maior ênfase nos contextos comerciais e financeiros, a finalidade familiar, gênese do instituto, exerce, ainda, um papel fundamental nos países de *common law*, bem como nas jurisdições de *civil law* onde ele foi implementado, nomeadamente, na planificação patrimonial e sucessória.

Tais fatores induziram a nossa primeira e mais importante conclusão: a de que a compreensão do tema é oportuna e decisiva, e é fundamental para a apreensão da importância da implementação do instituto dos *Trusts* no Direito brasileiro.

Para simplificar, esta etapa final, traçamos as seguintes conclusões:

1. Vimos que o processo de implementação dos *Trusts* de forma direta por uma jurisdição de *civil law* enfrenta, certamente, dificuldades de natureza histórica e estrutural. Nesse sentido, realizamos uma reconstrução histórica do *Trust*, passando pelos elementos fulcrais de sua gênese.

Apreendemos que o *Trust* é uma criação da *Equity*, e que suas raízes se encontram vinculadas ao instituto medieval do *use*. Observamos que um dos pontos basilares da história dos *Trusts* foi o "*titular legal da propriedade exercer o seu Direito em benefício de outra pessoa*". Deste fato, resultaram regras importantes desenvolvidas pela *Equity*, em especial a divisão dos Direitos sobre a propriedade em *legal* e *equitable ownership*, a separação patrimonial dos bens e Direitos em *Trust* e a imposição de deveres fiduciários ao *trustee*.

Vislumbramos que a origem longínqua do *Trust*, baseada na justiça e na confiança, elevou em regras estatutárias concisas e concretas de proteção das partes.

Ainda, no estudo de sua evolução, ganhou destaque, por fim, a assertiva de que o *Trust* se desenvolveu sob a égide da ampla autonomia da vontade do *settlor.*

2. Concluímos que o *Trust* é uma relação jurídica criada por um instituidor (o *settlor*), que transfere bens ou direitos para o *trustee*, gerir e dispor em benefício do beneficiário, ou no cumprimento de finalidades específicas. A articulação desde conceito simples, permitiu a identificação de seus elementos estruturais essenciais, indicando suas principais características.

3. A **estrutura subjetiva** do *Trust* apontou a existência de três sujeitos: o *settlor*, o *trustee* e o beneficiário.

O ***settlor*** é o instituidor do *Trust* e, portanto, proprietário inicial dos bens ou direitos que serão destinados ao *Trust* no momento de sua constituição. Percebemos que é através de um ato unilateral de vontade, que o *settlor* estipula as condições e cláusulas que regerão o *Trust*, escolhe o *trustee*, determina seus beneficiários e os benefícios destes, e, por fim, realiza a transferência dos bens ou direitos, necessária para sua constituição.

O ***trustee*** é a pessoa que na relação do *Trust*, detém e administra a propriedade do *Trust* para o benefício de outrem. Nesse sentido, é o *trustee* quem adquire a propriedade legal dos bens constituídos em *Trust*, designada, originariamente, por "*legal ownership*". Porém, como vimos, o *trustee* não pode usufruir de tal propriedade, devendo administrá-la em prol dos beneficiários do *Trust*, seguindo, com rigor, as cláusulas inseridas pelo *settlor* no ato constitutivo.

Constatamos que, hodiernamente, embora ainda existam *trustees* individuais, comumente o *trustee* exerce sua função como pessoa colectiva, através de empresas constituídas com personalidade jurídica distinta, formando uma *Trust Company* ou utilizando a estrutura de um Banco.

Para uma melhor apreensão de todos os aspectos referentes ao *trustee*, com vistas à elaboração do articulado propositivo final, vislumbramos vários pontos importantes referentes a ele, tais como: a sua nomeação, aceitação ou recusa do cargo, retirada ou exclusão, qualificação profissional e, por fim, sobre sua remuneração.

Por último, também foi primordial a análise do **beneficiário**, que é a pessoa que receberá os benefícios do *Trust* constituído.

Mais especificamente, vimos que o *Trust* pode ser constituído com objetivos privatísticos (*private trusts*) ou caritativos (*charitable trusts*). Tal classificação determina a necessidade ou não de serem identificados seus beneficiários.

Sendo assim, vimos que os *private trusts* tem por objetivo beneficiar pessoas particulares, que de alguma forma possuem vínculos afetivos com o *settlor*. Por outro lado, o *charitable* indica que o *Trust* foi constituído para a realização de fins caritativos e, neste caso, os beneficiários não precisam estar individualmente identificados no instrumento do *Trust*. Apenas os fins caritativos precisam ser mencionados claramente, conferindo ao *Trust*, pois, uma finalidade definida.

Outro ponto importante foi a distinção entre os beneficiários de um *fixed trust*, dos beneficiários de um *discretionary trust*. Aqui, pudemos claramente constatar, que os benefícios conferidos pelo *settlor* aos beneficiários podem ser moldados de acordo com a circunstância, fato que ressalta a flexibilidade do instituto.

Observou-se que não é necessária a coexistência dos três sujeitos distintos, podendo um deles desempenhar mais de um papel.

Pudemos constatar, afinal, que a partir desta estrutura básica, o *Trust* é capaz de proporcionar numerosas variantes em relação aos poderes, Direitos, deveres e funções de cada uma das partes envolvidas.

4. Vimos, na sequência, que a estrutura objetiva dos *Trusts* é formada por elementos essenciais, que, juntamente com os elementos subjetivos a pouco citados, conferem validade à constituição do *Trust*.

Logo, procuramos ressaltar os principais aspectos referentes a declaração de vontade do *settlor*, a *res* do *Trust* e a transferência da *res* para o *trustee*.

Concluímos, que a análise de sua estrutura foi passo fulcral na identificação dos pontos definidores dos *Trusts*.

5. Nesse sentido, para ser corretamente introduzido no Direito brasileiro, alcançando toda a flexibilidade proporcionada por ele, averiguamos que os *Trusts* devem possuir necessariamente determinadas características, que os definem e os distinguem.

Foi nessa perspectiva que reconhecemos e traçamos como características fulcrais dos *Trusts*, as abaixo indicadas:

a) O *Trust* é constituído através de um **ato jurídico unilateral de vontade do *settlor*.** Assim sendo, o *Trust* é formado por regras elaboradas *unilateralmente* pelo instituidor, que pode estipular livremente, como melhor lhe convier, a disciplina de seus interesses. Logo, não há aqui que se falar em *acordo de vontades* entre o *settlor* e o *trustee* ou entre ele e seu beneficiário.

Em regra, o *settlor* tem ampla liberdade de indicar todos os termos do *Trust*, bem como o livre-arbítrio na escolha do *trustee*, dos bens constituintes do património do *Trust* e, ainda, dos objetivos do *Trust*, indicando um ou vários beneficiários ou, ao invés, um propósito específico a ser perseguido.

b) Depois, a *transferência da titularidade da propriedade para o trustee é imprescindível para o cumprimento dos objetivos do Trust*, e deve respeitar as regras aplicáveis para cada tipo de bem ou Direito correspondente.

c) Ainda, *a divisão dos Direitos sobre a propriedade* é necessária, uma vez que confere segurança jurídica ao beneficiário. De fato, através da divisão do Direito absoluto sobre a *res* do *Trust*, entre o *trustee* e o beneficiário, este último adquire um Direito de natureza real sobre seus benefícios.

Sem essa divisão, o Direito do beneficiário seria de natureza meramente obrigacional, não distinguindo mais o *Trust* de qualquer outra relação contratual comum da *civil law*, tal como o negócio fiduciário.

d) Também, é fundamental nos *Trusts a formação de um património separado.*

Aliás, pudemos constatar que uma característica comum a qualquer tipo de *Trust* é que, apesar da *trust property* estar sob a titularidade legal de uma mesma pessoa, a ostentação de tal património, na qualidade de *trustee*, impede que tais ativos se misturem com o restante do património pessoal que o *trustee* seja titular.

e) Vimos que em regra, *o trust instrument não é um instrumento público*, tendo conhecimento de suas cláusulas somente o *settlor* e o *trustee*. Embora o beneficiário receba os benefícios do *Trust*, não é sempre que suas cláusulas lhe são acessíveis, a depender da vontade do *settlor*.

f) Igualmente, a *confiança* na relação em *Trust* é primordial e, portanto, característica inerente à implementação do instituto no Direito brasileiro. Por sua base histórica, a função do *trustee* é vinculada a deveres de natureza fiduciária, ao passo que o *trustee* é considerado como alguém a quem se pode incontestavelmente confiar.

g) Por fim, outra característica peculiar do *Trust* é a sua **flexibilidade**. Neste ponto, compreendemos de forma clara, que a implementação do instituto dos *Trusts* por ordenamentos jurídicos de natureza *civil law* deve ter uma perspectiva especial, sob pena de engessar o instrumento através da criação de regras rígidas e dispensáveis, vinculativas à sua introdução, e limitadoras de sua versatilidade.

6. Constatamos, que embora uma ou outra característica, ou mesmo elemento constitutivo dos *Trusts* seja comparável a outros instrumentos jurídicos já existentes na *civil law*, o *Trust* é uma ferramenta exclusiva e única, capaz de concentrar, combinar e realizar vários interesses da vida das pessoas e das empresas.

7. Foi nessa mesma linha de ideias que prosseguimos às análises das formas basilares de constituição e de classificação dos *Trusts*.

De forma sintética, observou-se através da classificação dos *Trusts*, que considera o grau de voluntariedade do *settlor* na sua criação, a existência dos *express trusts* e dos *implied trusts*.

Em suma, vimos que os *implied trusts* são divididos em *resulting trusts*, que são àqueles constituídos por Lei em razão da existência de uma vontade presumida do *settlor*, e em *constructive trust*, constituído mediante uma decisão judicial para corrigir alguma situação injusta ou necessária.

Normalmente, porém, o *Trust* é constituído ao abrigo da livre iniciativa e autonomia da vontade do *settlor*, sendo, por isso, conhecido como "*express trusts*". Por serem os *express trusts* os tipos de *Trusts* mais largamente utilizados, encontraram maior evidência em nossa Tese.

Por tal razão, percorremos com mais detalhes as principais classificações dos *express trusts*: *inter vivos* e *testamentary*, revogável e irrevogável, *discretionary* e *fixed*, *private* e *charitable*.

Percebemos que a flexibilidade dos *Trusts* permite que ele seja classificado, subdividido e tipificado das mais variadas formas, convencionando seus elementos e categorias à maneira do *settlor*.

Constatamos, que embora a forma de constituição do *Trust* seja livre, é recomendável que seja elaborada pelo *settlor* uma declaração expressa, escrita, designada por *trust instrument*.

8. Concluímos, enfim, que os requisitos de validade do *Trust* seguem as mesmas regras basilares da validade do negócio jurídico quanto à forma, objeto e sujeito. Na mesma linha, o *Trust* não pode contrariar a lei, os princípios da ordem pública, a moral e os bons costumes, assim como quaisquer outros mecanismos jurídicos. De fato, vimos, que os *Trusts* constituídos com o objetivo de fraudar credores ou frustrar a execução de uma sentença judicial, são nulos.

Tal ponto foi fundamental para esclarecer que o objetivo do *Trust* não é o de criar relações voltadas a fraudar a lei ou às regras do ordenamento jurídico de um país. Com efeito, embora sua estrutura possa ser utilizada para esse fim, outros instrumentos disponíveis na *civil law,* igualmente, são muito capazes de serem utilizados de forma ilícita por seus agentes. Não sendo esse, decisivamente, um fundamento coeso em comparação com as várias utilidades práticas proporcionadas pelos *Trusts.*

9. Procuramos, derradeiramente, evidenciar as formas de modificação e extinção do instituto. Em síntese, vimos que o *settlor* pode reservar-se no poder de modificar ou revogar o *Trust,* ou pode conferir esse poder a algum beneficiário ou terceiro. Pode também o *Trust* ser extinto, naturalmente, em virtude de seus próprios termos constitutivos.

10. Após todo o analisado foi possível concluir que é extensa a autonomia da vontade do *settlor* na elaboração do instrumento constitutivo do *Trust.*

11. Através da análise dos aspectos fundamentais da administração do *Trust,* identificamos pontos referentes ao poder do *settlor* sobre a administração do *Trust,* a administração do *trustee* frente aos Direitos gerais dos beneficiários, e compreendemos a extensão dos deveres, poderes e responsabilidade do *trustee.*

Fundamentalmente, neste momento, pudemos concluir, que embora as regras que regem a administração dos *Trusts* sejam rígidas, não retiram do instrumento sua flexibilidade.

Vislumbramos que a manutenção pelo *settlor* de poderes de administração é possível, e isso reflete diretamente na administração do *Trust.* Contudo, não pode o *settlor* privar o *trustee* de sua autonomia e independência, inerentes ao exercício de sua função.

Como detidamente analisado, compete ao *trustee* administrar a propriedade que lhe foi confiada. Em consequência, o *trustee* ao aceitar o cargo, adquire uma série de poderes e deveres onerosos. Tais deveres, ensejam, consequentemente, na apropriada administração do *Trust* e no fiel cumprimento dos objetivos do *settlor*, estabelecidos no *trust instrument*.

12. Sobretudo, vimos que os deveres do *trustee* tem natureza fiduciária. Fundamentalmente, a violação dos deveres fiduciários pelo *trustee* conduz na sua *responsabilidade pessoal e ilimitada*, conferindo aos beneficiários o Direito de processá-lo, buscando uma decisão judicial reparatória. Sobretudo, constatou-se, que o rigor existente em relação a responsabilidade do *trustee* somam à imprescritibilidade das ações judiciais demandadas contra ele.

13. Assimilamos que é muito conveniente ter disponível no ordenamento jurídico brasileiro um instrumento legal que permita a gestão profissional dos mais variados tipos de negócios. Além da administração do património ser realizada por um gestor profissional (*trustee*) com deveres fiduciários, ela ocorrerá dentro de uma única estrutura jurídica que permite a separação patrimonial e a consequente limitação de responsabilidade dos envolvidos, sustentando a característica de ser amplamente flexível.

14. Demonstramos que, para além do *Trust* continuar exercendo um papel fundamental na proteção da riqueza familiar e no planejamento sucessório, o instrumento assumiu outras finalidades primordiais nas relações privatísticas e no palco dos importantes negócios.

Com efeito, vimos que o *Trust* se transformou em um moderno e fundamental instrumento de gestão dos mais variados tipos de interesses. Hodiernamente, assume um papel expressivo na administração especializada de investimentos e no comando de grandes empresas.

Igualmente, constatamos que no âmbito público, o *Trust* desempenha um crescente papel na gestão de instituições de caridade e nas organizações sem fins lucrativos.

A partir do exposto, considerando tudo o que foi analisado e planeado, reforçamos, aqui, nossa perspectiva, de que no exercício da autonomia da vontade, é pressuposto para que os indivíduos e as empresas regulem entre si os seus próprios assuntos e interesses.

Dessa forma, uma vez o *Trust* não sendo constituído para finalidades ilícitas e não prejudicando terceiros, sendo circunscrito dentro do âmbito do património privado, e, portanto, da autonomia privada das partes, não vemos motivos que impeçam a introdução dos *Trusts* no sistema jurídico brasileiro.

15. Seguidamente, desenvolvemos um panorama internacional dos *Trusts*. Neste momento, demonstramos a importância do instituto em vários ordenamentos jurídicos.

16. Sabemos que muitas particularidades entre os sistemas jurídicos de *civil law* e de *common law* estão enraizadas em diferentes abordagens culturais e sociais.

Nesse sentido, constatamos que o *Trust*, embora seja um instituto tipicamente ligado ao sistema da *common law*, nas últimas décadas passou a assumir maior importância, não só nos países de colonização inglesa ou que sofreram a sua influência diretamente, mas, principalmente, nos países de origem *civil law*.

17. A relevância dessa constatação está justamente na comprovação de que embora a estrutura peculiar dos *Trusts* indique determinadas características apontadas como desafiadoras à sua implementação, não são pontos intransponíveis. Pelo contrário, verificou-se que o conhecimento de suas características demonstra a possibilidade de sua integração nos ordenamentos ressaltados, como o brasileiro.

Foi em alinhamento a tais características, que procuramos verificar as principais disposições regratórias dos países considerados, descrevendo de uma forma sistematizada, como ocorreu a recepção, ou adaptação do *Trust* em tais jurisdições.

18. Para tanto, em um primeiro momento, pudemos constatar que a Convenção da Haia sobre o Direito Aplicável aos *Trusts* e o seu Reconhecimento gerou uma maior aproximação entre os países que já possuem os *Trusts* em seu ordenamento jurídico, e aqueles que ainda não os integraram. Com efeito, a Convenção fornece noções necessárias e primordiais sobre o *Trust*, tais como suas principais características e os efeitos básicos de seu reconhecimento.

19. De uma forma geral, observamos as basilares regras e finalidades dos *Trusts* nos principais países de *common law*, buscando sempre a compreensão das melhores práticas, em razão da larga experiência que possuem no tema.

20. Ante a necessidade de criarem-se formas negociais mais flexíveis e capazes de concorrer globalmente, verificamos que muitos países de formação *civil law*, introduziram técnicas jurídicas inspiradas no *Trust*.

Observou-se que, em regra, a implementação dos *Trusts* ocorre através da promulgação de institutos similares, contudo, originários do Direito Romano.

De fato, pudemos constatar que muitos dos países de origem *civil law* analisados, buscaram alternativas ao *Trust* através da adaptação de seus velhos instrumentos, derivados da fidúcia ou do fideicomisso.

Contudo, entendemos que essa solução não é a melhor técnica jurídica disponível. Isto porque constatamos em nosso trabalho que tais países permanecem no mesmo processo: *na constante tentativa de adequá-los o mais próximo possível do Trust*, uma vez que remanescem as limitações que são inerentes aos confrontáveis intrumentos civilistas.

Por sua vez, a Itália (1992), a Suíça (2007), Malta (1996), Liechtenstein (2006), Luxemburgo (2004), a Holanda (1996) e San Marino (2006), ratificaram a Convenção da Haia sobre o Direito Aplicável aos *Trusts* e ao seu Reconhecimento. Esses importantes fatos resultaram no reconhecimento por tais países das basilares características dos *Trusts*: a formação de um património separado e a transferência da titularidade dos ativos ao *trustee*.

O ponto mais relevante, porém, é que adicionalmente à Convenção, enquanto alguns desses países promulgaram institutos similares vinculados ao Direito Romano, como a fidúcia ou o fideicomisso. Outros, inovaram e optaram pela promulgação de sua própria *Trust Law*.

21. Foi fundamental analisarmos e discorrermos sobre as principais questões atinentes à sua introdução, considerando como fonte referencial os países que implementaram os *Trusts*, seja através de instrumentos semelhantes, seja através da inovação legislativa.

Aqui, configurou-se um ponto fulcral de nossa análise, corroborando a nossa decisão sobre a melhor via de implementação dos *Trusts* no Direito brasileiro, tema tratado em nosso livro sobre "O Direito dos *Trusts* no Brasil".

Com efeito, a inovação legislativa, através do estabelecimento de regras e princípios próprios sobre os *Trusts*, é o caminho que consideramos como sendo o mais adequado à correta implementação do instituto dos *Trusts* no Direito brasileiro.

Não menos importante foi a nossa constatação de que existe uma forte tendência de uma Convenção Europeia Uniforme sobre o Direito dos *Trusts*. Para tanto, dois estudos qualitativos foram considerados: os *Principles of European Trust Law* e sobre a inclusão do chamado "Livro X" no *Draft of a Common Frame of Reference (DCFR)*, que sugere um conjunto abrangente de regras do modelo que visa dotar a Europa de uma Lei Uniforme sobre os *Trusts*.

22. Evidenciamos que a globalização econômica leva, necessariamente, à busca por novas ferramentas de atração de capital e investimentos. Concluímos, que tal fato corroborou a expansão da introdução do *Trust* nos países de origem *civil law* por nós analisados, tais como a Itália e a Suíça.

Com efeito, restou claro que a implementação ou transposição dos *Trusts* para outros ordenamentos jurídicos continentais é real. Além disso, tiveram ou têm por embasamento fundamental a versatilidade e a multiplicidade de funções proporcionadas pelo *Trust*.

Afora conceberem que o *Trust* é uma ferramenta hábil à prática jurídica internacional, o mais extraordinário é a constatação de que todas as utilidades oferecidas pelos *Trusts* podem ser convencionadas em uma só ferramenta jurídica. Logo, afasta-se a necessidade de se utilizarem "contratos diversos", para cada tipo de negócio realizado, e para cada finalidade específica almejada.

Assim sendo, decisivamente, reconheceu-se que as situações hodiernas suscitam maior praticidade, economia, segurança e agilidade nos negócios.

Por fim, com a finalidade de complementar e acrescentar conhecimento acadêmico e profissional na área do Direito dos *Trusts*, convidamos à leitura seguidamente do nosso outro livro sobre o tema, intitulado "O Direito dos *Trusts* no Brasil"[1089].

[1089] Freire e Almeida, Verônica. O Direito dos *Trusts* no Brasil. São Paulo: Almedina, 2020.

REFERÊNCIAS

ABBIN, Byrle M. *Income Taxation of Fiduciaries and Beneficiaries*. Volume 2. Chicago: Wolter Kluwer Business, 2008.

ADAMS, Paul. *The two-party rule and transactions between trusts with a common trustee*. Trusts & Trustees, United Kingdom, v. 18, n. 9, p. 862–869, october 2012.

ADELLE, Jean-François. *First Steps Towards the Introduction of a Fiduciary Regime*. International Law Office. Publicado em 27 de outubro de 2006. Disponível em: https://www.internationallawoffice.com/Newsletters/Banking/France/JeantetAssocis/First-Steps-Towards-the-Introduction-of-a-Fiduciary-Regime. Acesso em: 19.12.2019.

AFFONSO, Luís Fernando. *A Auto-Regulação de Fundos de Investimento: Histórico e Perspectivas*. Revista de Direito Bancário e do Mercado de Capitais, São Paulo, n. 34, Ano 9, p. 181-194, outubro-dezembro de 2006.

ALEXEEV, Alexander. *Use of trusts by Eastern European clients: practical issues*. Trusts & Trustees, United Kingdom, v. 13, n. 10, p. 608-610, 2007.

ALEXEEV, Alexander. *Use of trusts by Eastern European clients: practical issues*. Trusts & Trustees, United Kingdom, v. 13, n. 10, p. 608-610, 2007.

ARUMI, Cristina; IVINSON, Jonathan. *Europe debates real estate investment trusts*. International Tax Review, v. 16, Issue 3, Mar 2005.

ATKINSON, Rob. *The Low Road To Cy Pres Reform: Principled Practice To Remove Dead Hand Control Of Charitable Assets*. Tallahassee: Florida State University, Working Paper Nº 176, 2005.

AYUSO, Javier Enrique; LIPOVETZKYY, Ezequiel; CONE, Geoffrey. *If resigned to die in Argentina, do as the Romans did? Testamentary Fideicomisa and Trusts*. Trusts & Trustees, United Kingdom, v. 18, n. 1, p. 48–56, january 2012.

BALASSO, Romolo, ZEN, Pierfrancesco. *La professione tecnica nella legislazione e nella giurisprudenza*. Santarcangelo di Romagna: Maggioli Editore, 2012.

BANCO DO ESTADO DE SÃO PAULO S/A. *O Crédito documentado e o "trust", ou fideicomisso, na VII ª Conferência Interamericana de Advogados* (Montevidéu 1951). São Paulo, 1958.

BANCO SANTOS – *Massa falida*. Disponível em: http://www.bancosantos.com.br/. Acesso em: 25.04.2018.

BANCONE, Vincenzo. *Il trust dalla Convenzione de L'Aja al Draft Common Frame of Reference*. Napoli: Univ.degli Studi di Camerino, Nr. Volume 120, Settembre 2012.

BANCONE, Vincenzo. *Italy: charitable trusts and private foundations*. Trusts & Trustees, United Kingdom, v. 15, n. 5, p. 354-358, july 2009.

BANTEKAS, Ilias. *Trust funds under international law: trustee obligations of the United Nations and international development banks*. Cambridge: Cambridge University Press, 2009.

BARRIÈRE, François. *The security fiducie in french law*. In: SMITH, Lionel. *The Worlds of the Trust*. Cambridge: Cambridge University Press, 2013.

BATIZA, Rodolfo. *Tres Estudios sobre el Fideicomiso*. Mexico: Imprenta Universitária, 1954.

BAUER-BALMELLI, Maja; WIDMER, Oliver; HARBEKE, Nils. *Switzerland – Trusts, Topical Analyses*. Amsterdam: IBFD, 2011, section 1.4.3.

BEILFUSS, Cristina González. *El Trust- La Instituición Anglo-Americana y el Derecho Internacional Privado Español*. Barcelona: Bosch, 1997.

BERETTA, Omar; GODOY, Federico. *Argentina. Trusts, Topical Analyses*. Amsterdam: IBFD, 2011, section 1.3.

BERLINGUER, Aldo. *The Italian Road to the Trust*. In: Report presented on 3 May 2006 to the Committee on Legal Affairs of the European Parliament. European Review of Private Law 3-2017 (533-553). Netherlands: Kluwer Law International, 2007.

BIBAUT, Laurent. *La fiducie face au trust*. Journal Le Petit Juriste. Dans Droit international privé, 22 juin 2011.

BIRKS, Peter; PRETTO, Arianna. *Breach of trust*. Oxford: Hart Publishing, 2002.

BOESCH, Bruno W. *The ICC initiative*. Trusts & Trustees, United Kingdom, v. 18, n. 4, p. 316-323, may 2012.

BOGERT, George. *Law of Trusts*. St. Paul: West Publishing Company, 1921.

BRASIL. *Comissão de Valores Mobiliários*. Sessão de Julgamento – Do Processo Administrativo Sancionador CVM Nº RJ2005/0305; Poder Judiciário do Estado do Rio de Janeiro – Regional da Barra da Tijuca – 6ª Vara Cível –Processo Nº 0004313-18.2004.8.19.0209.

BRASIL. *Comissão de Valores Mobiliários*. Sessão de Julgamento – Do Processo Administrativo Sancionador CVM Nº RJ2005/0305.

BRASIL. *Guia –Superintendência Nacional de Previdência Complementar* (PREVIC).

BRASIL. INSTRUÇÃO CVM Nº 28, DE 23 DE NOVEMBRO DE 1983 – Dispõe acerca do exercício da função de Agente Fiduciário dos Debenturistas.

BRASIL. Lei Nº 11.101, de 9 de Fevereiro de 2005, que regula a recuperação judicial, a extrajudicial e a falência do empresário e da sociedade empresária.

BRASIL. LEI Nº 9.514, DE 20 DE NOVEMBRO DE 1997. Dispõe sobre o Sistema de Financiamento Imobiliário, institui a alienação fiduciária de coisa imóvel e dá outras providências (Artigos 9º a 16).

BRAUN, Alexandra. *Italy: The Trust Interno.* In: *The International Trust*, Third Edition, Jordan Publishing, p. 787-817, 2011.

BRAUN, Alexandra. *Trusts in the Draft Common Frame of Reference: The 'Best Solution' for Europe?.* Cambridge Law Journal, v. 70, 2011.

BRIDGE, Stuart. *Trustees exemption clauses.* The Cambridge Law Journal, Cambridge, v. 57, p. 34, 1998.

BRODY, Evelyn. *Charity Governance: What's Trust Law Got To Do With It?.* Chicago: Chicago-Kent Law Review, V. 80, 2005.

BUCKLAND, Edward. *Practical administration of trusts – Part I.* Trusts & Trustees, United Kingdom, v. 11, december/january, p. 15-23, 2005.

BUCKLEY,Lewis; GRACE, William. *The regulator and the court's expectations of a professional trustee: the double impact.* Trusts & Trustees, United Kingdom, p. 22-23, may 2006.

CAENEGEM, R.C. Van. *Considerações Históricas sobre a Unificação do Direito Europeu.* Boletim da Faculdade de Direito, Coimbra, Vol. LXXXI, p. 189-209, 2005.

CAMPOS, Diogo Leite de. *A arbitragem voluntária, jurisdição típica do estado – dos – Direitos e dos – cidadãos.* In: LEITE DE CAMPOS, Diogo; MENDES, Gilmar Ferreira; MARTINS, Ives Gandra da Silva. *A Evolução do Direito no Século XXI – Estudos em Homenagem ao Professor Arnoldo Wald.* Coimbra: Almedina, 2007.

CARBONE, Sergio Maria. *Autonomia Privata, Scelta Della Legge Regolatrice Del Trust e Riconoscimento Dei Suoi Effetti Nella Convenzione Dell'Aja del 1985.* Padova: Rivista di Diritto Internazionale Privato e Processuale, v. 35, 1999.

CASTRONOVO, Carlo. *Il Trust e 'Sostiene Lupoi'.* Europa e diritto privato, Milano, n. 2, p. 441- 451, 1998.

CERVERA, Jorge Eduardo Correa. *Mexican Real Estate Investment Trusts.* In: International Tax Journal, 2006.

CHALHUB, Melhim Namem. *Negócio Fiduciário.* São Paulo: Renovar, 2009.

CHALHUB, Melhim Namem. *Trust.* Rio de Janeiro: Renovar, 2001.

CHAMBAZ, Laurent. *Is France adopting trusts wholesale? The answer is no, but ...* Trusts & Trustees, United Kingdom, v. 13, n. 7, p. 225-261, 2007.

CHAMBERS, Robert. *Liability.* In: BIRKS, Peter; PRETTO, Arianna. *Breach of trust.* Oxford: Hart Publishing, 2002.

CHAMBERS, Robert. *Resulting Trusts.* New York: Oxford University Press, 1997.

CHINA. *Companies Law of the People's Republic of China*. Disponível em: http://www.fdi.gov.cn/1800000121_39_4814_0_7.html. Acesso em: 20.12.2019.

CHINA. *People's Bank of China (PBC). Administrative Rules on Trust and Investment Companies*. Disponível em: http://www.asianlii.org/cn/legis/cen/laws/arotaic573/. Acesso: 12.09.2019.

CHINA. *Trust Law of the People's Republic of China (Order of the President Nº 50). Chinese Government's Official Web Portal*. Disponível em: http://www.china.org.cn/china/LegislationsForm2001-2010/2011-02/12/content_21907980.htm . Acesso em: 30.08.2019.

CLARK, Elias. *"Charitable Trusts, the Fourteenth Amendment and the Will of Stephen Girard"* (1957). Cambridge: The Cambridge Law Journal, Volume 66, 1957.

CLIFFORD, Denis. *Make Your Own Living Trust*. USA: Delta Printing Solutions, 2011.

COMISSÃO EUROPEIA. *Expert Group on a Common Frame of Reference in European Contract Law Synthesis of the Fourth Meeting*, 1–2 September 2010.

COMISSÃO EUROPEIA. *Livro Verde da Comissão – sobre as opções estratégicas para avançar no sentido de um Direito europeu dos contratos para os consumidores e as empresas*. Bruxelas, 1.7.2010, p. 2 e 3.

COMMISSION OF THE EUROPEAN COMMUNITIES. *Communication from the Commission to the European Parliament and the Council – A More Coherent European Contract Law an Action Plan*. Brussels, 12.2.2003.

CONAGLEN, Matthew; WEAVER, Elizabeth. *Protectors as fiduciaries: theory and practice*. Trusts & Trustees, United Kingdom, v. 18, n. 1, p. 17–35, january 2012.

CONE, Geoffrey. *Anglo Saxon trusts: Argentina and the Argentine Civil Code*. Trusts & Trustees, United Kingdom, v. 17, n. 2, p. 94–100, march 2011, p. 95.

COSTA ANDRADE, Margarida. *A Propriedade Fiduciária. Separata de II Seminário Luso-Brasileiro de Direito Registral*. Coimbra: Coimbra Editora, 2009.

COSTA E SILVA, Paula. *A liquidação da massa insolvente*. Revista da Ordem dos Advogados, Lisboa, Setembro de 2005.

COTTON, Wilson. *Trustees' accounts*. Trusts & Trustees, United Kingdom, v. 16, n. 8, p. 653–659, september 2010.

COTTON, Wilson. *The self-protective trust*. Trusts & Trustees, United Kingdom, v. 19, n. 3 e 4, p. 259–266, april/may 2013.

COUNSELL, Lynne. *Debenture trustees*. UK: The Association of Corporate Trustees (TACT), Issue Nº 18 – January 2002.

CRILL, James. *A trustee's perspective on investment*. Trusts & Trustees, United Kingdom, v. 5, Issue 2, p. 7-13, 1999.

DASH, Jan. *All in the family: ownership and management options for private trust companies*. Trusts & Trustees, United Kingdom, v. 19, n. 6, p. 650–657, july 2013.

DAVID, René. *Os Grandes Sistemas do Direito Contemporâneo*. São Paulo: Martins Fontes, 2002.

DAY, James. R. *The role of the investment consultant in the trustee world*. Trusts & Trustees, United Kingdom, v. 15, n. 2, p. 80-88, april 2009.

DAY, Martin. *Fiduciary duties*. Trusts & Trustees, United Kingdom, v. 15, n. 6, p. 447-457, august 2009.

DIAS NETA, Vellêda Bivar Soares. *É a Comissão de Valores Mobiliários (CVM) Responsável por Alegados Prejuízos Sofridos por Investidores de Contratos de Investimentos Coletivos (CICS)?*. Revista da Seção Judiciária do Rio de Janeiro, Rio de Janeiro, n. 28, p. 235-239, agosto de 2010.

DICKINSON, Andrew. *In the EU, we trust? A new European framework for jurisdiction and judgments*. Trusts & Trustees, United Kingdom, v. 17, n. 4, p. 280–289, may 2011.

DIGBY, K.Edward. *An introduction to the history of the law of real property*. New Jersey: The lawbook Exchange, 2005.

DOUPE, Michael; SALTER, Michael. *Concealing The Past?: Questioning Textbook Interpretations Of The History Of Equity And Trusts*. Netherlands: Kluwer Academic Publishers, Liverpool Law Review, v. 22, p. 253–285, 2000.

DRAKE, Paul W. *The Money Doctor in The Andes: The Kemmerer Missions, 1923-1933*. USA: Duke University Press, 1989, p. 142 e 143.

DUCKWORTH, Antony. *Protectors: law and practice*. Trusts & Trustees, United Kingdom, v. 19, n. 1, p. 98–112, february 2013.

EISENSTEIN, Ilana H. *Keeping Charity In Charitable Trust Law: The Barnes Foundation And The Case for Consideration of Public Interest In Administration Of Charitable Trusts*. University Of Pennsylvania Law Review, Philadelphia, v. 15, 2003.

ELIAS, Stephen. *The New Bankruptcy: Will It Work for You?*. USA: Delta Printing Solutions, 2011.

EMERICH, Yaëll. *The civil law trust: a modality of ownership or an interlude in ownership*. In: SMITH, Lionel. *The Worlds of the Trust*. Cambridge: Cambridge University Press, 2013.

EUROPEAN UNION. Official Journal of the European Union. Disponível em:

FARROW, Trevor C. W. *The Limits of Charity: Redefining the Boundaries of Charitable Trust Law*. Toronto: Estates & Trusts Journal, Vol. 11, 1994.

FERNANDES DINIS, Edmundo Pedro. *O Centro Internacional de Negócios da Madeira: Comparação do seu Regime com o dos Paraísos Fiscais*. Lisboa: Universidade Técnica de Lisboa, Instituto Superior de Economia e Gestão, 2011.

FIGUEIREDO, André. *O Negócio Fiduciário perante Terceiros, com aplicação especial na gestão de valores mobiliários*. Faculdade de Direito da Universidade Nova de Lisboa, Novembro de 2011.

FIGUEROA, Dante. *Civil law trusts in latin america: is the lack of trusts an Impediment for expanding business opportunities in latin america?*. Arizona Journal of International & Comparative Law Vol. 24, Nº 3 2007.

FONG, Yvonne. *Trust Law In Taiwan*. In: Manivest Asia Limited, fev/2005.

FONSECA, Rodrigo Garcia. *Considerações sobre o Trust (fidúcia) no Direito Comparado.* Revista Forense, Rio de Janeiro, v. 334, 1996.

FORTI, Valerio. *Comparing American Trust And French Fiducie.* USA: The Columbia Journal of European Law. 17 Colum. J. Eur. L. F. 28 (2011).

FORTUNATO, Giusi. *Il Trust: Comparazione tra la "Proprietà Civile e la Proprietà del trustee".* Milano: Le Fonti, 2008.

FOX, David. *Defined Benefit Pension Trusts: Asset Partitioning and the Residual Interest.* University of Cambridge Faculty of Law Legal Studies Research Paper Series-Paper n. 10/03, 2010.

FOX, David. *Non-excludable trustee duties.* Trusts & Trustees, United Kingdom, v. 17, n. 1, p. 17–26, february 2011.

FRANÇA. *Assemblee Nationale.* Disponível em: http://www.assemblee-nationale.fr/12/dossiers/institution_fiducie.asp. Acesso em: 03.09.2012.

FRANÇA. *Code Civil.* Disponível em: https://www.legifrance.gouv.fr/. Acesso em: 11.12.2019.

FRANÇA. *Loi nº 2007-211 du 19 février 2007.* Disponível em: http://www.legifrance.gouv.fr. Acesso em: 29.08.2012.

FRASERA, Ian; TARBERTB, Heather; TEE, Kai Hong. *An empirical study of the impact of financial reporting disclosures on UK investment trusts.* In: Applied Financial Economics, 2005.

FREIRE E ALMEIDA, Verônica Scriptore. *A Tributação dos Trusts.* Coimbra: Almedina, 2009.

FREIRE E ALMEIDA, Daniel. Os Trusts – Securitization em Direito nos Estados Unidos da América. Revista do Instituto de Pesquisas e Estudos, v. 31, 2001.

FREIRE E ALMEIDA, Verônica Scriptore. A capacidade contributiva dos sujeitos envolvidos no Trust. In: FREIRE E ALMEIDA, Daniel; LUIZ GOMES, Fabio; CATARINO, João Ricardo. Garantias dos Contribuintes no Sistema Tributário. Livro em Homenagem ao Professor Doutor Diogo Leite de Campos. São Paulo: Saraiva, 2013.

FREIRE E ALMEIDA, Verônica Scriptore. Brief Analysis of Property Rights in French Law. Lawinter Review, v. 1, p. 331-344, 2010.

FREIRE E ALMEIDA, Verônica Scriptore. O Trust nos Estados Unidos da América e suas Funções. Revista do Instituto de Pesquisas e Estudos, v. 42, p. 199-218, 2005.

FREIRE E ALMEIDA, Verônica Scriptore. Os Trusts e seus aspectos fiscais no Direito Português. In: FREIRE E ALMEIDA, Verônica Scriptore; FREIRE E ALMEIDA, Daniel; LUIZ GOMES, Fabio. Panorama do Direito no Terceiro Milénio. Livro em Homenagem ao Professor Doutor Diogo Leite de Campos. Coimbra: Almedina, 2013.

FREIRE E ALMEIDA, Verônica Scriptore. Powers, Duties and Responsabilities of Trustees in the Administration of Trusts. Lawinter Review, v. 1, p. 31-97, 2010.

FREIRE E ALMEIDA, Verônica Scriptore. Report on the 1985 Hague Convention. Lawinter Review, v. 1, p. 298-314, 2010.

FREIRE E ALMEIDA, Verônica Scriptore; FREIRE E ALMEIDA, Daniel; LUIZ GOMES, Fabio. Panorama do Direito no Terceiro Milénio. Livro em Homenagem ao Professor Doutor Diogo Leite de Campos. Coimbra: Almedina, 2013.

FREIRE E ALMEIDA, Verônica Scriptore. O Direito dos *Trusts* no Brasil. São Paulo: Almedina, 2020.

GAETA, Paolo. *Trust: le nuove frontiere della fiducia.* In: Il Denaro, sabato 3 maggio 2008, n. 84.

GAILLARD, Emmanuel, TRAUTMAN, Donald T. *Trusts in Non-Trust Countries: Conflict of Laws and the Hague Convention on Trusts.* The American Journal of Comparative Law, v. 35, n. 2, p. 307-340, spring, 1987, p. 317.

GALINDO, Gabriel A. *Trusts and private interest foundations under Panama Law.* Trusts & Trustees, United Kingdom, v. 16, n. 3, p. 185–194, april 2010.

GALLETTI, Danilo. *Trust: Novita' Della Giurisprudenza e Della Prassi Nel Diritto Commerciale, Successorio, Tributario e Internazionale Privato – Sull'utilizzo del Trust nelle Procedure Concorsuali.* In: Assotrust, Piacenza, 2009.

GAMBARO, Antonio. *Appunti sulla proprietà nell'interesse altrui. Quaderni della Rivista "Trusts e attività fiduciarie"*, Milano, p. 169-174, 2007.

GARAY, Eduardo González. *The Panama trust in international tax planning.* Trusts & Trustees, United Kingdom, v. 17, n. 5, p. 401–405, june 2011.

GATT, Lucilla. *Il trust c.d. interno: una questione ancora aperta.* Rivista del Notariato, n. 3, 2011, p. 280-293.

GAZZONI, Francesco. *Il Cammello, Il Leone, Il Fanciullo, e La Transcrizione Del Trust.* Rivista del Notariato, v. 56, n. 5, 2002.

GERMANY. Bürgerliches Gesetzbuch (*Civil Code*). Bundesministerium der Justiz. Disponível em: http://www.gesetze-im-internet.de/englisch_bgb/ ou http://www.gesetze-im-internet.de/bgb/. Acesso em: 04.09.2012.

GERMANY. Zivilprozessordnung (Processo Civil). Disponível em: http://dejure.org/gesetze/ZPO. Acesso em: 06.09.2012.

GIBBON, Michael. *Beneficiaries' information rights.* Trusts & Trustees, United Kingdom, v. 17, n. 1, p. 27–33, february 2011.

GILES, John Warren. *Is the Voting Trust Agreement a Dangerous Instrumentality.* Catholic University Law Review, Washington DC, v. 81, 1953.

GODECHOT, Sara. *L'articulation du trust et du droit des successions.* Paris: Panthéon-Assas, 2004.

GOODWIN, Iris J. How The Rich Stay Rich: *Using A Family Trust Company To Secure A Family Fortune.* University of Tennessee Legal Studies Research Paper Nº 61, 2009.

GOWAR, Martyn. *Trusts in England and Wales* (153-269). In: KAPLAN, Alon. *Trusts in Prime Jurisdictions*. London: Globe Law and Business, 2010, p. 295. *Vide* DEW, Richard. Private Client: Capital Punishment. In: Legal Week November 30, 2006.

GRAHAM, Toby; STEENY, Peter. *The Chinese trust*. Trusts & Trustees, United Kingdom, v. 18, n. 1, p. 36–42, january 2012.

GRAZIADEI, Michele; MATTEI, Ugo; SMITH, Lionel. *Commercial trusts in European private law*. Cambridge: Cambridge University Press, 2005.

GRENON, Aline. *Reflections on the Civil Law and Common Law Concepts of Ownership, in the Context of Harmonization and of Integrated Economies*. In: *The Harmonization of Federal Legislation with Quebec Civil Law and Canadian Bijuralism, Second Collection of Studies in Tax Law* (2005), A.P.F.F. / Department of Justice Canada, 2005, doc. 1.

GRETTON, L. George. *Constructive Trusts and Insolvency*. European Review of Private Law, v. 8, n. 3, 2000.

GRUNDMANN, Stefan. *Trust and Treuhand at the End of the 20th Century. Key Problems and Shift of Interests*. The American Journal of Comparative Law, Vol. 47, n. 3, p. 401-428, Summer 1999.

GUICHARD, Anne. *France*. Trusts & Estates, Penton Business Med, New York, Volume 152, Issue 1, p. 46 – 52, Jan 2013.

HALPERN, David. *Negligent investment: claims against trustees and agents*. Trusts & Trustees, United Kingdom, v. 15, n. 7, p. 602-610, september 2009.

HAMILTON, Sara. *Understanding the Trust*. Trusts & Estates, Penton Business Med, New York, Volume 151, Issue 8, Aug 2012.

HANKS, Liza Weiman; ZOLLA, Carol Elias. *The Trustee's Legal Companion*. USA: Delta Printing Solutions, 2010.

HARRIS, Jonathan. *Constructive trusts and private international law: determining the applicable law*. Trusts & Trustees, United Kingdom, v. 18, n. 10, p. 965–979, november 2012.

HARRISON, Sophia. *What are Income Trusts?*. In: Ehow-money, 2007. Disponível em: http://www.ehow.com/info_8317377_income-trusts.html. Acesso em: 01.08.2012.

HAUSER, Barbara R. *Corporate trustees: a fresh look at the value-added for generational transitions*. Trusts & Trustees, United Kingdom, p. 13-17, february 2006.

HAYTON, D.J. *Foundations and trusts contrasted*. Trusts & Trustees, United Kingdom, v. 17, n. 6, p. 462–469, july 2011, p. 462–469.

HAYTON, D.J. *The Law of Trusts*. London: Sweet e Maxwell, 1998.

HAYTON, David. *Economic and Financial Analysis of Commercial and Private Trusts in the United Kingdom*. In: Trusts and their Commercial Counterparts in Continental Europe – The Hayton Report- A Report for the Association of Corporate Trustees. January 2002. Disponível em: http://trustees.org.uk/. Acesso em: 10.12.2019.

HAYTON, David. KORTMANN, Sebastianus Constantinus Johannes Josephus; VERHAGEN, H. L. E. *Principles of European Trust Law*. Netherlands: Kluwer Law International, 1999.

HAYTON, David. *The Distinctive Characteristics of the Trust in Anglo-Saxon Law*. In: King's College London, Disponível em: HAYTON, David. *The Uses of Trusts in the Commercial Context*. In: KAPLAN, Alon. *Trusts in Prime Jurisdictions*. London: Globe Law and Business, 2010.

HCCH. *Convention on the Law Applicable to Trusts and on their Recognition*. Disponível em: http://hcch.e-vision.nl/index_en.php?act=conventions.text&cid=59. Acesso em 30.03.2012.

HEATH, Paul. *Bringing trading trusts into the company line*. Trusts & Trustees, United Kingdom, v. 16, n. 9, p. 690–704, october 2010.

HERBERT, Mark. *Reality and perception in tax avoidance and mitigation*. Trusts & Trustees, United Kingdom, v. 19, n. 3 e 4, p. 356–363, april/may 2013.

HEYWORTH, Michael. *The hidden cost of some trustees–trustee commissions*. Trusts & Trustees, United Kingdom, v. 13, n. 2, p. 37-39, 2007, p. 37.

HK. *Hong Kong Legal Information Institute, Cap 97 Secção 15, Registration of manager of "T'ong", etc. Cap 97, New Territories Ordinance*. Disponível em: http://www.hklii.hk/eng/hk/legis/ord/97/. Acesso em: 08.09.2012.

HK. Hong Kong Legal Information Institute. *Cap 192 Matrimonial Proceedings And Property Ordinance*. Disponível em: http://www.hklii.hk/eng/hk/legis/ord/192/. Acesso em: 07.09.2019.

HK. Hong Kong Legal Information Institute. *Cap 29 Trustee Ordinance- Cap 29 s 37 Power of appointing new or additional trustees*. Disponível em: http://www.hklii.hk/eng/hk/legis/ord/29/s37.html Acesso em: 07.09.2019.

HK. Hong Kong Legal Information Institute. *Cap 29 Trustee Ordinance- Cap 29 s 37 Power of appointing new or additional trustees*.

HK. Hong Kong Legal Information Institute. *Cap 257 Perpetuities And Accumulations Ordinance*. Disponível em: http://www.hklii.hk/eng/hk/legis/ord/257/. Acesso em: 08.09.2019.

HK. *Hong Kong Legal Information Institute. Cap 257 s 6 Power to specify perpetuity period – Cap 257 Perpetuities And Accumulations Ordinance*. Disponível em: http://www.hklii.hk/eng/hk/legis/ord/257/ Acesso em: 08.09.2019.

HK. Hong Kong Legal Information Institute. *Cap 481 – Inheritance (Provision For Family And Dependants) Ordinance*. Disponível em: http://www.hklii.hk/eng/hk/legis/ord/481/ Acesso em: 07.09.2019.

HK. Hong Kong Legal Information Institute. *Cap 481 – Inheritance (Provision For Family And Dependants) Ordinance*. Disponível em: http://www.hklii.hk/eng/hk/legis/ord/481/ Acesso em: 07.09.2019.

HK. *Hong Kong Legal Information Institute. Cap 88 Application Of English Law Ordinance*. Disponível em: http://www.hklii.hk/eng/hk/legis/ord/88/ Acesso em: 08.09.2019.

HK. Hong Kong Legal Information Institute. *Wills Ordinance.* Disponível em: http://www.hklii.hk/eng/hk/legis/ord/30/ Acesso em: 07.09.2019.

HK. *The Basic Law of the Hong Kong Special Administrative Region of the People's Republic of China.* Disponível em: http://www.basiclaw.gov.hk/en/basiclawtext/chapter_1.html. Acesso em: 08.09.2019.

HM REVENUE & CUSTOMS. Trusts An introduction. Disponível em: HM Revenue & Customs. Guidance on Real Estate Investment Trusts. Disponível em: https://www.gov.uk/hmrc-internal-manuals/guidance-real-estate-investment-trusts Acesso em: 01.12.2019.

HO, Lusiana. *Trusts: the essentials.* In: SMITH, Lionel. *The Worlds of the Trust.* Cambridge: Cambridge University Press, 2013, p. 19.

HO, Lusina. *China: trust law and practice since 2001.* Trusts & Trustees, United Kingdom, v. 16, n. 3, p. 124–127, april 2010.

HO, Lusina; LEE, Rebecca. *Reception of the trust in Asia: an historical perspective,* p. 10-26. *In:* HO, Lusina; LEE, Rebecca. *Trust Law in Asian Civil Law Jurisdictions – A Comparative Analysis.* Cambridge: Cambridge University Press, 2013.

HODSON, Peter. *The trust protector: friend or foe?.* Trusts & Trustees, United Kingdom, p. 8-12, may 2006, p. 8. No mesmo sentido *vide* HUDSON, Alastair. *Equity & Trusts.* Australia: Cavendish publishing, 2010, p. 953.

HOLDSWORTH, Willian Searle. *An historical introduction to the land law.* New Jersey: The lawbook Exchange, 2004.

HOLLEY, Caroline. *Access all areas: trusts and divorce – The Court of Appeal decision in Whaley v Whaley.* Trusts & Trustees, United Kingdom, v. 17, n. 9, p. 893–895, october 2011.

HONG KONG. *Securities and Futures Commission. Code on Real Estate Investment Trusts,* August, 2003.

HONORÉ, Tony. *On Fitting Trusts into Civil Law Jurisdictions.* In: Oxford Legal Studies Research Paper Nº 27/2008, September 2008.

HOOPER, Philip. *Investing Trust Funds – a Banker's View.* Trusts & Trustees, United Kingdom, v.2, Issue 4, p. 17-21, 1996.

HORTON, David. *The Federal Arbitration Act and Testamentary Instruments.* North Carolina Law Review, v. 90, p. 101-159, april 2012.

HOTH, Carsten. *Open-End and Closed-End Funds and Real Estate Investment Trusts.* In: MÜTZE, Michael; SENFF, Thomas; MÖLLER, Jutta C. Real Estate Investments in Germany –Transactions and Development. Berlin: Springer, 2007.

HOWER, Dennis R.; KAHN, Peter. *Wills, Trusts, and Estates Administration.* New York: Delmar Cengage Learning, 2012.

HSBC PRIVATE BANK. Disponível em: http://www.hsbcpb.com/services/trust-and-fiduciary-services.html. Acesso em: 01.12.2011. Mercado de Capitais do

Banco Itaú. Disponível em: http://www.itaucustodia.com.br/capitais_conheca.htm. Acesso em: 01.12.2011.

HUBBARD, Mark. *The cupboard was bare: what is a trustee's duty, when he has a good claim to recover trust assets but no funding?.* Trusts & Trustees, United Kingdom, v. 16, n. 5, p. 293–298, june 2010.

HUDSON, Alastair. *Equity & Trusts.* Australia: Cavendish publishing, 2010.

HUDSON, Alastair. *Understanding Equity & Trusts.* Australia: Cavendish publishing, 2004.

HUTTON, Mimi. *Hong Kong.* Trusts & Estates, Penton Business Med, New York, Volume 152, Issue 1, jan 2013.

ITÁLIA. *Legislatura 16ª – Disegno di legge N. 854- Disciplina tributaria del trust.* Disponível em: http://www.senato.it/japp/bgt/showdoc/frame.jsp?tipodoc=Ddlpres&leg=16&id=00333917&part=doc_dc&parse=si Acesso em: 17.12.2019.

ITÁLIA. Legge 15.12.2011 nº 217, G.U. 02.01.2012. G*azzetta* Ufficiale Della Repubblica Italiana. Disposizioni per l'adempimento di obblighi derivanti dall'appartenenza dell'Italia alle Comunità europee – Legge comunitaria 2010.

ITÁLIA. *Legislatura 16ª – Disegno di legge N. 489 –Istituzione del trust di diritto italiano, in applicazione dell'articolo 6 della Convenzione adottata a L'Aja il 1º luglio 1985, ratificata ai sensi della legge 16 ottobre 1989, n. 364.* Disponível em: http://www.senato.it/service/PDF/PDFServer/BGT/00302098.pdf . Acesso em: 18.09.2019.

ITALIA. *Legislatura 16ª – Proposta di Legge n. 1471 "Disciplina dei trust istituiti in favore dei persone portatrici di handicap".* Disponível em: https://www.camera.it/_dati/lavori/stampati/pdf/16PDL0012370.pdf Acesso em: 17.12.2019.

ITÁLIA. *Ministero Dello Sviluppo Economico. Legge 23 novembre 1939, n. 1966 – Disciplina delle società fiduciarie e di revisione.* Disponível em: http://www.mise.gov.it. Acesso em: 18.09.2019.

ITÁLIA. *Parlamento Italiano. Camera dei deputati.* Disponível em: http://www.camera.it/_dati/leg16/lavori/stampati/html/testoarticoli%5Carticoli%5C16PDL0045280_Capo_II_Art__12_.html Acesso em: 24.09.2019.

ITÁLIA. Parlamento Italiano. *Disegno di legge Nº 2284.* Disponível em: https://www.senato.it/leg/17/BGT/Schede/Ddliter/46611.htm Acesso em: 16.12.2019.

ITÁLIA. Parlamento Italiano. Disegno di legge Nº n. 1151. Disponível em: https://www.il-trust-in-italia.it/document.php?docx=4959,vGtrv9QcnU9p85NvB655uI9C Acesso em: 11.12.2019.

ITÁLIA. Presidenza del Consiglio dei Ministri –Settore Legislativo – Politiche europee. Disegno di legge comunitaria 2010 (AS 2322/A), Scheda riassuntiva. Disponível em: http://leg16.senato.it/leg/16/BGT/Schede/Ddliter/dossier/35780_dossier.htm. Acesso /em: 17.12.2019.

JACOB, Nicholas; GRAHAM, Lawrence. *The legal realities of reserved powers trusts.* Trusts & Trustees, United Kingdom, p. 25-31, June 2006.

JETEL, Amy P. *Fideicomisos: Clarity at Last?.* Trusts & Estates, Penton Business Med, New York, Volume 151, Issue 11, Nov 2012.

JR BOVE, Alexander A. *The growing use of trust protectors: are we over-protected?.* Trusts & Trustees, United Kingdom, v. 11, Issue 9, p. 17-19, september 2005, p. 18.

KESSLER, Delphine Pannatier. *The recognition of tracing under the Hague Trusts Convention: an analysis of article 11 para 3 lit d from the perspective of Swiss law.* Trusts & Trustees, United Kingdom, v. 18, n. 2, p. 149–158, february 2012.

KESSLER, James. *The quest for fair inheritance taxation of trusts.* Trusts & Trustees, United Kingdom, v. 19, n. 3 e 4, p. 364–368, april/may 2013.

KHAN, M. Y. *Financial Services.* New Delhi: Tata McGraw-Hill, 2010.

KING, Michael. *Out, damned trustee! out, I say!.* Trusts & Trustees, United Kingdom, v. 19, n. 1, p. 16–22, february 2013.

KLICK, Jonathan; SITKOFF, Robert H. *Agency costs, charitable trusts, and corporate control: evidence from Hershey's kiss-off.* Columbia Law Review, v. 108, n. 4, 2008.

KÖTZ, Hein. *The Hague Convention on the Law Applicable to Trust and their Recognition.* In: KAPLAN, Alon. *Trusts in Prime Jurisdictions.* Third Edition. Londres: Globe Law and Business, 2010.

KOZUSKO, Donald, VETTER, Stephen. *United States – Trusts, Topical Analyses.* Amsterdam: IBFD, 2011, section 1.2.1.

KULL, Andrew. *The metaphorical constructive trust.* Trusts & Trustees, United Kingdom, v. 18, n. 10, p. 945–954, november 2012.

LANGBEIN, John H. *Burn the Rembrandt: Trust Law's Limits on the Settlor's Power to Direct Investments.* In: Yale Law School- Faculty Scholarship Series, 2010.

LANGBEIN, John H. *Mandatory Rules in The Law of Trusts.* Northwestern University Law Review, USA, v. 98, n. 3, p. 1105-1128, 2004.

LANGBEIN, John H. *Reversing the Non delegation Rule of Trust-Investment Law.* Yale Law School: Scholarship Series, Paper 487, 1994.

LAPUENTE, Sergio Cámara. *Trust a la francesa.* Barcelona: Revista para el Análisis del Derecho, 2005.

LE LESLIE, Melanie B. *Common Law, Common Sense: Fiduciary Law and Trustee Identity.* Cardozo Law Review, New York, v. 27, 2006.

LEE, Rebecca. *Convergence and divergence in The Worlds of the Trust: duties and liabilities of trustees under the Chinese trust.* In: SMITH, Lionel. *The Worlds of the Trust.* Cambridge: Cambridge University Press, 2013.

LEE, Rebecca. *Overview of the trust law regime in Hong Kong: a time for change.* Trusts & Trustees, United Kingdom, v. 16, n. 3, p. 134–138, april 2010.

LEIBELL, David Thayne; DANIELS, Daniel L.; MEJIA, Paulina. *Holding Family Business Interests In Trust.* Trusts & Estates, Penton Business Med, New York, March 2012.

LEON, Soizic Mendes de. *The Swiss court's approach to beneficial ownership.* Trusts & Trustees, United Kingdom, v. 18, n. 3, p. 232–240, March 2012.

LESLIE, Melanie B. *Common Law, Common Sense: Fiduciary Law and Trustee Identity.* Cardozo Law Review, New York, v. 27, 2006.

LIMA, Otto de Souza. *Negócio Fiduciário.* Faculdade de Direito da Universidade de São Paulo, 1959.

LIU, Guoqing. *The Publicity Of Trusts In Common Law And Civil Law Systems.* Faculty of Law at the University of Canberra – Canberra Law Review, Australia, v. 10, 2011.

LOPEZ, Jose A. *Empirical analysis of the average asset correlation for real estate investment trusts.* Quantitative Finance, v. 9, n. 2, march 2009, 217–229.

LORIO, Kathryn Venturatos. *Louisiana Trusts: The Experience of a Civil Law Jurisdiction with the Trust.* In: Louisiana Law Review, v. 42, n. 5, 1982.

LOVE, Victoria. *Caution Required on the Duty of Care in the UK Trustee Act 2000.* Trusts & Trustees, United Kingdom, v. 8, Issue 2, p. 30-31, 2002.

LUPOI, Maurizio. *Atti istitutivi di trust e contratti di affidamento fiduciario.* Milano: Giuffrè Editore, 2010.

LUPOI, Maurizio. *Country Report: Italy.* In: GALLANIS, Thomas P. *The Trust in Continental Europe: A Brief Comment From a U.S. Observer.* The Columbia Journal of European Law Online, v. 18, 2012.

LUPOI, Maurizio. *Gli "Atti Di Destinazione" Nel Nuovo Art. 2645-Ter C.C. Quale Frammento di Trust.* Rivista del Notariato, n. 2, 2006.

LUPOI, Maurizio. *Italy: an independent approach to trusts in a civil law country.* Trusts & Trustees, United Kingdom, v. 9, n. 6, p. 8–10, may 2003.

LUPOI, Maurizio. *La giurisprudenza italiana sui trust dal 1899 al 2009.* Quaderni della Rivista "Trusts e attività fiduciarie", Milano, v. 4, 2009; MOJA, Andrea. *La Recente Giurisprudenza Italiana in Materia di Trusts Interni.* Roma: Assotrusts, 22.06.2005.

LUPOI, Maurizio. *Osservazioni sui primi interpelli riguardanti trust.* Il Fisco, n. 28, n. 1, p. 4342-4347, 2003.

LUPOI, Maurizio. *Perché I Trust in Italia.* Milano: Il Trust nel Diritto delle Persone e della Famiglia, 2003.

LUPOI, Maurizio. *Riflessioni Comparatistiche sui Trusts.* Europa e diritto privato, Milano, n.2, 1998.

LUPOI, Maurizio. *Trusts in Italy as a living comparative law laboratory.* Trusts & Trustees, United Kingdom, v. 19, n. 3 e 4, p. 302–308, april/may 2013.

LUPOI, Maurizio. *Trusts.* Milano: Giuffrè Editore, 2001.

LUTTERMANN, Lindsay. *Jurisdiction clauses in trust instruments-creating certainty or muddying the waters?* Trusts & Trustees, United Kingdom, v. 17, n. 4.

MACK, Robert. *Clash of the Titans – what happens when the duty to protect and preserve the trust fund clashes with the investment powers?* Trusts & Trustees, United Kingdom, v. 17, n. 2, p. 101–104, march 2011.

MAIMER, Fabrizio. *Le garanzie bancarie "improprie"*. Torino: Giappichelli, 2000, p. 116-119.

MAISTO, Guglielmo; BAVILA, Alessandro. *Italy – Trusts – Topical Analyses.* Amsterdam: IBFD, 2011, section 1.2.4.

MAITLAND, Frederic William. *Trust and Corporation.* Grünhut's Zeitschrift für das Privat – and Öffentliche Recht, Bd. XXXII, 1904.

MALLET-BRICOUT, Blandine. *The Trustee: mainspring, or only a cog, in the French fiducie?.* In: SMITH, Lionel. *The Worlds of the Trust.* Cambridge: Cambridge University Press, 2013.

MALUMIAN, Nicolás. *Case law on foreign trust recognition by Latin American countries.* Trusts & Trustees, United Kingdom, v. 16, n. 8, p. 666–671, September 2010.

MALUMIAN, Nicolás. *Trusts in Latin America.* New York: Oxford University Press, 2009.

MARTIN, Jill E. *Modern Equity.* Fifteenth Edition. London: Sweet & Maxwell, 1997.

MASLINSKI, Michael. *The family office: adapting to modern needs in a changing world.* Trusts & Trustees, United Kingdom, v. 12, may 2006.

MASTERS, Colin. *The Powers and Duties of Trustees under English Law.* Trusts & Trustees, United Kingdom, v.2, Issue 1, p. 26-28, 1996.

MATTEI, Hugo. *The European Codification Process: Cut and Paste.* The Netherlands: Kluwer Law International, October 2003.

MATTEI, Ugo; HANSMANN, Henry. *The functions of trust law: a comparative legal and economic.* New York University Law Review, p. 434-479, 1998.

MATTHAMS, Paul J. *Fundamental Aspects of the Trust Deed.* In: KAPLAN, Alon. *Trusts in Prime Jurisdictions.* London: Globe Law and Business, 2010, p. 507-519.

MATTHAMS, Paul. *The Jersey approach to excluding trustee liability: a comparison with the Law Commission's proposals.* Trusts & Trustees, United Kingdom, v. 13, n. 7, p. 252-254, 2007.

MATTHEWS, Paul. *Editorial – Special Issue: The Future of Trusts.* Trusts & Trustees, United Kingdom, v. 19, n. 3 e 4, p. 231-235, april/may 2013.

MAURICE, Clare. *The attractions of the trust to non-domiciled settlors.* Trusts & Trustees, United Kingdom, v. 19, n. 3 e 4, p. 290–295, april/may 2013.

MAYER, Thomas. *Greater legal protection for the trust business Hague Trust Convention enters into force on 1 July 2007.* Press Release, Federal Department of Justice and Police, 04.04.2007.

MAYER, Thomas. *Switzerland's new regime on trusts.* The STEP Journal, Trusts in switzerland's, april 2008.

MCAULEY, Michael. *The Worlds of the Trust.* Trusts & Estates, Penton Business Med, New York, Volume 152, Issue 2, Feb 2013.

MCCALL, Christopher. *A fine romance – the union of prudence and risk.* Trusts & Trustees, United Kingdom, v. 15, n. 2, april 2009.

MCKENZIE, Christopher. Partner. *Private trust companies: the best of all worlds*. Trusts & Trustees, United Kingdom, v. 14, n. 2, p. 99-110, 2008, p. 100; BEILFUSS, Cristina González. *El Trust- La Instituición Anglo-Americana y el Derecho Internacional Privado Español*. Barcelona: Bosch, 1997.

MCKENZIE, Christopher. *Private trust companies: the best of all worlds*. Trusts & Trustees, United Kingdom, v. 14, n. 2, march 2008, p. 100.

MCKENZIE, Christopher. *Private trust companies: the best of all worlds*. Trusts & Trustees, United Kingdom, v. 14, n. 2, march 2008.

MEESON, Nigel. *Case notes: Receivers and revocable trusts: reserved powers cannot be exercised against the will of the settlor*. Trusts & Trustees, United Kingdom, v. 15, n. 9, p. 31-34, november 2009.

MEIKLEJOHN, Steve; SAUNDERS, Alexa. *Trustees' duties in relation to underlying Companies*. Trusts & Trustees, United Kingdom, v. 16, n. 9.

MENEZES CORDEIRO, António. *Introdução ao Direito da Prestação de Contas*. Coimbra: Almedina, 2008.

MENEZES CORDEIRO. *Tratado de Direito Civil Português II, Direito das Obrigações TOMO II, Contratos Negócios Unilaterais*. Coimbra: Almedina, 2010.

MENNEL, L. Robert. *Wills and Trusts in a Nutshell*. Minnesota: West Group, 2007.

MERRIC, Mark. *Domestic Asset Protection Trusts*. Trusts & Estates, Penton Business, Med New York, Volume 152, Issue 1, Jan 2013.

MEXICO. *Ley General de Títulos y Operaciones de Crédito*. Disponível em: https://mexico.justia.com/federales/leyes/ley-general-de-titulos-y-operaciones-de--credito/titulo-segundo/capitulo-v/seccion-primera/. Acesso em: 12.12.2019.

MICHAELS, Marnin J.; GIBSONY, Anne H. *Recent US tax and related developments impacting trusts, foundations, establishments, and trust regs*. Trusts & Trustees, United Kingdom, v. 18, n. 6, p. 478–484, july 2012.

MICHAELS, Marnin; YATES, Marie-Thérèse; PRICE, Katherine. *The implications for trustees of the possible EU Savings Directive reforms*. Trusts & Trustees, United Kingdom, v. 13, n. 9, p. 558-560, 2007.

MOFFAT, Graham. *Trusts Law: Text And Materials*. New York: Cambridge University Press, 2005.

MOJA, Andrea. *Il nuovo regime tributário del trust: determinazione della base imponibile e nuove aliquote*. Milano: Assotrusts, Giugno 2007.

MOJA, Andrea. *Il Trust nel diritto civile e tributario*. San Marino: Maggioli Editore, 2009.

MOJA, Andréa. *Trust, vincoli di destinazione, e patti di famiglia: comparazione civilística e relativo preliminare inquadramento tributário seguito della recentíssima introduzione dell'imposta sulle successioni e donazioni*. Milano: Assotrusts, Publicado em 16 de Fevereiro de 2007. Disponível em: http://www.assotrusts.it/SLIDES_PIACENZA%20_16.02.07.pdf. Acesso em: 17.09.2012.

MOLLOY, Tony. *Trustees of controlling shareholdings who take directorships or senior executive posts in the company*. Trusts & Trustees, United Kingdom, v. 16, n. 9, p. 741–749, october 2010.

MOLYANSKY, Michael. *Reining in the Quistclose Trust: a Response to Twinsectra v Yardley*. Trusts & Trustees, United Kingdom, v. 16, n. 7, p. 558–568, august 2010.

MONTEIRO, Rogério. *Responsabilidade do Administrador de Fundos de Investimento*. Revista de Direito Bancário e do Mercado de Capitais, São Paulo, Nº 30, Ano 8, p. 283-291, outubro-dezembro de 2005.

MOREIRA, Ricardo Guimarães. *Poder Regulamentar da Comissão de Valores Mobiliários em face dos Princípios da legalidade e Separação dos Poderes*. Belo Horizonte: Malheiros, Revista de Direito Mercantil, Industrial, Econômico e Financeiro, Ano XLII, n. 131, p. 122-123, julho-setembro 2003.

MORGAN, Samantha; MUNRO, Philip. *A question of trusts- purpose trust have come into their own as a flexible legal vehicle, with most centres now embracing them in one form or another*. In: The Lawyer, News, 27 July 2009.

NATHAN, Barrie Lawrence. *In Defence of The Primary Trust: Quistclose Revisited*. Trusts & Trustees, United Kingdom, v. 18, n. 2, february 2012.

NEVIUS, Alistair M. *Trusts as S Corporation Shareholders*. Journal of Accountancy, September 2009.

NOLAN, R.C. *Controlling Fiduciary Power*. Cambridge Law Journal, Cambridge, 68(2), p. 293–323, july 2009.

O'HAGAN, Patrick. *The reluctant settlor – property, powers and pretences*. Trusts & Trustees, United Kingdom, v. 17, n. 10, p. 905–919, november 2011.

O'HAGAN, Patrick. *Trust investment losses and risk management: an offshore perspective*. Trusts & Trustees, United Kingdom, v. 16, n. 5, june 2010.

O'HAGAN, Patrick. *Trusts in Switzerland (a tale of two conventions)*. Trusts & Trustees, United Kingdom, v. 18, n. 8, p. 732–745, september 2012.

OFFERHAUS, Tom. *Germany – Trusts, Topical Analyses*. Amsterdam: IBFD, 2011, section 1.2.1.

OXFORD, Diana. *Enforcing trust judgments within the European Union: European Enforcement Orders*. Trusts & Trustees, United Kingdom, v. 12, n. 10, p. 29-30, 2006.

PAIS DE VASCONCELOS, Pedro. *Contratos Atípicos*. Coimbra: Almedina, 2009.

PALTZER, Edgar H.; SCHMUTZ, Patrich. *Trusts in Switzerland* (377-392). In: KAPLAN, Alon. *Trusts in Prime Jurisdictions*. London: Globe Law and Business, 2010.

PALTZER, Edgar H.; SCHMUTZ, Patrick. *Switzerland: are charitable trusts an alternative to charitable foundations?*. Trusts & Trustees, United Kingdom, v. 14, n. 5, p. 357-368, june 2008.

PALUMBO, Giovanni. *Trusts in Italian tax treaties with the United Kingdom and the United States of America.* Trusts & Trustees, United Kingdom, v. 3, p. 20-23, december, 1996.

PANAMA. *Ley n. 9 de 1925 – Sobre Institucion de Fideicomiso.* Disponível em: http://docs.panama.justia.com/federales/leyes/9-de-1925-jan-29-1925.pdf Acesso em: 07.01.2019.

PANICO, Paolo. *International Trust Laws.* Oxford: Oxford University Press, 2010.

PANICO, Paolo. *Italy.* Trusts & Trustees, United Kingdom, v. 13, n. 8, p. 405-413, 2007.

PAOLO, Panico. *Three countries on the Bummel: tax developments for trusts in Italy, Switzerland and France.* Trusts & Trustees, United Kingdom, v. 14, n. 3, p. 158-162, april 2008.

PARDINI, Juan F. *The forgotten trust.* In: The STEP Journal, November 2010; LUPOI, Maurizio. *Trusts: A Comparative Study.* UK: Cambridge University Press, 2000.

PARKER, David Berkeley; OAKLEY, A. J.; MELLOWS, Anthony R. *The Modern Law of Trusts.* London: Sweet & Maxwell, 1998.

PAWLOWSKI, Mark. *Declarations of trust and beneficial shares.* Trusts & Trustees, United Kingdom, v. 18, n. 10, p. 980–984, november 2012.

PAYNE, James E.; ZUEHLKE, Thomas W..*Duration dependence in real estate investment trusts.* In: Applied Financial Economics, 2006.

PEARCE, Robert; STEVENS, John; BARR, Warren. *The Law of Trusts and Equitable Obligations.* New York: Oxford University Press, 5 edition, 2010.

PEASE, Richard. *The development of trust practice in overseas jurisdictions.* United Kingdom, Trusts & Trustees, v. 19, n. 3 e 4, april/may 2013.

PEEBLES, Laura H. *Charitable Lead Trusts: Old Tool, New Thoughts.* Trusts & Estates, Penton Business Med, New York, Jun 2013.

PENNER, J. E. *The Law of Trusts.* Seventh Edition. Londres: Oxford University Press, 2010.

PERTILE, Erica. *La Nuova Disciplina Degli Atti Di Destinazione L'art. 2645 Ter C.C.* Università Ca'Foscari Venezia, 2010.

PERTILE, Erica. *La Nuova Disciplina Degli Atti Di Destinazione L'art. 2645 Ter C.C.* Università Ca'Foscari Venezia, 2010.

PETRULLI, Mario; RUBINO; Francesco. *Il trust: nozione giuridica ed operatività del sistema Italiano.* Itália: Halley Editrice, 2006.

PETTIT, Philip H. *Equity and the Law of Trusts.* Oxford: Oxford University Press, 2009.

PEYROT, Aude. *How to Square the circle? The Challenge met by Swiss insolvency law in dealing with common law trusts.* In: SMITH, Lionel. *The Worlds of the Trust.* Cambridge: Cambridge University Press, 2013.

PLUCKMETT, Theodore Frank Thomas. *A concise history of the common law.* New Jersey: The Lawbook Exchange, 2001.

POHRIB, Aurelia Marina. *China's 2001 Import of the Classic Anglo-American Concept of Trust.* In: Albany Law School, Chinese Law Paper Series, Government Law Center, 2011, p. 1.

POIDEVIN, Nicholas Le. *Going bust: insolvency and trusts.* Trusts & Trustees, United Kingdom, v. 16, n. 5, p. 299–309, june 2010.

POIDEVIN, Nicholas Le. *The worried trustee.* Trusts & Trustees, United Kingdom, v. 15, n. 7, p. 596-601, september 2009.

PORTUGAL. Código Civil Português, Decreto-Lei Nº 47.344 de 25 de Novembro de 1966. Disponível em: https://dre.pt/web/guest/legislacao-consolidada/-/lc/123928118/201912111150/73749891/diploma/indice Acesso em: 11.12.2019.

PORTUGAL. Decreto nº 453/1999 alterado e consolidado pelo Decreto-lei nº 82/2002, que disciplina a formação de um património autónomo, afetado à satisfação dos créditos vinculados à emissão dos títulos e das despesas desse património. Disponível em: https://dre.pt/pesquisa/-/search/693810/details/maximized. Acesso em: 17.12.2019.

PORTUGAL. Decreto-Lei n.º 149/94, de 25 de Maio regulamenta o registo dos instrumentos de gestão fiduciária (*trust*). Disponível em: https://dre.pt/web/guest/pesquisa-avancada/-/asearch/advanced/maximized?types=SERIEI&tipo=Decreto-Lei&numero=149%2F94&search=Pesquisar Acesso em: 17.12.2019.

PORTUGAL. Decreto-Lei n.º 352-A/88 de 3 de Outubro. Disciplina a constituição e funcionamento de sociedades ou sucursais de trust off-shore na Zona Franca da Madeira. Disponível em: https://dre.pt/pesquisa/-/search/219955/details/normal?jp=true/en. Acesso em: 17.12.2019.

PORTUGAL. Decreto-Lei n.º 352-A/88 de 3 de Outubro. Disponível em: https://www.ibc-madeira.com/images/pdf_PT/pt-06-DL_352_A_88.pdf. Acesso em: 31.05.2019.

PORTUGAL. Decreto-Lei n.º 500/80 de 20 de Outubro. Disponível em: https://dre.pt/pesquisa/-/search/641125/details/maximized?print_preview=print-preview&dreId=107067 Acesso em: 17.12.2019.

PORTUGAL. DL n.º 248/86, de 25 de Agosto. *Estabelecimento Mercantil Individual de Responsabilidade Limitada*, artigos 10 e 11 do referido diploma legal.

PRIGENT, Stéphane. *Droit Des Affaires, L'ouverture De La Fiducie Aux Personnes Physiques.* Revue Française de Comptabilité, n. 420, 14. Avril 2009.

PRYKE, Stuart. *Of protectors and enforcers.* Trusts & Trustees, United Kingdom, v. 16, n. 2, p. 64–72, march 2010, p. 65.

RAMJOHN, Mohamed. *Cases & Materials on Trusts.* Austrália: Cavendish publishing, 2004.

RATCLIFFE, Helen. *Trusteeship changes and asset valuation points.* Trusts & Trustees, United Kingdom, v. 17, n. 10, p. 920–924, november 2011.

REALE, Miguel. *Lições Preliminares de Direito.* 27ª Edição. São Paulo: Saraiva, 2011.

REED, Edward; Jonathan, RILEY. *Risk management for trusts and trustees*. Trusts & Trustees, United Kingdom, p. 9-12, november 2005.

REHAHN, Johannes; GRIMM, Alexander. *Country Report: Germany*. In: GALLANIS, Thomas P. *The Trust in Continental Europe: A Brief Comment From a U.S. Observer*. The Columbia Journal of European Law Online, v. 18, 2012.

REID, Kenneth G.C. *Conceptualizing the Chinese Trust: Some Thoughts From Europe*. In: CHEN, Lei; RHEE, Van. *Towards a Chinese Civil Code: Comparative and Historical Perspectives Chinese and Comparative Law Series*. The Netherlands: Martinus Nijhoff Publishers, 2012, p. 210.

REISMAN, Suzanne M. *Comparing jurisdictions – answers to common problems – United States of America*. Trusts & Trustees, United Kingdom, v. 16, n. 8, p. 672–681, september 2010.

REPÚBLICA DO PANAMA. Ley 21/2017. *Establece las normas para la regulación y supervisión de los fiduciarios y del negocio de fideicomiso y dicta otras disposiciones – Modifica la Ley 1 de 1984 y la Ley 23 de 2015. Deroga el Decreto Ejecutivo 16 de 1984*. Disponível em: https://www.superbancos.gob.pa/superbancos/documentos/fiduciarias/leyes/ley_21.pdf Acesso em: 12.12.2019.

REUTLINGER, Mark. *Wills, Trusts, and Estates, Essential Terms and Concepts*. Second Edition, New York: Aspen Publishers, 1998.

RICHARDS, Timothy D. *Trusts in Latin America: Mexico and Colombia*. Trusts & Trustees, United Kingdom, v. 15, n. 6, p. 472-476, august 2009.

RICHMOND, William. *'Judicious breaches of trust': where now for the trustee exemption clause?*. Trusts & Trustees, United Kingdom, v. 12, p. 24-28, 2006.

RUBIN, Charles. *Prohibiting Trust Amendments*. New York: Penton Business Med – Trusts & Estates (Apr 25, 2012).

RUNCIMAN, David; MAGNUS, Ryan. *MAITLAND – State, Trust, and Corporation*. Cambridge: Cambridge University Press, 2003.

RUTLEDGE, Thomas; HABBART, Ellisa O. *The Uniform Statutory Trust Entity Act: A Review*. American Bar Association, Chicago, v. 65, august 2010.

RWOOD, Philip. *Commercial trusts in an international context*. Trusts & Trustees, United Kingdom, v. 19, n. 3 e 4, p. 267-274, april/may 2013.

SALOMÃO NETO, Eduardo. *O Trust e o Direito Brasileiro*. São Paulo: LTR, 1996.

SALVATORE, Vicenzo. *IL Trust – Profili di Diritto Internazionale e Comparato. Univ. di Pavia studi nelle scienze giurid. e sociali*, Padova, 1996.

SANTISTEBAN, Sonia Martín. *La figura del trust en los Estados Unidos de América –Sus aplicaciones en el derecho de família*. Barcelona: Revista para análisis del derecho, 2008.

SANTORO, Laura. *Il trust in Italia*. Milano: Giuffrè Editore, 2009, p. 325.

SCOTT, Austin Wakeman; FRATCHER, William Franklin. *The law of trusts*. UK, Little, Brown, 1989.

SIGG, Olivier. *Dog leg claim: what does Swiss law think about the 'animal'?*. Trusts & Trustees, United Kingdom, v. 19, n. 7, p. 738–743, september 2013.

SILVA, Marta Lívia dos Santos. *O Trust no quadro comum de referência para o direito privado europeu e as suas raízes históricas no direito romano.* Coimbra: Coimbra Editora, Boletim da Faculdade de Direito da Universidade de Lisboa, Edição especial, p. 803-823, 2010.

SINCLAIR, Paul. *When should the creditor of a beneficiary under a trust be entitled to obtain disclosure of trust documents?*. Trusts & Trustees, United Kingdom, v. 18, n. 9, p. 896–903, october 2012.

SMITH, Lionel. *Constructive Trusts and Constructive Trustees.* Cambridge Law Journal, Cambridge, v. 58, p. 294–302, july 1999.

STANFORD-TUCK, Michael. *How to juggle beneficiaries: the power to add or remove.* Trusts & Trustees, United Kingdom, v. 17, n. 7, p. 695–703, august 2011.

STEEN, Peter; DONALD, Lilly. *It's a real privilege: common interests in trust disputes.* Trusts & Trustees, United Kingdom, v. 19, n. 1, p. 68-78, february 2013.

STEINER, Bonnie. *Private trust companies: a double edged sword? The pros & the cons.* Trusts & Trustees, United Kingdom, v. 15, n. 6, p. 458–471, 2009.

STEPHENS, John. *Designing an Investment portfolio for trustees.* Trusts & Trustees, United Kingdom, v. 1, Issue 8, p. 15-16, 1995.

STEVENS, Clay R. *The Reverse Defective Grantor Trust.* New York: Penton Business Med – Trusts & Estates 151.10 (Oct 2012): n/a.

STEWART SMITH, Rodney. *Serving two masters.* Trusts & Trustees, v. 16, n. 9, p. 759–766, october 2010.

STUBER, Walter Douglas. *A Legitimidade do "Trust" no Brasil.* Revista dos Tribunais, São Paulo, v. 28, n. 76, p. 103-108, out-dez, 1989.

SUN, Leo. *Energy Royalty Trusts.* In: Investidor Guide. Disponível em: http://www.investorguide.com/igu-article-540-alternative-investments-energy-royalty--trusts.html Acesso em: 01.12.2019.

SWADLING, William. *Constructive trusts and breach of fiduciary duty.* Trusts & Trustees, United Kingdom, v. 18, n. 10, p. 985–999, november 2012.

SWISS. *Agreement on the Swiss banks' code of conduct with regard to the exercise of due diligence (CDB 08).* Disponível em: http://www.swissbanking.org/en/20080410--vsb-cwe.pdf Acesso em: 14.10.2019.

SWISS. Artigos 21 e 149 e seguintes do IRPG, *Bundesgesetz über das Internationale Privatrecht Swiss (Federal Code on Private International Law).* Disponível em: http://www.admin.ch/ch/d/sr/291/index.html. Acesso em: 07.10.2012.

SWISS. *Bundesgesetz über Schuldbetreibung und Konkurs (Federal Debt Enforcement and Bankruptcy Act).* Disponível em: http://www.admin.ch/ch/d/sr/281_1/index.html. Acesso em: 13.10.2012.

SWISS. *Federal Act on Anti-Money Laundering ("AMLA")*; Disponível em: https://www.admin.ch/opc/en/classified-compilation/19970427/index.html Acesso em: 18.12.2019.

SWISS. *Federal Act on Stock Exchanges and Securities Trading (Stock Exchange Act, SESTA).* Disponível em: http://www.six-exchange-regulation.com/download/admission/regulation/federal_acts/sesta_en.pdf. Acesso em: 14.10.2019.

SWISS. IRPG – *Bundesgesetz über das Internationale Privatrecht Swiss* (Federal Code on Private International Law). Disponível em: http://www.admin.ch/ch/d/sr/291/a92.html. Acesso em: 07.10.2019.

SWISS. *Swiss Association of Trust Companies.* Disponível em: http://www.satc.ch/Images/SATC%20Trust%20Glossary%20-%20English.pdf. Acesso em 14.10.2019.

SWISS. *Swiss Association of Trust Companies. Introduction d'une licence obligatoire pour les trustees en Suisse: La Swiss Association of Trust Companies SATC adopte un document de position avec des propositions de réglementation.* Disponível em: http://satc.ch/Images/20120614_Media%20Release%20SATC%20F.pdf. Acesso em: 15.10.2012.

SWISS. *Swiss Financial Market Supervisory Authority* (FINMA)- Rundschreiben 2011/1. *Finanzintermediation nach GwG Ausführungen zur Verordnung über die berufsmässige Ausübung der Finanzintermediation (VBF).* (*FINMA Circular on Financial Intermediation under the Anti-Money Laundering Act comes into force on 1 January 2011*). Disponível em: http://www.finma.ch/d/regulierung/Documents/finma--rs-2011-01.pdf ou http://www.kpmg.com/CH/en/Library/Legislative-Texts/Documents/pub_20110823_finma-circular-11-1_EN.pdf. Acesso em: 14.10.2012.

SWISS. *Taxation of Trusts, Circular Letter 30 of 22 August 2007 (KS 30).* Society of Trust and Estate Practitioners (STEP). Disponível em: http://www.step-ch-fl.com/pinboard/_rcs/common/attachments/p_filename_519.pdf. Acesso em: 15.10.2012.

THÉVENOZ, Luc. *A Swiss Perspective.* Trusts & Trustees, United Kingdom, v. 19, n. 3 e 4, p. 296-301, april/may 2013.

THOMAS PLUCKNETT, Theodore Frank. *A Concise History of the Common Law.* Fifth Edition. New Jersey: The Lawbook Exchange, 2010.

THOMAS, Geraint; HUDSON, Alastair. *The Law of Trusts.* New York: Oxford University Press, 2010.

TIERNAN, Peter B. *Should You Incorporate a Personal Power Into Your Client's Trust?.* Real Property, Probate and Trust Law – The Florida Bar Journal – October 2007.

TIRARD, Jean-Marc. *France – Trusts – Topical Analyses.* Amsterdam: IBFD, 2010, section 1.7. and 1.6.

TREGEAR, Francis. *Putting it right: remedying problems arising from defective trustee appointment.* Trusts & Trustees, United Kingdom, v. 19, n. 1, p. 23–30, february 2013.

TRIBALDOS, Gabriel. *The Trust under Panamanian Law*. In: Morgan & Morgan Group. In: Morgan & Morgan Group. Disponível em: http://www.morimor.com/files/Publication/7a6d2534-91c6-41af-ae94-d01f3fe0f649/Preview/PublicationAttachment/0b5c22b4-04aa-41f8-b225-d136019efa79/Trust_UnderPanamanianLaw.pdf Acesso em: 08.01.2013.

TRIPET, François. *Trust Patrimoniaux Anglo-Saxons et Droit Fiscal Français*. Paris: Litec, 1989.

TROY, Dominique. *France might adopt a law on fiducie*. Trusts & Trustees, United Kingdom, p. 18-19, november 2005.

TRUST LAW COMMITTEE. *Arbitration of trust disputes*. Trusts & Trustees, United Kingdom, v. 18, n. 4, p. 298–299, may 2012.

TSANG, James; LEUNG, Daniel. *Hong Kong – Trusts, Topical Analyses*. Amsterdam: IBFD, 2011, section 1.

TWIDALE, Will; LINDLEYY, Mark. *Trustee removal – friction and hostility*. Trusts & Trustees, United Kingdom, v. 18, n. 8, p. 768–772, september 2012.

U.S.A. *Uniform Trust Code*. Disponível em: http://www.law.upenn.edu/bll/archives/ulc/uta/2005final.htm. Acesso em: 26.07.2019.

UK. *HM Revenue & Customs (HMRC)- Types of trust and tax implications*. Disponível em: http://www.hmrc.gov.uk/trusts/types/index.htm. Acesso em: 25.02.2013; *Vide*:

UK. *Landy Registry. Practice Guide 24 – Private trusts of land*. Disponível em: http://www.landregistry.gov.uk/professional/guides/practice-guide-24. Acesso em: 19.06.2012.

UK. *Administration of Justice Act 1982. Sec. 17 of the Administration of Justice Act 1982*. Disponível em: http://www.legislation.gov.uk/ukpga/1982/53. Acesso em: 27.01.2019.

UK. *Armitage v. Nurseand Others* [1997] EWCA Civ 1279 (19th March, 1997). Disponível em: http://www.bailii.org/ew/cases/EWCA/Civ/1997/1279.html. Acesso em: 29.07.2012.

UK. *Attorney General's Office*. Disponível em: http://www.attorneygeneral.gov.uk/Pages/default.aspx. Acesso em: 06.03.2012.

UK. *Charity Commissiom*. Disponível em: http://www.charity-commission.gov.uk/index.aspx. Acesso em: 06.03.2019.

UK. *Government Services and Information*. Disponível https://www.gov.uk/. Acesso em: 19.03.2019.

UK. *HM REVENUE & CUSTOMS*. Disponível em: http://www.hmrc.gov.uk/trusts/intro/basics.htm. Acesso em 13.12.2012.

UK. *Insolvency Act 2000*. http://www.legislation.gov.uk/ukpga/2000/39/pdfs/ukpga_20000039_en.pdf.

UK. *Land Registration Act 2002*. Disponível em: http://www.legislation.gov.uk/ukpga/2002/9/contents. Acesso em: 19/06/2012.

UK. *Law of Property Act 1925*. Disponível em: http://www.legislation.gov.uk/ukpga/Geo5/15-16/20. Acesso em: 07.02.2012.

UK. *Perpetuities and Accumulations Act 2009. Sec 5*. Disponível em: http://www.legislation.gov.uk/ukpga/2009/18/section/5. Acesso em: 27.01.2012.

UK. *The Association of Corporate Trustees (TACT), Issue Nº 18 – January 2002*. Disponível em: http://www.trustees.org.uk/review-index/Debenture-trusts-Debenture-trustees.php Acesso em: 30.07.2012.

UK. *The Law Commission* (Law Com No 301), *Trustee Exemption Clauses*. Disponível em: http://lawcommission.justice.gov.uk/docs/lc301_Trustee_Exemption_Clauses.pdf. Acesso em: 28.07.2012.

UK. *Trustee Act 2000*. (4). Disponível em: http://www.legislation.gov.uk/ukpga/2000/29/part/II. Acesso em: 30.03.2019.

UK. Wills Act 1837. Disponível em http://www.legislation.gov.uk/ukpga/Will4and1Vict/7/26/contents. Acesso em: 14.12.2019.

USA. *Internal Revenue Service*. Disponível: http://www.irs.gov/Businesses/Small-Businesses-&-Self-Employed/Abusive-Trust-Tax-Evasion-Schemes---Special-Types-of-Trusts Acesso em: 04.10.2012.

USA. *Arizona Statatutes. (n 12) s 14-10205 – Alternative dispute resolution*. Disponível em: http://www.azleg.gov/. Acesso em: 09.03.2013.

USA. *Bankruptcy Code*. Disponível em: https://uscode.house.gov/browse/prelim@title11&edition=prelim. Acesso em: 06.12.2019.

USA. *Corporate Laws Committee. Model Business Corporation Act Annotated*. American Bar Association, 2017. Disponível em: https://www.americanbar.org/content/dam/aba/administrative/business_law/corplaws/2016_mbca.authcheckdam.pdf Acesso em: 17.12.2019.

USA. *CORRECTED-US govt seeks bankruptcy trustee for Dynegy Holdings*. In: Reuters U.S. Disponível em: http://www.reuters.com/article/2012/03/12/dynegyholdings-idUSL4E8EC54J20120312. Acesso em: 12/05/2012.

USA. Department of Justice. U.S. Trustee Program. Disponível em: *https://www.justice.gov/ust*. Acesso em: 06/12/2019.

USA. *Department of Justice*. U.S. *Trustee Program*. Disponível em: https://www.justice.gov/ust Acesso em: 06/12/2019.

USA. *The 2012 Florida Statutes. 731.401 –Arbitration of disputes*. Disponível em: http://www.leg.state.fl.us. Acesso em: 09.03.2013.

USA. *Uniform of Law Commission. Uniform Prudent Investor Act*. SECTION 2. Disponível em: https://www.uniformlaws.org/committees/community-home?CommunityKey=58f87d0a-3617-4635-a2af-9a4d02d119c9. Acesso em: 30.03.2019.

VAZ TOMÉ, Maria João; CAMPOS, Diogo Leite de. *A Propriedade Fiduciária (Trust), Estudo para a sua Consagração no Direito Português*. Coimbra: Almedina, 1999.

VILLALONGA, Belen; AMIT, Raphael H. *How are U.S. Family Firms Controlled?*. Working Paper Series Harvard Business School and The Wharton School University of Pennsylvania, July 2007, p. 1-63.

VOGT, Nedim Peter; WÜSTEMANN, Tina; SCHMID, Christoph Oliver. *Switzerland: charitable giving and taxation of charities*. Trusts & Trustees, United Kingdom, v. 15, n. 5, p. 421-436, july 2009.

VON BAR, Christian; CLIVE, Eric. *Principles, Definitions and Model Rules of European Private Law – Draft Common Frame of Reference (DCFR)*. Prepared by the: Study Group on a European Civil Code; Research Group On Ec Private Law (Acquis Group). UK: Oxford University Press, 2010.

VON OVERBECK, Alfred E. *Explanatory Report on the 1985 Hague Trusts Convention*. HAIA: HCCH, 1985.

WAIN, Mark; SHENKIN, Michael. *Trustee investment powers and the use of asset managers*. Trusts & Trustees, United Kingdom, v. 15, n. 2, p. 72-79, april 2009.

WALD, Arnoldo. *Algumas considerações a respeito da utilização do "trust" no Direito brasileiro*. Revista dos Tribunais, São Paulo, v. 34, nº 99, Julho-Set, 1995, p.109.

WALD, Arnoldo. *O Investidor Qualificado no Mercado de Capitais Brasileiro*. Revista de Direito Bancário do Mercado de Capitais, Editora Revista dos Tribunais, São Paulo, Ano 9, p. 15-33, abril-junho de 2006.

WARBURTON, A. Joseph. *Trusts Versus Corporations: An Empirical Analysis of British Mutual Funds. Michigan*: Ross School of Business, University of Michigan, 2010.

WATANABE, Hiroyuki. *"Trusts without Equity" and Prospects for the Introduction of Trusts into European Civil Law Systems"*. In: Waseda Institute for Corporation Law and Society, 2010.

WATERS, Donovan. *Settlor control – what kind of a problem is it?*. Trusts & Trustees, United Kingdom, v. 15, n. 1, p. 12-17, march 2009.

WEAVER, Elizabeth. *Private trust companies: a future for derivative claims?*. Trusts & Trustees, United Kingdom, v. 17, n. 3, p. 177–184, april 2011.

WELLS, Thomas O. *Domestic Asset Protection Trusts – A Viable Estate and Wealth Preservation Alternative*. Florida: The Florida Bar Journal- Real Property, Probate and Trust Law, 2003.

WIENBRACKE, Mike. *Wolff, Josef, Trust, Fiducia und fiduziarische Treuhand (zugl. Diss. Universität Salzburg), Peter Lang Verlag, Frankfurt am Main 2005, S.387.* Netherlands: European Review of Private Law, 2, p. 365-369, 2008.

WILSON, David Wallace; NAGAI, Caroline López. *Country Report: Switzerland*. In. GALLANIS, Thomas P. *The Trust in Continental Europe: A Brief Comment From a U.S. Observer*. The Columbia Journal of European Law Online, v. 18, 2012.

WILSON, David Wallace; NAGAI, Caroline López. *Country Report: Switzerland*. In. WILSON, Sarah. *Todd & Wilson's Textbook on Trusts*. New York: Oxford University Press, 2007.

WILSON, Sarah. *Todd & Wilson's Textbook on Trusts*. New York: Oxford University Press, 2007, p. 383.

WOLFE, Jonathan W. *The Treatment of Trusts in Divorce*. New York: Aspen Publishers-Kluwer Law & Business – American Journal of Family Law, v. 22, n. 4, 2009.

XUEREB, Maria. *Securitisation in China*. Trusts & Trustees, United Kingdom, v. 11, Issue 4, p. 11-14, march 2005.

Z/Yen Group. *The Global Financial Centres* (MARCH 2012). Disponível em: http://www.longfinance.net/Publications/GFCI%2011.pdf. Acesso em: 10.10.2012.

ZHONG WEI, Terence Tan. *The irreducible core content of modern trust law*. Trusts & Trustees, United Kingdom, v. 15, n. 6, p. 477-493, august 2009.

ZIMMERMAN. James M. *China Law Deskbook: A Legal Guide for Foreign-invested Enterprises*. Volume 1. EUA: American Bar Association, 2010.